서울대
구술면접
인문계열

시대에듀

감사와 응원의 인사

반갑습니다.

우리는 대성학원, 대성마이맥에서 수업을 진행하고 있습니다. 더 나은 수업과 교재를 위해 열심히 공부하고, 학생들과 호흡하며, 끊임없이 연구하고 있습니다. 이 책을 선택해 준 여러분께 깊은 감사의 마음을 전합니다. 온라인 강의, 현장 강의, 그리고 이 책을 통해 여러분과 맺은 인연을 소중히 여기겠습니다.

함께했던 학생들에게 감사드립니다.

이 책은 그동안 서울대에 지원한 학생들과 함께해 온 구술면접 강의의 노하우를 집대성한 결과물입니다. 우리가 푼 것, 학생들이 푼 것, 학생들과 주고받은 피드백까지 '예시 답안'에 모두 담았습니다. 서울대 구술면접 문제를 두고 함께 고민하고 치열하게 준비했던 모든 학생들에게 무한한 감사를 전합니다. 끝까지 우리를 믿고 따라와 준 그 학생들이 있었기에 이 책이 완성될 수 있었습니다.

여러분의 노고를 치하합니다.

이 책을 선택한 여러분은 분명 서울대 입학이라는 꿈을 위해 달려온 분들일 것입니다. 그리고 서울대에 도전할 만한 실력을 갖추기 위해, 그동안 누구보다 많은 노력을 해 왔을 것이라 믿습니다. 그래서 그동안의 노고에 진심 어린 박수를 보냅니다. 정말 수고 많으셨습니다. 그 모든 고생이 값진 결실로 이어지기를 진심으로 기원합니다. 여러분의 눈부신 성장과 서울대 합격에 이 책이 조금이나마 보탬이 될 수 있다면, 그것만으로도 저희에게는 더없는 기쁨이자 영광일 것입니다.

서울대 구술, 어렵습니다. 하지만 도전해야 합니다.

서울대 구술 문제는 어렵습니다. 제시문 기반의 심층 인문·수리 구술면접을 시행하는 다른 대학들과 비교해도 압도적으로 어려운 편입니다. 그만큼 넓고 깊은 사고력을 요하기 때문입니다. 하지만 결코 넘지 못할 벽은 아닙니다. 충분히 도전해 볼 만하죠. 서울대 문제를 풀다 보면, 때로는 지적 희열을 느끼게 될 것입니다. 이 책을 통해 서울대 기출문제를 모두 접하고 나면, '아, 이런 게 진짜 공부구나. 대학에 가면 이런 주제들에 대해 더 깊이 탐구해 보고 싶다.'는 학문적 도전 의식이 자연스럽게 불끈 솟아날 것입니다.

잘할 수 있습니다.

처음부터 잘하는 학생은 거의 없습니다. 하지만 서울대에 지원할 만한 자질을 갖춘 학생이라면, 차분하고 꼼꼼하게 준비한다는 전제하에 누구나 충분히 잘 해낼 수 있습니다. 그러니 초반에 실력이 부족하다고 느껴지더라도 결코 낙담할 필요는 없습니다. 자신을 믿고, 우리를 믿고, 이 책을 믿고 꾸준히 공부해 나가기를 바랍니다. 특히, 서울대 구술면접 수업을 접할 기회가 부족한 학생들에게 이 책이 실질적인 도움이 되기를 기대합니다.

서울대 합격을 미리 축하해 봅니다.

여러분들의 서울대 합격을 진심으로 기원하며 미리 축하 인사를 전합니다. 이 축하가 괜한 설레발이 되지 않기를 간절히 바랍니다. 자, 이제부터 이 책과 함께 합격을 향한 여정을 시작해 볼까요? 여러분의 힘찬 도전을 응원합니다!

저자 일동 드림

인문 구술 일러두기

2017학년도 이후 출제된 모든 문제를 수록했습니다.

서울대는 2015학년도부터 구술 문제를 출제했습니다. 하지만 2015~2016학년도 문제는 현재의 문제 완성도 및 출제 경향과 차이가 있다고 판단하여 이 책에는 수록하지 않았습니다. 물론, 여건이 허락한다면 수록되지 않은 2015~2016 학년도의 문제들을 별도로 풀어 보는 것도 학습에 도움이 될 수 있습니다.

문제를 먼저 풀어 본 다음, 예시 답안을 보아야 합니다.

가장 강조하고 싶은 부분입니다. 잘 모르겠다고 해서 곧바로 예시 답안이나 해설부터 보는 습관은 자신의 실력 향상에 전혀 도움이 되지 않습니다. 다소 어렵고 힘들더라도 반드시! 무조건! 스스로 고민하고, 문제를 먼저 풀어 본 후에 예시 답안과 해설을 참고하시기 바랍니다.

최소 5번 이상씩은 풀어 보아야 합니다.

서울대 기출문제는 그 수가 많지 않습니다. 게다가 이만큼 완성도 높은 문제를 찾기도 쉽지 않습니다. 그러니 이 책에 수록된 문제는 최소 5번 이상 반복해 풀어 보면서 '서울대스러운' 문제 유형에 익숙해지시기를 권합니다.

구술은 말발 콘테스트가 아닙니다.

많은 학생들이 '말발이 약해서 답변을 잘하지 못할 것 같다.'고 염려합니다. 그런 이야기를 들을 때마다 안타깝고 답답한 마음이 듭니다. 과연 서울대가 지원자의 '화려한 언변'만을 기준으로 학생을 선발할까요? 우리나라의 미래를 이끌 인재를 뽑는 일이라는 점을 상기해 보세요. 결코 그럴 리가 없습니다. 구술면접에서 중요한 것은 '말'보다는 '논리'입니다. 서울대가 중요하게 보는 기준은 '유창한 말솜씨'가 아니라, '깊고 넓은 사고력'입니다. 실제로 말이 다소 어눌하더라도 탁월한 논리로 단번에 합격한 학생을 우리는 수도 없이 보았습니다. 여러분이 정말 걱정해야 하는 것은 '부족한 입담'이 아니라 '빈약한 논리'입니다. 탄탄한 사고력이 논리를 단단하게 만들고, 그 단단한 논리가 여러분의 말을 더욱 빛나게 할 것입니다.

녹음·녹화하세요.

단순히 구술해 보는 것과 녹음이나 녹화를 하면서 구술하는 것에는 차이가 있습니다. 반드시 녹음과 녹화를 병행하면서, 자신의 음성, 몸짓, 표정까지도 점검하고 훈련해 보세요.

최대한 많은 사람 앞에서 발표해 보세요.

혼자서 구술하는 것과 다른 사람 앞에서 구술하는 것에는 차이가 있습니다. 따라서 반드시 누군가의 앞에서 발표하는 훈련을 해 보세요. 친구, 형제자매, 선생님, 부모님 등 주변 사람들 앞에서 구술해 보고 피드백을 받으세요. 그들 모두의 피드백이 여러분을 단련해 줄 것입니다.

구술의 특징을 이해해 주세요.

구술은 '말의 논리'입니다. 고로, '글의 논리'를 기반으로 하는 서술, 논술, 에세이의 표현 방식과는 차이가 있습니다. '글의 전달력'과 '말의 전달력'은 다르겠죠? 글은 다시 읽을 수 있지만, 말은 한 번 흘러가면 되돌릴 수 없습니다. 따라서 면접관 선생님이 답변의 내용을 주지할 수 있도록 중요한 부분은 반복해서 말하며 강조해야 합니다. 그리고 intonation, pause, 음색, 성량 등을 적절히 조절하며 '말의 전달력'을 키울 필요가 있습니다.

예시 답안은 '구술적으로' 서술되어 있습니다. 소리 내어 읽어 보세요.

이 책에 있는 '예시 답안'은 최대한 구술의 특징을 반영해 기술했습니다. 실제 면접 현장에서 녹취한 내용을 글로 옮기듯 서술했다는 이야기입니다. 그렇기 때문에 일부 문장에는 문법에 맞지 않는 표현이나 비문처럼 보이는 표현이 포함되어 있을 수 있습니다. 따옴표를 비롯한 문장 부호도 '말'이라는 전제에서 넣었습니다. 이 점을 감안해서 예시 답안은 글이 아닌 말로 인식하고, 반드시 소리 내어 읽어 주세요. 말과 글은 분명히 다른 표현 양식입니다. 여러분들은 지금 '글의 논리'가 아니라 '말의 논리'를 훈련하고 있다는 것을 잊지 말아 주세요. 특히, ' , ' 와 '…'가 일반적인 문장에 비해 많을 것입니다. 문장 기준으로는 비문법적 표현일 수 있지만, '말'의 특징을 살리기 위해 의도적으로 그렇게 표기했습니다. ' , ' 와 '…'를 보면 그 부분에서 잠시 쉬었다 말해 주세요.

개념어, 고급 어휘를 구사해야 합니다.

개념어와 고급 어휘를 사용해야 합니다. 학문은 무엇인가요? 학문은 고유한 개념어들의 집합입니다. 어떤 학문을 공부한다는 것은 그 학문의 고유한 개념어를 익힌다는 것입니다. 여러분들은 개념어와 고급 어휘를 적극적으로 사용해 정확하게, 효율적으로, 상세하게 표현해야 합니다. 예시 답안을 보며 개념어와 고급 어휘의 활용을 익혀 주세요.

사회 탐구 과목의 주요 개념을 챙겨 두세요.

고등학교 교육과정에서 사회 탐구 과목은 개념어들의 금밭입니다. 경제, 정치와 법, 사회 문화, 생활과 윤리, 윤리와 사상, 지리, 역사 과목의 주요 개념과 체계를 적극적으로 활용하세요. 여러분들의 표현이 세련되어질 것입니다. 물론, 수학 · 과학의 개념어도 잘 활용해 주셔야 합니다.

인문 구술 일러두기

'나'의 직·간접적 경험을 이야기하세요.

구술면접은 구술이기 이전에 '인터뷰'입니다. 구술면접은 대학 입장에서 보자면 시간과 비용이 많이 드는 가장 불편한 선발 방식입니다. 그럼에도 불구하고 유수 대학들이 기꺼이 '인터뷰'라는 고비용-저효율 방식을 선택하는 이유는 지원자 개개인을 정확히 파악하고 싶기 때문일 것입니다. 그렇다면 논리적 우수함과 더불어 나의 고유성도 평가 요소가 될 수 있습니다. 하지만 많은 학생들이 문제 풀이에만 급급해서 자신의 고유성을 제대로 드러내지 못합니다. 대학에 여러분의 이야기를 들려주세요. 여러분의 직·간접적 경험을 통해 여러분이 지니고 있는 학문적 호기심과 학술적 성취욕을 알려 주세요.

서울대 구술면접은 발표라기보다는 면접관과의 대화라고 생각해야 합니다.

서울대는 면접이 쌍방향 소통이라는 점을 강조해 왔습니다. 따라서 면접관 선생님의 추가 질문을 단순한 '질문'으로만 받아들이지 말고, 대화를 이끌어 가기 위한 소재 제시나 답변 가이드, 힌트라고 생각하면서 유연하고 탄력적으로 대응 하는 것이 좋습니다. '면접관-지원자'라고 하기보다는 '인터뷰어-인터뷰이'라는 마인드로 접근해 주세요.

눈에 보이는 것이 다가 아닙니다.

심층적이고 변별력 있는 답변을 하기 위해 한 번 더 숙고하세요. 구술 문제는 논술에 비해 일견 쉽습니다. 누가 보더라도 직관적으로 파악할 수 있는 무언가가 있기 때문입니다. 하지만 직관적인 요소로만 답변을 구성하면 앙상하고 변별력 없는 답변이 되기 쉽습니다. 따라서 '더 없을까?', '더 깊게 볼 수 없을까?', '숨겨진 이슈는 없을까?', '다르게 볼 수는 없을까?' 하며 숙고하는 습관을 들여야 합니다. 지금까지 출제된 모든 서울대 문제는 표면적으로 보이는 논점 외에 숨겨진 논점이 더 있었습니다. 이 책에 수록된 예시 답안은 그러한 심층성, 변별성을 고려해 구성한 것입니다. 항상 '뭔가 더 있다.'는 생각 으로 문제를 대해 주세요.

연세대, 고려대 구술·논술 문제도 풀어 보세요.

앞서 이야기했듯이 서울대 구술 문제와 유사한 경향과 완성도를 갖춘 문제를 구하기는 쉽지 않습니다. 따라서 서울대 기출문제를 반복해서 충분히 풀어 본 후에는 연세대 구술 문제, 연세대 논술 문제, 고려대 구술 문제, 고려대 논술 문제 까지 모두 풀어 볼 것을 권합니다. 실력 향상에 크게 도움이 될 것입니다. 그것마저 마쳤다면 과거 서울대 논술 문제를 검색해서 풀어 보는 것도 좋습니다.

구술면접 모의고사를 통해 최종 점검하세요.

이 책의 마지막에는 서울대 유형의 구술면접 모의고사를 수록해 두었습니다. 그 문제는 아껴 두었다가 면접 전날 최종 점검용으로 풀어 보세요.

수리 구술 일러두기

책의 해설을 보기에 앞서 스스로 고민하는 시간을 가져 보기를 당부합니다.

고민하지 않은 상태에서 문제의 해설이나 강의를 보는 것은 공부가 아닙니다. 그래서 책에 여백을 충분히 두었습니다. 이 공간을 여러분의 치열한 고민으로 채우기를 바랍니다.

다양한 방법으로 접근하며 규칙과 원리를 관찰하고 찾아봅시다.

간단한 예를 들어 보거나, 일일이 나열해 보는 것, 그리고 그래프를 이용하려는 시도가 필요합니다. 계산 과정이나 결과가 복잡하다고 느껴지더라도 논리적인 과정과 결과가 보인다면 그것으로 충분합니다. 낯선 것을 두려워하지 말고 논리력을 키우십시오.

다년간의 강의와 제자들과의 피드백을 통해 다듬은 해설을 집필했습니다.

일반적인 풀이와 더불어 학생들의 입장에서 접근 가능한 풀이를 수록했습니다. 다만, 현 교육과정에서 벗어난 단원에 해당하는 문항은 소개만 했습니다.

해설은 면접시험의 모의 연습이 가능하도록 실제로 말하면서 작성했습니다.

행동을 설명하는 지문을 이탤릭체로 표현해 간단히 실었고, 구술 지문은 구어체로 서술했습니다. 그리고 세부 문제에 대한 접근법과 전략, 난이도에 대한 평가를 '문제 해결의 Tip'에 정리했습니다.

이 책에 실린 풀이에 대한 강의는 대성마이맥 강좌에서 확인할 수 있습니다.

강의와 더불어 모의고사를 풀어 봄으로써 실전력을 기를 수 있습니다.

실제 시험장에서는 대기 시간 동안 답변을 준비할 수 있습니다.

면접실에는 문제 해결 과정을 시각화하는 데 유용하게 활용할 수 있도록 칠판이 준비되어 있습니다. 말 한 마디와 표정 하나로 합격 여부가 결정된다는 생각에 지나치게 긴장하지 마세요. 여러분이 마주하는 것은 논리와 과정을 평가하는 문제들일 뿐입니다. 오직 문제에만 집중하기를 바랍니다. 집중과 몰입은 긴장을 극복하는 효과적인 방법이며, 동시에 그것이 바로 면접관들이 평가하는 항목입니다.

학생부종합전형(일반전형) 안내

1. 2026학년도 서울대 신입학생 입학전형 안내

❶ 전형 방법

| 1단계 | 서류 평가(100) | ▷ | 2단계 | 1단계 성적(100) + 면접 및 구술고사(100) |

※ 사범대학의 경우 [교직적성 · 인성면접]
※ 학교폭력 관련 기재사항이 있는 경우 정성평가하여 서류 평가에 반영

❷ 면접 및 구술고사 평가 방법

주어진 제시문을 바탕으로 면접관과 수험생 사이의 상호 작용을 통해 문제 해결 능력과 논리적이고 창의적인 사고력을 종합적으로 평가합니다.

❸ 모집 단위별 면접 내용 및 시간

모집 단위			제시문 내용	시간	
				답변 준비	면접
	인문대학		인문학, 사회과학	30분 내외	15분 내외
사회과학대학	전 모집 단위(경제학부 제외)		인문학, 사회과학	30분 내외	
	경제학부		사회과학, 수학(인문)		
자연과학대학	수리과학부		수학(자연)	45분 내외	
	통계학과				
	경영대학		사회과학, 수학(인문)	30분 내외	
	공과대학		수학(자연)	45분 내외	
농업생명 과학대학	농경제사회학부		사회과학, 수학(인문)	30분 내외	
	산림과학부		수학(자연)	45분 내외	
	조경 · 시스템공학부				
	바이오시스템 · 소재학부				
사범대학	전 모집 단위(자연계 제외)		인문학, 사회과학	30분 내외	
	수학교육과		수학(자연)	45분 내외	
생활과학대학	소비자 아동학부	소비자학	사회과학, 수학(인문)	30분 내외	
		아동가족학	인문학, 사회과학		
	의류학과		*사회과학, 수학(인문)		
약학대학	약학계열		수학(자연)	45분 내외	
	첨단융합학부				
학부대학	자유전공학부		*인문학, 수학	30분 내외	

★ 의류학과는 (화학, 생명과학) 또는 (사회과학, 수학-인문) 중 택 1, 전자는 답변 준비 시간이 45분 내외
★ 자유전공학부는 (인문학, 수학-인문) 또는 (사회과학, 수학-인문) 또는 (수학-인문/자연) 중 택 1

❖ 기타 모집 단위와 그 외 구체적인 사항은 서울대학교 홈페이지 내 전형 안내 문서를 반드시 확인하십시오.

2. 구술면접고사 일반 및 현장 상황

❶ 전형 일정 ∥ 학생부종합전형(일반전형) 기준 2025.11.21.(금)

모집 단위	면접 대기실 입실 시간
	오전
인문대학	07:30~08:00
사회과학대학	07:20~08:00
자연과학대학	07:20~08:00
경영대학	07:00~08:00
공과대학	06:40~07:30
농업생명과학대학	07:20~08:00
사범대학	07:00~08:00
생활과학대학	07:40~08:00

※ 위 시간은 2025학년도 면접 일정을 바탕으로 작성했습니다. 자세한 사항은 각 단과 대학별 공지를 반드시 확인하십시오.

❷ 진행 절차

면접 대기실		면접 준비실		면접실
조별 대기	▶	고사 시간 30분 전 입실, 답변 준비 용지 배부	▶	복수의 면접관과 구술고사 진행

❸ 알아두면 좋은 Tip

- 고사장 방역 및 응시자 위생 관리를 위해 모든 고사장은 입실 시작 시간부터 출입이 가능합니다.
- 고사 당일 학내 밀집도 완화를 위해 학내 학부모 대기실은 운영되지 않습니다.
- 수험생은 면접 중 학교생활기록부 기재 금지 항목을 발언할 수 없습니다.
- 문제 분량은 2세트, 소문제 4~6개 정도입니다.
- 면접실에서는 칠판 또는 화이트보드를 활용할 수 있습니다.
- 개인 필기구는 사용 가능하지만, 배부된 답변 준비 용지에만 풀이할 수 있습니다.
- 문제 풀이 순서는 직접 결정하여 자신 있는 문제부터 답변할 수 있습니다.
- 풀이가 막혔을 때에 면접관 선생님께서 도움을 주시는 경우가 있습니다.
- 풀이에 대한 추가 질문이 있을 수 있으므로 마지막까지 집중해야 합니다.

❖ 기타 구술면접 관련 내용은 서울대 입학 본부 웹진 아로리의 '입학 안내'와 서울대 입학 본부 유튜브 채널을 참고하십시오.

이 책의 구성과 특징

인문 구술

대학 신입학생 수시모집 일반전형 면접 및 구술고사

2025학년도 인문학

※ 제시문을 읽고 문제에 답하시오.

(가) 번역 텍스트는 마치 이것이 번역자의 모국어로 쓰인 원작처럼 읽는 착시 현상을 일으킬 필요가 있다. 물론 이때의 착시 현상은 번역물 특유의 어색한 문체적 특징이 지워지고 유려하게 읽힐 때 발생하므로 긍정적인 것이다. 번역은 번역가가 제 언어로 창조한 글처럼 막힘없이 흘러갈 때 성공했다고 말할 수 있다. 프랑스의 인문학자 돌레가 1540년에 발표한 「하나의 언어를 다른 언어로 제대로 번역하는 법」에서 제시한 원칙도 이를 뒷받침한다. 이 글에서 그는 고대 그리스의 고전을 프랑스어로 번역하는 번역가들에게 두 가지의 원칙을 제안한다. 첫째, 단어 대 단어로 번역하는 굴종적인 작업을 하지 말 것. 둘째, 라틴어에서 들어온 고어를 피하고 일상적으로 사용하는 언어로 번역할 것.

(나) 나는 번역 작품을 읽는 것이 외국 여행을 하는 것과 흡사하다고 생각한다. 반드시 이국성, 다시 말해 외국 냄새가 있어야 하는 것이다. 사실 완전히 귀화한 번역문이란 없다. 만일 있다면 그것은 허울만 그럴 뿐이어서,

---

STEP 1

2025~2017학년도 9개년 동안의 서울대 기출문제를 한눈에 확인할 수 있습니다.

구상지

STEP 2

선생님의 예시 답안을 확인하기 전, 충분히 문제 해결의 시간을 갖고 반드시 자신만의 생각을 구상지에 구상해 봅시다.

예시 답안

문제 1

1번 문제의 답변을 시작하겠습니다.

제시문 (가), (나), (다)는 번역에 대해 아주 큰 입장 차를 가지고 있습니다. 정리해서 말하자면, 제시문 (가)는 번역의 독자성을, 제시문 (나)는 원전의 충실한 보존을, 제시문 (다)는 상호성을 강조한다고 볼 수 있습니다.

제시문 (가)는 번역의 독자성을 강조합니다. 번역이 원전에 근거하고 있음에도 불구하고, 별도의 텍스트로서 독립성을 가져야 한다는 것입니다. 다시 말해, 번역은 원전의 언어적 변환에 머물지 않고, 처음부터 모국어로 작성된 창조물처럼 느껴질 정도로 자연스럽고 매끄러워야 한다는 입장입니다.

반면, 제시문 (나)는 번역의 독자성보다는 원전의 보존을 더 중시합니다. 번역은 원작을 가능한 한 손상 없이 전달하는 '안내자'여야 함을 주장하는 것으로 보입니다. 이러한 관점에서 볼 때, 제시문 (나)에서 말하는 '알기 쉽게 번역'하는 것과 제시문 (가)의 '일상적으로 사용하는 언어로 번역'하는 것은 겉보기에는 비슷하나 내용적으로는 다른 의미로 파악됩니다. 즉, 제시문 (가)는 독자 중심의 가독성을, 제시문 (나)는 원문 중심의 명료함을 의미합니다.

STEP 3

제공된 기출문제의 모든 예시 답안을 수록했습니다. 선생님의 답안과 자신의 답안을 비교하면서 논리를 정립해 봅시다.

문제 해결의 Tip

자연 현상과 사회 현상

「사회·문화」를 공부했다면, '자연 현상'과 '사회 현상'의 차이에 대해 잘 알고 계실 것입니다. 자연 현상은 자연의 법칙에 따라 발생하는 현상으로, 인간의 의지나 사회적 영향과 무관하게 자연 환경과 생태계 내에서 일어나는 일들입니다. 자연 현상은 물리적·화학적·생물학적 법칙에 의해 지배되므로 객관적이고 법칙적이며, 예측 가능성이 높습니다. 반면, 사회 현상은 인간 사회에서 발생하는 모든 활동과 사건으로, 사람들의 상호 작용, 문화, 경제, 정치적 행동 등과 관련되어 있습니다. 사회 현상은 사회적·문화적·역사적 맥락 속에서 집단의 행동과 사고방식, 상호 작용을 통해 일어나므로 자연 현상에 비해 원인과 결과를 예측하기 어렵습니다. 인간의 심리적이고 주관적인 가치관이 개입되며, 집단의 사고방식에 따라 동일한 원인이 다른 결과를 낳을 수 있기 때문입니다.

'자기실현적 예언'은 이러한 자연 현상과 사회 현상의 차이를 보여 주는 예입니다. '내일은 태양이 뜨지 않을 것이다.'라는 예측은 실제 태양의 움직임에 영향을 주지 못하지만, '태닝이 유행할 것이다.'라는 유명 인사의 예측은 태닝에 대한 대중의 관심을 높여서 실제로 태닝이 유행하도록 만들 수 있습니다. 즉, 인간의 생각과 예측은 자연 현상에 영향을 주지 않지만, 사회 현상에는 영향을 미칠 수 있습니다.

STEP 4

예시 답안을 통해 자신에게 부족한 논리를 확인했다면 '문제 해결의 Tip'에서 그 부분을 보완·숙지할 수 있습니다.

활용 모집 단위

- 인문대학
- 사회과학대학
- 간호대학
- 생활과학대학 소비자아동학부 소비자학전공·아동가족학전공, 의류학과
- 사범대학
- 학부대학 자유전공학부
- 경영대학

주요 개념

사회·문화 현상, 사회 불평등, 사회적 소수자

[서울대학교의 공식 해설]

▶ 제시문의 의미를 정확히 파악하는 독해력에 기반해 서로 다른 현상을 비교·분석하는 논리적 사고력을 평가하는 문항이다.

제시문 (가)는 사람들의 예측과 믿음이 사태의 전개에 영향을 미쳐 현실화되는 '자기실현적 예언'의 속성에 대해 설명하고 있다. 제시문 (나)에 제시된 '부두 죽음'은 이러한 '자기실현적 예언'의 한 사례로 볼 수 있다. 반면, 제시문 (다)에 ~~~~~~

STEP 5

서울대에서 공개한 활용 모집 단위와 문제 풀이를 위한 주요 개념, 공식 해설을 확인할 수 있습니다

인문 구술

대학 신입학생 수시모집 일반전형 면접 및 구술고사

인문학·사회과학 (2)

※ 제시문을 읽고 문제에 답하시오.

(가) 프랑스는 와인 생산량과 수출량에서 세계 1, 2위를 다투는 세계적인 와인의 나라다. 하지만 이런 프랑스도 자국에서 생산하지 않고 수입하는 와인이 있으니 바로 '아이스 와인(Ice Wine)'이다. 아이스 와인은 재배와 상품화가 어려워 일반 와인에 비해 3~4배나 높은 가격이 책정된다. 여기서 한 가지 의문이 든다. 와인 강대국 프랑스가 왜 유독 아이스 와인만은 수입하는가 하는 점이다. 그에 대한 답은 리카도의 비교 우위 이론에서 찾아 볼 수 있다. 한 경제 주체가 다른 경제 주체에 비해 어떤 활동을 '상대적으로' 잘 할 때 '비교 우위'에 있다고 본다. 캐나다는 프랑스에 비해 농업에 있어 절대적인 열위에 놓여 있음에도 불구하고 단점이었던 독특한 기후 환경을 적극 활용해 비교 우위를 확보한 것이다. 프랑스는 효율적인 생산이 가능한 일반 와인의 생산에 주력하고, 아이스 와인은 전적으로 수입에 의존하는 것이 후생 증가에 도움이 된다고 판단한 것이다. 이는 결과적으로 프랑스와 캐나다 모두에게 이익이 되는 것이다.

STEP 6

서울대 유형의 모의고사를 제작·수록했습니다. 어디에서도 접할 수 없는 고난도 모의고사를 통해 자신의 실력을 최종 점검해 봅시다.

※ 본책에는 한국출판인회의에서 제공한 KoPub 돋움 글꼴과 네이버에서 제공한 나눔명조 글꼴이 적용되어 있습니다.

이 책의 차례

1부

서울대 일반전형
인문 구술면접
기출문제의 주제

2026 서울대 구술면접
인문계열

인문 구술면접 기출문제의 주제

인문 구술면접 기출 주제

출제 연도	구분		주제	주요 개념
2025학년도	인문학		번역 텍스트의 지향점과 번역가의 역할	번역, 번역의 태도, 세계화, 역사관, 역사 해석
	사회과학		자기실현적 예언	사회·문화 현상, 사회 불평등, 사회적 소수자, 자기실현적 예언
2024학년도	인문학	오전	역사학의 혼종성	역사, 역사관, 사실성과 허구성, 혼종성, 악의 평범성, 학문의 특성, 객관적 사실, 연구자의 해석
		오후	믿음과 신뢰	사람에 대한 믿음, 사실에 대한 믿음, 신뢰, 믿음, 배신감, 사회적 제재, 개인과 사회의 윤리
	사회과학	오전	편향성	사회·문화 현상, 과학적 탐구 방법, 양적 연구
		오후	소득과 역량	사회·문화 현상, 사회 불평등 양상, 통합적 관점, 행복의 조건, 실업 문제, 복지 제도
2023학년도	인문학	오전	생태 환경 문제	생태계, 생태주의, 환경 파괴, 환경 정책, 사회적 약자, 접근성, 가치의 충돌, 동물의 권리, 공생의 윤리, 인간 중심주의
		오후	저자와 독자의 관계	고전, 저자, 저자의 권위, 독자, 독자의 자율성, 글쓰기의 주체, 소비자로서의 독자, 유통, 출판
	사회과학	오전	소비자 물가 지수	물가, 소비자 물가 지수(CPI), 물가 연동 정책, 소비 지출 구조, 경제적 불평등
		오후	지구 온난화	인간에 의한 지구 온난화, 기후 변화, 과학적 합의, 정책 결정
2022학년도	인문학	오전	우정과 공정	공동체, 우정, 공정, 편애, 타인, 좋은 삶의 원리, 사회적 소외, 사회적 배제
		오후	표상된 이미지와 객관적 사실	몽골, 표상된 이미지, 객관적 사실, 서술자의 시각, 역사적 서술, 역사적 사실, 서술자의 감정, 문학 작품, 문학에서의 감정 표현, 표현 방식 비교
	사회과학	오전	정부와 기업의 역할과 사회적 책임	기업의 사회적 책임, 이윤, 정책 효과, 정부와 기업의 역할
		오후	민주주의	민주주의, 민주주의의 위기, 포퓰리즘, 권리, 자유
2021학년도	인문학	오전	예술의 공공성	예술의 공공성, 예술의 기능, 갈등 해결
		오후	자질과 태도	글쓰기, 글쓰기의 정치성, 글쓰기의 동기, 문학성, 문학의 목적, 공동체, 다양성, 관용, 평화와 공존
	사회과학	오전	시장과 자유	정치적 자유, 경제적 자유, 삶에 대한 통제력, 시장 경제
		오후	개인의 선택과 정부의 개입	개인의 선택, 합리성, 정부의 개입

2020학년도	인문학	오전	바람직한 예술가상과 인간상	고전, 인물의 이해, 인간상, 예술가, 예술가적 진정성, 순응성, 저항성
		오후	믿음과 편견	다원주의, 미신, 편견, 믿음, 다양성
	사회과학	오전	지표와 의사 결정	지표, 의사 결정, 자원 분배, 정책 결정, 지방 자치
		오후	공유 경제	공유 경제, 경제 문제, 기술 변화, 이해 당사자의 관점
2019학년도	인문학	오전	고전의 현대적 해석	고전 및 예술 작품의 감상법, 창작자의 의도, 문학과 공연, 다양한 매체, 창의적 수용, 비판적 수용, 문학과 연극
		오후	현재의 평가와 미래의 예측	인공 지능, 과학 기술과 윤리, 인간의 선택
	사회과학	오전	이해관계의 상충	환경, 국제 문제, 환경 윤리, 지구촌, 국제 정치, 지속 가능한 발전
		오후	환경과 인간	환경 가능론, 환경 결정론, 생태학적 관점, 전통적인 자연관
2018학년도	인문학	오전	융합과 복합	융·복합, 비교, 예술, 장르 간 교섭, 전통의 계승과 재창조, 총체적 예술, 지속 가능성, 장르, 브랜드, 대중화
		오후	설득의 수사학	유세(遊說), 설득, 상대방의 마음 파악, 한비자, 연설 기술, 경쟁, 고르기아스, 전문가, 실제로 좋음과 좋아 보임, 소크라테스, 플라톤, 정치술, 유비, 유추, 비판적 사고
	사회과학	오전	효율성과 경제적 유인	복지 제도, 복지 지출, 효율성, 사회 보험, 경제적 유인(incentive), 생산적 복지, 노동 정책, 보건 정책, 재정 건전성, 공정성, 형평성, 바람직한 경제적 유인 제도
		오후	도구와 사고	도구, 기술, 사고 능력, 뇌 과학, 공간, 추상화, 타자기, 종이, 펜, 지도, 읽기 습관, 훑어 읽기, 깊이 읽기, 아이트래커, 사고 능력, 정보 습득
2017학년도	인문학	오전	자연에 대한 태도	자연관, 생태 윤리, 비교, 인간 중심주의, 자연 보전주의, 겸손함
		오후	도덕과 행복	삶의 의미, 인생관
	사회과학	오전	사회적 합의와 정의	정의, 사회적 합의, 사회 계약, 사회적 소수자, 차별
		오후	도덕적 행위	방관자 효과, 도덕 감정, 국제 구호

인문 수학 구술면접 기출 개념

출제 연도	구분		주요 개념
2025학년도	문제 1		수열, 수열의 귀납적 정의, 여러 가지 수열의 합
2024학년도	문제 1		일차방정식, 속도, 거리, 위치, 연립일차부등식
2023학년도	문제 2		경우의 수, 확률, 수열
2022학년도	문제 1		접선의 방정식, 탄젠트함수, 직선의 방정식, 정적분, 간단한 삼차방정식, 점과 직선 사이의 거리, 근과 계수와의 관계, 인수분해, 삼각함수, 직선의 평행이동
2021학년도	오전	문제 1	합성함수, 이차함수, 사인함수
		문제 2	수학적 확률, 합의 법칙, 곱의 법칙, 순열, 조합, 조건부확률
	오후	문제 1	다항식의 연산, 수열의 귀납적 정의, 수학적 귀납법, 등비수열
		문제 2	도형의 넓이, 함수의 그래프, 극한, 연속, 미분계수, 미분가능, 도함수
2020학년도	오전	문제 1	원의 접선, 직선의 방정식, 두 직선의 평행 조건, 등비급수의 합
		문제 2	합성 함수, 직선의 방정식, 일차 함수, 함수의 극한과 연속, 역함수
	오후	문제 1	직선의 방정식, 두 직선의 수직 조건, 정적분, 접선, 등비수열, 등비급수
2019학년도	오전	문제 1	도형의 방정식, 부등식의 영역, 도함수, 접선의 방정식
		문제 2	경우의 수, 확률, 등비수열의 합, 확률의 덧셈정리, 여사건
	오후	문제 3	평면좌표의 내분점, 원의 방정식
		문제 4	함수, 합성함수, 등비수열, 등비수열의 합
2018학년도	오전	문제 1	미분, 접선, 부등식, 최솟값, 정적분, 넓이, 등비급수
		문제 2	직선의 방정식, 부등식의 영역
	오후	문제 3	등비급수, 수열의 귀납적 정의, 원의 방정식, 두 점 사이의 거리
2017학년도	오전	문제 1	이차방정식의 판별식, 부등식의 영역
		문제 2	경우의 수, 순열, 조합
		문제 3	이항정리, 수열의 귀납적 정의
	오후	문제 4	합성함수, 그래프의 개형
		문제 5	이항정리, 서로소, 귀류법

남에게 이기는 방법의 하나는 예의범절로 이기는 것이다.

－ 조쉬 빌링스 －

2부

구술의 개념 체계

인문 구술

수리 구술

2026 서울대 구술면접
인문계열

2부

구술의 개념 체계

1 | 인문 구술

1 논술과 구술의 차이

구분	논술	구술
평가 포인트	논리성 위주	논리성, 창의성, 인성, 적성
특성	주어진 제시문에 집중	제시문 + 배경지식 + 개인 경험
문제 유형	요약, 비교, 입장 분류, 적용 설명, 논증 비판, 견해 제시	비교, 적용 설명, 논증 비판, 추론, 견해 제시, 도표 분석, 적·인성 점검

2 비교 유형

(1) **비교**: 제시문 간의 공통점과 차이점을 포착하는 것입니다.

(2) **주의**: 일상적 비교와 논술적 비교를 잘 구분할 것입니다. 일상적 비교와 논술적 비교의 차이점은 '비교 기준'의 설정에 있습니다.

(3) **비교 기준**: 제시문 간의 차이점을 개념어로 표현하는 것입니다. 즉, '제시문 A는 a를 주장하는 반면, 제시문 B는 b를 주장한다.'가 일상적 비교라면, 'X(비교 기준)라는 관점에서, 제시문 A는 a를 주장하는 반면, 제시문 B는 b를 주장한다.'가 논술적 비교입니다.

(4) **비교 기준의 틀**

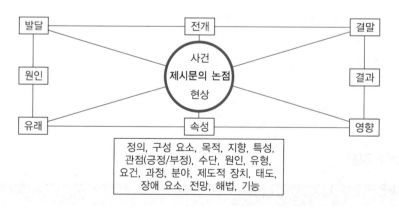

3 적용 설명 유형: 'A의 관점에서 B를 논하라.'

• 제시문 B를 있는 그대로 설명하는 것이 아니라, A의 관점을 투영해서 '재해석'해내는 것입니다.
• 제시문 A의 핵심 개념어와 논지로 제시문 B를 표현하는 것입니다.

4 비판 평가 유형: '제시문 A의 주장을 비판(평가)하라.'

• 제시문의 주장을 명제로 정식화하여 그 명제의 진리값(T/F)을 판단하는 것입니다.
• '근거 → 주장'으로의 연결 과정이 논리적인지 확인해야 합니다.
• 비판 평가 유형의 논제 형태: 비판하라, 타당성을 검토하라, 설득력을 논하라, 논평하라, 논술하라, 평가하라, 논거를 제시하라 등

<비판 평가 유형에 필수적인 표현>

True	정당하다, 타당하다, 설득력이 있다, 바람직하다, 논거가 충분하다
False	부당하다, 설득력이 떨어진다. 바람직하지 못하다, 논거가 불충분하다, 논거가 빈약하다, 한계가 있다, 한계가 뚜렷하다

5 견해 제시 유형: '~에 대해 의견을 제시하라.'

• 제시문 B의 문제 상황을 적시하고, 그에 대한 자기 견해 및 대안을 명시하는 것입니다.
• As-is(제시문의 문제점) → To-be(자기 견해 및 대안)의 구조를 취해야 합니다.

<견해·대안 제시 유형의 접근법>
① 장점의 극대화 + 단점의 최소화
② 구체와 추상의 구분: 추상적 방향성 + 구체적 방안
③ 단순 나열 금지
   - 구조화의 필요, 즉 유형의 구분
   - 시기적 구분: 단기적 방안 + 중장기적 방향성
   - 정치적, 경제적, 사회적, 문화적
   - 개인적, 사회적, 국가적, 국제적
④ '주장 + 반론 + 재반론'의 구조: ~이다. 물론 ~한 반론이 있을 수 있다. 그럼에도 불구하고 ~이/가 더 타당하다.

6 도표 분석 유형

구분	주요소	부수적 요소	수의 표현	의미 표현
시계열	추이 + 크기	증감률, 평균, 비중, 격차	증가, 유지, 감소	시사한다, ~라고 추론할 수 있다
非시계열	크기	평균, 비중, 격차	더 크다, ~할수록 ~하다	

2 | 수리 구술

1 수학 문제 해결론

(1) 연역적 접근
이미 명확하다고 알려진 공리, 정리를 이용하여 주어진 조건을 분석하여 결과를 도출하는 방법입니다.

(2) 귀납적 접근
주어진 조건을 관찰하여 귀납적인 결론을 추론한 후, 이미 명확하다고 알려진 공리, 정리를 이용하여 검증하는 방법입니다.

2 서울대학교 수리 구술면접 문제의 특징

(1) 출제 범위
수학, 수학 I, 수학 II, 확률과 통계, 미적분, 기하

(2) 유형

① 계산 문제

교과서의 공식을 이용하여 조건을 식으로 표현한 후 정확히 계산해 내면 됩니다. 단, 계산의 과정 또는 결과가 복잡한 수 또는 식일 수 있습니다. 따라서 복잡하다고 하여 당황하지 말고 정확한 과정에 근거하여 풀이해야 합니다.

② 경우 분류 문제

관찰을 통해 명확하지 않은 상황이 발생했을 때, 기준을 정하여 경우를 분류합니다. 각 경우마다 계산 또는 추론이 필요하고, 검증 과정이 필요합니다.

③ 추론 문제

함수, 수열, 극한, 경우의 수, 확률과 연관된 문제에서 예측을 해야 하는 문제는 주어진 조건에 맞는 규칙 또는 결과를 이용하여 추론을 한 후, 수학적 귀납법, 귀류법, 직접증명법을 이용하여 추론이 타당한 지 검증하는 과정이 필요합니다. 다각도로 관찰하는 능력이 필요하고, 수능 수학을 통한 문제 풀이 경험 역시 요구됩니다. 가능하면 그래프, 도형을 많이 그려 보고, 식의 정리 및 계산을 피하지 마십시오.

(3) 문항 구조

① 제시문

단순한 모델이 주어집니다.

② 소문제

제시문에 적합한 계산 문제, 추론 문제가 출제됩니다. 단계별 연계 문제가 주어지며, 문제를 해결할 때마다 다음 문제를 풀 수 있는 추가 조건을 얻을 수 있습니다.

3 일반적인 해법

(1) 계산

식을 정리하고, 공식을 이용하여 처리합니다. 가능하다면 규칙이 있는지 확인하십시오.

(2) 단순화 및 분류

복잡한 상황에서의 원리를 찾아 단순한 모델을 만드십시오. 그래서 원리가 잘 적용되는지 확인하십시오. 조건에 따라 여러 가지 경우가 나오는 문제에서는 각 경우마다 계산 및 관찰을 해야 합니다. 이때 분류 기준을 효율적으로 정한 후 분류할 수 있어야 합니다.

(3) 추론 및 증명

조건에 맞는 여러 개의 그래프 또는 도형과 정리된 식, 계산의 결과를 바탕으로 추론할 수 있는 결론을 가정하십시오. 그리고 가정이 참인 근거를 증명법을 통해 찾습니다. 특히, 귀납적 정의를 이용하면 편리하게 풀이되는 기출문제들이 있습니다.

3부

기출문제와 예시 답안

2026 서울대 구술면접
인문계열

※ 제시문을 읽고 문제에 답하시오.

(가) '록키'는 칼을 갈고 있었다. 그는 사슴 시체를 배가 위로 오도록 뒤집고 뒷다리를 펼쳤다. 록키가 일을 시작하는 것을 보고 '타요'는 사슴의 눈을 다시 쳐다보았다. 그리고 겉옷을 벗어 사슴의 머리를 덮어 주었다. 록키는 뱃속 내용물이 쏟아지지 않도록 조심스럽게 배를 갈랐다. 타요는 사슴의 간과 심장을 무명천으로 감쌌다. 이른 겨울 달이 그들 앞에서 떠오르고 있었다. 그리고 달을 좇아 쌀쌀한 바람이 불어왔고, 발과 손을 파고들었다. 타요는 보따리를 좀 더 꽉 껴안았다. 그는 보름달의 크기와 산기슭 언덕을 타고 넘어서는 차가운 바람에 겸손해졌다. 사람들은 사슴이 그들을 사랑하기에 자신을 내어 준다고 말했다. 그리고 죽어 가는 사슴의 잦아드는 심장이 자신의 손을 덥히자 타요는 사슴의 사랑을 느낄 수 있었다.

(나) 자연 보전주의자가 무엇인가에 대한 정의(定義)를 여럿 읽어 봤고, 나 자신도 몇 개 써 보기도 했다. 하지만 가장 좋은 정의는 펜이 아니라 도끼로 쓴 것이 아닐까 싶다. 나무를 베거나 혹은 무슨 나무를 벨지 결정하면서 생각하는 일이 바로 그거다. 보전주의자란 도끼질을 할 때마다 땅 표면에 자신의 서명을 쓰고 있음을 겸손히 깨닫는 사람이다. 난 언제나 소나무보다는 자작나무를 베어 낸다. 왜 그럴까? 소나무 아래엔 언젠가 '트레일링 아부투스, 수정란풀, 노루발, 린네풀' 등이 자라겠지만 자작나무 아래에는 기껏해야 '용담'이나 있을 뿐이다. 소나무에는 언젠가 '도가머리딱따구리'가 둥지를 틀겠지만 자작나무에는 '털오색딱따구리'나 있으면 다행이다. 사월이 되면 소나무 사이의 바람은 나를 위해 노래를 부르겠지만 같은 시기에 자작나무는 그저 덜걱거리는 헐벗은 나뭇가지일 뿐이다. 내 편애를 설명할 만한 이런 이유들은 중요하다. 이런 것들이 도끼를 쓰는 사람이라면 반드시 예측하고 비교하고 판단해야만 하는 이득과 손실이다.

(다) 생명 공학은 여러 방면에 적용될 수 있다. 각종 독소에 대한 저항력을 향상시키는 유전자를 삽입하여 유전자 변형 곡물을 상품화할 수 있다. 그리고 변형된 조직 구성을 가진 곡물을 동물의 사료로 사용하면 보다 효율적으로 육류를 생산하면서도 동물이 배출하는 메탄가스는 감소시킬 수 있다. 또한, 인간 질병에 대한 연구를 진행하는 데에 있어서 유전적으로 변형된 동물을 사용하면 보다 정확하고 적합한 모형을 구성할 수 있고, 아울러 기존에 사용했던 동물에 비해 상대적으로 작은 동물로 연구를 진행할 수 있다.

문제 1

제시문 (가), (나), (다)에 나타난 자연에 대한 태도를 비교하시오.

문제 2

인류가 직면한 문제에 대처하기 위해 제시문 (가), (나), (다) 중 지향해야 할 자연에 대한 태도는 무엇인지 자신의 견해를 제시하시오. 그리고 자신이 선택하지 않은 태도를 지닌 사람이 제기할 수 있는 비판을 고려하고 이에 어떻게 대응할지 설명하시오.

구상지

예시 답안

문제 1

1번 문제의 답변을 시작하겠습니다.

저는 제시문 (가), (나), (다) 모두가 '도구적 자연관'을 취하고 있다고 생각합니다. 다만, 자연에 대한 도구화의 수준, 즉 자연에 대한 활용의 정도에 차이가 있다고 봅니다. 제시문 (가)는 인간 생존을 위한 최소한의 활용, 제시문 (나)는 자연 보전적 활용, 제시문 (다)는 자연에 대한 변형적·적극적 활용이 담겨 있습니다. 제시문별로 상세히 말씀드려 보겠습니다.

우선 제시문 (가)의 경우, 인간을 위해 생명을 내어 주는 사슴의 희생에 겸손의 마음으로 감사함을 적극 표현하고 있습니다. 특히, 사슴의 시체를 대하는 태도는 거의 경외감을 가지고 있다고 말해도 될 정도입니다. 생존을 위해 어쩔 수 없이 사슴 고기를 취하고는 있지만 단순한 식량으로 대하는 것이 아니라, 사랑과 희생이라는 인간적 감수성을 투영하여 사슴을 대하고 있습니다.

제시문 (나)는 제시문 (가)와 비슷한 듯 좀 다릅니다. 제시문 (가)가 생명에 대한 인간 본연의 겸손함이라면, 제시문 (나)에는 자연 보전주의, 생태주의 등 자연에 대한 신념적·이데올로기적 접근이 있다고 생각됩니다. 그래서 제시문 (가)의 겸손과 제시문 (나)의 겸손은 똑같아 보이지 않습니다. 제시문 (가)의 겸손이 생명에 대한 근원적 겸손함이라면, 제시문 (나)의 겸손은 '이득과 손실을 …… 예측하고 비교하고 판단'하는 합리적 겸손함으로 보입니다. 즉, '자연을 왜 보전해야 하느냐?'하는 질문에 '인간에게 도움 되기 때문에 자연을 보전해야 한다.'는 조금은 건조한 답변이 나올 것 같습니다. 특히, '이득과 손실'이라는 어구에서 그 점이 명시적으로 드러납니다.

제시문 (다)는 제시문 (가)와도 (나)와도 완전히 다릅니다. 제시문 (다)는 극단적 인간 중심주의로 보입니다. 생명을 실험 대상으로 삼는 점, 식물은 물론 동물마저도 유전자적으로 변형한다는 점, 그를 통해 상품화한다는 점에서 그렇습니다. 생물을 마치 무생물처럼 공학의 재료로 대하고 있습니다. 제시문 (가)와 (나)는 자연을 있는 그대로 활용하는 반면, 제시문 (다)는 자연과 생명을 적극적으로 변형한다는 점에서도 큰 차이가 있다고 생각됩니다. 그리고, 자연에 대한 태도도 겸손함보다는 우월적 관점이 느껴진다는 점도 그렇습니다.

이상으로 1번 문제의 답변을 마치겠습니다.

2번 문제의 답변을 시작하겠습니다.

저는 제시문 (나)의 입장이 타당하다고 생각합니다. 인류가 직면한 문제는 매우 다양하겠지만, 특히 환경 문제를 인류가 직면한 문제라고 상정한다면, 더더욱 제시문 (나)의 온건하고 합리적인 자연 보전주의가 적당하다고 생각합니다.

제시문 (나)의 자연 보전주의는 인간의 이득과 손실을 따져 본다는 측면에서 합리적이고, 자연에 대한 겸손함을 지녔다는 면에서는 온건하며, 펜이 아니라 도끼를 사용한다는 점에서 실용적이라고 판단했습니다. 제시문 (가)처럼 지나치게 이상적이지 않고, 제시문 (다)처럼 인간 우월적이지 않습니다. 인간은 자연의 일부이지 자연의 주인이 아닙니다. 따져 보면 사자도 미생물도 자연의 일부이면서 다른 자연을 활용합니다. 인간도 자연의 일부이면서, 생태계의 일원으로 다른 자연을 활용합니다. 그렇기 때문에 자연을 활용한다는 것은 도덕적 비난의 대상이 아닙니다. 어찌 보면 모든 자연이 다 서로를 활용합니다. 기생충도 인간이라는 자연을 숙주로 활용합니다.

자연을 활용하는 것이 문제가 아니라, 자연과 환경에 대한 오남용이 문제인 것입니다. 그리고 그 오남용은 환경 문제를 일으키고, 그 환경 문제는 결국 인간에게 치명적 위협이 됩니다. 자연에 대한 오남용은 윤리적이지도, 합리적이지도 않습니다.

물론 제시문 (가)의 입장에서 보면 제시문 (나)의 입장이 지나치게 무미건조하거나, 생명을 지나치게 도구적으로만 접근하는 것 아닌가 하고 생각할 수 있습니다. 하지만, 인간 문명이 유지되기 위해 최소한의 자연 활용은 필수적입니다. 앞서 말씀드린 것처럼, 인간의 자연 활용은 숙명 같은 것입니다. 그리고 인간 또한 자연의 일부로, 자연과 상호 작용을 하고 있습니다. 인간만 일방적으로 자연을 활용하는 것이 아니라 인간과 자연은 상호 작용을 하며, 서로 활용한다고 보는 것이 합리적일 것입니다. 인간과 자연은 부분과 전체로서 기능합니다. 인간 또한 생태계의 건전한 일원으로서 건전하게 활용하는 것이 당연하고 타당합니다.

한편, 제시문 (다)의 입장에서 보면 자연의 효용성을 극대화할 수 있는데, 제시문 (나)와 같은 접근은 지나치게 이상적인 것 아닌가 하는 반론이 있을 수 있습니다. 이런 반론은 제시문 (가)의 반편향에 해당한다고 볼 수 있습니다. 제시문 (나)의 입장은 '자연 보전' 그 자체라기보다는 '보전적 활용'이라고 표현하는 것이 더 정확할 것입니다. 즉, '보전만 해야 한다.'는 순진한 접근이 아니라 '보전적 활용이 결국 우리 인간에게 훨씬 이롭다.'는 합리적 판단인 것입니다. 자연에 대한 적극적, 인간 중심적 활용이 단기적으로는 인류에게 이득이 될지 몰라도, 제시문 (나) 방식의 활용이 이른바 '지속 가능한 성장'에 진정으로 부합하는 활용 방식입니다.

결국, 자연에 대한 인간의 활용은 합리적 지속 가능성과 윤리적 겸손함이 함께 만나는, (즉 합리성과 윤리성이 지양되는) 그 어느 지점이 되어야 한다고 생각합니다.

이상으로 2번 문제의 답변을 마치겠습니다. 감사합니다!

문제 해결의 Tip

A관, A(중심 · 본질 · 근본)주의, A론 vs 반A주의 vs 수정A주의, 탈A주의

제시문에서 무언가를 강조해서 말할 때, '○○○가 중요하다', '○○○를 강조한다.'보다는 '○○중심주의를 표방하고 있다.'라고 말하면 더 좋습니다. 이처럼 무언가(이하 A라고 할게요)에 대한 입장을 정리할 때 유용한 표현을 정리해 보겠습니다.

구분	표현	용례
강조할 때	A주의	자연주의, 민족주의, 여성주의, 자본주의, 민주주의,
	A중심 · 본질 · 근본주의	기독교 중심주의, 이슬람 근본주의, 기술 본질주의, 의회 중심주의
관련된 주장	A관	자연관, 인간관, 가치관, 교육관
	A론	통일론, 기술론, 무신론, 유신론
반대 주장	반A(중심)주의	반자본주의, 반공산주의, 반민족주의
벗어남	탈A(중심)주의	탈식민주의, 탈자본주의, 탈윤리주의, 탈원자력, 탈기술 중심주의, 탈의회주의

합리 판단과 윤리 판단, 사실 판단과 가치 판단

합리성은 일반적으로 이론이나 이치에 합당함을 뜻하죠. 그런데, 고전 경제학에서는 '최대 이익(or 효율성) 추구'를 합리성으로 이해합니다. 여기서는 그 기준으로 설명해 보겠습니다.

우리가 하는 판단은 두 가지로 나눠 볼 수 있습니다. '합리 판단'과 '윤리 판단'이죠. 합리 판단은 이해득실을 따지는 판단입니다. '이게 나한테 도움이 되나?', '손해는 얼마나 될까?', '이득이 얼마고 손해가 얼마니까 결국은 도움이 되겠군.' 등의 판단이 합리 판단입니다.

반면, 윤리 판단은 옳고 그름에 대한 판단입니다. 즉 시시비비를 따지는 판단이죠. '내 행위가 옳은 행위인가?', '이 때는 어떻게 행동해야 맞을까?', '어떤 행동이 더 이타적일까?' 등의 판단입니다.

한편, 다른 범주의 판단으로는 '가치 판단'과 '사실 판단'이 있습니다. 사실 판단은 말 그대로 객관적 사실 관계에 대한 판단입니다. 사실 판단은 경험과 검증을 통해 참과 거짓을 판정할 수 있습니다. 반면, 가치 판단은 옳고 그름에 대한 주관적인 평가이기 때문에 객관화하기 어렵죠.

이상과 같이, 무언가 판단을 내릴 때 위에서 설명한 네 가지 판단의 형태를 조합해서 사용하면 정교한 표현을 할 수 있습니다. 저는 이번 답변에서 "제시문 (가)의 겸손이 생명에 대한 근원적 겸손함이라면, 제시문 (나)의 겸손은 '이득과 손실을 …… 예측하고 비교하고 판단'하는 합리적 겸손함으로 보입니다.", "제시문 (나)의 입장은 '자연 보전' 그 자체라기보다는 '보전적 활용'이라고 표현하는 것이 더 정확할 것입니다. 즉, '보전만 해야 한다.'는 순진한 접근이 아니라, '보전적 활용이 결국 우리 인간에게 훨씬 이롭다.'는 합리적 판단인 것입니다. 자연에 대한 적극적, 인간 중심적 활용이 단기적으로는 인류에게 이득이 될지 몰라도, 제시문 (나) 방식의 활용이 이른바 '지속 가능한 성장'에 진정으로 부합하는 활용 방식입니다. 결국, 자연에 대한 인간의 활용은 합리적 지속 가능성과 윤리적 겸손함이 함께 만나는 그 어느 지점이 되어야 한다고 생각합니다." 등에서 여러 판단의 조합을 시도해 보았습니다.

• 인문대학   • 사범대학
• 간호대학

자연관, 생태 윤리, 비교, 인간 중심주의, 자연 보전주의, 겸손함

▶ 학생이 주어진 제시문들을 '자연에 대한 태도'라는 주제로 읽어 내고 각 제시문에 함의된 자연관을 유추하는지, 그리고 주제에 관한 제시문 간의 유사점과 차이점을 이해하고 있는지 평가하고자 했다.

▶ 제시문에 나타난 '자연에 대한 태도'를 인류가 처한 문제에 창의적으로 적용하여, 이 태도가 문제 해결에 적합하다고 판단할 수 있는지, 그리고 자신과 다른 태도를 가진 이의 입장에서 같은 문제를 바라보고 설명할 수 있는지, 마지막으로 자신의 생각을 좀 더 설득력 있게 주장할 수 있는지 평가하고자 했다.

▶ 학생이 주어진 제시문들에 나타난 '자연에 대한 태도'를 '겸손'이라는 주제어를 통해 읽어 내고 각 제시문에 함의된 자연관을 유추하는지, 그리고 주제에 관한 제시문 간의 유사점과 차이점을 이해하고 있는지 평가하고자 했다.

※ 제시문을 읽고 문제에 답하시오.

(가) 인생은 그 자체로 의미를 지니지 않는다. 인생을 오랫동안 고통 없이 즐겁고 행복하게 살아 왔다고 하더라도, 그 인생은 덧없고 의미 없는 것일 수 있다. 우리 인생은 그 자체로 귀중하다고, 그래서 태어나서 하루하루 숨을 쉬고 살아가고 있다는 사실만으로도 다른 동물의 삶이 지니지 못한 의미를 가진다는 말에 사람들은 자동적으로 고개를 끄덕이곤 한다. 하지만 그들이 고개를 끄덕이는 이유는 그 말에서 위안을 얻기 때문이지 그 말이 진실을 담고 있어서가 아니다. 몇몇 예외적 경우를 제외하면 우리는 각자의 인생에 강한 애착을 가진다. 허나 그렇다고 해서 그 사실이 인생을 의미 있게 만들지는 못한다. 자기 보존에 대한 강한 열망은 동물에게나 사람에게나 맹목적으로 주어진 것일 뿐이니 말이다. 그럼 유의미한 인생이란 어떠한 인생인가? (ㄱ) 유의미한 인생이 무엇을 뜻하는지 보다 명료하게 이해할 수 있는 방법은 분명히 무의미하다고 생각되는 인생의 사례를 고려해 어떤 특징 때문에 그 인생이 무의미하게 판단되는지 알아보는 것이다. 그러면 우리는 이를 바탕으로 유의미한 인생의 조건을 알 수 있게 된다.

(나) 행복할 때면 우리는 항상 '좋은 상태'에 있는 거지만 좋은 상태에 있다고 우리가 항상 행복한 건 아니야. 좋은 상태라는 것이 무엇이냐고? 좋은 상태란 자신과 조화를 이루고 있는 거지. 부조화는 억지로 다른 사람과 조화를 이루려는 거고. 자신의 삶, 그게 중요한 거야. 도덕군자인 척하거나 청교도가 되고 싶어 하는 사람은 자기 이웃의 삶에 대한 도덕적 견해들을 떠들어대겠지만 이웃들은 정작 그의 관심사가 아니야. 현대의 도덕은 자기 시대의 기준을 받아들이는 것으로 되어 버렸어. 하지만 나는 교양 있는 사람이 자기 시대의 기준을 받아들이는 것이 가장 천한 부도덕이라고 생각해.

문제 1

제시문 (가)의 밑줄 친 (ㄱ)을 토대로 무의미하다고 생각되는 인생의 사례를 둘 이상 고려하여 유의미한 인생은 어떠한 인생인지 자신의 의견을 말하시오. (단, 고려할 인생의 사례 중 최소한 하나는 문학 작품에서 택할 것)

문제 2

제시문 (나)의 화자가 말하는 '좋은 상태'의 인생을 자신이 제시한 유의미한 인생과 비교하여 평가하시오.

구상지

문제 1

1번 문제의 답변을 시작하겠습니다.

제가 생각하는 '유의미한 인생'은 사회적 기여가 있는 삶입니다. 제가 말씀드리는 사회적 기여는 넓은 의미의 사회적 기여입니다. 처음부터 사회적 기여를 위해 자기의 삶을 살아가는 '원인으로서의 사회적 기여' 와 자기 삶을 충실히 살다 보니 결론적으로 사회에 기여하는 '결과로서의 사회적 기여'를 포괄하는 것입니다. 나라의 독립을 위해서 인생을 바친 독립투사의 삶, 즉 '원인으로서의 사회적 기여'도 유의미하고, 순수한 예술혼을 추구했으나 사람들에게 예술적 감동을 선사했던 고흐의 삶, 즉 '결과로서의 사회적 기여'도 유의 미하다고 생각합니다. 그렇다면, 무의미한 삶은 사회적 기여가 없거나 오로지 자족적이기만 한 삶을 살거나 혹은 사회적 해악을 끼칠 경우라고 볼 수 있습니다. 그 사례를 들어 보겠습니다.

(사례를 답안의 취지에 맞게 다양하게 나올 수 있습니다. 본인의 자소서에 있는 책이나, 학생부에 담겨 있는 개인적 경험에서 사례를 든다면 좋을 것입니다. 여기서는 사례를 하나만 들겠습니다.)

저는 채만식의 소설 「치숙」의 화자가 사례로 떠올랐습니다. 이른바 '치숙'은 사회의 모순을 해결하고 사 회적 진보를 위해 노력한 인물로, 감옥까지 다녀왔지만 신념을 버리지 않고 지속적으로 사회 활동을 하는 인물입니다. 소설의 화자는 그런 치숙을 세상 물정 모르는 사람으로 비웃고, 자신의 성공을 뿌듯해 합니다. 하지만, 진실은 그 반대일 것입니다. 사회를 위해 노력하는 치숙이 유의미한 삶이고, 오로지 자신의 영화만 을 위해 사는 화자가 무의미한 삶이라 판단할 수 있습니다.

제가 생각하는 유의미한 인생은 사회적 기여가 있는 삶입니다. 하지만 사회적 기여라고 해서 무조건적으 로 이타적인 삶만을 말하는 것은 아닙니다. 자기에게 충실한 삶도 충분히 의미 있는 삶일 수 있습니다. 역사 상 위대한 예술가와 작가 그리고 이름 없는 수많은 사람들은 자기를 위해서 살았습니다. 하지만 그 자기를 위한 행동이 결국은 다른 이들에게 도움이 된다면 충분히 유의미한 삶일 수 있습니다. 그래서 저는 그것을 '결과로서의 사회적 기여'라고 표현해 본 것입니다. 한발 더 나아가 처음부터 이타적인 삶을 목표로 한 삶이 있습니다. 사회적 모순과 투쟁한 민주 투사, 제국주의 국가에 맞서는 독립투사들, 인종 차별에 목숨으로 저 항한 활동가들... 등 수없이 많은 이타적 삶이 있습니다. 저는 그런 삶을 '원인으로서의 사회적 기여'라고 부를 수 있다고 생각했습니다.

이상으로 1번 문제의 답변을 마치겠습니다.

2번 문제의 답변을 시작하겠습니다.

제시문 (나)에서는 '좋은 상태의 인생'은 '자신과의 조화'가 있는 삶이라고 정의 내리고 있습니다. 하지만 그 '좋은 인생'이 우리가 일반적으로 생각하는 좋은 인생과는 조금 괴리가 있는 것 같습니다. 우리는 흔히 '좋음'과 '유의미'를 그리 크게 구분하지 않습니다. 그렇지만 제시문 (나)는 도덕, 이타성 혹은 시대적 요구를 '천한 부도덕'이라 경멸하며 오로지 자신의 삶에만 몰두할 것을 주문합니다.

이런 제시문 (나)의 입장은 제가 생각하는 유의미한 인생과는 동떨어진 태도입니다. 앞서도 말씀드린 것처럼 제가 생각하는 유의미한 인생은 사회적 기여가 있는 삶입니다. 이를 제시문 (나)에 있는 표현인 '자신과의 조화'와 대비하여 '사회와의 조화'가 있는 삶이라고 부를 수 있을 것입니다. 하지만 제시문 (나)는 자신과의 조화만 강조하며, 사회와의 조화가 있는 삶을 가식적이고, 천박하며, 조화롭지 못한 모습이라 폄하하고 있습니다. 다시 한번 말씀드리지만 제가 말하는 사회와의 조화는 좁은 의미가 아닙니다. 사회와의 조화는 자기와의 조화를 포괄합니다. 자기에게 충실한 동시에 사회와의 끈을 놓지 않는 것을 진정한 사회와의 조화라고 표현하고 싶습니다.

그런 차원에서, 제시문 (나)의 좋은 인생은 지나치게 세상을 편협하게 사는 것, 혹은 사회와 고립되어 사는 것이라고 비판할 수 있습니다. 유의미한 인생은 자기를 살피는 동시에 사회를 고려하는 것입니다. 즉, 자기와 사회의 조화가 있을 때 그 삶은 의미를 가지게 됩니다. 하지만 제시문 (나)의 좋은 인생은 사회와의 끈을 놓고 오로지 자신만 고려한다는 점에서 반쪽 행복이라 평할 수 있습니다.

제가 말씀드리는 사회적 기여, 혹은 사회와의 조화가 사회를 위한 개인의 희생을 말하는 것은 아닙니다. 사회에 대한 의무와 복무를 강조하는 것은 이 시대의 윤리는 아닌 것 같습니다. 그렇다고 해서 극단적으로 자족적인 개인주의 또한 바람직하다고 생각하지 않습니다. 사회적 기여를 고려하는 개인의 행복 추구, 각개인의 행복을 고려하는 사회의 노력이 맞아 떨어질 때, 개인과 사회는 상호 호혜적인, 상호 긍정적인 존재가 될 것입니다.

이상으로 2번 문제의 답변을 마치겠습니다. 감사합니다!

문제 해결의 Tip

유형, 분류, 범주

species, kind, sort, genre, classification, category. 이 용어들은 종, 종류, 유형, 분류, 범주와 관련된 단어입니다. 특정 대상을 볼 때, '어떻게 세분화될 수 있을까?' 혹은 '어떻게 분류될 수 있을까?'를 따져 보면 그 대상에 대한 이해도를 높일 수 있습니다.

따지고 보면, 대상에 대한 이해는 대상의 유형에 대한 이해이기도 합니다. 생물은 무엇인가요? 생물에는 식물과 동물과 미생물이 있습니다. 학문은 무엇인가요? 학문에는 인문학과 자연 과학이 있습니다. 입시란 무엇인가요? 입시에는 수시와 정시라는 방법이 있습니다. 이처럼 '무엇인가?'를 묻는, 즉 '정의(definition)'를 묻는 질문에 '분류(genre)'로 답해도 무방하다는 거죠.

유형, 분류, 범주에 기반하여 대조적 표현 만들기

저는 앞선 Tip에서 2번이나 '대조'를 강조했습니다. 2원론을 넘어 3원론도 시도했습니다. 거기서 또 한발 더 나가 볼까요?

특정 대상에 대한 완벽한 분류가 가능할 때 그것은 특히 '범주(category)'라는 표현을 써 줍니다. 특정 대상을 분류했을 때 완벽하게 분류되어 여집합이 없을 때, 범주라는 고급 어휘를 사용합니다.

예컨대 물리 세계는 시간과 공간으로 범주화됩니다. 어때요? 물리 세계는 완벽하게 시간과 공간으로 완벽하게 분류되죠? 범주에 대한 예를 몇 가지 더 들어 보겠습니다.

역사학은 3간(間)의 학문입니다. 인간, 시간, 공간으로 범주화될 수 있죠. 교육은 교사, 학부모, 학생의 3주체로 범주화됩니다. 철학은 결국 존재론과 인식론과 윤리학으로 범주화됩니다. 경제는 기업, 가계, 정부의 3주체로 범주화됩니다. 경제학의 수(number)는 유량(folw)과 저량(stock)으로 범주화됩니다. 재무제표는 대차 대조표, 손익 계산서, 현금 흐름표, 자본 변동표로 범주화됩니다.

유형, 분류, 범주. 이제 이 방법론을 가지고 문제를 분석하고 답변을 구성하세요. 그러면 전과 비교할 수 없는 답변을 구성할 수 있게 될 겁니다. 앞서 서술했던 [문제 해결의 Tip]을 한 마디로 줄이면, 범.주.화.입니다!

범주화를 해낼 수 있을 때, 사회적 기여를 '원인으로서의 기여', '결과로서의 기여'로 구분할 수 있고, 제시문에 있는 '자신과의 조화'를 보면서 '사회와의 조화'라는 말을 뽑아낼 수 있습니다. 제가 모범 답안에서 만든 "제가 말씀드리는 사회적 기여는 넓은 의미의 사회적 기여입니다. 처음부터 사회적 기여를 목표로 사는 '원인으로서의 사회적 기여'와 자기 삶을 충실히 살다 보니 결론적으로 사회에 기여하는 '결과로서의 사회적 기여'를 포괄하는 것입니다."와 "제시문 (나)의 입장은 제가 생각하는 유의미한 인생과는 동떨어진 태도입니다. 앞서도 말씀드린 것처럼 제가 생각하는 유의미한 인생은 사회적 기여가 있는 삶입니다. 이를 제시문 (나)에 있는 표현인 '자신과의 조화'와 대비하여 '사회와의 조화'가 있는 삶이라고 부를 수 있을 것입니다."와 같은 답변은 '범주화'의 방법을 가지고 만든 것입니다. 여러분들도 충분히 해낼 수 있습니다.

[문제 1, 2]
• 인문대학   • 사범대학

[문제 1]
• 사회과학대학(경제학부 제외)   • 자유전공학부(인문)

주요 개념

삶의 의미, 인생관

서울대학교의 공식 해설

▶ 무의미하다고 생각되는 인생의 사례들을 고려하고, 그 사례에서 발견되는 어떤 특징으로 인해 그 인생이 무의미한 것으로 판단되는지 설명하며, 이를 바탕으로 유의미한 인생의 조건을 추론하는 능력을 평가한다.

▶ 제시문 (나)의 화자가 말하는 좋은 상태가 뜻하는 바를 제시문을 바탕으로 설명하고, 좋은 상태의 인생과 유의미한 인생에 대한 자신의 견해를 비교하여 비판적으로 검토하는 능력을 평가한다.

※ 제시문을 읽고 문제에 답하시오.

(가) '정의(正義)'의 기원에 관한 제 말을 들어 보십시오. 사람들은 본성상, 해를 입지 않고 부정을 행하는 것을 가장 좋아하고, 부정을 당하기만 하는 것을 가장 나쁘게 생각합니다. 사람들은 부정을 저지르기도 하고 당하기도 하면서, 한쪽은 취하되 다른 한쪽은 항상 피하기가 불가능하다는 것을 깨닫고 서로 간에 부정을 행하지 않는 것이 이익이 된다고 생각하게 됩니다. 바로 이런 연유로 사람들은 법률을 제정하였고, 이러한 법의 명령을 '정의(正義)'롭다고 칭하게 된 겁니다.

(나) 저기 앉으신 신사 분은 여자들이 마차를 탈 때 도와주어야 하고 도랑을 건널 때 번쩍 안아 주어야 하고, 어디서든 가장 좋은 자리를 여자에게 내주어야 한다고 했습니다. 그러나 아무도 제가 마차를 탈 때 도와주거나, 진흙 웅덩이를 건널 때 도와준 적이 없습니다. 제게 좋은 자리를 내주지 않은 것은 말할 것도 없습니다! 그러면 저는 여자가 아닙니까?
절 보십시오! 제 팔을 보십시오! 저는 쟁기질을 하고 씨를 뿌리고 추수해 곡식을 창고에 나릅니다. 어떤 남자도 절 능가하지 못합니다! 저는 남자만큼 일하고, 남자만큼 먹습니다. 먹을 게 있을 때만 해당되는 말이지만…. 그리고 채찍도 남자만큼 잘 참습니다! 그렇다고 해서 저는 여자가 아닙니까?

문제 1

제시문 (가)에 나타난 사회적 합의를 설명하고, 합의의 결과로 받아들여진 정의(正義)와 그 한계를 논하시오.

문제 2

제시문 (나)를 참조하여 오늘날 사회적 차별 또는 배제가 어떻게 발생하고 지속될 수 있는지 설명하시오.

구상지

문제 1

1번 문제의 답변을 시작하겠습니다.

이 문제는 제게 상당한 생각을 요구하는 것 같아, 풀이 과정 자체가 흥미로웠습니다. 일반적인 의미의 '사회적 합의' 혹은 일반적인 의미의 '정의'가 아니라 '(가)에 나타난' 사회적 합의와 '합의의 결과로 받아들여진' 정의라는 표현처럼, 단서가 붙었기 때문입니다. 그 단서를 고려하여 단계적으로 답변을 드려 보겠습니다.

우선, 제시문 (가)에 나타난 사회적 합의는 개개인들의 이기적 본성에 근거한 이해타산적 합의라 할 수 있습니다. 사람들은 그 본성상 해를 입기 싫어하고, 부정을 당하는 것을 싫어한다고 합니다. 그 반대는 좋아합니다. 그 과정에서 부정을 행하지 않는 것이 서로 이익이 된다는 것을 경험적으로 깨닫고 그것을 법률로 제정합니다. 즉, '(가)에 나타난 사회적 합의'는, '개개인의 이기적 본성에서 비롯된, 자기의 이익을 지키려는 이해타산적 합의이다.'라고 정리할 수 있습니다.

그렇다면, 그 '합의의 결과로 받아들여진 정의'는 '개개인의 본성에 기반하여, 시행착오를 거쳐 경험적으로 정립된, 사람들 사이의 합의 하에 제정된 법률'이라 할 수 있습니다. 고로, 제시문 (가)에 등장하는 '정의'는 '시시비비를 가리는 내용적 혹은 실체적 정당성이 아니라, 이해타산을 따지는 형식적 혹은 절차적 정당성을 갖춘 정의이다.'라고 볼 수 있습니다. 이는 '법의 명령을 정의롭다고 칭하게 된' 것이라고 하는 표현에서도 엿볼 수 있습니다. '정의롭다'가 아니라 사람들 간의 합의에 의해 정의롭다고 '칭하게 된' 것입니다.

그렇다면, '합의의 결과로 받아들여진 정의'의 한계는 무엇일까요? 그 한계는 바로 법이 가지는 강제력에서 비롯될 것입니다. 형식적 혹은 절차적 정당성을 확보하면 법이 됩니다. 법의 지위를 획득하면, 실정법으로서의 강제력을 가지게 됩니다. 실체적 정당성, 즉 내용적 정의를 가지지 못한 실정법이 강제력을 가지게 되면 악법으로서 기능할 위험성이 있습니다. 그렇게 되면, '실체적 정의' 그 자체와 '정의라 칭해진 것' 사이에 괴리와 간극이 발생할 수 있고, 그 괴리는 사회적 모순과 갈등을 가져올 수 있습니다. 중간 과정을 생략하면, 사회적 합의가 사회적 모순과 갈등을 유발하는 역설적 상황이 발생할 수 있는 것입니다.

이상으로 1번 문제의 답변을 마치겠습니다.

2번 문제의 답변을 시작하겠습니다.

저는 이 문제를 '차별과 배제의 지속 메커니즘'이라는 논리틀로 설명해 보겠습니다.

우선 제시문 (나)부터 설명해 보겠습니다. 일단 제시문 (나)에는 남녀 차별이 보입니다. 그런데, 단순한 남녀 차별이 아닙니다. 차별의 구조가 좀 복잡한 것 같습니다. 자세히 보면, 일반 여성들은 오히려 남자들에게 젠틀한 보호를 받지만, 하층부 여성은 과도한 육체노동에 시달리고 심지어 신체적 형벌도 당합니다. 그 면에서 보자면, 하층부 여성은 남성에게서는 차별을 받고, 같은 여성 내에서는 상층부 여성들에게 배제를 당하는, 중첩적 구조가 있다고 볼 수 있습니다.

그래서 제시문 (나)에는, 남녀 차별이라는 큰 범주의 1차적 차별과, 여성 집단 내부에서 하층부 여성이 당하는 내부적인, 2차적 차별이 함께 반영되어 있다고 생각합니다. 이는 일제 강점기에 우리나라의 하층 민중들이 차별받았던 구조와 유사할 것 같습니다. 일제 강점기, 우리나라의 하층민들은, 일본에게서 당하는 큰 범주의 제국주의적 수탈, 즉 1차적 차별과, 한국인들 내에서도 하층민이 당하는 2차적 차별을 함께 겪었을 것입니다.

이것을 문제에 있는 표현과 엮어 보자면, 큰 범주의 1차적 차별을 '차별'이라 표현하고, 같은 범주 집단 내에서 당하는 2차적(내부적) 차별을 '배제'라고 표현할 수 있을 것 같습니다. 그래서 제시문 (나)의 화자 즉, '하층부 여성은 남성으로부터 차별받고 상층부 여성으로부터는 배제를 당한다.'라고 정리할 수 있습니다. 마찬가지로, '일제 강점기 우리나라 민중들은 일본으로부터 차별받고, 친일파로부터 배제당했다.'라고 표현해도 무방할 것입니다.

이런 '차별과 배제의 메커니즘'은 피지배 계층의 분열을 통한 손쉬운 통제에 그 이유가 있을 것입니다. 피지배계층이 분열되어 있어야 지배 계층의 통제가 수월할 것입니다. 즉, 우리나라 사람들이 분열되어 있어야 일본의 제국주의적 통제가 용이했을 것입니다. 이런 메커니즘을 'divide and rule', 즉 분할 통치, 분열 통치라고 한다는 것을 들은 적이 있습니다. 특정 집단을 내부적으로 분열하고 그들끼리 적대시하게 함으로써 통치를 용이하게 하는 것을 그렇게 부른다고 합니다.

정리해 보겠습니다. 차별은 배제를 가져오고, 차별과 배제의 결합은 분열을 불러일으킬 것이며, 분열은 또 다른 분열을 재생산할 것입니다. 차별, 배제, 분열, 분열의 재생산...이 반복되고 순환되어 차별을 공고화하는 것. 2번 답변의 서두에 '차별과 배제의 지속 메커니즘'이라고 표현한 것이 바로 이것입니다. 이런 무시무시한 메커니즘은 거시적인 국가적 차원에서도, 미시적인 일상적 차원에서도, 무섭게 혹은 교묘하게 작동하는 '권력의 매커니즘'이라고 볼 수 있을 것 같습니다.

이상으로 2번 문제의 답변을 마치겠습니다. 감사합니다!

문제 해결의 Tip

서울대 구술면접 최고의 문제

저는 이 문제가 서울대 구술 문제 중에서 가장 아름다웠습니다. '어떻게 이런 문제를 만들지? 역시 서울대다!' 라는 감탄이 나오는 문제였죠. 겉보기는 단순하지만 구술 종합 세트라 생각될 만큼 다양한 논리틀과 어젠다를 담고 있습니다. 제가 지금까지 [문제 해결의 Tip]에서 얘기했던 거의 모두를 포괄하고 있는 문제입니다. 여러분들은 이 문제를 곱씹고 또 곱씹어서 자기 문제로 만드세요. 여러분들의 생각을 깊이 있게 만들어 줄 거라 확신합니다.

차별의 중첩

우리가 생각하는 차별의 구도는 단층적(mono)입니다. 하지만 다층적(multi) 차별의 구도도 많습니다. 이 다층적 차별의 구도를 파악할 수 있을 때 수준 높은 차원의 사고력을 보여 줄 수 있습니다.

다층적 차별은 1차적인 큰 차별 내에 다시 또 세부적인 여러 차별이 있는 경우를 말합니다. 고려 시대 원 간섭기를 예로 들어 볼까요? 몽골은 고려에게 공녀(貢女)를 많이 요구했습니다. 국가 차원에서의 수탈이죠. 1차적 차별입니다. 권문세족은 백성들 중에서 공녀를 선발했습니다. 2차적 차별이죠. 백성들 중에서도 여성들이 공녀로 차출되었습니다. 여성들은 3차적 차별까지 당한 거죠. 이런 형태를 다층적 차별이라 볼 수 있는 겁니다. (조금 도식적인 설명이지만 여러분들의 이해를 돕기 위한 거니까 이해해 주세요.)

이런 식의 다중 차별의 구도를 활용한 것이 이 문제라고 생각합니다. 그래서 저는 조금은 복잡하고 어려운 예시 답안을 시도했습니다. "제시문 (나)에는 남녀 차별이 보입니다. 그런데, 단순한 남녀 차별이 아닙니다. …… 하층부 여성은 남성에게서는 차별을 받고, 같은 여성 집단 내에서는 상층부 여성들에게 배제를 당하는, 중첩적 구조가 있다고 볼 수 있습니다. …… 그래서 제시문 (나)에는, 남녀 차별이라는 큰 범주의 1차적 차별과, 여성 집단 내부에서 하층부 여성이 당하는 2차적(내부적) 차별이 함께 반영되어 있다고 생각합니다. …… 제시문 (나)를 '하층부 여성은 남성으로부터 차별당하고 상층부 여성으로부터는 배제를 당한다.'라고 정리할 수 있습니다. …… 이런 '차별과 배제의 메커니즘'은 피지배 계층의 분열을 통한 손쉬운 통제에 그 이유가 있을 것입니다. …… 차별은 배제를 가져오고, 차별과 배제의 결합은 분열을 불러일으킬 것이며, 분열은 또 다른 분열을 재생산할 것입니다. …… '차별과 배제의 메커니즘'은 거시적인 국가적 차원에서도, 미시적인 일상적 차원에서도, 무섭게 혹은 교묘하게 작동하는 '권력의 메커니즘'이라고 볼 수 있을 것 같습니다."

대학에 진학한 이후 차별과 배제의 메커니즘, 권력의 메커니즘, 미시 권력과 거시 권력에 대해 깊이 생각하고, 관련된 책을 꼭 읽어 보세요. 여러분들은 사고가 넓어지고 깊어지는 것을 느끼게 될 겁니다. 응원합니다.

[문제 1, 2]
- 사회과학대학
- 경영대학

- 농업생명과학대학 농경제사회학부
- 생활과학대학 소비자아동학부, 의류학과

[문제 2]
- 인문대학
- 간호대학

- 사범대학
- 자유전공학부(인문)

주요 개념

정의, 사회적 합의, 사회 계약, 사회적 소수자, 차별

서울대학교의 공식 해설

▶ 제시문의 화자가 말하고 있는 정의의 기원을 사회적 합의의 동기와 결과의 관점에서 이해하고 이러한 기원을 갖고 있는 정의가 어떤 한계가 있는가를 추론할 수 있는가를 평가하고자 했다.

▶ 제시문의 화자는 계급, 인종에 따라 다른 여성성을 요구받는 상황의 부조리를 질문하고 있다. 그가 던진 "저는 여자가 아닙니까?"라는 질문은 남성 중심, 지배 계층의 중심(또는 백인 중심)에서 여성을 규정짓고 여성과 남성의 차별과 여성 안에서의 다른 대우를 정당화하는 성차별과 배제의 복잡한 기제에 대한 문제를 암시하고 있다.

※ 제시문을 읽고 문제에 답하시오.

(가) For more than half an hour, 38 respectable, law-abiding citizens in Queens watched a killer stalk and stab a woman in three separate attacks in Kew Gardens. Twice the sound of their voices and the sudden glow of their bedroom lights interrupted him and frightened him off. Each time he returned, sought her out and stabbed her again. Not one person telephoned the police during the assault; one witness called after the woman was dead.

*law-abiding: 법을 준수하는 / stalk: 몰래 따라가다 / stab: 찌르다 / glow: (전등 따위의)불빛 / assault: 공격

(나) 우리는 설사 우리의 이웃 중 누군가를 죽임으로써 처벌받을 염려가 전혀 없고 얼마간의 재산을 얻게 된다 하더라도 결코 그런 악행을 저지를 생각을 하지 않을 것이다. 그러나 만약 1억 명이나 되는 먼 이국땅의 사람들이 조만간 천재지변에 의해 죽게 된다는 사실을 알았을 땐 어떨까? 내일 자신의 새끼손가락을 잃어야 한다는 걸 안다면 결코 잠들지 못할 테지만 자신이 한 번도 만나본 적이 없는 사람들에 대한 일이라면 아주 편안히 코까지 골며 잘 것이다.

문제 1

제시문 (가)와 (나)의 상황을 근거로 하여 인간의 도덕적 행위를 저해하는 요소들이 무엇인지 설명하시오.

문제 2

기아로 고통 받는 외국의 아이들을 위해 기부를 요청하는 국제 구호 단체의 편지를 받았다고 가정해 보자. 편지에 따르면 3만 원을 기부하면, 10명의 아이들이 한 달을 살 수 있지만 이를 외면하면 이들은 곧 죽게 된다고 한다. 국제 구호의 실효성과 한계를 고려하여, 당신은 이런 상황에서 어떤 선택을 할 것인지 설명하시오.

구상지

문제 1

1번 문제의 답변을 시작하겠습니다.

저는 도덕적 행위를 저해하는 요소로, 방관자적 태도와 공감의 부재를 들고 싶습니다. 도덕적 행위, 즉 윤리적 행위의 실천을 위해서는 정확한 사실 판단, 배려와 공감, 성찰적 태도, 옳고 그름에 대한 판단 등이 필요합니다. 하지만 제시문 (가)와 (나)에는 그런 것들이 보이지 않습니다.

제시문 (가)부터 말씀드리겠습니다. 제시문 (가)의 상황은 살인 행위가 수차례 반복되는 걸 목격하고서도, 직접적으로 도와주지 않고, 먼 거리에서 (불빛으로) 방해하는 수준에 그치며, 경찰에 신고하지 않는 상황입니다. 그 결과 여성은 사망하고 말았습니다. 비겁하고 방관적이며 극단적인 소극성을 보이고 있습니다. 방관적 태도가 무조건적으로 나쁜 것은 아닙니다. 하지만 그 방관이 다른 사람에게 위협이 될 경우에는 방관도 비윤리적 행위가 될 수 있음을 알 수 있습니다. 적극적 살인 행위도 범죄지만, 부작위에 의한 '결과적 살인 치사'도 범죄적인 것입니다.

제시문 (나)는 제시문 (가)와 정도의 차이는 있지만, 본질적으로는 큰 차이가 없는 상황입니다. 제시문 (나)의 상황은 수많은 사람이 죽음의 위험에 내몰리는 것을 인지하면서도 아무런 감정적 동요가 없는 상황입니다. 이 또한 지극히 방관적이며 극단적인 공감의 부재를 보여 줍니다. 사실 어찌 보면 흔한 상황입니다. 아프리카에서 많은 아이들이 영양실조와 기아에 의해 사망하는 것을 알면서도, 우리는 음식물을 쉽게 버리고, 기부에 인색한 편이기도 합니다. 하지만 제시문 (나) 또한 비윤리적이라는 점에서는 틀림이 없습니다. 나와의 관계 유무, 나와의 친밀성, 나와의 거리적 인접성 때문에 도덕성이라는 기준이 달라지는 것은 아닐 것입니다. 자연 법칙이 국가를 가리지 않는 것처럼, 윤리성도 거리나 친밀함에 구속받지는 않을 것입니다.

이상으로 볼 때 제시문 (가)와 (나)에 드러나 있는 도덕적 행위의 저해 요소는 극단적인 방관자 태도, 긴급 상황에서의 소극성과 비겁함, 타인에 대한 공감의 부재, 비도덕적 부작위라 할 수 있습니다. 즉, 타인에게 해를 끼치는 '적극적 작위'뿐만 아니라, 타인의 곤경과 위협을 나 몰라라 하는 '적극적 부작위'도 비윤리적 행위가 될 수 있음을 보여 주는 사례들입니다. '해야 할 것은 하고, 하지 말아야 할 것은 안 하는 것'이 윤리의 기본적 지침이라고 볼 수 있겠습니다.

이상으로 1번 문제의 답변을 마치겠습니다.

2번 문제의 답변을 시작하겠습니다.

우선 국제 구호의 실효성을 따져 보겠습니다. 저는 국제 구호가 '즉시 도움'이라는 실효성을 갖고 있다고 생각합니다. 지금 이 시간에도 엄청나게 많은 아동들이 기아와 영양실조 및 전쟁, 종교 갈등의 고통에 시달리고 있습니다. 식량과 약품과 교육은 지금 당장 필요한 것들입니다. 국제 구호는 현장에서 이런 점들에 헌신적으로 도움을 주고 있습니다. 지구의 모든 사람들이 생업을 그만두고 그들을 직접 도우러 갈 수는 없기 때문에, 국제 구호 단체를 통해서 간접적으로 도움을 줄 수 있다는 점에서 국제 구호의 실효성은 뚜렷하다고 생각합니다.

하지만, 현재의 국제 구호가 완전하다고 볼 수는 없을 것입니다. 어느 분야나 그런 것처럼 국제 구호에 대해서도 한계가 언급되고 있습니다. 우선 국제 구호 단체들이 '구호'보다는 '모금'에 더 집중한다는 비판이 있는 것으로 알고 있습니다. 문제에 있는 편지의 내용도 조금은 과격한 편입니다. 그리고 구호 단체들의 모금 광고들을 보면 심지어 선정적이기까지 합니다. 그런 방식 때문에 '빈곤 포르노'라고 비판받기도 합니다. 구호 단체들의 투명하지 못한 자금 사용과 횡령에 관한 기사도 심심치 않게 보입니다. 무엇보다도 국제적인 구호가 구호 대상자의 장기적 발전과 자립성 확보보다는 일시적 혜택의 제공에 머물고 있다는 점이 가장 아쉽습니다.

하지만 이런 한계에도 불구하고, 저는 기부하는 것이 맞다고 생각합니다. 몇몇 부작용이 있다고 해서, 아무것도 하지 않는 것은 문제 1번의 '부작위와 방관'에 해당한다고 보기 때문입니다. 제가 기부하지 않으면 그들은 아무 도움을 못 받을 것입니다. 제가 기부하면 제 기부의 절반이라도 받을 것입니다. 제 기부가 100% 그들에게 전달이 되지 않더라도 일부는 전달될 것입니다. 무언가를 하는 것은 타인에게 도움을 줄 수도, 해가 될 수도 있습니다. 하지만 아무것도 하지 않는 것은 도움을 줄 수는 없지만 해는 될 수 있습니다. 국제 구호 '단체의 한계' 때문에 '국제 구호 자체의 실효성'을 인정하지 않는 것은 그릇된 태도라고 생각합니다. 행위자의 실수와 한계를 그 행위 자체의 한계로 생각하는 것은 합리적이지도, 윤리적이지도 않습니다.

저는 적극적으로 기부를 하겠습니다. 그런 다음, 구호 단체에게 적극적으로 의견을 개진해서 저런 한계를 넘어서길 요청하겠습니다. 꾸준히 그 단체의 활동에 관심을 두고, 구호가 제대로 되는지 체크하는 '건전한 감시자' 역할을 하겠습니다.

나와 무관한 일, 나와 먼 일이라고 해서 시선을 돌리지 않는 것, 그것이 파편화된 현대 사회에서 필요한 참여 윤리라고 생각합니다.

이상으로 2번 문제의 답변을 마치겠습니다. 감사합니다!

문제 해결의 Tip

작위와 부작위

'작위'는 무언가를 하는 것입니다. 국어사전에는 "일정한 신체 운동을 하는 적극적 태도. 법적·규범적으로 금지되어 있는 일을 의식적으로 하는 것을 이른다."라고 명시되어 있습니다. '부작위'는 하지 않는 거죠. 국어 사전에는 "마땅히 하여야 할 일을 일부러 하지 아니함"으로 되어 있습니다.

우리는 흔히 '작위'만이 윤리적으로, 법적으로 나쁜 행위가 될 수 있다고 생각합니다. 살인(작위) 행위, 타인에게 피해를 끼치는(작위) 행위, 나쁜 정책을 만드는(작위) 행위 …… 하지만 부작위도 분명히 윤리적, 규범적, 법적으로 문제가 될 수 있다는 점을 아셔야 합니다. 타인이 위기 상황인데 도와주지 않는(부작위) 행위, 긴급 범죄를 목격했는데 신고하지 않는(부작위) 행위 …… 등은 부작위에 의한 비윤리(범법)적 행위입니다.

고로, '비윤리적 행위 = 작위적 비윤리 + 부작위적 비윤리'의 논리틀을 가지고 있으면, "제시문 (가)의 상황은 살인 행위가 수차례 반복되는 걸 목격하고서도, 직접적으로 도와주지 않고, 먼 거리에서 (불빛으로) 방해하는 수준에 그치며, 경찰에 신고하지 않는 상황입니다. 그 결과 여성은 사망하고 말았습니다. 비겁하고 방관적이며 극단적인 소극성을 보이고 있습니다. 방관적 태도가 무조건적으로 나쁜 것은 아닙니다. 하지만 그 방관이 다른 사람에게 위협이 될 경우에는 <u>방관도 비윤리적 행위</u>가 될 수 있음을 알 수 있습니다. 즉, 살인이라는 '<u>작위</u>'도 비윤리적이고, 방관이라는 '<u>부작위</u>'도 비윤리적인 것입니다. 적극적 살인 행위도 범죄지만, <u>부작위에 의한 '결과적 살인 치사'</u>도 범죄적인 것입니다."와 같은 논리적 답변이 가능해 집니다.

보완과 제거

어떤 물건에 하자가 있습니다. 어떻게 해야 되죠? 첫 번째, 버리고 새 것을 구해야겠죠. 두 번째, 고쳐서 사용할 수 있죠. 상식적인 내용입니다.

그런데, 제시문의 주장에 대해서는 많은 학생들이 버리는 것, 즉 제거와 폐기만을 채택하는 경우가 많습니다. 특정 주장이나 현상에 한계가 있을 경우 무조건 반대한다, 제거한다, 버린다, 폐기한다고 하지 말아 주세요. 보완이 더 훌륭한 방법이 될 수 있습니다.

이 문제도 마찬가지입니다. 국제 구호 단체의 활동에 한계가 뚜렷하고 심지어 부작용도 보입니다. 어떻게 대응해야 하죠? 우리는 기부를 멈추어야 할까요? 그렇지 않겠죠. 국제 구호라는 순기능은 존재해야 합니다. 그러기 위해서는 기부가 필수적이죠. 구호라는 순기능은 남기고 한계만 보완하는 방법이 더 맞을 것입니다.

사실, 제거는 쉽습니다. 반면 보완은 어렵지요. 하지만 매사 제거해 버리면 그것이 가지는 순기능마저 사라진다는 것을 염두에 두어야 합니다. '순기능은 남기고 부작용을 없앤다.'는 보완의 관점을 잘 활용해야 합니다. 그럴 때, "국제 구호에 대해서도 한계가 언급되고 있습니다. …… 하지만 이런 <u>한계에도 불구하고</u>, 저는 <u>기부하는 것이 맞다</u>고 생각합니다. 몇몇 부작용이 있다고 해서, 아무것도 하지 않는 것은 1번 문제의 '부작위와 방관'에 해당한다고 보기 때문입니다. 제가 기부하지 않으면 그들은 아무 도움을 못 받을 것입니다. …… 행위자의 실수와 한계를 그 행위 자체의 한계로 생각하는 것은 합리적이지도, 윤리적이지도 않습니다. ……

저는 <u>적극적으로 기부</u>를 하겠습니다. 그런 다음, 구호 단체에게 적극적으로 의견을 개진해서 저런 한계를 넘어서길 요청하겠습니다. 꾸준히 그 단체의 활동에 관심을 두고, 구호가 제대로 되는지 체크하는 '<u>건전한 감시자</u>' 역할을 하겠습니다. 나와 무관한 일, 나와 먼 일이라고 해서 시선을 돌리지 않는 것, 그것이 파편화된 현대 사회에서 필요한 참여 윤리라고 생각합니다."라는 답변이 가능해 집니다.

[문제 1, 2]
• 사회과학대학

[문제 2]
• 인문대학   • 자유전공학부(인문)
• 사범대학

주요 개념

방관자 효과, 도덕 감정, 국제 구호

서울대학교의 공식 해설

▶ 인간의 도덕적 행위를 결정하는 다양한 요소를 사회 현상에 대한 관찰과 사고 실험으로부터 추론하고 이를 일반화하여 관련 문제들을 정합적으로 분석할 수 있는 사고력을 측정함

▶ 국제 구호 활동의 실효성과 한계를 개인의 윤리적 가치와 연결시킬 수 있는 이해력과 사고력을 측정하고자 함

문제 1

좌표평면 위의 점 $P_1(a_1,\ b_1)$을 직선 $y=x$에 대하여 대칭이동한 점을 $P_2(a_2,\ b_2)$라고 하자. 점 $P_1(a_1,\ b_1)$, $P_2(a_2,\ b_2)$의 좌표를 각각 일차항의 계수와 상수항으로 갖는 두 개의 이차방정식

$$(\text{I}):\ x^2+a_1x+b_1=0$$
$$(\text{II}):\ x^2+a_2x+b_2=0$$

에 대하여 다음 물음에 답하시오.

[1-1]

좌표평면에서 $P_1(a_1,\ b_1)$이 움직임에 따라 방정식 (I), (II)는 서로 다른 두 실근을 가질 수도 있고 갖지 않을 수도 있다.

점 $P_1(a_1,\ b_1)$이 (I)과 (II) 중 어느 하나의 방정식도 서로 다른 두 실근을 갖지 않도록 하는 영역에서 움직일 때, 두 점 $P_1(a_1,\ b_1)$, $P_2(a_2,\ b_2)$ 사이의 거리의 최댓값을 구하시오.

구상지

1-1

1번 문제의 답변을 시작하겠습니다.

(설명과 계산을 시작합니다.)

점 P_1과 점 P_2는 직선 $y = x$에 대하여 대칭이므로 $a_2 = b_1$, $b_2 = a_1$입니다.
따라서 방정식 (Ⅱ)를 a_1, b_1을 이용하여 나타내면 다음과 같습니다.

(Ⅱ) $x^2 + b_1 x + a_1 = 0$

(Ⅰ)과 (Ⅱ) 중 어느 하나의 방정식도 서로 다른 두 실근을 갖지 않도록 하는 실수 a_1, b_1의 조건을 구하기 위해서는 (Ⅰ)과 (Ⅱ)의 판별식이 모두 0 이하이어야 하므로

(Ⅰ)의 판별식: $a_1{}^2 - 4b_1 \leq 0 \Leftrightarrow b_1 \geq \dfrac{a_1{}^2}{4}$ $\cdots$ ㉠

(Ⅱ)의 판별식: $b_1{}^2 - 4a_1 \leq 0 \Leftrightarrow a_1 \geq \dfrac{b_1{}^2}{4}$ $\cdots$ ㉡

입니다. ㉠, ㉡을 만족하는 점 $P_1(a_1,\ b_1)$의 자취는 다음 그림과 같습니다.

(칠판에 그래프 또는 그림을 그립니다.)

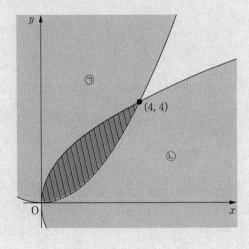

즉, 위 그림의 빗금친 영역 및 그 경계에 점 $P_1(a_1,\ b_1)$이 존재하며, 그 영역은 직선 $y=x$에 대하여 대칭입니다.

따라서 $P_1(a_1,\ b_1)$, $P_2(a_2,\ b_2)$ 사이의 거리가 최대인 경우는

$y=\dfrac{x^2}{4}$ $(0 \leq x \leq 4)$ $\left(\text{또는 } x=\dfrac{y^2}{4}\ (0 \leq y \leq 4)\right)$와 직선 $y=x$의 거리가 최대인 경우입니다.

$y=\dfrac{x^2}{4}$ $(0 \leq x \leq 4)$ 위의 점 $P_1(a_1,\ b_1)$과 직선 $y=x$ 사이의 거리는

$$\frac{|x_1-y_1|}{\sqrt{2}} = \frac{x_1-y_1}{\sqrt{2}} = \frac{1}{\sqrt{2}}\left(x_1 - \frac{x_1^{\,2}}{4}\right) = -\frac{1}{4\sqrt{2}}\left(x_1^{\,2} - 4x_1\right)$$

이고 이것은 위로 볼록한 이차함수이므로 $x_1=2$일 때 최댓값을 가짐을 알 수 있습니다.

즉, $(x_1,\ y_1)=(2,\ 1)$일 때 거리는 최대가 됩니다.

또한 이 점은 $y=\dfrac{x^2}{4}$의 접선이 $y=x$와 평행할 때의 접점의 좌표이기도 합니다.

따라서 구하는 $P_1(a_1,\ b_1)$, $P_2(a_2,\ b_2)$ 사이의 최대 거리는

$2 \times \dfrac{1}{\sqrt{2}}\left(2 - \dfrac{2^2}{4}\right) = \sqrt{2}$ 입니다.

이상으로 1번 문제의 답변을 마치겠습니다. 감사합니다!

[1-1] 분류, 계산

구하고자 하는 경우를 판별식을 이용하여 파악해야 합니다.

좌표평면 위에 부등식의 영역을 나타내어 보면 직선 $y = x$에 대하여 대칭임을 알 수 있고, 문제에서 요구하는 값을 구할 수 있습니다.

- 사회과학대학 경제학부
- 경영대학
- 농업생명과학대학 농경제사회학부

- 생활과학대학 소비자아동학부 소비자학전공, 의류학과
- 자유전공학부(수학1)

주요 개념

이차방정식의 판별식, 부등식의 영역

서울대학교의 공식 해설

▶ 이차방정식의 판별식을 이해하고 부등식의 영역을 좌표평면에 나타낸 후 최대, 최소를 구할 수 있는지를 평가한다.

▶ 부등식의 영역을 활용하여 최대, 최소 문제를 해결할 수 있는지를 평가한다.

문제 2

키가 서로 다른 3명의 학생을 9개의 좌석이 일렬로 배치되어 있는 롤러코스터에 태우려고 한다.

[2-1]

3명의 학생을 다음의 〈조건〉을 만족하도록 롤러코스터에 모두 태우는 경우의 수를 구하시오.

┌─〈조건〉
│
│   연이은 두 좌석에 학생이 앉은 경우에는 앞좌석에 앉은 학생의 키가 더 작다.
│

구상지

2-1

1번 문제의 답변을 시작하겠습니다.

(설명과 계산을 시작합니다.)

이웃하는 경우에는 키에 따라 자동으로 좌석이 배치됩니다.
세 명의 학생이 앉을 좌석을 제외하면 6개의 빈 좌석이 있으며
이 6개의 빈 좌석의 가장 왼쪽과 가장 오른쪽, 그리고 좌석 사이의 총 7개의 자리에서 세 명의 학생이 앉을
위치를 정하겠습니다.

(칠판에 그림을 그립니다.)

(설명과 계산을 시작합니다.)

풀이 1
다음과 같이 경우를 분류하여 경우의 수를 구하겠습니다.
(ⅰ) 세 명의 학생이 모두 이웃하는 경우
　　이웃한 세 명의 학생이 들어갈 수 있는 자리는 7개이므로 구하는 경우의 수는 7입니다.
　　이때 세 명의 학생의 키의 크기에 따라 좌석은 결정됩니다.

(ⅱ) 두 명의 학생만 이웃하는 경우
　　세 명의 학생 중 이웃할 두 명의 학생을 선택하는 방법의 수는 $_3C_2 = 3$이고,
　　이웃한 두 명의 학생이 들어갈 수 있는 자리는 7개입니다.
　　이때 두 명의 학생의 키의 크기에 따라 좌석은 결정됩니다.
　　한편, 남은 한 명의 학생이 들어갈 수 있는 자리는 6개이므로
　　구하는 경우의 수는 $3 \times 7 \times 6 = 126$입니다.

(ⅲ) 모두 이웃하지 않는 경우
　　총 7개의 자리 중 3개의 자리를 선택하면 되므로
　　구하는 경우의 수는 $_7P_3 = 7 \times 6 \times 5 = 210$입니다.

따라서 (ⅰ), (ⅱ), (ⅲ)에 의해 구하는 전체 경우의 수는 $7 + 126 + 210 = 343$입니다.

풀이 2

세 명의 학생 중 임의의 한 명의 학생의 자리를 선택하는 경우의 수는 7입니다.
이때 세 명의 학생 중 1명을 선택하는 경우는 고려하지 않아도 됩니다.
왜냐하면 '임의의'이기 때문입니다.

마찬가지로 남은 두 명의 학생 중 임의의 한 명의 학생의 자리를 선택하는 경우의 수도 7입니다.
이때에는 이미 자리를 선택한 첫 번째 학생과 이웃할 수도 있고 이웃하지 않을 수도 있으나 이웃하는 경우에는 키의 크기에 따라 위치가 결정됩니다.
따라서 첫 번째 학생의 앞자리인지, 뒷자리인지를 구별할 필요가 없습니다.

마지막 학생이 자리를 선택하는 경우의 수도 7입니다.
이웃하는 경우에는 마찬가지로 키에 의해 첫 번째, 두 번째 학생의 위치가 결정되기 때문입니다.

따라서 구하는 경우의 수는 $7 \times 7 \times 7 = 343$입니다.

이상으로 1번 문제의 답변을 마치겠습니다. 감사합니다!

[2-1] 분류, 추론, 계산

경우를 분류하여 계산할 수 있습니다.

또는 문제의 조건에 의해 위치가 자동적으로 결정됨을 이용하여 간단히 계산할 수도 있습니다.

- 사회과학대학 경제학부
- 경영대학
- 생활과학대학 소비자아동학부 소비자학전공, 의류학과
- 농업생명과학대학 농경제사회학부

주요 개념

경우의 수, 순열, 조합

서울대학교의 공식 해설

▶ 곱의 법칙을 이해하여 경우의 수를 구할 수 있는지를 평가한다.

수리 구술

2017학년도 수학 오전

문제 3

수열 $\{a_n\}$을 다음과 같이 정의하자.

$$a_n = \left(2 + \sqrt{5}\right)^n \ (n = 1,\ 2,\ 3,\ \cdots)$$

[3-1]

다음 〈조건〉을 만족하는 실수 r가 단 하나 존재함을 보이시오.

〈조건〉

모든 자연수 n에 대하여 $a_n + r^n$은 짝수인 정수이다.

구상지

3-1

1번 문제의 답변을 시작하겠습니다.

(설명과 계산을 시작합니다.)

$a_n = \left(2 + \sqrt{5}\right)^n$을 이항정리를 이용하여 전개하겠습니다.

$$\left(2 + \sqrt{5}\right)^n = {}_n\mathrm{C}_0 \cdot 2^n \cdot \left(\sqrt{5}\right)^0 + {}_n\mathrm{C}_1 \cdot 2^{n-1} \cdot \left(\sqrt{5}\right)^1 + \cdots + {}_n\mathrm{C}_n \cdot 2^0 \cdot \left(\sqrt{5}\right)^n$$

$a_n + r^n$은 짝수인 정수이므로 유리수입니다.

그런데 이 식에서 $\left(\sqrt{5}\right)^{2k-1}$ $(k = 1, 2, \cdots)$은 무리수입니다.

따라서 r^n은 다음 항들을 포함해야 합니다.

$$-{}_n\mathrm{C}_1 \cdot 2^{n-1} \cdot \left(\sqrt{5}\right)^1 - {}_n\mathrm{C}_3 \cdot 2^{n-3} \cdot \left(\sqrt{5}\right)^3 - \cdots - {}_n\mathrm{C}_{2k-1} \cdot 2^{n-(2k-1)} \cdot \left(\sqrt{5}\right)^{2k-1}$$

여기에서 n이 홀수일 때는 $2k - 1 = n$, 즉 $k = \dfrac{n+1}{2}$이고,

n이 짝수일 때는 $2k - 1 = n - 1$, 즉 $k = \dfrac{n}{2}$이므로

k는 $k = \left[\dfrac{n+1}{2}\right]$입니다. (단, $[x]$는 x보다 크지 않은 최대의 정수)

즉, $r^n = \left(2 - \sqrt{5}\right)^n$임을 추측할 수 있습니다.

이제 수학적 귀납법을 통해서 $r^n = \left(2 - \sqrt{5}\right)^n$일 때 $a_n + r^n$은 짝수인 정수임을 보이겠습니다.

이를 위해 $2 + \sqrt{5}$와 $2 - \sqrt{5}$를 두 근으로 하는 이차방정식 $x^2 - 4x - 1 = 0$을 생각해 보겠습니다.

즉, $x^2 = 4x + 1$이고 양변에 x^n을 곱하면 $x^{n+2} = 4x^{n+1} + x^n$입니다.

따라서 $a_{n+2} = 4a_n + a_{n+1}$, $r^{n+2} = 4r^{n+1} + r^n$이므로

$$a_{n+2} + r^{n+2} = 4\left(a_{n+1} + r^{n+1}\right) + \left(a_n + r^n\right) \quad \cdots \textcircled{1}$$

입니다.

수학적 귀납법을 이용하여 모든 자연수 n에 대하여 성립함을 보이겠습니다.

(i) $n=1$일 때

$(2+\sqrt{5})+(2-\sqrt{5})=4$이므로 성립합니다.

(ii) $n=2$일 때

$(2+\sqrt{5})^2+(2-\sqrt{5})^2=8+10=18$이므로 성립합니다.

(iii) $n=k$, $n=k+1$일 때

a_k+r^k과 $a_{k+1}+r^{k+1}$이 모두 짝수인 정수라고 가정하겠습니다.

(iv) $n=k+2$일 때

㉠에 의해 $a_{k+2}+r^{k+2}=4(a_{k+1}+r^{k+1})+(a_k+r^k)$이고

이는 (iii)의 가정에 의해 $a_{k+2}+r^{k+2}$ 역시 짝수가 됩니다.

따라서 $r=2-\sqrt{5}$이면 모든 자연수 n에 대하여 a_n+r^n은 짝수인 정수입니다.

즉, 모든 자연수 n에 대하여 a_n+r^n이 짝수인 정수가 되도록 하는 r가 존재합니다.

이제 $r=2-\sqrt{5}$로 유일함을 귀류법을 이용하여 보이겠습니다.

$n=1$일 때 성립해야 하므로 $r=2k-\sqrt{5}$이어야 합니다. (단, k는 정수)

이때 $k\neq1$이라 가정하면 $n=2$일 때

$(2+\sqrt{5})^2+(2k-\sqrt{5})^2=4+4k^2+10+(4-4k)\sqrt{5}$이지만 $4-4k\neq0$이므로

a_2+r^2이 짝수인 정수가 될 수 없습니다.

따라서 $k=1$일 때만 가능합니다.

즉, $r=2-\sqrt{5}$로 유일합니다.

이상으로 1번 문제의 답변을 마치겠습니다. 감사합니다!

문제 해결의 Tip

[3-1] 추론 및 증명, 계산

이항정리를 이용하여 a_n을 파악한 후 r^n을 추론할 수 있습니다.

그리고 실수 r가 유일함을 귀류법을 이용하여 증명해야 합니다.

낯선 해결 방법일 수 있으나 유일성을 증명하는 대표적인 방법인 귀류법은 알아 두어야 합니다.

자유전공학부(수학1)

주요 개념

이항정리, 수열의 귀납적 정의

서울대학교의 공식 해설

▶ 이항정리를 이해하는지를 평가한다.

수리
구술

2017학년도 수학 오후

문제 4

함수 $f: [0, 1] \rightarrow [0, 1]$을 다음과 같이 정의하자.

$$f(x) = 4x(1-x)$$

[4-1]

함수 $g: [0, 1] \rightarrow [0, 1]$을 합성함수 $f \circ f$라고 하자. 함수 $y = f(x)$와 $y = g(x)$의 그래프의 개형을 그리고, $f(p) \neq p$이고 $g(p) = p$가 되는 모든 p의 값을 구하시오.

구상지

4-1

1번 문제의 답변을 시작하겠습니다.

주어진 이차함수 $y = f(x)$의 그래프를 그리면 다음과 같습니다.

(칠판에 그래프 또는 그림을 그립니다.)

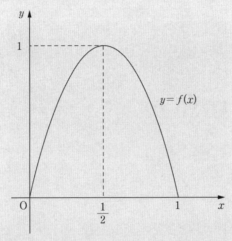

$0 \leq x \leq \dfrac{1}{2}$일 때 $f(x)$는 0에서 1까지 변하고 $\dfrac{1}{2} \leq x \leq 1$일 때 $f(x)$는 1에서 0까지 변하므로

합성함수 $y = g(x) = f(f(x))$의 그래프는 $0 \leq x \leq \dfrac{1}{2}$일 때 위로 볼록한 함수 $f(x)$의 그래프의 개형이

그려지고 $\dfrac{1}{2} \leq x \leq 1$일 때에도 마찬가지로 위로 볼록한 함수 $f(x)$의 그래프의 개형이 그려집니다.

(칠판에 그래프 또는 그림을 그립니다.)

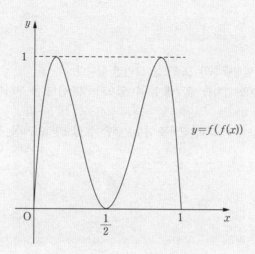

(설명과 계산을 시작합니다.)

다음은 $f(p)=p$인 p를 구해 보겠습니다.

$4p(1-p)=p$에서 $p(4p-3)=0$이므로 $p=0$ 또는 $p=\dfrac{3}{4}$입니다.

이제 $p\neq 0$, $p\neq \dfrac{3}{4}$을 만족하는 $g(p)=p$인 p를 구해 보겠습니다.

$4f(p)(1-f(p))=p$에서 $16p(1-p)(1-4p+4p^2)=p$이므로
$p\{16(1-p)(1-4p+4p^2)-1\}=0$ $\quad\cdots$ ㉠
입니다.

$p\neq 0$이므로 ㉠의 양변을 p로 나누면 $16(-4p^3+8p^2-5p+1)-1=0$이고 이를 정리하면
$64p^3-128p^2+80p-15=0$입니다.

$p=\dfrac{3}{4}$일 때 위의 식은 성립하므로 조립제법과 근의 공식을 이용하여 인수분해를 하면 다음과 같습니다.

$\left(p-\dfrac{3}{4}\right)(64p^2-80p+20)=0$에서

$(4p-3)(16p^2-20p+5)=0$, $(4p-3)\left(p-\dfrac{5\pm\sqrt{5}}{8}\right)=0$입니다.

이때 $\dfrac{5\pm\sqrt{5}}{8}$는 구간 $[0,\ 1]$에 속하므로 $p=\dfrac{3}{4}$ 또는 $p=\dfrac{5\pm\sqrt{5}}{8}$입니다.

따라서 $f(p)\neq p$이고 $g(p)=p$가 되는 p의 값은 $\dfrac{5\pm\sqrt{5}}{8}$입니다.

이상으로 1번 문제의 답변을 마치겠습니다. 감사합니다!

문제 해결의 Tip

[4-1] 계산

수능 수학에서 공부한 대로 합성함수의 그래프를 그리면 됩니다.

그래프의 개형으로 대략의 값의 위치를 생각해 볼 수 있으나 정확한 값을 구하기 위해서 계산을 할 수밖에 없습니다.

조립제법, 근의 공식 등을 이용하여 고차방정식을 인수분해할 수 있으면 요구하는 값을 쉽게 구할 수 있습니다.

• 사회과학대학 경제학부   • 자유전공학부(수학1)

주요 개념

합성함수, 그래프의 개형

서울대학교의 공식 해설

▶ 함수의 합성을 이해하고, 다항식을 인수분해할 수 있는지를 평가한다.

문제 5

서로소인 양의 정수 a와 n이 주어졌다. (단, $n > 1$) 계수들이 모두 정수인 다항식

$$f(x) = \sum_{i=0}^{n} c_i x^i = (x+a)^n - (x^n + a^n)$$

에 대하여 다음 물음에 답하시오.

[5-1]

자연수 k, 소수 p, 그리고 p와 서로소인 자연수 m에 대하여 $n = p^k m$이라고 하자. 단, $k = 1$이면 $m > 1$이라고 한다. 계수 c_p를 구하고 c_p는 n으로 나누어떨어지지 않음을 보이시오.

[5-2]

n을 1보다 큰 임의의 자연수라고 하자. 이때 $f(x)$의 모든 항의 계수 c_i가 n으로 나누어떨어지면 n이 소수임을 보이시오.

구상지

예시 답안

5-1

1번 문제의 답변을 시작하겠습니다.

(설명과 계산을 시작합니다.)

이항정리를 이용하여 정리하면 $f(x) = \sum_{i=1}^{n-1} {}_n\mathrm{C}_i\, a^{n-i} x^i$이므로 계수 c_p는 ${}_n\mathrm{C}_p a^{n-p}$입니다.

주어진 조건 $n = p^k m$을 적용하면 $c_p = {}_n\mathrm{C}_p a^{n-p} = {}_{p^k m}\mathrm{C}_p a^{p^k m - p}$입니다.

이제 $k=1$을 기준으로 분류하여 보겠습니다.

(ⅰ) $k \neq 1$인 경우

a는 n과 서로소이므로 $a^{p^k m - p}$은 n으로 나누어떨어지지 않습니다.

(ⅱ) $k = 1$인 경우

$m > 1$이므로 $p^k m - p$는 0이 될 수 없고, a는 n과 서로소이므로 $a^{p^k m - p}$은 n으로 나누어떨어지지 않습니다.

따라서 ${}_{p^k m}\mathrm{C}_p$가 $n = p^k m$의 배수가 될 수 없음을 보이면 됩니다.

$$\frac{{}_{p^k m}\mathrm{C}_p}{p^k m} = \frac{p^k m \cdot (p^k m - 1) \cdot (p^k m - 2) \cdot \cdots \cdot (p^k m - p + 1)}{p^k m \cdot p \cdot (p-1) \cdot (p-2) \cdot \cdots \cdot 1}$$

$$= \frac{(p^k m - 1) \cdot (p^k m - 2) \cdot \cdots \cdot (p^k m - p + 1)}{p \cdot (p-1) \cdot (p-2) \cdot \cdots \cdot 1} \qquad \cdots \; \ominus$$

입니다.

귀류법을 이용하여 ${}_{p^k m}\mathrm{C}_p$가 $n = p^k m$의 배수가 된다고 가정하면

$\ominus$의 분자는 p의 배수가 되어야 합니다.

그런데 분자의 $(p^k m - l)$ (단, $l = 1,\ 2,\ \cdots,\ p-1$)에서 l은 소수인 p로 나누어떨어질 수 없으므로 ${}_{p^k m}\mathrm{C}_p$는 n으로 나누어떨어지지 않습니다.

따라서 c_p는 n으로 나누어떨어지지 않습니다.

이상으로 1번 문제의 답변을 마치겠습니다.

5-2

2번 문제의 답변을 시작하겠습니다.

(설명과 계산을 시작합니다.)

풀이 1

귀류법을 이용하여 증명하겠습니다.
n이 두 개 이상의 소수의 곱으로 표현되는 합성수라면 1번 문제의 결과로부터 c_p는 n으로 나누어떨어지지 않음을 알 수 있습니다.
그런데 이것은 c_i가 n으로 나누어떨어진다는 조건과 모순이므로 n은 합성수가 될 수 없습니다.
따라서 n은 소수입니다.

풀이 2

1번 문제에서 구한 명제의 대우를 생각하여 증명하겠습니다.
즉, c_p가 n으로 나누어떨어지면 자연수 k, 소수 p와 서로소인 자연수 m에 대하여 $n \neq p^k m$입니다.
여기서 $p^k m$은 합성수를 표현하는 수입니다.
따라서 n은 합성수가 아니므로 소수입니다.

이상으로 2번 문제의 답변을 마치겠습니다. 감사합니다!

[5-1] 분류, 추론 및 증명, 계산

이항정리를 이용하여 계수 c_p를 구할 수 있습니다.

정의에 의해 조합을 표현한 후 귀류법을 이용해야 합니다.

매우 난도가 높은 문항입니다.

[5-2] 추론 및 증명

[5-1]에서 얻은 결론을 이용하고 귀류법을 적용해야 합니다.

또는 대우를 이용해 결론을 도출할 수도 있습니다.

직접증명하기는 어렵다는 것을 판단할 수 있어야 하며, 주어진 조건을 이용하여 간접증명하는 연습이 필요합니다.

사회과학대학 경제학부

이항정리, 서로소, 귀류법

▶ 이항정리를 사용할 수 있는지와 조합의 수를 구할 수 있는지를 평가한다.

문제 6

실수 a에 대하여 다음의 적분을 생각하자.

$$\int_0^1 |x^3 + a| dx$$

[6-1]

위의 적분값이 최소가 되는 실수 a의 값을 구하시오.

구상지

6-1

1번 문제의 답변을 시작하겠습니다.

(설명과 계산을 시작합니다.)

방정식 $x^3 = -a$의 해는 $(-a)^{\frac{1}{3}}$입니다.

$(-a)^{\frac{1}{3}} = A$로 치환하고 A의 값의 범위를 분류하겠습니다.

(i) $A \leq 0$일 때, 즉 $a \geq 0$일 때

구간 $[0, 1]$에서 $x^3 + a \geq 0$이므로

$$\int_0^1 |x^3 + a| dx = \int_0^1 (x^3 + a) dx = \frac{1}{4} + a$$

입니다.

또한 최솟값은 $a = 0$일 때 $\frac{1}{4}$입니다.

(ii) $0 \leq A \leq 1$일 때, 즉 $-1 \leq a \leq 0$일 때

구간 $[0, A]$에서 $x^3 + a \leq 0$, 구간 $[A, 1]$에서 $x^3 + a \geq 0$이므로

$$\int_0^1 |x^3 + a| dx = \int_0^A -(x^3 + a) dx + \int_A^1 (x^3 + a) dx$$

$$= -\frac{1}{4} A^4 - aA + \frac{1}{4} + a - \frac{1}{4} A^4 - aA$$

$$= -\frac{1}{2} A^4 - 2aA + a + \frac{1}{4} \qquad \cdots \text{㉠}$$

입니다.

$a = -A^3$이므로 이것을 ㉠에 대입하여 정리하면

$$-\frac{1}{2} A^4 - 2aA + a + \frac{1}{4} = -\frac{1}{2} A^4 + 2A^4 - A^3 + \frac{1}{4} = \frac{3}{2} A^4 - A^3 + \frac{1}{4}$$ 입니다.

이때 $A = t$로 치환하여 $f(t) = \frac{3}{2} t^4 - t^3 + \frac{1}{4}$이라 하고 구간 $[0, 1]$에서 최솟값을 구해 보겠습니다.

$f'(t) = 6t^3 - 3t^2 = 6t^2 \left(t - \frac{1}{2} \right)$이므로 $t = \frac{1}{2}$에서 극솟값을 갖습니다.

$f\left(\dfrac{1}{2}\right)=\dfrac{3}{32}-\dfrac{1}{8}+\dfrac{1}{4}=\dfrac{3-4+8}{32}=\dfrac{7}{32}$ 이고 구간의 양 끝값은 $f(0)=\dfrac{1}{4}$, $f(1)=\dfrac{3}{4}$ 이므로 최솟값은

$\dfrac{7}{32}$ 입니다.

이때의 A의 값은 $\dfrac{1}{2}$ 이므로 $a=-\dfrac{1}{8}$ 입니다.

(iii) $A \geq 1$일 때, 즉 $a \leq -1$일 때

구간 $[0,\ 1]$에서 $x^3+a \leq 0$이므로

$$\int_0^1 |x^3+a|\,dx = \int_0^1 -(x^3+a)\,dx = -\dfrac{1}{4}-a$$

입니다.

또한 최솟값은 $a=-1$일 때 $\dfrac{3}{4}$ 입니다.

(ⅰ), (ⅱ), (ⅲ)에 의해 주어진 식의 최솟값은 $\dfrac{7}{32}$ 이고, 그 때의 실수 a의 값은 $-\dfrac{1}{8}$ 입니다.

이상으로 1번 문제의 답변을 마치겠습니다. 감사합니다!

문제 해결의 Tip

[6-1] 분류, 계산

$|x^3 + a|$에서 절댓값 기호를 계산하기 위해 $x^3 + a = 0$인 실수 x의 값과 적분 구간인 $[0, 1]$을 고려하여 분류해야 합니다.

경우에 따라서 실수 a의 값과 최솟값이 변하는 것을 관찰하고 함수의 식으로 나타내어 최솟값을 구해야 합니다.

자유전공학부(수학1)

주요 개념

절댓값 기호가 포함된 정적분, 최대, 최소

서울대학교의 공식 해설

▶ 정적분을 활용하여 절댓값이 들어간 함수의 적분값을 구할 수 있는지를 평가한다.

2018학년도 인문학 오전

※ 제시문을 읽고 문제에 답하시오.

(가) 백남준의 예술은 음악에서 출발하여 실험적 해프닝을 거치며 시각적 요소가 접목되어 새로운 영역을 열었다. 그는 자신이 추구하는 음악에 모두가 함께 눈으로 볼 수 있는 행위를 덧붙이고자 하였다. 그의 예술 세계는 음악이라는 청각적 요소와 행위라는 시각적 요소가 결합된 일종의 복합적 형태로 확대된다. 실제로 백남준은 공연 도중 피아노와 바이올린을 부수거나 관객의 넥타이를 자르는 등 기존 음악이 추구하는 미적 질서를 파괴하기도 했다.

(나) 오페라의 탄생은 르네상스 시기 피렌체의 인문주의자 모임 '카메라타'*에서 비롯되었다. 이들은 그리스 비극을 공연 예술이 다다를 수 있는 최상의 상태라고 생각했기에 글로만 전해졌던 그리스 비극을 무대 위에 복원하고자 했다. 하지만 그리스 비극의 공연 방식에 대해 알려진 바는 많지 않았다. 배우들과 '코러스'라 불렸던 무대 위의 배역들이 소박한 반주에 맞춰 간단한 단선율의 노래로 대사를 전달했고, 코러스는 춤을 추기도 했다는 정도가 고작이었다. 따라서 완벽한 복원이 목표였다 해도 르네상스 시기의 악기로 구성된 오케스트라가 동원되고 당대의 발전된 화성 기법이 활용되는 것은 피할 수 없었다. 그리하여 그 첫 성과인 『다프네』가 개봉되었을 때 카메라타 회원들은 그리스 비극의 '완벽한 복원'을 마주하고 크게 환호했다. 오래지 않아 '재탄생한 그리스 비극'들은 '오페라'로 불리기 시작했다.
* 카메라타: '카메라[방]에 모인'이란 의미의 이탈리아어이다.

(다) 가야금을 연주하며 미술을 하는 정자영 작가의 ≪견월망지(見月望指)≫가 전시된다. '견월망지'란 달을 보게 되면 달을 가리키던 손은 잊으라는 동양 사상의 표현이다. 작가는 컴퓨터 기술을 활용하여 가야금 소리를 데이터로 만들고 이미지들을 창조한다. 이를 스크린에 투사함으로써 한국인의 정신세계를 예술로 승화시킨다.

문제 1

제시문 (가)와 (나)는 새로운 예술 양식의 출현을 서술하고 있다. 각각에 나타난 융·복합의 양상을 설명하고, 이를 고려하여 제시문 (다)에 소개된 ≪견월망지≫의 특징을 말하시오.

문제 2

제시문 (가)와 (나)는 예술 융·복합이 지속 가능성의 관점에서 비교적 성공을 거둔 사례이다. 이러한 사례로부터 예술 융·복합 기획의 성공 여부를 판단할 수 있는 기준 하나를 도출해 설명하시오. (제시문들의 사례를 포함한 현실에서의 예시를 사용할 수 있음)

구상지

문제 1

1번 문제의 답변을 시작하겠습니다.

우선 제시문 (가)에는 '음악'이라는 청각 요소와 '행위 예술'이라는 시각 요소의 복합이 나타나 있습니다. 백남준은 다른 예술 양식을 결합하는 새로운 예술적 시도를 하였습니다. 기존의 미적 질서를 파괴하여, 대중들에게 예술에 대한 새로운 경험을 던져줌으로써 아름다움에 대한 패러다임 변화를 시도하였습니다.

한편, 제시문 (나)에는 문학과 음악과 공연 예술의 융합이 나타나 있습니다. 문학 작품인 그리스 비극을 당대의 기준으로 재해석하고, 그에 음악적 선율을 입혀 무대에 올렸습니다. 문학과 음악과 무용 그리고 전통과 현대라는 다양한 융합 유형이 보입니다. 그리고, 고전을 '복원'하는 데 초점이 맞추어져 있는 것이 제시문 (가)의 '파괴'와는 대조적으로 보입니다.

제시문 (다)의 ≪견월망지≫에는 제시문 (가)와 (나)의 모든 융·복합이 포괄적으로 읽힌다는 점이 흥미로웠습니다. 그런 의미에서 '(다)는 (가)와 (나)의 결합이다.'라고 표현해 보고 싶습니다. 이제 세부적으로 말씀드려 보겠습니다.

방금 말씀드린 것처럼, 제시문 (다)에는 다양한 예술적 융·복합과 함께 여러 부가적 요소의 결합이 보입니다. 우선, ≪견월망지≫는 가야금이라는 청각적 요소와 이미지라는 시각적 요소가 결합되어 있습니다. 가야금이라는 전통적 요소와 컴퓨팅이라는 현대적 요소의 결합이 있습니다.

≪견월망지≫는 이 정도로 그치지 않는 것 같습니다. 동양 '사상'과 컴퓨터 '기술'의 결합 즉, 非물질문화와 물질문화의 결합이 반영되어 있으며, 가야금 소리라는 아날로그와 데이터라는 디지털의 결합도 보입니다. 조금 더 확장해서 보자면 동양의 사상을 서양의 기술을 사용하여 예술화하고 있습니다. 그리고 '손을 잊으라', 즉 망지의 '버림'과, '이미지들을 창조'에서 '버림'과 '채움'의 융합도 읽을 수 있습니다.

이상에서 보듯, 제시문 (다)의 ≪견월망지≫는 제시문 (가)의 요소들, 제시문 (나)의 요소들 그리고 다양한 융·복합이 짧지만 모두 담겨 있는, 매우 흥미로운 글이었습니다.

이상으로 1번 문제의 답변을 마치겠습니다.

2번 문제의 답변을 시작하겠습니다.

이 문제를 보았을 때 제 머리에 떠오른 단어가 제법 많았습니다. 예컨대, 예술혼, 예술의 깊이, 대중성의 확보, 내용과 형식의 일치, 파격적 실험, 창조적 파괴, 패러다임의 전환, 수익성... 등등입니다.

그 중에서 저는, '보편성의 확보'를 기준으로 정해 보았습니다. 제가 잘 표현할 수 있을지 모르겠지만, 보편성의 확보를 '예술 융·복합의 지속 가능성'의 기준으로 설명해 보겠습니다.

우선 제시문 (가)에서 저는, 세계적 보편성의 확보를 읽었습니다. 한국인 백남준은 미디어 아트라는 실험적 예술로 전 세계의 이목을 하나로 모으며, 전 세계인들에게 예술적 충격을 주었습니다. 이른바 세계적 보편성을 확보한 것입니다.

제시문 (나)의 경우 과거의 예술을 당대의 예술로 복원하였습니다. 이는 시간을 뛰어넘는 보편성을 확보한 것이라 할 수 있습니다. 예술적 취향 또한 시대에 따라 달라집니다. 제시문 (나)의 오페라는 과거의 예술을 현대의 예술로 재현함으로써 시대를 아우른 보편성을 얻었습니다.

흑인 음악인 재즈와 힙합이 세계적 음악이 되고, 한국의 K-pop이 전 세계에 반향을 얻는 것 또한 이런 보편성의 확보라고 생각합니다. 예술은 좁게는 창작자의 예술적 취향을, 넓게는 그 문화권의 고유성을 담고 있습니다. 지극히 개인적이거나, 지극히 일부 집단만의 기호가 담긴 것이 예술입니다. 그 본연적 고유성이 시대와 지역을 뛰어넘어 보편성을 얻을 때 예술은 지속 가능하다고 생각합니다. 그리고 보면 창작자(작가)의 고유한 감성을 향유자(대중)가 자신의 것으로 받아들이는 과정, 즉 고유성이 보편성이 되는 것, 그 자체가 바로 예술의 지속성이라고 생각할 수 있습니다.

이상으로 2번 문제의 답변을 마치겠습니다. 감사합니다!

문제 해결의 Tip

정확함과 정교함. Basic에서 Detail로, Detail에서 Deep으로

융합, 복합, 융·복합, 결합. 이 단어들의 차이점을 답변할 수 있을까요? 아니, 차이점을 생각해 본 적이 있나요? 우리는 단어, 개념어를 쉽게 생각하는 경향이 있습니다. 구술을 잘 하기 위해서는 개념어의 한 음절, 한 음절을 따져 보고 곱씹어 보는 습관을 가지면 좋겠습니다.

결합은 combination이죠? 2개 이상의 개체가 합쳐지는 것에 대한 가장 일반적인 표현입니다. 융합은요? 융합(融合·fusion)은 말 그대로 '녹아서 하나로 합쳐짐'입니다. 달리 말해, 화학적 결합이죠. 반면 복합(複合·complex)은 '두 가지 이상이 겹쳐져서 합침'입니다. 즉 물리적 결합이죠. 융·복합은 융합과 복합의 결합일 것입니다.

이 문제는 '각각에 나타난 융·복합의 양상을 설명'하라 했습니다. 많은 학생들은 융합과 복합을 구분하지 않고 답변을 구성하더군요. 하지만 단어 하나하나를 꼼꼼히 보기 시작하면 "제시문 (가)에는 …… 복합이 나타나 있습니다. …… 한편 (나)에는 …… 융합이 보입니다. …… 제시문 (다)의 『견월망지』에는 제시문 (가)와 (나)의 모든 융·복합 유형이 포괄적으로 읽힌다는 점이 흥미로웠습니다. 그런 의미에서 '(다)는 (가)와 (나)의 결합이다.'라고 표현해 보고 싶습니다."라는 식으로 detail한 답변을 구성할 수 있습니다.

구술 실력의 성장은 Basic에서 Detail로, Detail에서 Deep으로 발전한다고 봅니다. 우선 기본(Basic)에 충실해야겠죠. 일단 어떻게 문제를 풀어야 할지를 알아야 할 테니까요. 기본(Basic)적 풀이 방식을 알게 된 이후에는, 정교(Detail)한 풀이를 시도해야 합니다. 이때부터 변별성이 확보될 겁니다. 정교(Detail)함이 갖춰지면 서서히 심층적인(deep) 접근을 시도해야 합니다. 그러면 여러분들의 답변은 변별적 완결성(complete)을 가지게 될 거예요. 내 답변이 기본에 충실한지, 정교한지, 심층성을 갖추고 있는지를 계속 따지세요. 그래야 성장합니다. 그 근저에 바로 '개념어'에 대한 집착이 깔려 있어야 합니다.

시간-일회성과 지속성

모든 세계는 시간과 공간이라는 바탕 위에서 운용됩니다. 좀 어려운 말로 '시간과 공간은 이 세계의 선험적 범주이다.'라고 표현할 수 있습니다. 그렇기 때문에 우리는 항상 '시간성'을 중요하게 파악해야 합니다.

특정 시점(time)의 일인지, 특정 기간(period) 동안의 일인지, 한 번(one time)으로 끝나는지, 여러 번(many times) 지속(sustain)되는지를 항상 따져야 합니다.

논·구술에서는 일회적 사안과 지속적 사안을 구분하는 문제가 자주 출제됩니다. 그런 문제들에서 '지속성'을 포착해내면 정교한 답변이 되는 거죠. 이 문제의 공식 해설에서 서울대는 "이 영역에서 융·복합적 시도를 평가하기 위해서는 지속 가능성을 고려할 필요가 있다. 학생이 좀 더 통합적이고 장기적인 전망에서 예술에서의 융·복합 기획의 성취를 평가할 수 있는 기준에 대해 생각해 보도록 유도"라고 언급했습니다. 이런 부분이 바로 시간의 지속성을 파악하라는 요구입니다.

- 인문대학
- 사회과학대학(경제학부 제외)
- 간호대학
- 사범대학
- 자유전공학부(인문)

주요 개념

융·복합, 비교, 예술, 장르 간 교섭, 전통의 계승과 재창조, 총체적 예술, 지속 가능성, 장르, 브랜드, 대중화

서울대학교의 공식 해설

▶ 제시문들은 모두 새로운 예술 양식의 출현을 서술하고 있다. 제시문 (가)는 음악과 다른 양식과의 결합을 통한 융·복합의 시도를, 제시문 (나)는 현재적 관점에서 전통에 대한 재해석을 통해 탄생한 융·복합의 성과를 각각 그 중심 내용으로 삼고 있다. 제시문 (다)는 제시문 (가)와 (나)에서 발견되는 융·복합의 양상을 모두 갖춘 기획의 사례에 해당한다. 학생이 각 제시문을 통해 융·복합의 양상을 파악하고 각각에 나타난 유사점과 차이점을 이해하고 있는지 평가하고자 했다.

▶ 창작자의 입장에서는 창작 의도가 특정한 융·복합적 시도에서 실현되었다면 이를 성공이라고 부를 수 있을 것이다. 하지만 예술의 영역은 창작자, 수용자, 비평계, 예술 전시업계, 그리고 후원자 등 다양한 주체들이 상호 작용하는 공간이다. 이 영역에서 융·복합적 시도를 평가하기 위해서는 지속 가능성을 고려할 필요가 있다. 학생이 좀 더 통합적이고 장기적인 전망에서 예술에서의 융·복합 기획의 성취를 평가할 수 있는 기준에 대해 생각해 보도록 유도하고, 적절한 기준과 주제어를 활용하여 자신의 의견을 피력할 수 있는지 평가하고자 했다.

※ 제시문을 읽고 문제에 답하시오.

(가) 유세(遊說)*의 어려움은 상대방의 마음을 잘 파악하여 그 마음에 꼭 들어맞게 내 주장을 하는 데 있다. 상대방이
명성을 얻고자 하는데 이익을 얻도록 설득한다면 상대는 나를 식견이 낮은 속된 사람이라고 가볍게 여기며 멀리
할 것이다. 이와 반대로 상대방이 이익을 얻고자 하는데 명성을 얻도록 설득한다면 상식이 없고 세상 이치에
어둡다고 받아들이지 않을 것이다. 상대방이 속으로는 이익을 바라면서 겉으로는 명성을 원할 때, 명성을 얻는
방법으로 설득한다면 겉으로는 받아들이는 척하겠지만 속으로는 멀리할 것이며, 이익을 얻는 방법으로 설득한다
면 속으로는 의견을 받아들이면서도 겉으로는 나를 꺼려할 것이다. 유세객은 이러한 점들을 잘 새겨 두어야 한다.
* 유세(遊說): 제후의 나라를 돌아다니며 자기의 의견을 말하여 제후를 설득하는 일.

(나) 한 번은 제가 의사들과 함께 어떤 환자를 찾아갔답니다. 고통스러운 치료를 받아야 하는 환자였는데 의사들이
설득하지 못해서 결국 제가 설득을 했지요. 연설 기술로 말입니다. 만약 아테네 민회나 다른 어떤 집회에서
말로 경쟁을 시켜서 의사를 선발한다면, 연설 기술에 능한 사람과 의술에 능한 사람 중에서 연설 기술에 능한
사람이 선발될 것이라고 단언합니다. 연설 기술에 능한 사람은 무엇에 관해서든 대중 앞에서 어떤 장인들보다도
더 설득력 있게 말할 수 있으니까요. 이 기술의 힘은 그토록 크고 대단한 것이랍니다.

(다) 어떤 음식을 먹는 것이 좋은지에 대한 전문가를 정하기 위해서 아이들이나 아이들처럼 지각없는 사람들 앞에서
의사와 요리사가 경쟁을 벌인다면,* 의사는 굶어 죽을 수도 있을 겁니다. 의술은 실제로 좋은 음식이 무엇인지
를 알고 그것을 제공해 줍니다. 하지만 상대방은 그것을 싫어할 수도 있지요. 반면, 요리술은 사람들한테 좋아
보이는 음식이 무엇인지를 알고 그것을 제공해 줍니다. 상대방은 좋아하겠지요. 요리술은 아첨의 기술입니다.
그리고 저는 요리술과 의술의 관계가 연설 기술과 정치술의 관계와 같다고 주장합니다. 연설 기술도 아첨의
기술인 것이지요.
* 고대 그리스에서는 식이 요법이 의사의 중요한 의료 행위였다.

문제 1

제시문 (나)의 화자는 의사가 설득하지 못한 환자를 자신이 설득했다고 주장한다. 그의 말이 사실이라면, 제시문 (가)를
고려하여 그가 어떻게 설득에 성공할 수 있었을지 구체적인 상황을 가정하여 설명하시오.

문제 2

제시문 (다)의 화자는 제시문 (나)의 화자가 정치에 나서는 것을 반대할 것이다. 반대하는 이유가 무엇일지 설명하고,
그러한 반대가 정당한지에 대한 자신의 의견을 개진하시오.

구상지

문제 1

1번 문제의 답변을 시작하겠습니다.

우선, 제시문 (나)에 강조되어 있는 것은 설득의 기술입니다. 의사의 치료를 거부하는 환자를, 설득의 기술을 이용하여 설득에 성공한 것입니다. 제시문 (나)의 화자는 설득과 그 기술의 중요함을 강조하고 있습니다.

제시문 (가)는 유세 상대의 마음을 얻어야 한다고 주장합니다. 하지만 그것이 그리 간단치는 않습니다. 상대방의 마음, 즉 내적 의도를 읽을 수 있어야 하기 때문입니다. 이면의 마음과 표면의 의도가 일치하는 경우는 간단할 수 있지만, 많은 경우 이면의 마음과 표면의 의사가 일치하지 않는 표리부동의 상황이 있기 때문에, 상대방의 진정한 마음을 읽기가 쉽지 않습니다.

그래서, 제시문 (가)를 고려하여 볼 때 제시문 (나)의 화자가 환자 설득에 성공한 이유는 '환자의 표리부동한 심리적 불일치를 정확히 읽어 내어 그런 불일치를 해결해 주었기 때문이다.'라고 추론할 수 있겠습니다. 고로, 제시문 (나)에서 말하는 설득의 기술은 제시문 (가) 기준으로 볼 때 첫째, '상대방의 마음을 정확하게 파악하기', 둘째, '표리부동의 심리적 불일치를 해소하기'라고 볼 수 있습니다.

다음과 같은 구체적 상황을 가정해 볼 수 있습니다. 중증 환자가 있습니다. 그 환자는 당연히도 병을 치료받고 싶어 합니다. 그것이 환자의 마음입니다. 하지만 표면적으로는 치료를 거부합니다. 치료비 부담과 치료 과정의 고통 때문입니다. 치료를 받고 싶어 하나 치료를 거부하는 모순적 상황인 것입니다. 이 상황에서 제시문 (나)의 화자는 그 중증 환자의 진정한 마음을 읽어 냅니다. 완쾌되고 싶어 하나 치료의 부담과 고통을 두려워하는 양면적 감정을요.

제시문 (나)의 화자는 그런 환자의 불일치를 설득의 기술로 해소해 줍니다. 우선은 건강의 중요성을 강조할 겁니다. 환자는 공감하겠죠. 동시에 무언가를 얻는 과정에서 고통과 부담은 필연적이라는 것을 알려 줄 겁니다. 그러면서 치료를 했을 때의 좋은 점과 치료를 하지 않았을 때의 위험을 논리적으로 설명해 줄 것입니다. 그러면서 환자의 경제적 부담을 경감하고 고통을 낮출 수 있는 치료 방법을 일러 주면서, 완쾌의 신뢰를 심어 주면 환자는 설득될 것입니다.

이상으로 1번 문제의 답변을 마치겠습니다.

문제 2

2번 문제의 답변을 시작하겠습니다.

제시문 (다)는 연설의 기술을 아첨의 기술로 폄하합니다. 상대방의 마음을 얻는 '연설의 기술', 달리 얘기하면 '설득의 기술'을 오로지 상대방의 마음에만 맞추는 것으로 인식합니다. 그러다 보니, 연설 기술에 대한 부정적 입장을 가지고 있습니다.

이런 관점에서 보자면, 연설 기술과 설득 기술을 강조하는 제시문 (나)의 화자가 정치에 나서는 것 또한 부정적으로 바라보게 될 것입니다. 정치 본연의 취지를 도외시한 채 오로지 대중들의 마음만 얻으려 하는 포퓰리즘에 경도될 것이라 판단할 것입니다.

하지만, 저는 그런 반대가 정당하지 않다고 생각합니다.

바른 정치는 대중의 마음을 읽는 데서 출발한다고 생각합니다. 대중의 마음을 읽고, 대중의 요구를 파악하고, 문제를 해결하고, 비전을 제시하는 것이 정치입니다. 정치의 전제가 바로 대중입니다. 그런데 대중의 마음을 얻으려 하는 것을 아첨이라 폄하한다면 정치의 전제를 무시하는 것입니다.

포퓰리즘과 대중 정치의 차이는 누구를 위한 것이냐는 데 있다고 생각합니다. 포퓰리즘은 겉으로는 대중을 위한 것이나 그 실질은 정치인 본인의 생존을 위한 인기 영합주의입니다. 반면, 대중 정치는 말 그대로 대중을 위한 시대적 요구의 파악입니다. 설득(정치)이 대중의 마음을 움직이는 진심의 전달이라 할 때, 제시문 (다)는 그 본질을 무시하고, 겉만 보는 옹졸하고 협소한 시각일 수 있습니다.

대중에 대한 설득이 '나를 위한 정치'를 만나면 포퓰리즘, 즉 정치적 레토릭에 불과하겠지만, '남을 위한 정치'와 만나면 민주주의의 출발이자 끝일 것입니다. 이런 이유로 저는 '남을 위한 정치'로서의 연설과 설득과 유세와 정치에 찬성합니다.

이상으로 2번 문제의 답변을 마치겠습니다. 감사합니다!

문제 해결의 Tip

표리부동, 모순, 불일치 상황의 다양한 표현

구술·논술 문제를 보면, 앞뒤가 맞지 않는 모순적이고 표리부동한 상황이 많습니다. 그런 모순, 불일치 상황에 대한 표현을 익혀둘 필요가 있습니다. 아래 표를 잘 기억해 주세요.

겉보기	실질	용례
표면적인	이면의, 심층적인	표면적으로는 봉사 단체였지만 그 이면을 보면 수익 단체에 불과했다.
겉	속	겉으로는 선비인 척했지만 그 속은 세속적 욕망으로 가득 차 있다.
명목	실질	명목 GDP는 신장했지만 물가를 고려한 실질 GDP는 사실상 하락했다.
형식/절차	실질	절차적 정당성만을 갖춘 형식적 법치주의에서 민주주의의 본질을 담보한 실질적 법치주의로 나아가야 한다.
표피	실체	의문사 사건을 조사할 때는 표피적 사실 관계 파악만으로는 부족하다. 정확한 실체적 진실의 규명이 필요하다.

이 문제도 위의 표현들을 사용하면 "이면의 마음과 표면의 의사가 일치하는 경우는 간단할 수 있지만, 많은 경우 이면의 마음과 표면의 의사가 일치하지 않는 표리부동의 상황이 있기 때문에, 상대방의 진정한 마음을 읽기가 쉽지 않기 때문입니다."와 같이 효율적으로 내용을 정리할 수 있습니다.

정치적 레토릭

자, 단어를 좀 익혀 볼까요? 학생들이 잘 알지 못하는 단어 중 '수사법(학)'이라는 단어가 있습니다. 이 단어를 익혀 두면 구술에서 유용하니까 익혀 두죠.

수사학은 한자로는 修辭學이고 원어로는 rhetoric입니다. 사전적 정의는 '그리스·로마에서 정치 연설이나 법정에서의 변론의 효과를 올리기 위한 화법의 연구에서 기원한 학문'입니다. 즉, 수사학은 '어떤 화법을 동원해야 설득을 잘 할 수 있는가?'를 연구하는 겁니다. 긍정적으로 보면 설득의 효율성을 탐구하는 거죠? 하지만 부정적으로 보면 내용보다는 표현의 화려함을 추구하는 거겠죠? 그래서 '내용, 알맹이, 진정성 없이 미사여구만 사용하고 그 시기만 모면하려고 하는 비열한 태도'라는 뉘앙스를 주는 용어입니다.

상대방의 마음을 얻기 위해, 내용에 대한 진정성 없이 말만 화려하게 할 때, '정치적 수사법에 불과하다.'라고 표현하면 깔끔히 내용을 전달할 수 있습니다. "대중에 대한 설득이 '나를 위한 정치'와 만나면 포퓰리즘, 즉 정치적 레토릭에 불과하겠지만, '남을 위한 정치'와 만나면 민주주의의 출발이자 끝일 것입니다. 이런 이유로 '남을 위한 정치'로서의 연설과 설득과 유세와 정치에 찬성합니다."와 같은 답변 구성이 가능해지죠.

- 인문대학
- 사회과학대학(경제학부 제외)
- 사범대학

주요 개념

유세(遊說), 설득, 상대방의 마음 파악, 한비자, 연설 기술, 경쟁, 고르기아스, 전문가, 실제로 좋음과 좋아 보임, 소크라테스, 플라톤, 정치술, 유비, 유추, 비판적 사고

서울대학교의 공식 해설

▶ 성공적인 설득을 위해서는 상대방의 마음을 잘 파악해야 한다는 것을 이해하고, 이해한 내용이 구체적인 설득 과정에 적용되도록 상황을 구성할 수 있는지 평가하고자 했다.

▶ 제시문 (다)의 화자가 연설 기술과 정치술을 어떻게 대비하고 있는지를 지문으로부터 유추할 수 있는가를 평가하고자 했다. 그리고 연설 기술에 능한 사람이 정치에 나서는 것에 대한 제시문 (다)의 화자의 반대를 비판적으로 검토할 수 있는지 평가하고자 했다.

※ 제시문을 읽고 문제에 답하시오.

(가) Efficiency is the ability to avoid wasting material, energy, effort, money and time in doing something or in producing a desired result. In general, it is a measurable concept, quantitatively determined by the ratio of useful output to total input. Efficiency can be improved by adopting better technologies, re - allocating* input, providing proper incentive schemes, and so on.
*re - allocate: 재배분하다

(나) 경제 불황에 따른 실업으로 인한 복지 비용이 늘면서 재정 악화를 경험하는 국가들이 늘고 있다. 그 결과 실업자의 노동 시장 참여를 더 높이는 방향으로 관련 제도를 개선하려는 노력이 있었다. 최대 3년 간 실업 보험 급여를 제공하는 덴마크는 실업 급여 수급 6개월 이후부터는 실업자에게 직업 훈련을 제공하고 고용주에게 임금 보조금을 지급하여 조기 재취업을 적극 유도하고 있다.

(다) 비만이나 흡연 등으로 인한 만성 질환 관련 의료 지출이 크게 늘어감에 따라 개인이 스스로 건강한 행위를 하도록 인센티브를 사용하는 정책들이 도입되고 있다. 비만 관련 질병 치료에 보건 예산의 5퍼센트를 쓰는 영국 정부는 〈Pounds for Pounds〉라는 프로그램을 통해 체중 감량 후 2년 동안 감소한 체중을 유지하는 사람에게 1인당 최대 425파운드를 지급했다.

문제 1

제시문 (가)의 설명에 근거하여, 제시문 (나)와 (다)에서 제시된 정책들의 취지를 설명하시오.

문제 2

제시문 (나)와 (다)에서 제시된 정책들의 공통적인 한계가 무엇인지 말하고, 이를 개선하기 위한 방안을 논하시오.

구상지

문제 1

1번 문제의 답변을 시작하겠습니다.

제시문 (가)는 효율성에 대해 논하고 있습니다. 효율성은 '투입 대비 산출'이라는 정량적 개념이며, 효율성 개선을 위해 기술, 투입 자원의 재배분, 적정 인센티브 설계 등의 방식을 사용할 수 있습니다. 제시문 (가)의 효율성 개념에 근거하여 제시문 (나)와 (다)에 나타난 정책의 취지를 설명해 보겠습니다.

제시문 (나)에는 조기 재취업 유도 정책이 나타나 있습니다. 그 정책의 취지는 복지 비용을 감소하여 국가 재정 악화를 막겠다는 것입니다. 즉, 예산 효율성을 높이는 것이 조기 재취업 유도 정책의 목적입니다. 예산 효율성의 향상을 위해, 실업자에게는 직업 훈련을 제공하고 고용주에게는 임금 보조금을 지급합니다. 제시문 (나)의 조기 재취업 유도 정책은 제시문 (가) 기준으로 보자면 인센티브를 제공한 것이라 볼 수 있습니다. 즉, 직업 훈련이라는 신규 자원을 투입하고, 임금 보조금이라는 인센티브를 사용한 것입니다. 이런 정책 수단을 통해, 단기적으로는 예산이 더 투입될 수 있지만, 중장기적으로는 실업 급여 절감이라는 예산 효율성을 높일 수 있을 것입니다.

제시문 (다)의 〈Pounds for Pounds〉 정책의 취지는 질병 관련 예산의 감소에 있습니다. 의료 보건 예산 집행의 효율성을 위해, 정부는 체중 감량과 유지에 성공한 사람들에게 인센티브, 즉 경제적 유인책을 투입합니다. 이를 통해 영국 정부는 개인의 건강과 예산 절감이라는 산출을 얻게 됩니다. 이 또한 제시문 (나)와 마찬가지로, 단기적으로는 추가 예산이 들겠지만 중장기적 효율성의 향상을 기대하고 시행하는 정책 수단입니다.

이상으로 1번 문제의 답변을 마치겠습니다.

2번 문제의 답변을 시작하겠습니다.

제시문 (나)와 (다) 정책 모두 효율성 향상이라는 취지에도 불구하고 일부 한계 또한 읽힙니다. 저는 제시문 (나)와 (다) 정책의 한계를 세 가지로 정리하여 말씀드려 보겠습니다.

첫 번째, 공정성에 한계가 있다고 생각됩니다. 사실 공정성의 한계는 이 정책만의 문제는 아니라고 생각합니다. 전 국민에게 적용되는 공공재의 제공이 아닐 경우 모든 예산 사용의 근본적인 한계가 바로 공정성 한계일 것입니다. 정부는 국가의 유지와 발전을 위해 일부 시민에게 국한된 정책을 진행하는 경우가 많습니다. 이 경우에는 어쩔 수 없는 공정성 시비가 발생합니다. 그 정책의 혜택을 보는 사람과 혜택을 보지 못하는 사람이 있기 때문입니다. 제시문 (나), (다) 정책도 일부의 소수에게만 그 혜택이 돌아간다는 점에서 공정성에 한계가 발생합니다.

두 번째 한계는 자칫 도덕적 해이를 불러올 수도 있다는 것입니다. 취업과 건강은 개인의 몫입니다. 본인의 의욕 상실과 통제력 부족으로 발생한 문제를 국가가 해결해 주는 것은 사회적 안전장치의 선을 넘어 국가의 과보호로 갈 수도 있을 것입니다. 열심히 일하고, 열심히 건강 관리를 한 사람들이 낸 세금을, 재취업을 게을리하고, 건강 관리를 게을리한 사람들에게 지급하는 결과가 나타납니다. 즉, 성실한 시민은 돈을 내는데, 해이한 시민은 돈을 받는 기묘한 역설이 일어날 수 있습니다.

세 번째 한계는 제시문 (나)와 (다)에 나타난 정책이, 경제적 유인책에만 집중되어 있다는 점입니다. 경제적 유인책은 효율성 향상의 일개 수단일 뿐이고, 그 이외의 수단도 있습니다. 물론 효율성 향상을 위한 수단으로 경제적 유인책 제공이 큰 비중을 차지하겠지만 그것이 전부는 아닐 것입니다. 제시문 (가)를 보면, 효율성 향상을 위한 것으로 투입 자원의 재배분, 기술 개발 등의 여러 가지 정책 수단을 알려 주고 있습니다. 좀 더 다양한 정책 수단을 고려하지 않고 경제적 유인책만을 사용했다는 점을 저는 제시문 (나), (다) 정책의 공통된 한계라고 생각했습니다.

이런 한계에 대한 개선 방안을 말씀드려 보겠습니다.

우선, 정책이 공정의 원칙에 위배되거나 자칫 도덕적 해이의 빌미를 제공하지 않는지 면밀히 검토하여 수익자 비용 부담의 원칙이 지켜질 수 있게 해야 합니다. 효율성 증진이라는 근시안적 함정에 빠져, 공정이라는 대원칙이 훼손되는 것은 본말이 전도되는 것입니다. 다만, 본인의 의지박약이 아니라 구조적이고 선천적인 요인으로 인해 고통 받는 사람들이 사회 안전망으로부터 배제되지 않도록 주의하는 것은 기본이겠습니다.

그리고, 정책 수단의 다양화가 필요합니다. 경제적 유인책 외에 비경제적 유인책의 고안이 필요하고, 기술을 활용한 효율성 향상을 적극 고려해야 합니다. 그와 더불어, 경제적 유인책 또한 다변화를 꾀할 수 있습니다. 경제적 유인책은 benefit의 제공뿐 아니라 penalty의 부과도 생각해 볼 수 있습니다.

마지막으로, 단발성 혹은 일회성으로 효과가 끝나지 않게 지속성을 가지는 것도 중요합니다. 저는 정책 수단이 경제적 유인책인 인센티브에만 편중되면, 정책 효율성에도 '요요 현상'이 일어날 수 있다고 봅니다. 혜택이 제공될 때는 효과가 있지만, 혜택이 종료되면 다시 원상 복귀되는 것을 정책의 요요 현상이라고 생각해 보았습니다. 일회적이거나 단기적인 효과에 머물지 않고 효율성의 증진의 선순환 구조가 정착되기 위해서는 정책의 일관성과 지속성이 담보되어야 한다고 생각합니다.

이상으로 2번 문제의 답변을 마치겠습니다. 감사합니다!

다양한 여집합(餘集合)

여집합이 무엇인지 잘 알고 있죠? 논술과 구술에서 제일 중요한 것은 고급 어휘와 개념어를 활용해서 답변을 구성하는 것입니다. 그런 의미에서 수학·과학적 용어나 방법을 잘 사용하면 아주 좋습니다. 수학·과학적 용어와 방법이 고도의 추상화된 개념들이기 때문입니다.

수렴, 확산, 발산, 미지수, 부분과 전체, 귀납, 연역, 공리, 무한, 확률, 엔트로피, 프랙탈, 부분과 전체, 불확실성 등등. 철학에서 자연 과학으로 파생된 개념도 많지만, 수학·과학에서 인문 사회학으로 넘어온 개념도 많습니다. 우리는 적극적으로 수학·과학적 용어나 방법을 사용할 필요가 있습니다.

'여집합'도 마찬가지입니다. '나머지'도 좋지만, 한 번 정도 '여집합'이란 용어를 사용하면 좋습니다. 그 표현뿐만 아니라 '여집합'이라는 논리틀을 사용하면 다양한 생각이 가능해집니다. '전체(U)에서 일부(A)를 제외한 여집합(~A)' 구도를 염두에 두는 거죠.

이 문제를 볼까요. 모두 '경제적 인센티브'를 다루고 있죠? 그 경우 2가지의 여집합이 가능합니다. 첫 번째, '비경제적 인센티브'이죠. '경제적(A)'의 여집합인 '비경제적(~A)'을 떠올릴 수 있습니다. 두 번째, 'penalty 부과'입니다. 인센티브는 결국 'benefit(A)'이고, benefit의 여집합은 'penalty(~A)'이니까요.

이런 식으로, 여집합을 고려하면 "정책 수단의 다양화가 필요합니다. <u>경제적 유인책</u> 외에 <u>비경제적 유인책</u>의 고안이 필요하고, 기술을 활용한 효율성 향상을 적극 고려해야 합니다. 그와 더불어, 경제적 유인책 또한 <u>다변화</u>를 꾀할 수 있습니다. 경제적 유인책은 <u>benefit의 제공</u> 뿐 아니라 <u>penalty의 부과</u>도 생각해 볼 수 있습니다."와 같은 답변을 구성할 수 있습니다.

- 인문대학
- 사회과학대학
- 간호대학
- 경영대학

- 사범대학
- 생활과학대학 소비자아동학부, 의류학과
- 농업생명과학대학 농경제사회학부
- 자유전공학부(인문)

주요 개념

복지 제도, 복지 지출, 효율성, 사회 보험, 경제적 유인(incentive), 생산적 복지, 노동 정책, 보건 정책, 재정 건전성, 공정성, 형평성, 바람직한 경제적 유인 제도

서울대학교의 공식 해설

▶ 제시문 (가)는 효율성을 '투입 대비 산출을 높이는 능력'으로 정의한다. 그리고 효율성 개선 방안으로 적절한 경제적 유인의 제공을 한 예로 들고 있다. 일반적으로 경제적 유인은 사람들의 행동을 특정한 방향으로 유도하도록 동기를 부여하는 요인이나 제도를 말한다. 이 개념을 활용하여 제시문 (나)와 (다)에서 제시한 사례들이 복지 정책의 효율성을 높이기 위한 정책이라는 점을 논리적으로 설명할 수 있는지 평가하고자 했다.

제시문 (나)는 실업 기간이 6개월 이상인 실업자에게 임금 보조금이라는 인센티브를 제공하고 재취업을 유도하여 실업 보험 지출을 절감하는 것이 목적이다. 제시문 (다)는 체중 감량에 대한 금전적 보상을 통해 건강 증진을 도모하고 결과적으로 의료비 증가에 따른 재정 부담을 줄이자는 취지를 가진다.

두 유형의 정책 모두 추가적인 복지 지출이 필요하다. 그러나 정부는 재취업이나 건강 증진을 유도하여 복지 지출을 절감할 수 있고 개인들은 취업과 건강이라는 물질적, 비물질적 혜택을 얻게 된다. 이러한 절감과 혜택의 금전적 가치는 추가적인 지출액보다 클 것이다. 제시문 (가)에서 효율성으로 정의한, 투입 대비 산출의 비중이 높아질 것이다. 따라서 소개된 유인 제도는 해당 복지 정책의 효율성을 개선할 수 있다.

▶ 제시문 (나)와 (다)는 복지 정책의 효율성을 개선하는 장점이 있지만 한계도 지닌다. 목표가 상이한 두 정책 사례로부터 공통적인 한계를 논리적으로 찾을 수 있는지를 평가하고자 했다. 또한, 이를 개선하기 위한 창의적인 생각을 유도하여 평가하고자 했다.

두 정책 사례에서 공통적으로 찾을 수 있는 한계는 공정성의 문제이다. 적극적인 재취업과 건강 관리는 스스로 해야 하는데 납세자가 낸 세금이나 유인 혜택을 받지 못하는 사람들도 참여한 기금으로 인센티브를 지급하는 것은 나태한 행동에 대한 불공정한 보상일 수 있다. 관점을 달리해서 보자면, 제시문 (나)에서 장애 등으로 근로 능력을 상실한 실업자나 제시문 (다)에서 어쩔 수 없이 질병을 앓고 있는 환자에게는 경제적 유인의 혜택이 제공되지 않는 불공정이 예상된다는 답도 가능하다.

또 다른 한계로 지적할 수 있는 것은 개인 의지의 상실 가능성이다. 정책의 효과가 있다면 개인이 인센티브에 잘 반응한 것이다. 따라서 인센티브가 줄거나 중단된다면 다시 실업 기간이 늘거나 체중이 증가하는 문제가 예상된다. 그 외의 답변이 있을 수도 있고 이 경우에는 논리적으로 설명하는지를 따져 봐야 할 것이다.

한편, 이러한 한계를 개선하기 위한 방안으로는 복지 혜택에서 세금으로 지불되는 금전적인 인센티브가 아닌 비금전적인 유인 제도 마련, 배제되는 사람들에 대한 선별적 지원, 인센티브의 효과가 오랫동안 지속될 수 있도록 하는 유인 제도 개선 등을 들 수 있다. 그 밖에 다양한 답변이 가능하며, 답변들이 설득력이 있는지, 창의적인지, 그리고 현실에서 실천 가능한지 등을 고려하여 평가할 필요가 있다.

※ 제시문을 읽고 문제에 답하시오.

(가) 시력 저하로 인해 글쓰기가 어려워진 니체는 타자기를 주문했다. 일단 타자 기술을 익히고 나니 눈을 감은 채 손가락 끝만으로도 글을 쓸 수 있었다. 머릿속 생각들을 다시 종이에 문자로 옮길 수 있게 된 것이다. 이 새로운 기기는 그의 저술에 미묘하지만 분명한 영향을 끼쳤다. 니체의 산문은 보다 축약되고 간결해졌다. 마치 일종의 불가사의한 힘을 통해 기계의 힘이 종이에 찍히는 단어로 옮겨 가는 듯했다. 니체의 가까운 친구이자 작곡가인 쾨젤리츠는 편지에 다음과 같이 썼다. "아마도 이 기기를 이용하면서 자네는 새로운 언어를 갖게 될 것이네. 음악과 언어에 대한 나의 생각들은 펜과 종이의 질에 의해 종종 좌우되곤 하지."

(나) 영국 연구자들은 택시 운전사들이 주변 상황을 파악하는 데 기억보다 지도에 더 의존할수록 공간 파악 기능을 담당하는 뇌 부분이 해부학적·기능적으로 확연히 변화한다는 점을 발견했다. 공간의 생김새를 처리하는 부분이 쪼그라들지만 복잡하고 추상적인 시각 정보를 파악하는 부분은 확장된다는 것이다. 이는 지도의 확산을 계기로 공간을 추상화하는 사고 능력이 어떻게 발전했는지를 설명해 준다.

(다) An eye-tracking study recorded how 232 users looked at thousands of web pages. The study found that their eyes moved at amazing speeds across the websites' words in a pattern that is very different from what we learned in school. Following is a study participant's F-shaped gaze plot. Each dot signifies a fixation. Larger dots represent longer fixations.

*gaze: 시선 / plot: 도면, 도표 / signify: 의미하다 / fixation: 고정된 상태

문제 1

제시문 (가)와 (나)의 공통적인 논지를 설명하시오.

문제 2

제시문 (다)의 실험 결과가 보여 주는 행동 패턴이 가져올 영향에 대한 자신의 의견을 [문제 1]의 답변을 토대로 개진하시오.

구상지

문제 1

1번 문제의 답변을 시작하겠습니다.

제시문 (가)와 (나)는 모두, 도구의 사용이 인간의 사고와 행위에 영향을 준다는 점을 명시적으로 밝히고 있습니다.

우선 제시문 (가)에는 '새로운 기기는 …… 분명한 영향을 끼쳤다.'라는 부분과, '생각들은 펜과 종이의 질에 의해 …… 좌우되곤 하지.'라는 부분에서 그 취지가 드러나 있습니다. 니체는 타자기라는 도구로 인해, 문장과 사고가 발전하였고, 심지어 새로운 언어를 가지게 된다는 표현마저 썼습니다.

제시문 (나)에서도 마찬가지입니다. '지도의 확산을 계기로 …… 사고 능력이 어떻게 발전했는지'라는 부분을 제시문 (가)와 동일한 맥락에서 파악할 수 있습니다. 지도라는 도구의 확산은 공간에 대한 추상화 사고 능력의 발전을 가져옵니다. 재미있는 것은 지도의 사용이 인간의 사고 능력뿐만 아니라 뇌의 해부학적 변화, 즉 신체적 변화까지 가져온다는 점입니다. 이 점은 제시문 (나)가 제시문 (가)에서 한 발 더 나아간 접근으로 읽혔습니다.

이상으로 볼 때 제시문 (가)와 (나)는 모두 도구가 인간의 사고, 행동, 심지어 신체에도 영향을 미침을 말하는 점에서 공통적이라 볼 수 있습니다.

이상으로 1번 문제의 답변을 마치겠습니다.

문제 2

2번 문제의 답변을 시작하겠습니다.

제시문 (다)의 eye-tracking 연구는 웹 페이지를 보는 사람들의 시선 처리를 점으로 표시한 것입니다. 웹 페이지를 읽는 패턴은, 종이책을 읽을 때와는 달리 빠른 속도로, 필요한 부분만, 선별적으로 정보를 습득하는 읽기 패턴입니다. 그것을 점으로 표시하면 F 모양이 됩니다. 이런 행동 패턴을 '훑어 읽기' 혹은 '발췌독'이라 표현할 수 있을 것 같습니다.

웹이라는 새로운 도구가 우리들의 읽는 행동과 사고에 변화를, 그리고 시선 처리라는 신체적 패턴에도 변화를 주게 된 것입니다. 스마트폰에서는 이런 F패턴식 읽기 경향이 더 심화될 것으로 추측할 수 있습니다.

발췌독이 주는 영향은 매우 뚜렷할 것입니다. 이러한 읽기 패턴은 시시각각 쏟아지는 엄청난 정보에서 본인이 필요한 정보에 선별적으로 접근할 수 있게 도와줍니다. 이는 정보 취득의 효율성을 향상시킬 것입니다. 그리고 전체에서 핵심을 포착하는 속도도 빨라질 것입니다. 정리하자면, 정보 취득의 양적 측면에서의 향상이 뚜렷해질 것입니다.

하지만, 정보 취득에 있어 질적 측면의 아쉬움도 뚜렷할 것입니다. 즉, 심층적 이해가 떨어지는 부정적 측면이 나타날 것입니다.

모니터, 스마트폰, 태블릿 등의 스크린이라는 도구는 심층적 정보를 보여 주기에 (책에 비해) 연속성과 가독성이 높지 않습니다. 스크린은 텍스트보다는 사진이나 영상에 더 어울리는 도구입니다. 그렇기 때문에 텍스트를 사진처럼 읽는 것이 바로 F패턴식 독해 아닌가 싶습니다. 새로운 도구가 발췌독의 패턴을 가속화하고, 그 읽기 패턴은 더욱 텍스트의 경량화를 가져오는, '휘발적 정보의 재생산 순환 구조'가 심화되지 않을까 하는 우려를 가져 봅니다.

새로운 도구가 항상 장점만을 가지는 것은 아닐 것입니다. 새로운 도구가 기존 도구의 단점을 제거해 주기는 하지만 새 도구 자체가 가지는 단점 또한 선명합니다. 이럴 때 우리는 새 도구가 가져오는 단점을 기존 도구의 장점으로 메우는 탄력적인 태도를 가지는 것이 좋다고 생각합니다.

이상으로 2번 문제의 답변을 마치겠습니다. 감사합니다!

▌문제 해결의 Tip

(한번 더) 점증적 구조

앞서 점증적 구조에 대해 설명한 적이 있습니다.

> 점증성. 무슨 말인지 알죠? 무언가가 더해져 쌓인다는 겁니다. "제시문 (가)는 A입니다. 제시문 (나)는 A+α입니다. 제시문 (다)는 A+α+β입니다."가 바로 점증적 구조입니다. 서울대의 제시문을 자세히 보면 아주 영리하게 점증적 구조를 심어 두었습니다. 그걸 포착해낼 때 우리의 답변은 심층성과 변별성을 확보할 수 있습니다.

이 문제의 답안에서도 그 점증적 구조를 시도했는데요. 혹시 찾으셨나요? 네. 이제는 여러분들이 그 정도는 쉽게 찾을 수 있을 거라고 생각합니다. 바로 "재미있는 것은 지도의 사용이 인간의 사고 능력뿐만 아니라, 뇌의 해부학적 변화, 즉 신체적 변화까지 가져온다는 점입니다. 이 점은 제시문 (나)가 (가)에서 한 발 더 나아간 접근으로 읽혔습니다."죠?

여러 가지 인과 관계

자, 이제 다양한 인과 관계를 한번 생각해 볼게요. 인과 관계는 기본적으로 '원인 → 결과'의 구조를 말하는 거죠? 인과 관계에도 여러 유형이 있습니다.

(1) 단순 인과 관계: A(원인) → B(결과)

(2) 중첩적·다중적 인과 관계: A(원인1) → B(결과1이자 원인2) → C → ⋯ → N(결과n)

(3) 순환적·재생산적·재귀적 인과 관계: A → B → ⋯ → N → A

이처럼 다양한 인과 관계를 detail하게 구분해서 표현해 준다면 훨씬 좋은 답변을 구성할 수 있습니다.

저는 [문제 2]의 답변 "새로운 도구가 발췌독의 패턴을 가속화하고, 그 읽기 패턴은 더욱 텍스트의 경량화를 가져오는, '휘발적 정보의 재생산 순환 구조'가 심화되지 않을까 하는 우려를 가져 봅니다."에서 순환적 인과 관계를 시도해 보았습니다.

• 인문대학
• 사회과학대학

• 사범대학
• 자유전공학부

주요 개념

도구, 기술, 사고 능력, 뇌 과학, 공간, 추상화, 타자기, 종이, 펜, 지도, 읽기 습관, 훑어 읽기, 깊이 읽기, 아이트래커, 정보 습득

서울대학교의 공익 해설

▶ 제시문 (가)와 (나)는 각각 도구의 사용이 사고 형성에 어떠한 영향을 주었는지를 소개하고 있다. 니체의 타자기 사용은 글쓰기에 영향을 주었고, 지도를 적극적으로 사용하는 택시 운전자들은 공간 추상화 사고 능력이 발달되었으며 이와 관련된 뇌 구조의 변화가 있었음이 밝혀졌다. 학생들이 두 개의 제시문을 통해 '도구의 사용이 사고 형성에 영향을 주었다.' 는 내용을 파악하고 있는지 평가하고자 했다.

▶ 제시문 (다)의 실험 결과는 온라인에서의 글 읽기 습관이 학교에서 배운 것처럼 선형적인 '깊이 읽기'가 아니고 '훑어 읽기' 방식임을 보여 주고 있다. 그림에서 볼 수 있듯이 인터넷의 사용자들은 텍스트의 모든 내용을 읽는 것이 아니라 필요한 부분만 찾아 읽어 내려간다. 우리가 인터넷을 통해 접하는 정보는 방대하고 비선형적으로 구조화되어 있어 온라인에서의 글 읽기는 짧은 시간 동안 빠르게 훑어 읽는 방식으로 바뀌고 있는 것이다. 이러한 습관은 온라인에서의 읽기뿐만 아니라 다양한 정보를 습득하는 방식에도 영향을 줄 수 있는데, 그것이 갖는 긍정적인 측면과 부정적인 측면을 추론하는 능력을 평가하고자 했다.

문제 1

두 실수 a, b $(0 < a < b)$에 대하여 곡선 $y = x^3 + 16$ 위의 점 $(t,\ t^3 + 16)$ $(a \leq t \leq b)$에서 접선 l을 그리자. 이때 접선 l과 곡선 $y = x^3 + 16$ 및 두 직선 $x = a$, $x = b$로 둘러싸인 도형을 S라고 하자.

[1-1]

접선 l의 방정식이 $y = cx + d$일 때, $x \geq 0$이면 $cx + d \leq x^3 + 16$임을 보이시오.

[1-2]

도형 S의 넓이가 최소가 되는 t의 값을 구하고 $b = 2a$인 경우 S의 넓이의 최솟값을 a를 사용하여 나타내시오.

[1-3]

문제 [1-2]에서 최소 넓이를 이루는 접선, x축 및 두 직선 $x = a$, $x = b$로 둘러싸인 부분의 넓이를 $T(a,\ b)$라고 할 때, 다음 급수의 합을 구하시오.

$$\sum_{k=0}^{\infty} T\left(2^{-k},\ 2^{-k+1}\right)$$

구상지

1-1

1번 문제의 답변을 시작하겠습니다.

(설명과 계산을 시작합니다.)

우선 $0 < a \le t \le b$이고, 접선 l의 방정식을 t로 나타내면
$$y = 3t^2(x-t) + t^3 + 16 = 3t^2 x - 2t^3 + 16$$
입니다.

주어진 부등식이 성립하는지 확인하기 위해 $f(x) = x^3 + 16 - (3t^2 x - 2t^3 + 16)$이라 하면
$f(x) = x^3 + 16 - (3t^2 x - 2t^3 + 16) = x^3 - 3t^2 x + 2t^3$이고
$f'(x) = 3x^2 - 3t^2 = 3(x-t)(x+t)$ 입니다.

즉, $x \ge 0$이므로 $x = t$에서 함수 $f(x)$는 극소이자 최솟값 $f(t) = 0$을 갖습니다.

따라서 $x \ge 0$에서 $f(x) \ge 0$이므로 $3t^2 x - 2t^3 + 16 \le x^3 + 16$입니다.
그러므로 접선의 방정식이 $y = cx + d$일 때, $cx + d \le x^3 + 16$이 성립합니다.

이상으로 1번 문제의 답변을 마치겠습니다.

2번 문제의 답변을 시작하겠습니다.

(설명과 계산을 시작합니다.)

1번 문제의 결과에 의해 구하는 도형 S의 넓이는 $\displaystyle\int_a^b f(x)dx$입니다.

이 식을 정리하면

$$\int_a^b f(x)dx = \int_a^b (x^3 - 3t^2 x + 2t^3)dx$$

$$= \left[\frac{1}{4}x^4 - \frac{3t^2}{2}x^2 + 2t^3 x\right]_a^b$$

$$= \frac{1}{4}(b^4 - a^4) - \frac{3t^2}{2}(b^2 - a^2) + 2t^3(b - a)$$

$$= 2(b-a)t^3 - \frac{3}{2}(b^2 - a^2)t^2 + \frac{1}{4}(b^4 - a^4)$$

입니다. $S(t) = 2(b-a)t^3 - \dfrac{3}{2}(b^2 - a^2)t^2 + \dfrac{1}{4}(b^4 - a^4)$이라 하면

$$S'(t) = 6(b-a)t^2 - 3(b^2 - a^2)t = 6(b-a)t\left(t - \frac{b+a}{2}\right)$$ 입니다.

즉, 함수 $S(t)$는 $t > 0$이고 $t = \dfrac{b+a}{2}$에서 극소이자 최소가 됩니다.

따라서 $b = 2a$인 경우 넓이의 최솟값은 $S\left(\dfrac{3}{2}a\right)$입니다.

이것을 정리하여 나타내면

$$S\left(\frac{3}{2}a\right) = 2(2a - a) \cdot \left(\frac{3}{2}a\right)^3 - \frac{3}{2}(4a^2 - a^2) \cdot \left(\frac{3}{2}a\right)^2 + \frac{1}{4}(16a^4 - a^4)$$

$$= \frac{27}{4}a^4 - \frac{81}{8}a^4 + \frac{15}{4}a^4$$

$$= \frac{84}{8}a^4 - \frac{81}{8}a^4 = \frac{3}{8}a^4$$

입니다.

즉, $b = 2a$인 경우 S의 넓이의 최솟값은 $\dfrac{3}{8}a^4$입니다.

이상으로 2번 문제의 답변을 마치겠습니다.

1-3

3번 문제의 답변을 시작하겠습니다.

(설명과 계산을 시작합니다.)

1, 2번 문제에서 $x = t$에서의 접선의 방정식은 $y = 3t^2 x - 2t^3 + 16$이고 $t = \dfrac{a+b}{2}$에서 넓이가 최소이므로 이때의 접선의 방정식은

$$y = 3\left(\frac{a+b}{2}\right)^2 x - 2\left(\frac{a+b}{2}\right)^3 + 16$$

입니다.

$T(a,\ b)$는 사다리꼴의 넓이이므로

$$T(a,\ b) = \frac{1}{2}\left\{3\left(\frac{a+b}{2}\right)^2 a - 2\left(\frac{a+b}{2}\right)^3 + 16 + 3\left(\frac{a+b}{2}\right)^2 b - 2\left(\frac{a+b}{2}\right)^3 + 16\right\}(b-a)$$

$$= \frac{1}{2}\left\{\frac{3}{4}(b+a)^3 - \frac{1}{2}(b+a)^3 + 32\right\}(b-a)$$

$$= \frac{1}{8}(b+a)^3(b-a) + 16(b-a)$$

입니다.

따라서 $T\left(2^{-k},\ 2^{-k+1}\right) = \dfrac{1}{8}\left(\dfrac{3}{2^k}\right)^3\left(\dfrac{1}{2^k}\right) + 16\left(\dfrac{1}{2^k}\right) = \dfrac{27}{8}\left(\dfrac{1}{16}\right)^k + 16\left(\dfrac{1}{2}\right)^k$이므로

$\displaystyle\sum_{k=0}^{\infty} T\left(2^{-k},\ 2^{-k+1}\right)$은 수렴하는 등비급수입니다.

그러므로, $\displaystyle\sum_{k=0}^{\infty} T\left(2^{-k},\ 2^{-k+1}\right) = \dfrac{\frac{27}{8}}{1 - \frac{1}{16}} + \dfrac{16}{1 - \frac{1}{2}} = \dfrac{27 \cdot 16}{15 \cdot 8} + 32 = \dfrac{178}{5}$ 입니다.

이상으로 3번 문제의 답변을 마치겠습니다. 감사합니다!

문제 해결의 Tip

[1-1] 계산

부등식이 성립함을 보이는 데 미분을 활용할 수 있습니다.
x의 값이 속한 구간에서 부등식을 변형한 식의 최솟값이 0 이상임을 보이면 됩니다.

[1-2] 계산

적분을 이용하여 넓이를 구한 후, 미분을 이용하여 최솟값을 구하면 됩니다.

[1-3] 계산

그림을 그려보지 않더라도 구하는 $T(a, b)$는 사다리꼴임을 알 수 있습니다.
사다리꼴의 넓이를 식으로 나타내면 등비수열임을 알 수 있습니다.
따라서 등비급수의 극한값을 계산하면 됩니다.

- 사회과학대학 경제학부
- 경영대학
- 생활과학대학 소비자아동학부 소비자학전공, 의류학과
- 농업생명과학대학 농경제사회학부

주요 개념

미분, 접선, 부등식, 최솟값, 정적분, 넓이, 등비급수

서울대학교의 공식 해설

▶ 미분법과 적분법은 인간이 자연현상을 정량화하고 이해하는 데 필수적인 도구로, 건축, 토목으로부터 기계, 항공, 우주 등 첨단 산업 및 과학 등의 분야에서도 중요한 역할을 한다.

▶ 본 문항은 미적분 I의 다항함수의 미분법, 정적분 및 정적분의 활용과 관련이 있다.

▶ 본 문항은 접선의 방정식을 구하고 도함수를 부등식에 활용할 수 있는지, 곡선으로 둘러싸인 도형의 넓이를 정적분을 활용하여 구할 수 있는지, 함수의 증가, 감소 및 극대, 극소를 판정할 수 있는지를 평가한다.

문제 2

집합 $A = \{\sqrt{3}, -\sqrt{3}\}$, $B = \{b \mid b$는 $-5 \leq b \leq 5$인 정수$\}$에 대하여 좌표평면 위의 직선들이 아래와 같이 주어져 있다.

$$ax + y + b = 0 \ (a \in A, \ b \in B)$$

[2-1]

위의 직선들은 평면을 몇 개의 영역으로 나누는가?

[2-2]

두 점 $P(x_1, y_1)$, $Q(x_2, y_2)$에 대하여 부등식

$$(ax_1 + y_1 + b)(ax_2 + y_2 + b) < 0$$

을 만족하는 순서쌍 (a, b)의 개수를 $n(P, Q)$라고 하자. (단, $a \in A$, $b \in B$) 원점 $O(0, 0)$에 대하여

$$n(P, O) \leq 1$$

을 만족하는 점 P의 집합을 좌표평면 위에 묘사하고, 그 넓이를 구하시오.

구상지

2-1

1번 문제의 답변을 시작하겠습니다.

(설명과 계산을 시작합니다.)

기울기가 $\sqrt{3}$ 인 11개의 평행한 직선과 기울기가 $-\sqrt{3}$ 인 11개의 평행한 직선으로 분할된 영역의 개수는 $12 \times 12 = 144$ 입니다.

그 이유는 기울기가 $\sqrt{3}$ 인 11개의 평행한 직선에 기울기가 $-\sqrt{3}$ 인 직선 1개를 그으면 분할된 영역의 개수는 (12×2)가 됩니다. 따라서 기울기가 $-\sqrt{3}$ 인 직선의 개수를 1개씩 늘릴 때마다 영역의 개수는 12개씩 늘어나기 때문입니다.

(칠판에 그림을 그립니다.)

이상으로 1번 문제의 답변을 마치겠습니다.

2번 문제의 답변을 시작하겠습니다.

(설명과 계산을 시작합니다.)

주어진 조건 $n(P, O) \leq 1$은 원점과 점 P사이의 경계선의 개수가 1 이하임을 뜻합니다.
따라서 $n(P, O)=0$인 경우와 $n(P, O)=1$인 경우로 분류하여 점 P의 위치를 찾겠습니다.

(i) $n(P, O)=0$인 경우

(칠판에 그림을 그립니다.)

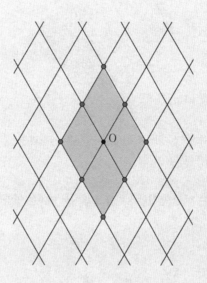

위의 그림에서 어두운 영역과 그 경계선에 있는 점들은 원점과의 경계선 개수가 0인 영역입니다.

(ii) $n(P, O) = 1$인 경우

(칠판에 그림을 그립니다.)

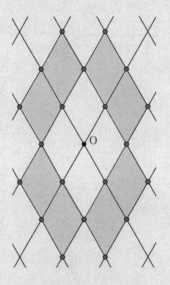

위의 그림에서 어두운 영역과 그 경계선에 있는 점들은 원점과의 경계선 개수가 1인 영역입니다. (단, (ⅰ)과 겹치는 경계선은 제외)

(ⅰ), (ⅱ)에 의해 조건을 만족하는 점 P의 집합은 다음 그림에서 어두운 영역과 그 경계선에 있는 점들입니다.

(칠판에 그림을 그립니다.)

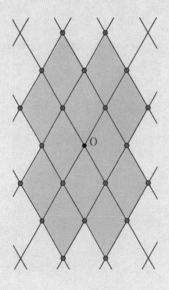

구하는 영역의 넓이는 합동인 평행사변형 12개의 넓이의 합과 같습니다.

평행사변형의 두 대각선 중 긴 것의 길이는 1이고,

두 변은 기울기가 각각 $\sqrt{3}$, $-\sqrt{3}$ 인 직선의 일부이므로

두 대각선 중 짧은 것의 길이는 높이가 $\dfrac{1}{2}$ 인 정삼각형의 한 변의 길이 $\dfrac{\sqrt{3}}{3}$ 과 같습니다.

따라서 평행사변형 1개의 넓이는 한 변의 길이가 $\dfrac{\sqrt{3}}{3}$ 인 정삼각형 2개의 넓이와 같으므로

$2 \times \dfrac{\sqrt{3}}{4} \left(\dfrac{\sqrt{3}}{3} \right)^2 = \dfrac{\sqrt{3}}{6}$ 입니다.

그러므로 구하는 영역의 넓이는 $12 \times \dfrac{\sqrt{3}}{6} = 2\sqrt{3}$ 입니다.

이상으로 2번 문제의 답변을 마치겠습니다. 감사합니다!

[2-1] 계산

그림을 그려보면 쉽게 파악할 수 있습니다.

[2-2] 추론, 계산

주어진 부등식의 의미와 $n(P, Q)$의 의미를 파악해야 합니다.
[2-1]의 그림에서 꼼꼼하게 세어 보면 조건을 만족하는 영역을 파악할 수 있고, 그 영역의 넓이를 구할 수 있습니다.

자유전공학부(인문)

주요 개념

직선의 방정식, 부등식의 영역

서울대학교의 공익 해열

▶ 직선은 평면 및 공간의 성질을 이해하는 데 필요한 가장 기본적인 도형이고, 다양한 함수들의 성질을 이해하는 데 필요한 가장 기본적인 함수인 일차함수의 그래프로 나타난다.

▶ 본 문항에서는 좌표평면 위의 직선을 방정식으로 표현하고 직선들의 위치 관계를 이해하고 있는지, 직선들을 이용한 부등식의 영역의 의미를 이해하고 있는지, 풀이 과정을 논리적이고 창의적으로 전개할 수 있는지를 평가한다.

문제 3

양의 실수로 이루어진 수열 $\{a_k\}$에 대하여 아래 그림과 같이 좌표평면 위에

$$\overline{\mathrm{OP_1}}=a_1, \quad \overline{\mathrm{P_1P_2}}=a_2, \quad \cdots, \quad \overline{\mathrm{P_{k-1}P_k}}=a_k, \quad \cdots$$

가 되도록 점 $\mathrm{P_1}$, $\mathrm{P_2}$, $\mathrm{P_3}$, $\cdots$을 만든다. 여기서 $\mathrm{P_0}=\mathrm{O}$는 원점이고, $\mathrm{P_1}(a_1,\ 0)$은 x축 위의 점이라고 하자. 이때 아래 그림과 같이 선분 $\mathrm{P_{k-1}P_k}$의 연장선에서 선분 $\mathrm{P_kP_{k+1}}$까지 시계 방향 또는 시계 반대 방향으로 잰 각의 크기를 θ_k라고 하자. (단, $0°\le\theta_k\le 180°$)

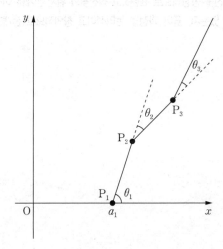

위 그림은 점 $\mathrm{P_1}$에서 시계 반대 방향으로 θ_1만큼, 점 $\mathrm{P_2}$에서 시계 방향으로 θ_2만큼, 점 $\mathrm{P_3}$에서 시계 반대 방향으로 θ_3만큼 회전한 경우이다.

[3-1]

구간 $(0, 1)$에 있는 실수 r가 주어져 있다. 모든 k에 대하여 $a_k = r^k$이라고 하자. 이때 홀수 번째 P_1, P_3, $\cdots$에서는 시계 반대 방향으로 $90\,^\circ$ 회전하고, 짝수 번째 P_2, P_4, $\cdots$에서는 시계 방향으로 $90\,^\circ$ 회전한 경우, k가 커짐에 따라 점 P_k가 한없이 가까워지는 점을 구하시오.

[3-2]

처음 세 개의 선분의 길이 a_1, a_2, a_3과 각 θ_1, θ_2가 각각

$$a_1 = 3, \ a_2 = \sqrt{3}, \ a_3 = 1,$$
$$\theta_1 \leq 90\,^\circ, \ \theta_2 \geq 90\,^\circ$$

를 만족한다. (단, 회전은 시계 방향 또는 시계 반대 방향 모두 가능하다.)
이때 점 P_3이 나타날 수 있는 영역을 찾고, 그 영역의 경계의 길이를 구하시오.

[3-3]

처음 네 개의 선분의 길이 a_1, a_2, a_3, a_4와 각 θ_1, θ_2, θ_3이 각각

$$a_1 = 3, \ a_2 = \sqrt{3}, \ a_3 = 1, \ a_4 = 1$$
$$\theta_1 \leq 90\,^\circ, \ \theta_2 \geq 90\,^\circ, \ \theta_3 \leq 90\,^\circ$$

를 만족한다. (단, 회전은 시계 방향 또는 시계 반대 방향 모두 가능하다.)
이때 $\overline{OP_4}$의 최댓값을 구하고, 최댓값이 될 때의 점 P_2의 좌표를 모두 구하시오.

구상지

3-1

1번 문제의 답변을 시작하겠습니다.

(칠판에 그래프 또는 그림을 그립니다.)

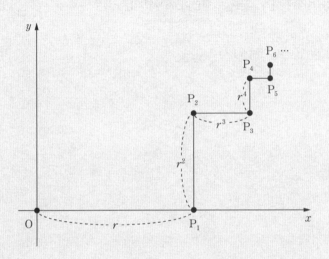

(설명과 계산을 시작합니다.)

조건에 맞게 점과 각 선분의 길이를 표시하면 점 P_k의 x좌표와 y좌표는 위의 그림과 같이 변합니다.

자연수 n에 대하여

(ⅰ) $k=2n-1$일 때

$P_1(r,\ 0)$, $P_3(r+r^3,\ r^2)$, $P_5(r+r^3+r^5,\ r^2+r^4)$, $\cdots$이므로

점 P_k의 x좌표는 $r+r^3+r^5+\cdots+r^{2n-1}$이고 y좌표는 $0+r^2+r^4+\cdots+r^{2n-2}$입니다.

이때 $0<r<1$이므로 x좌표와 y좌표가 모두 수렴하는 등비급수입니다.

즉, 점 P_k가 한없이 가까워지는 점은 $\left(\dfrac{r}{1-r^2},\ \dfrac{r^2}{1-r^2}\right)$입니다.

（ⅱ) $k = 2n$일 때

$P_2(r,\ r^2)$, $P_4(r+r^3,\ r^2+r^4)$, $P_6(r+r^3+r^5,\ r^2+r^4+r^6)$, $\cdots$이므로

점 P_k의 x좌표는 $r+r^3+r^5+\cdots+r^{2n-1}$이고 y좌표는 $r^2+r^4+\cdots+r^{2n}$입니다.

이때 $0<r<1$이므로 x좌표와 y좌표가 모두 수렴하는 등비급수입니다.

즉, 점 P_k가 한없이 가까워지는 점은 $\left(\dfrac{r}{1-r^2},\ \dfrac{r^2}{1-r^2}\right)$입니다.

（ⅰ), （ⅱ)에서 k가 커짐에 따라 점 P_k가 한없이 가까워지는 점은 $\left(\dfrac{r}{1-r^2},\ \dfrac{r^2}{1-r^2}\right)$입니다.

이상으로 1번 문제의 답변을 마치겠습니다.

2번 문제의 답변을 시작하겠습니다.

우선 시계 방향 또는 시계 반대 방향으로 회전하되 $\theta \leq 90°$ 인 경우는 [그림 1]과 같고,
시계 방향 또는 시계 반대 방향으로 회전하되 $\theta \geq 90°$ 인 경우는 [그림 2]와 같습니다.

(칠판에 그림을 그립니다.)

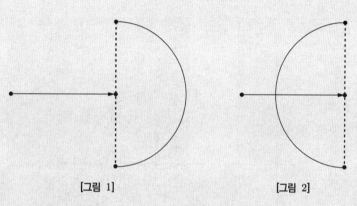

[그림 1]　　　　　　　　[그림 2]

[그림 1]에서 선분의 진행 방향의 바깥쪽 반원이 점 P_k의 자취이고
[그림 2]에서 선분의 진행 방향의 안쪽 반원이 점 P_k의 자취입니다.
이것을 이용하여 점 P_2의 자취를 그리면 아래 그림과 같이 실선으로 나타낸 부분, 즉 점 $P_1(3, 0)$을 중심
으로 하고 반지름의 길이가 $\sqrt{3}$ 인 바깥쪽 반원입니다.

(칠판에 그래프 또는 그림을 그립니다.)

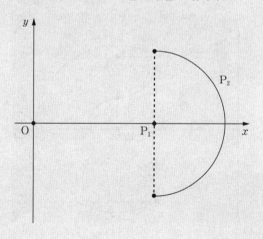

점 P_3의 자취는 반지름의 길이가 $\sqrt{3}$인 반원 위의 한 점을 중심으로 하고 반지름의 길이가 1인 안쪽 반원입니다.

점 P_2의 자취 중 $(3, \sqrt{3})$, $(3+\sqrt{3},\ 0)$, $(3, -\sqrt{3})$을 중심으로 반지름의 길이가 1인 안쪽 반원을 나타내면 다음과 같습니다.

(칠판에 그래프 또는 그림을 그립니다.)

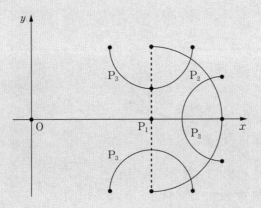

이러한 안쪽 반원을 점 P_2의 자취를 따라 그리면 점 P_3의 자취는 영역이 되며 다음 그림과 같습니다.

(칠판에 그래프 또는 그림을 그립니다.)

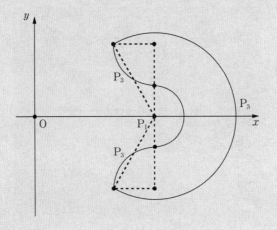

점 P_3이 나타날 수 있는 영역은

(i) 점 P_2의 자취의 끝점 $(3, \pm\sqrt{3})$을 중심으로 하고 반지름의 길이가 1이고 중심각의 크기가 $\dfrac{\pi}{2}$인 호 2개

(ii) 점 $P_1(3, 0)$을 중심으로 하고 반지름의 길이가 $\sqrt{3}-1$이고 중심각의 크기가 π인 호 1개

(iii) 점 $P_1(3, 0)$을 중심으로 하고 반지름의 길이가 2이고 중심각의 크기가 $\left(\pi+\dfrac{\pi}{6}+\dfrac{\pi}{6}\right)$인 호 1개

로 둘러싸여 있습니다.

따라서 구하는 자취의 길이는

$$1 \cdot \frac{\pi}{2} \cdot 2 + (\sqrt{3}-1)\pi + 2 \cdot \frac{4\pi}{3} = \left(\frac{8}{3}+\sqrt{3}\right)\pi$$

입니다.

이상으로 2번 문제의 답변을 마치겠습니다.

3번 문제의 답변을 시작하겠습니다.

(설명과 계산을 시작합니다.)

$\overline{P_3P_4} = a_4 = 1$이므로 $\overline{OP_4}$가 최대이기 위해서는 $\overline{OP_3} + a_4$가 최대이면 됩니다.

삼각부등식을 이용하면 $\overline{OP_3} \le \overline{OP_2} + \overline{P_2P_3}$ 또는 $\overline{OP_3} \le \overline{OP_1} + \overline{P_1P_3}$입니다.

(단, 등호는 세 점이 일직선 위에 있을 때 성립합니다.)

2번 문제의 그림으로부터 $\overline{OP_3} = \overline{OP_2} + \overline{P_2P_3}$인 경우는 세 점이 일직선 위에 있을 수 없지만,

$\overline{OP_3} = \overline{OP_1} + \overline{P_1P_3}$인 경우, 즉 $\overline{OP_3} = \overline{OP_1} + \overline{P_1P_3} = 3 + 2 = 5$인 경우가 존재합니다.

이때 점 P_3의 좌표는 $(5, 0)$으로 한 개만 존재합니다.

따라서 $\overline{OP_4} = \overline{OP_3} + 1 = 6$이 되므로 $P_4(6, 0)$일 때 $\overline{OP_4}$는 최댓값 6이 됩니다.

점 P_3의 좌표가 $(5, 0)$일 때의 점 P_3의 자취와 점 P_2의 위치는 다음과 같습니다.

(칠판에 그림을 그립니다.)

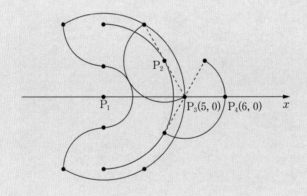

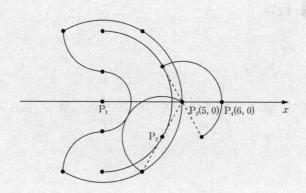

(설명과 계산을 시작합니다.)

이때 $\angle P_1 P_2 P_3 = \dfrac{\pi}{2}$ 이고 $\overline{P_1 P_2} = \sqrt{3}$, $\overline{P_2 P_3} = 1$ 이므로 $\angle P_2 P_1 P_3 = \dfrac{\pi}{6}$ 입니다.

따라서 점 P_2의 좌표는 $\left(3 + \dfrac{3}{2},\ \pm\dfrac{\sqrt{3}}{2}\right)$, 즉 $\left(\dfrac{9}{2},\ \pm\dfrac{\sqrt{3}}{2}\right)$ 이 됩니다.

이상으로 3번 문제의 답변을 마치겠습니다. 감사합니다!

문제 해결의 Tip

[3-1] 추론, 계산
주어진 규칙에서 x좌표와 y좌표를 구한 후, 이것이 등비급수가 됨을 알 수 있습니다.

[3-2] 추론, 계산
$\theta \leq 90\,°$ 인 경우와 $\theta \geq 90\,°$ 인 경우에서 구하고자 하는 자취가 어떻게 다른지 파악해야 합니다.
그리고 그림을 그려보면 점의 자취가 나타날 수 있는 영역을 구할 수 있습니다.

[3-3] 추론, 계산
[3-2]와 마찬가지로 그림을 자세히 관찰하여 파악할 수 있습니다.

- 사회과학대학 경제학부
- 자유전공학부(인문)

주요 개념

등비급수, 수열의 귀납적 정의, 평면좌표, 원의 방정식, 두 점 사이의 거리

서울대학교의 공식 해설

▶ 수열 영역은 사회 및 자연의 수학적 현상에서 파악된 문제에 대하여 수학적 추론 및 합리적이고 창의적인 문제 해결 능력을 키우는 데 널리 활용된다.

▶ 본 문항의 핵심적인 내용은 수학 I의 수열 단원에서 다루어진다. 따라서 본 문항은 학생들이 등비급수의 뜻을 알고 그 합을 구할 수 있는지, 수열의 귀납적 정의를 이해하고 평면좌표와 원의 방정식, 두 점 사이의 거리를 이해하는지를 평가한다.

※ 제시문을 읽고 문제에 답하시오.

(가) 간호사 해나(Hana)가 환자에게 키플링*의 소설을 낭독해 주는 모습을 지켜보던 알마시(Almasy)가 말을 건넨다. "해나, 천천히 읽어요. 키플링은 천천히 읽어야 해요. 쉼표가 찍힌 곳을 주의 깊게 보면 자연스레 끊어 읽을 곳을 알게 돼요. 키플링은 펜과 잉크를 사용했던 작가죠. 한 페이지를 쓰다가도 여러 번 고개를 들었을 거예요. 창문 밖을 내다보며 새소리에 귀를 기울였겠지. 혼자 있을 때 대부분의 작가들이 그러듯이. 해나의 눈은 너무 빨라요. 요즘 사람답게 말이지. 키플링이 펜을 움직이던 속도를 생각해요."

* 키플링(Rudyard Kipling, 1865~1936): 『정글북』 등으로 알려진 영국 소설가

(나) 죽은 사람은 싫어할 만한 일이 생길 때마다 무덤 속에서 돌아눕는다는 속담대로라면, 어젯밤 올드빅*에서 공연된 『폭풍』(The Tempest) 때문에 셰익스피어는 분명 무덤 속에서 또 돌아누웠을 것이다. 셰익스피어의 작품이 무대에 오를 때마다 셰익스피어를 아끼는 이들은 눈살을 찌푸리게 된다. 비극의 경우는 그나마 상황이 나은 편이다. 비극들은 보다 잘 알려져 있기도 하고, 어쨌든 살인과 죽음이 만연한 이유로 셰익스피어가 쓴 말 자체로 관객을 몰입시키는 데 꽤나 성공한다. 하지만 희극의 경우는 아예 가망이 없다. 관객 열에 아홉은 『햄릿』의 "사느냐 죽느냐(To be or not to be)"는 알아도 희극의 대사는 전혀 모르기 때문이다. 배우가 농담을 하면서 누군가의 엉덩이를 걷어차지 않으면 농담이 농담인 줄도 모른다. 그래서 배우들은 대사를 최고 속도로 뱉어 내고 그 빈자리를 슬랩스틱**으로 최대한 채워 넣으려 한다. 관객들이 웃는다면 그건 셰익스피어의 글 때문이 아니라 광대짓 때문이다.

* 올드빅(Old Vic): 19세기에 세워진 런던의 극장
**슬랩스틱(slapstick): 우스꽝스러운 몸동작을 사용한 익살

문제 1

예술 작품 또는 고전을 대하는 데 있어 제시문 (가)와 (나)가 공통적으로 지향하는 바가 무엇인지 설명하고, 그것이 제시문 (가)와 (나) 각각에서 어떻게 나타나는지 말하시오.

문제 2

제시문 (나)의 저자가 셰익스피어의 희극을 무대에 올리려는 연극 연출가에게 조언을 한다면 어떤 조언을 해 줄 것인지 말하고, 자신의 독서 또는 예술 감상 경험을 토대로 이 조언에 대한 의견을 밝히시오.

구상지

문제 1

1번 문제의 답변을 시작하겠습니다.

제시문 (가)와 (나)는 모두 예술 혹은 고전의 수용과 재현에 있어 원전 본연의 모습과 작가의 의도를 중시하는 공통점을 보입니다. 이에 대해 상세히 얘기해 보겠습니다.

우선, 제시문 (가)에서 알마시는 간호사 해나가 키플링의 소설을 낭독할 때, 작가의 의도, 문장의 호흡, 심지어 당시의 필기도구마저 감안하라는 섬세한 요구를 합니다. 원전 소설의 시대적 특징과 작가의 취지를 낭독이라는 재해석 혹은 재현에 반영하라는 것입니다. '해나의 눈은 너무 빨라요. 요즘 사람답게'라는 부분에서는 작품에 대한 현대적 재해석을 선호하지 않는 모습을 읽어 낼 수 있습니다.

이런 관점은 제시문 (나)에서도 그대로 보입니다. 비판의 강도가 제시문 (가)보다 더 크다는 점도 느껴집니다. '셰익스피어의 작품이 무대에 오를 때, 셰익스피어를 아끼는 사람들이 눈을 찌푸린다'는 부분에서, 현대적 재해석을 매우 경계하는 관점이 드러납니다. 셰익스피어의 의도나 원작의 취지가 변형되고 왜곡되어 나타나는 현대의 희극과 비극에 대해 개탄하고 있습니다. 셰익스피어 원작이 연극으로 재현되면서 작품이 희화화되고, 작품 본연의 가치가 사라지는 점을 아쉬워합니다.

이상으로 볼 때, 제시문 (가)와 (나) 모두 원작과 고전이 현대적 재해석에 비판적 태도를 가지고 취하고 있다고 판단하였습니다.

이상으로 1번 문제의 답변을 마치겠습니다.

2번 문제의 답변을 시작하겠습니다.

제시문 (나)의 저자는 연극 연출가에게 원전과 작가의 의도를 있는 그대로 반영하고, 고증에 충실하라는 조언을 할 것 같습니다. 원작의 시대적 배경과 당대의 생활 양식, 복장 등에 대한 정확한 고증과 더불어 아주 디테일한 부분까지도 신경 쓰라는 요구를 할 것입니다. 그리고 작품 이면에 배어 있는 작가의 의도는 물론 작가 개인의 습관마저도 꼼꼼히 챙기라는 가이드를 줄 것입니다. 이는 셰익스피어의 작품을 무대에 올리는 현대의 연출가가 원작의 충실한 전달자가 되라는 요구가 될 것입니다.

(본인의 개인적 경험과 지원 전공과 관련된 사례를 언급하면 좋겠습니다. 지원 전공에 따라 더 다양한 이야기가 가능할 것입니다.)

이런 조언에 대한 저의 입장을 말씀드려 보겠습니다. 저는 그런 원작 중심주의 혹은 단순 전달자 역할에 머무르는 것에 반대합니다.

예술의 대전제는 '창의성'에 있다고 생각합니다. 창의성의 핵심은 '다르게 보기'일 것입니다. 그렇다면 예술은 '남들과 다른 시각으로 보기'입니다. 원작을 단순하게 전달하는 것만이 옳다면, 예술은 발전하지 못할 것입니다. 그리고 원전에 대한 새로운 변형과 창의적인 해석 자체가 또 하나의 2차적 예술입니다. 원전에 대한 단순 재현은 고전에 대한 창의적 재해석에 미치지 못한다는 것이 저의 생각입니다. 원작에 대한 창의적인 해석, 그리고 열린 재해석이 가능할 때 문화는 풍성해지고, 학문이 발전하고, 변화에 대한 대응은 빨라질 것입니다.

저는 개인적으로 연극, 뮤지컬, 콘서트 등의 극예술과 영화를 좋아하는 편입니다. 문학 원작이 영화화되고, 연극 무대에 올려지고, 뮤지컬화되고... 또 다른 감독과 연출가들에 의해, 또 다른 버전의 작품으로 원전이 재해석되고 2차 작품, 3차 작품...으로 만들어지는 것이 멋져 보입니다. 이른바 '원소스-멀티유즈(one source, multi use)'로 인해 원전은 풍성해지고 창의적 재해석은 또 다른 팬층을 만들어 내고, 그 과정에서 원전은 생명력을 이어 가게 됩니다. 제가 감명 깊게 읽은 이청준 작가의 소설 ≪서편제≫는 영화 〈서편제〉라는 제2의 예술 작품으로 재탄생했습니다. 웹툰 〈신의 나라〉는 〈킹덤〉이라는 드라마로 제작되어 전 세계적 호응을 얻고 있습니다.

머물러 있는 것은 고인물입니다. 고인물은 썩기 마련입니다. 시대가 변하고 세상이 변하면, 사람이 바뀌고 감성이 바뀌고, 사람이 바뀌면 해석도 달라집니다. 달라진 해석을 원전에 부여하는 것, 그것이 바로 예술과 학문의 본령이 아닌가 하고 생각해 보았습니다.

이상으로 2번 문제의 답변을 마치겠습니다. 감사합니다!

문제 해결의 Tip

재연(再演·encore)과 재현(再現·representation)

재연(再演)과 재현(再現)은 다른 개념입니다. '재연'의 뜻은 간단합니다. '연극이나 영화를 다시 상연하는 것'을 말합니다. 학술적인 용어는 아닌 거죠.

반면, 재현은 좀 어려운 학술적 용어입니다. 재현의 한자는 再現입니다. '다시 현재화'한다는 뜻이겠죠? 재현의 원어는 re-present-ion입니다. 이 또한 '다시 현재화'한다는 뜻이죠. 그러면 representation이라는 원어를 직역에 가깝게 번역했다는 것을 알 수 있습니다.

그럼, '과거의 영광을 재현했다.'는 과거의 영광을 현재에 되살렸다는 뜻이 되겠죠? 그래서 재현이라는 단어는 '예전에 있었던 것이 다시 현재에 등장한다.'라는 의미를 내포하고 있어야 합니다. 이제, **"원전에 대한 단순 재현은 고전에 대한 창의적 재해석에 미치지 못한다는 것이 저의 생각입니다."**에서 왜 '재연'이 아니라 '재현'을 사용했는지 아시겠죠?

학생들은 재연과 재현을 혼동하는 경우가 많을뿐더러, 재현이라는 단어를 부정확하게 사용하는 경우가 많습니다. 여러분들은 '재현(representation)'의 뜻을 정확히 알고 사용하시기 바랍니다. 대학에 가서 인문학을 제대로 접할 기회가 생기면 재현(representation)의 철학적 의미를 배우는 기회가 생길 거예요. 인문학의 재미에 빠지기 시작할 겁니다. ^_^

- 인문대학
- 사회과학대학(경제학부 제외)
- 간호대학
- 생활과학대학 소비자아동학부 아동가족학전공
- 자유전공학부(인문)
- 사범대학

주요 개념

고전 및 예술 작품의 감상법, 창작자의 의도, 문학과 공연, 다양한 매체, 창의적 수용, 비판적 수용, 문학과 연극

서울대학교의 공익 해열

▶ 두 제시문 모두 고전을 현재적 시각 위주로 감상, 수용하는 모습에 대한 비판적인 논평을 포함하는 바, 글 읽기와 공연 연출이라는 상이한 맥락으로부터 이런 공통된 요소를 추상화해 낼 수 있는 능력을 평가하고자 함

▶ 제시문 (나)는 셰익스피어의 의도를 거스른 수용 사례에 대한 비판을 주로 제시하는 바, 이를 대안의 제시라는 생산적인 방향으로 적용하도록 하고 이를 통해 궁극적으로는 고전의 현재적 수용 또는 예술 작품 수용 방법에 자신의 경험과 일관된 논리로 가치 판단을 내리는 능력을 평가하고자 함. 답변이 열린 문제임. 도발적인 답변도 적절한 논리가 동원된다면 환영할 만함. 자신의 의견에서 배제된 것과 이에 내재한 한계에 대한 인식을 보여 줄 수도 있으며, 학생 개인의 경험을 사례로 들 때 반드시 문학에 국한될 필요는 없음. 학생의 자기소개서에 언급된 책 등을 활용하도록 유도할 수도 있음. 만화로 된 고전류의 예를 들도록 할 수도 있음

※ 제시문을 읽고 문제에 답하시오.

(가) 세상에 백락(伯樂)*이 있은 다음에야 천리마가 있다. 천리마는 항상 있으나 백락이 항상 있는 것은 아니다. 그러므로 비록 명마(名馬)가 있다 해도, 단지 지체 낮은 일꾼들 손에 모욕이나 당하다가 마구간 구석에서 죽고 말아 천리마로 불리지 못하기도 한다.

말 가운데 천 리를 가는 말은 한 끼에 곡식 한 섬을 먹어야 하는데, 말을 먹이는 자가 천 리를 달릴 수 있는 말인지 모르고 먹인다. 이런 말은 비록 천 리를 가는 능력이 있으나, 먹는 것이 충분하지 않아 힘이 부족하여 그 재능을 밖으로 드러내지 못한다. 게다가 보통 말처럼 되고 싶어도 그 또한 불가능하니, 어찌 천 리를 가기를 바랄 수 있겠는가?

말을 채찍질하되 천리마에 어울리는 방법으로 하지 않고, 먹이되 그 재능을 다 발휘하지 못하게 하고, 말이 울어도 그 뜻을 알아채지 못하면서도, 채찍을 들고 말 앞에 다가가 "천하에 훌륭한 말이 없구나!"라고 한다. 아, 정말로 천리마가 없는 것인가 아니면 천리마를 알아보지 못하는 것인가.

* 백락(伯樂): 중국 고대에 명마를 잘 감별했던 사람

(나) 매년 수많은 젊은이들이 대학에서 무엇을 공부할지 결정해야 한다. 이것은 대단히 중요하면서도 그만큼 어려운 결정이다. 특히나 현명한 결정을 내리기 어려운 이유는 각기 다른 직업에서 성공하는 데 필요한 자질이 무엇인지 잘 모르는 데다, 자신의 장단점을 정확히 아는 것도 아니기 때문이다.

미래에는 진로를 결정할 때 빅 데이터에 기반한 예측 알고리즘에 의지할 수 있을 것이다. 예를 들어 미래의 인공 지능은 의사를 직업으로 선택하려는 나에게 의대에 가면 시간 낭비가 되겠지만, 뛰어난 (게다가 아주 행복한) 작가나 기술자가 될 수 있다고 조언해 줄 수도 있을 것이다.

문제 1

제시문 (가)에는 '백락, 천리마, 일꾼, 보통 말'이 언급되어 있다. 여러분이 이 글의 작가라면, 이들 넷으로 비유할 만한 사람 가운데 누구에게 이 글을 읽으라고 권유하겠는가? 넷 중에서 둘 이상을 고르고, 그 이유를 설명하시오.

문제 2

제시문 (나)의 '인공 지능'이 제시문 (가)의 '백락'의 역할을 대신한다면, 제시문 (가)에서 우려하는 문제는 거의 사라질 것이라는 의견이 있다. 이와 관련하여, 제시문 (가)의 '천리마'의 입장에서 자신의 견해를 밝히시오.

구상지

예시 답안

문제 1

(이 문제는 네 개 중 두 개를 선택하라고 요구하였으니, 선택에 따라 다양한 답변이 가능할 것입니다. 아래 예시 답안은 일반적인 기준으로 작성된 것입니다. 더 창의적인 답변을 했더라도 논리 전개가 타당하다면 충분히 유효한 답변이 될 수 있습니다. 그리고, 넷 중에서 둘 '이상'이라고 문제에서 요구했으니까, 둘만 선택하지 말고 네 인물 모두에 대해 얘기하는 것도 괜찮은 선택이 될 것입니다.)

1번 문제의 답변을 시작하겠습니다.

저는 천리마와 일꾼에 비유할 수 있는 사람에게 이 글을 읽어 보라고 권하겠습니다. 일꾼은 천리마를 알아볼 수 있는 '감식안'을 키우라는 의미에서, 천리마는 자신의 잠재력을 펼치는 '노력'을 하라는 의미에서 권유하겠습니다.

우선, 천리마부터 세부적으로 말씀드려 보겠습니다. 제시문의 천리마는 뛰어난 잠재력을 가졌습니다. 하지만 그 잠재력을 펼치지 못한 상태입니다. 자기가 보유한 잠재력이 어떤 역량인지, 그리고 그 잠재력을 발현하기 위해서는 어떤 노력을 해야 하는지를 모르는 상태입니다. 결국 잠재력이 구체적 역량으로 발현되기 위한 가장 큰 요건은 스스로의 내적 노력과 적절한 외부 환경의 결합일 것입니다. 하지만 외부 환경 또한 자신의 노력으로 구축한다는 점을 고려해 볼 때, 궁극적으로 가장 중요한 것은 자신의 각성과 노력입니다. 자신의 뛰어난 점을 파악해 내는 깨달음, 그 잠재력을 현실적 역량으로 발전시키겠다는 노력과 다짐, 그런 환경을 스스로 구축해 나가는 개척 정신이 만날 때, 진짜 천리마가 완성됩니다. 그래서 천리마에게 이 글을 권하겠습니다.

다음, 일꾼에 대해 이야기해 보겠습니다. 저는 일꾼을, 자기 앞에 있는 대상과 자기 일의 중요성을 깨닫지 못하고, 매너리즘에 빠져 관성적으로 일을 하는 사람으로 해석하였습니다. 일꾼도 자기 계발과 각성을 거치면 '백락'이 될 수 있습니다. 백락은 어찌 보면 '뛰어난 일꾼'입니다. 주변과 환경 탓을 그치고, 자기의 잠재력과 대상의 잠재력을 알아채서 그것을 현실적 역량으로 이끌어 내려는 노력을 할 때, 보통 일꾼은 뛰어난 일꾼, 즉 백락으로 발전할 수 있습니다.

이상으로 1번 문제의 답변을 마치겠습니다.

2번 문제의 답변을 시작하겠습니다.

천리마의 입장에서 볼 때 제시문 (나)처럼 인공 지능에 의해 평가받는 것은, 감정적으로도 논리적으로도 타당하지 않다고 봅니다.

물론 인공 지능이 가지는 장점도 뚜렷합니다. 빅 데이터에 기반한 정량적 판단과 머신 러닝에 기반한 정성적 판단, 그리고 풍성한 정보력 등을 고려할 때 인공 지능의 우수함은 의문의 여지가 없습니다.

하지만, 측정 시점까지의 과거만을 가지고 그 사람의 미래를 재단하는 것은 창발성의 제한일 수 있습니다. 인간이 인간인 이유는 늘 변화한다는 것과, 자유 의지를 가지고 있다는 점입니다. 저는 사람에게 3가지의 중요한 요소가 있다고 생각합니다. '잘 하는 것, 해야 하는 것, 하고 싶은 것'이 제가 생각하는 중요한 3요소입니다. 인공 지능은 그 3요소 중 '잘 하는 것' 혹은 '잘 할 수 있는 것'만을 고려할 것입니다. 하지만 나머지 두 요소 즉, '해야 하는 것'과 '하고 싶은 것'은 인공 지능이 절대 분석하거나 제시할 수 없는 요소일 것입니다.

그래서 저는 인간 개인의 자유 의지와 사회적 책무를 고려하지 못한다는 점에서 인공 지능에 의한 사람의 평가를 감정적으로도, 논리적으로도 타당하지 않다고 생각합니다.

(구술면접은 논술과 달리 항상 자기 개인적 경험과 지향을 드러내야 합니다. 아래는 가상으로 개인적 경험을 구성해 본 것입니다.)

제 개인적인 경험을 한번 말씀드리겠습니다. 저는 수학을 잘 못하는 편이었습니다. 그렇기 때문에 인공 지능이 저를 평가한다면 수학, 통계, 수...와는 전혀 상관없는 진로를 제시할 것입니다. 하지만 현재의 저는 수리적 접근을 매우 좋아합니다. 제가 부족하다는 생각이 있었기 때문에 남들보다 더 열심히 했습니다. 고등학교 교과 과정 내에 있는 수학도 정말 열심히 공부했고, 심지어는 교과 과정과 상관없는 수학의 역사, 생활 속의 수학, 그리고 회계 원리도 공부하였습니다. 그래서 현재의 저는 수학적 이해도가 높다고 나름 자부하고 있습니다.

이런 저의 개인적인 경험으로 볼 때, 소질과는 다른 '의지'의 영역이 존재한다는 점, 그리고 소질도 없고 의지도 없더라도, 사회가 요구할 때는 사회적 책무를 수행해야 한다는 점을 잊어서는 안 된다고 생각합니다. 인공 지능의 '개인에 대한 최적 평가'가 오히려 '사회 전체적으로는 무의미한 방향 제시'로 귀결되지 않을까 하는 우려도 해 봅니다.

이상으로 2번 문제의 답변을 마치겠습니다. 감사합니다!

문제 해결의 Tip

내부-외부와 노력-환경, 그리고 2원론과 3원론

논술과 구술에서 '대조'는 가장 기본적인 접근법입니다. 정신-육체, 이성-감성, 시간-공간, 미시-거시, 인문학-자연 과학, 기능론-갈등론, 이기적-이타적, 가치 판단-사실 판단, 윤리-합리, 나-남, 개인-사회, 내면-외면, 자기-타인 등 우리가 고등학교 때 배웠던 것들과 대학에서 배우는 많은 것들이 이런 형태의 이원적 접근을 하는 경우가 많습니다.

현장 수업을 진행할 때 마르고 닳도록 강조하고, 강조하고 또 강조하는 게 몇 가지 있는데요, 대조가 그 중에 하나입니다. 그만큼 대조는 중요합니다. 왜 그렇게 대조·이원론이 중요할까요? 이원론은 세상을 단도직입적으로, 명쾌하게 설명해 주는 힘을 가지고 있기 때문입니다.

대조·이원론은 세상을 두 개의 요소로 구성된 집합이라고 보는 관점입니다. 인간은요? 정신과 육체라는 두 요소로 구성된 집합이죠. 세계는요? 시간과 공간이라는 두 범주로 구성되어 있는 집합이죠. 사회는요? 자기와 타인으로 구성된 집합이죠. 그렇죠? 그렇습니다. 얼마나 직관적이고 명쾌한가요? 그래서 대조·이원론을 그렇게 강조하는 겁니다.

그러면 이제 인간의 미래에 대해 대조·이원론적으로 한번 생각해 보죠. 인간의 미래를 구성하는 변수는 무엇인가요? 인간의 미래는 인간의 내부적 노력과 외부적 환경의 결과물입니다. 노력은 인간 내적 요소이고, 환경은 인간 외적 요소입니다. 그렇게 접근하면, "잠재력이 구체적 역량으로 발현되기 위한 가장 큰 요건은 본인의 내적 노력과 적절한 외부 환경의 결합일 것입니다. 하지만 외부 환경 또한 자신의 노력으로 구축한다는 점을 고려해 볼 때, 궁극적으로 가장 중요한 것은 자신의 각성과 노력입니다."와 같은 답변을 구성해 낼 수 있습니다.

자, 이제 한발 더 나가 봅시다. 2원론에서 3원론으로의 발전.

인간의 미래를 3원론적으로 접근해 볼까요? 인간은 누구나 고유한 소질과 자질을 가집니다. 각자 잘 하는 게 다르다는 거죠. 대부분은 사람들은 자기가 잘 하는 것을 열심히 합니다. 그런데 내가 못 하는 것을 잘 하고 싶다는 욕망을 가지고 있는 경우도 분명히 있죠? 내가 축구를 잘 하기 때문에 축구를 좋아하기도 하지만, 내가 축구를 남들보다 못하기 때문에 더 열심히 하는 경우도 있겠죠? 한편, 제3의 경우도 있습니다. 잘 하지도, 잘 하고 싶은 욕구도 없습니다. 하지만 그 경우에도 가족의 바람이나, 사회적 요구 때문에 어쩔 수 없이 그 일을 해야만 하는 경우이죠. 그렇다면 인간의 미래는, 소질과 욕망과 의무에 의해 좌우된다고 볼 수도 있겠죠? '소질-욕망-의무'. 3원론이네요. 2원론에서 한발 더 나아간 3원론을 반영해서 만든 모범 답안이 바로 "저는 사람에게 3가지의 중요한 요소가 있다고 생각합니다. '잘 하는 것, 해야 하는 것, 하고 싶은 것'이 제가 생각하는 중요한 3요소입니다. 인공 지능은 그 3요소 중 '잘 하는 것' 혹은 '잘 할 수 있는 것'만을 고려할 것입니다. 하지만 나머지 두 요소 즉, '해야 하는 것'과 '하고 싶은 것'은 인공 지능이 절대 분석하거나 제시할 수 없는 요소일 것입니다."입니다. 3원론을 구사할 수 있게 되면 여러분들의 답변 수준은 서서히 another level로 가고 있는 겁니다. 자신감을 가져 보세요.

- 인문대학
- 사회과학대학(경제학부 제외)
- 사범대학
- 자유전공학부(인문)

주요 개념

창의적 적용, 다양한 맥락을 고려한 작품 수용, 선발 상황, 고전의 현대적 재해석, 고전의 현대적 적용, 인공 지능, 과학 기술과 윤리, 인간의 선택

서울대학교의 공식 해설

▶ 제시문 (가)를 통해, 타인에 대한 평가와 자기 자신에 대한 평가의 일치/불일치 상황을 상정하고, 그러한 조건 속에서 네 가지 유형(백락, 천리마, 일꾼, 보통 말)의 사람들이 각기 어떤 위치에서 어떤 태도를 취할 수 있고 혹은 취해야 하는지 묻고자 했다.

▶ 지금까지 진로 선택 같은 인생의 중요한 선택을 예측할 때는 주위 사람의 조언이나 자기 자신의 판단에 의존해 왔다. 하지만 미래에 인공 지능이 그러한 역할(백락 같은 사람의 역할)을 대신하게 되면, 인간의 능력에 의존할 때에 비해 여러 가지 장단점이 있을 수 있다. 또한 사회에 막대한 파급 효과가 있을 것으로 여겨진다. 수험생이 그러한 장단점 및 장기적인 파급 효과를 제대로 파악할 수 있는지, 그리고 자신의 견해를 적절한 기준과 논리로 설명할 수 있는지 평가하고자 했다.

※ 제시문을 읽고 문제에 답하시오.

> 환경 파괴로 지구 위기론이 대두되는 가운데, 세계 산소의 상당량을 공급하며 '지구의 허파' 구실을 해 온 브라질 아마존 우림의 개발이 국제적 문제가 되고 있다.
>
> 아마존 우림 전체 면적의 약 60%*를 차지하는 브라질은 '브릭스(BRICS)'**의 일원으로 빠른 경제 성장을 이루었다. 2014년 월드컵과 2016년 올림픽을 개최하였으며, 2016년 국내 총생산(GDP)은 세계 8위를 기록했다.
>
> 브라질 정부는 목축산업 장려, 목재 생산, 발전소 건설 등을 위해 국제 금융 기관으로부터 차관을 얻어 원시림인 아마존 우림을 개발하고 있다. 브라질 정부가 아마존 우림 개발을 서두르는 또 다른 이유는 아마존 우림을 개발해 농민들의 토지 요구에 부응하기 위해서이다. 그러나 이러한 개발은 미국을 비롯한 선진국들과 지구의 미래를 걱정하는 환경 보호론자들의 거센 반발을 불러일으키고 있다.
>
> * 페루, 볼리비아, 콜롬비아, 베네수엘라, 가이아나, 수리남, 에콰도르 등이 나머지 약 40%의 아마존 우림을 차지함.
> **브릭스(BRICS): 빠른 경제 성장을 보이는 5개국(브라질, 러시아, 인도, 중국, 남아프리카공화국)을 일컫는 말.

문제 1

아마존 우림 개발 문제를 해결하기 위한 국제회의를 개최할 때, 회의에 꼭 초청해야 할 사람(또는 기관, 단체) 셋을 열거하고, 초청한 이유를 각각 설명하시오.

문제 2

[문제 1]에서 초청받은 셋이 각각 어떤 근거와 자료를 토대로 무슨 주장을 펼칠지 예상해 말하시오.

구상지

예시 답안

문제 1

1번 문제의 답변을 시작하겠습니다.

저는 브라질 정부, 환경 보호론자, 그리고 아마존 인근 국가(페루 등)의 대표단을 초대하겠습니다. 그들이 아마존 개발과 관련된 직접적인 이해 당사자이거나 혹은 첨예한 관심을 가진 주체이기 때문입니다. 초청 대상 각각에 대해 상세하게 말씀드려 보겠습니다.

첫 번째 초청 국가는 브라질입니다. 브라질은 아마존 우림의 60%를 차지하는 만큼, 아마존 개발에 대해 가장 큰 이해관계를 가지고 있습니다. 아마존 개발은 국가 경제 개발의 관점에서도 중요하고, 브라질 국민들 개개인의 생존에도 필수적 요소일 것입니다. 고로, 아마존에 관한 가장 직접적인 이해 당사자인 브라질을 초청 대상에서 빼면 안 될 것입니다.

두 번째 초청 대상은 환경 보호 단체입니다. 아마존은 지구 전체 환경 유지에 있어 큰 비중을 차지합니다. 그러므로, 아마존 개발을 그 인국 국가의 이슈로 한정짓는 것은 합리적이지 못합니다. 아마존을 경제 성장의 도구로만 보는 것은 전 지구적 차원에서는 매우 근시안적입니다. 고로 자칫 개발 지상주의에 빠질 수 있는 브라질에게 제동을 걸 수 있는 환경 보호론자의 참석은 필수적입니다.

세 번째 초청 대상은 브라질을 제외한 나머지 아마존 인근 국가입니다. 아마존은 워낙 거대한 영역에 걸쳐 있기 때문에 나머지 40%를 차지하는 국가들에게도 아마존은 핵심적인 환경 자원이자 성장 자원일 것입니다. 하지만 그 국가들은 아마존 관련 논의에서 소외되어 있었습니다. 이들은 아마존 개발론자들과 아마존 보존론자들 사이에 끼어 있는 샌드위치 같은 존재일지 모릅니다. 그렇기 때문에 나머지 국가들의 소수 의견을 경청하는 것은 필수적입니다.

이런 세 대상이 모여야, 현실에 기반한 환경 보호를, 환경 보호를 전제한 개발이 가능해지고, '지속 가능한 개발'에 대한 국제적 합의가 이루어질 것입니다. 환경 자원은 공공재적 특성과 사유재적 특성을 동시에 가지고 있습니다. 해당 국가의 발전을 위해 사유재처럼 활용되는 것은 당연합니다. 하지만 아마존 수준의 환경은 전 지구적 차원의 공공재에도 해당합니다. 그렇기 때문에 직접적 이해 당사자와 더불어 중립적 이해 당사자인 환경 단체들의 목소리도 정당합니다.

이상으로 1번 문제의 답변을 마치겠습니다.

2번 문제의 답변을 시작하겠습니다.

우선, 브라질 정부는 아마존 우림 개발의 여력을 보여 주는 현재 시점의 자료를 제시할 것입니다. 아마존이 지구의 환경 보호에 끼치는 영향이 크지만, 아직은 더 개발을 해도 환경 파괴와는 거리가 멀다는 자료를 제시함으로써 아마존 개발이 환경 파괴에 영향이 미미함을 강조할 것입니다.

반면, 환경 보호론자들은 아마존 환경의 파괴를 보여 주는 자료를 준비할 것입니다. 아마존의 산소 배출 감소 시계열 자료를 제시함으로써 아마존 환경 파괴의 가속화를 강조할 것입니다. 현재 시점을 자료에 집중하는 브라질과는 달리, 시계열적 변화를 보여줌으로써 환경 보호 주장에 힘을 실을 것입니다. 그리고, 지금 같은 아마존 개발이 유지될 경우 미래의 산소 배출 예측 자료를 제시하며, 아마존 우림 개발을 그만두어야 함을 주장할 것입니다.

한편, 아마존 인근 국가는 제3의 자료로 제3의 주장을 펼칠 것입니다. 아마존 개발을 브라질이 독식했던 자료를 통해, 아마존 개발에 있어 자국들이 얼마나 소외되어 있었는지를 강조할 것입니다. 아마존 전체에서 브라질에 해당하는 부분은 개발이 포화 상태임을 보여 주고, 아마존의 나머지 부분은 미개발 상황임을 보여 주는 자료를 제시할 것 같습니다. 즉, 인근 국가들은 아마존을 브라질 영역과 非브라질 영역으로 구분하여, 브라질 영역은 환경 보존, 非브라질 영역은 개발을 주장할 것으로 예상됩니다.

이상으로 2번 문제의 답변을 마치겠습니다. 감사합니다!

주체(subject)로 구성된 세계-이해 당사자

세상은 '주체-행위-대상'으로 이루어져 있습니다. 그 세상을 담은 언어 체계가 '주어-동사-목적어'로 구성되어 있는 것도 우연의 일치는 아닐 거구요. 그리고 보니 주체-주어는 둘 다 subject이고, 대상(객체)-목적어는 모두 object입니다. 같은 용어라는 거죠.

그래서, 제시문을 분석할 때, '주체'는 무엇이고, '객체'는 무엇이고, 주체와 객체의 연결고리(매개)가 무엇인지를 따져 보면, 정교한 분석이 나올 때가 많습니다.

이제, '주체-행위-대상'에서 '주체'만을 뽑아내 볼까요? '주체-대상'의 일방적 구도가 아니라 '주체A-주체B'의 쌍방적 구도로 보는 거죠. 즉, 세상을 '주체가 대상에게 행위한다.'가 아니라, '여러 주체들이 상호 작용한다.'로 이해하는 겁니다.

이렇게 모든 개체를 주체로 인식하면 '이해 당사자'라는 개념을 이해할 수 있습니다. 상황, 현상, 사건을 '주도하는 자(주체, leader)와 따르는 자(대상, follwer)'의 구도가 아니라 '해당되는 사람들(주체들, 이해 당사자들, players)'의 구도가 보이는 거죠.

이렇게 접근해야 "저는 브라질 정부, 환경 보호론자, 그리고 아마존 인근 국가(페루 등)의 대표단을 초대하겠습니다. 그들이 아마존 개발과 관련된 직접적인 이해 당사자이거나 혹은 첨예한 관심을 가진 주체이기 때문입니다. 초청 대상 각각에 대해 상세하게 말씀드려 보겠습니다."와 같은 표현이 가능해 집니다. 그리고 서울대의 공식 해설 "환경 문제에 복잡한 정치적 경제적 이해관계가 얽혀 있음. 문제 해결을 위해 서로 다른 처지와 입장을 이해, 공감하는 것이 필요함"을 정확히 이해할 수 있을 것입니다.

사회적 소수자/소외

사회적 소수자가 무엇인가요? 바로 '이해 당사자임이 분명하지만 배제되는 주체들'이라고 볼 수 있습니다. 줄여 볼까요? '주체로 인정받지 못하는 주체들'입니다. 다르게 표현해 볼까요? '소외받는 주체'입니다.

'소외'라는 단어를 한번 짚고 가죠. 소외는 한자로 疏外입니다. 소통의 바깥에 있다, 커뮤니케이션에서 배제되어 있다는 뜻이죠? 소외는 동사로 alien-ate입니다. alien은 생경한, 낯선, 외국의, 이국의, 낯설고 이질적인 존재로 만든다는 거죠. 우리 그룹에서 배제한다는 것입니다.

즉, 사회적 소수자란 사회의 주도적이고 지배적인 그룹으로부터, '우리'로 인정받지 못하는 소외된 그룹입니다. 우리는 항상 사회적 소수자를 찾아서 그들을 배제하고 있지 않은지 살펴야 합니다. 그것이 현대의 윤리학입니다.

문제를 볼 때 항상 소수자를 찾으세요. 그러면 여러분들은 '선한 인재(서울대의 인재상이죠?)'임을 어필할 수 있습니다.

소수자를 살필 수 있을 때, "세 번째 초청 대상은 브라질을 제외한 나머지 아마존 인근 국가입니다. 아마존은 워낙 거대한 영역에 걸쳐 있기 때문에 나머지 40%를 차지하는 국가들에게도 아마존은 핵심적인 환경 자원이자 성장 자원일 것입니다. 하지만 그 국가들은 아마존 관련 논의에서 소외되어 있었습니다. 이들은 아마존 개발론자들과 아마존 보존론자들 사이에 끼어 있는 샌드위치 같은 존재일지 모릅니다. 그렇기 때문에 나머지 국가들의 소수 의견을 경청하는 것은 필수적입니다."와 같은 윤리적으로 선한 답변을 생각해 낼 수 있습니다.

- 인문대학
- 사회과학대학
- 간호대학
- 경영대학
- 생활과학대학 소비자아동학부 소비자학전공, 아동가족학전공, 의류학과
- 자유전공학부(인문)
- 사범대학
- 농업생명과학대학 농경제사회학부

주요 개념

환경, 국제 문제, 환경 윤리, 지구촌, 국제 정치, 지속 가능한 발전

서울대학교의 공익 해얼

▶ 환경 문제에 복잡한 정치적 경제적 이해관계가 얽혀 있다.

▶ 문제 해결을 위해 서로 다른 처지와 입장을 이해, 공감하는 것이 필요하다.

▶ 특히, 아마존 지역 상공업자, 농민들에게는 환경 보존도 중요하지만 개발이 주는 경제적 이득이 생계와 직결된 문제일 수도 있다.

▶ "깨끗한 환경"이 공공재(내가 직접 부담을 지지 않아도 남이 제공해 주면 무임승차해서 누릴 수 있는 재화)라는 측면을 이해하는가를 평가한다.

▶ 아마존 우림에 얽힌 국내외 정치적 상황을 제시한다.

▶ 다양한 이해관계가 상충되는 상황에서 최대한 객관적 자료에 기반해 설득, 조정을 통해 문제를 해결하려는 노력이 사회 과학의 중요한 능력이라는 점에서, 아마존 우림 파괴를 소재로 이해관계가 얽힌 상황을 설정하고, 논리적 답변 여부, 상대방 입장에 대한 공감 능력을 평가한다.

▶ 감성에 대한 호소가 아닌 구체적 자료를 제시할 필요성을 이해하는가를 평가한다.

※ 제시문을 읽고 문제에 답하시오.

(가) 좋은 집터란 다음과 같다. 무릇 사람은 양기(陽氣)를 받아서 살아가는데, 양기를 주는 것은 하늘의 햇볕이다. 하늘이 적게 보이는 곳에서는 양기가 적어서 결단코 살 수 없다. 그래서 들이 넓으면 넓을수록 집터는 더욱 아름답다. 햇볕이 잘 들고, 달빛과 별빛이 항상 환하게 비치며, 바람과 비, 추위와 더위를 비롯한 기후가 충분히 알맞은 곳이면 반드시 인재가 많이 배출되고 질병도 적다. 가장 피해야 할 곳은 산줄기가 나약하고 둔하여 생색이 나지 않거나 부서지고 기울어져서 길(吉)한 기운이 적은 형상이다. 땅에 생색이 나지 않고 길한 기운이 없으면 인재가 나지 않는다.

(나) 오스트레일리아 원주민 사회는 오랫동안 축산업이나 정착 농업을 시작하지 못했다. 오스트레일리아는 기후가 매우 건조할 뿐만 아니라 토양이 대단히 척박한 대륙이기 때문이다. 더구나 연중 기후가 불규칙하여 심한 가뭄이 몇 년씩 지속되기도 하고, 폭우가 쏟아져 홍수가 나기도 한다. 이러한 환경의 열악함을 극복하기 위해 오스트레일리아 원주민들은 정착 농업을 대신하여 '부지깽이 농법'이라 불리는 방법을 활용하였다. 이 방법의 특징은 주기적으로 땅에 불을 지르는 것인데, 여기에는 몇 가지 목적이 있었다. 불이 나면 동물들이 도망쳐 나오므로 즉시 잡아먹을 수 있고, 수풀로 우거졌던 곳이 불에 타서 시원하게 뚫린 초원으로 변하므로 사람들이 다니기가 편해진다. 불탄 초목의 재는 원주민들이 먹는 고사리 뿌리뿐 아니라 캥거루가 먹는 풀의 성장을 촉진시켜 그 초원을 오스트레일리아 최고의 사냥감인 캥거루의 이상적인 서식지로 만들었다.

문제 1

제시문 (가)의 '좋은 집터'에 대한 서술에 함축되어 있는 '인간과 자연환경의 관계'와 (나)의 오스트레일리아 원주민의 자연환경에 대한 적응 방식을 비교하여 설명하시오.

문제 2

자연환경에 대한 제시문 (나)와 같은 적응 방식과 유사한 사례 두 가지를 들고, 이러한 적응 방식이 가져올 수 있는 긍정적 또는 부정적 효과에 대해 논하시오.

구상지

예시 답안

문제 1

1번 문제의 답변을 시작하겠습니다.

제시문 (가)와 (나)는 모두 자연 속에서 살아가는 인간의 모습을 보여 줍니다. 다만 인간이 자연을 대하는 태도에서는 관점이 차이가 보입니다. 제시문 (가)는 인간에 대한 자연의 규정력을 강조하는 반면, 제시문 (나)는 자연의 제약에 대한 인간의 극복을 보여 줍니다. 이를 환경 결정론과 환경 가능론의 용어로 표현해 보겠습니다.

제시문 (가)는 전형적인 환경 결정론의 관점입니다. '좋은 집터'가 인간 생활의 편의성은 물론, 건강과 인재 배출에까지 영향을 끼친다고 봅니다. 집터란 어찌 보면 땅의 모양새와 위치일 뿐입니다. 그런데 그 모양새와 위치가 생활의 편의성을 넘어 건강과 인재 배출까지 규정력을 가진다는 적극적인 주장을 펼치고 있습니다. 환경 결정론의 관점에서는 인간의 자유 의지보다 주어진 여건과 환경의 규정력이 더 강하게 작용합니다.

제시문 (나)는 환경 가능론에 가깝습니다. 환경 가능론이라 할지라도 완전히 환경적 제약을 부정하는 것은 아닙니다. 환경 가능론은 그런 환경적 제약을 인간의 의지와 노력으로 극복할 수 있다는 관점입니다. 제시문 (나)에서 보듯, 호주 원주민들은 '부지깽이 농법'을 활용하여 척박한 토양과 기후에 적응하고, 한발 더 나아가 그 개척은 다시 그 자연의 생태계를 풍요롭게 하는 선순환의 과정을 불러옵니다.

환경 결정론이 환경을 주체로, 인간을 대상으로 본다면, 환경 가능론은 인간을 주체로, 자연을 대상으로 설정하는 관점이라고 생각합니다.

이상으로 1번 문제의 답변을 마치겠습니다.

문제 2

2번 문제의 답변을 시작하겠습니다.

우선, 첫 번째 사례로 수력 댐 건설을 들어 보겠습니다. 수력 댐의 긍정적 효과를 먼저 말씀드리겠습니다. 수자원은 인간 생존에 필수적인 요소입니다. 하지만 물 또한 희소한 자원입니다. 필요할 때는 수량이 적고, 필요하지 않을 때는 수량이 넘칩니다. 그래서 수자원을 관리하는 것은 생존, 생활, 농업 등에 있어서 필수적입니다. 우리나라는 상대적으로 물이 부족하지 않았음에도 불구하고, 홍수와 가뭄에 노출되어 있었고, 높은 인구 밀도도 감당하기 어려웠습니다. 하지만, 한강 중상류에 다목적 댐을 건설하여, 수자원을 효율적으로 관리 통제함으로써 홍수와 가뭄에 대처하고, 생활용수를 확보하고, 전력 수급도 안정적일 수 있게 되었습니다.

물론 환경적 제약의 극복이 무조건적으로 긍정적 효과만 있는 것은 아닙니다. 지나친 환경 변형은 자연 재해는 물론 인류 전체의 존립 기반 상실로 이어질 위험도 있습니다.

이제, 두 번째 사례로 아마존 개발을 들어 보겠습니다. 아마존은 지구의 허파로 불릴 정도로 중요한 환경의 보고입니다. 브라질 정부는 아마존 우림의 개발을 통해 경제난을 돌파하려 애쓰는 것으로 알고 있습니다. 그 과정에서 '아마존은 세계의 것이 아니라 우리의 것이다.'라고 말하며, 농지를 개척하고, 수력 댐을 건설하고, SOC를 구축합니다. 하지만 이는 지속 가능한 개발이 아니라 파괴적 개발일 것입니다. 익히 알려진 대로 아마존은 지구 산소 생산량의 20%를 배출합니다. 이런 아마존을 개발하는 것은 환경 극복이 아니라 환경 재앙입니다. 단기적으로는 조금의 이익과 작은 재난 정도로 그칠지 모르지만, 중장기적으로 보았을 때, 아마존과 브라질, 그리고 지구 전체적으로 기후 문제를 가져올 것입니다.

이상으로 2번 문제의 답변을 마치겠습니다. 감사합니다!

문제 해결의 Tip

변별성의 확보-심층적 분석, 점증적 분석

현장 강의를 할 때 학생들의 답변 중 제일 아쉬운 부분이 제시문에 대한 심층적 분석이 안 된다는 점입니다. 예컨대, "제시문 (가)는 환경 결정론이고, 제시문 (나)는 환경 가능론에 해당합니다." 수준의 표피적인 대조밖에 못 한다는 거죠. 그나마 꼼꼼한 학생들이 "제시문 (가)는 인간을 수동적 존재로 인식하는 환경 결정론이고, 제시문 (나)는 인간의 능동성을 강조하는 환경 가능론입니다." 정도로 답변합니다. 하지만 그것도 아쉽지요. 두 번째 답변도 첫 번째 답변의 분량을 늘린 것이지 심층성으로 나아갔다고 얘기하기는 좀 그렇죠? 그 정도로는 변별성을 확보하기 어렵습니다.

변별성이란 무엇인가요? 깊고(심층성) 넓고(확장성) 정교할 때, 변별성을 갖춘 답안이 됩니다. 우리의 답변은 아직 얕고, 좁고, 모호하죠. 그럼 어떻게 해야 변별성 즉, 심층성을 확보할 수 있을까요?

(여러 가지 심층성이 있습니다만) 이 문제에서는 '점증성'을 강조하고 싶습니다. 점증성. 무슨 말인지 알죠? 무언가가 더해져 쌓인다는 겁니다. "제시문 (가)는 A입니다. 제시문 (나)는 A+α입니다. 제시문 (다)는 A+α+β입니다."가 바로 점증적 구조입니다. 서울대의 제시문을 자세히 보면 아주 영리하게 점증적 구조를 심어 두었습니다. 그걸 포착해 낼 때 우리의 답변은 심층성과 변별성을 확보할 수 있습니다.

점증성을 표현할 때는 '~에서 더 나아가 ~까지', '~를 넘어 ~로 이어져', '~는 물론 ~마저도' 등의 구문을 활용하면 좋습니다. 이 문제뿐만 아니라, 다른 문제의 답안에도 저는 점증적 표현을 심어 두었습니다. (찾아보세요!) 이 문제의 답안에서는 "그 모양새와 위치가 생활의 편의성을 넘어 건강과 인재 배출까지 규정력을 가진다는 적극적인 주장을 펼치고 있습니다.", "지나친 환경 변형은 자연 재해는 물론 인류 전체의 존립 기반 상실로 이어질 위험도 있습니다."가 바로 점증적 표현입니다.

- 인문대학
- 사회과학대학
- 사범대학
- 자유전공학부(인문)

주요 개념

환경 가능론, 환경 결정론, 생태학적 관점, 전통적인 자연관

서울대학교의 공익 해설

▶ 제시문 (가)의 주요 논지는 좋은 집터가 좋은 인재를 배출한다는 것으로 인간에 대한 자연의 절대적인 영향력이나 인간의 수동적 결정을 강조하는 '환경 결정론적(environmental determinism)' 관점을 함축한다.

▶ 제시문 (나)는 열악한 오스트레일리아 자연환경에 대한 인간의 능동적 적응 방식으로 자연환경은 인간의 자유로운 선택과 변경, 극복의 가능성을 제공한다는 '가능론(possibilism)' 또는 '환경 가능론(environmental possibilism)' 관점에 해당한다.

▶ 제시문의 분석을 통해 인간과 자연환경과의 관계에 대한 주요 관점을 이끌어내고, 이러한 관점의 공통점과 차이점을 논리적으로 설명할 수 있는지를 평가하고자 했다.

▶ 환경 가능론적 관점에서 주어진 자연환경에 대한 인간의 능동적이고 적극적인 대처에 해당하는 현실 사례를 찾아볼 수 있고, 이에 따른 긍정적 영향이나 부정적 효과를 배경지식이나 경험 등을 바탕으로 논리적으로 설명할 수 있는지를 평가하고자 했다.

▶ 개념적 이해를 확장할 수 있는 응용력과 자신의 주장에 대한 논증력을 평가한다.

문제 1

좌표평면 위의 영역

$$\left\{(x,\ y)\,|-2 \leq x \leq 2,\ 0 \leq y \leq \sqrt{3}\,(|x|-1)^2 + \frac{\sqrt{3}}{2}\right\}$$

있다.

[1-1]

제시된 영역에 속하고 한 변이 x축 위에 있는 정삼각형이 가질 수 있는 한 변의 길이의 최댓값을 구하시오.

구상지

1-1

1번 문제의 답변을 시작하겠습니다.

주어진 영역을 좌표평면 위에 그리면 다음과 같습니다.

(칠판에 그래프 또는 그림을 그립니다.)

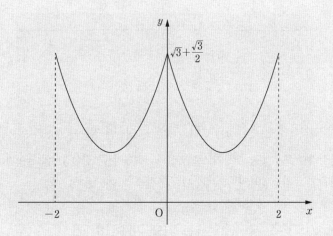

(설명과 계산을 시작합니다.)

조건을 만족하는 정삼각형 중 한 변의 길이가 최대가 되려면
정삼각형과 주어진 영역의 경계선이 교점을 가져야 하고 정삼각형의 높이가 가장 클 때이므로
정삼각형을 주어진 영역에 표시하면 다음과 같습니다.

(칠판에 그래프 또는 그림을 그립니다.)

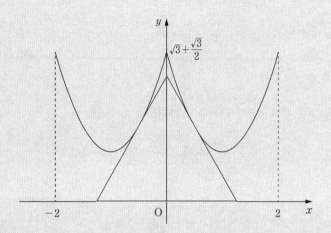

(설명과 계산을 시작합니다.)

이때 $x > 0$에서 정삼각형의 한 변은 $y = \sqrt{3}(x-1)^2 + \dfrac{\sqrt{3}}{2}$에 접하는 직선의 일부이고,

주어진 영역과 정삼각형 모두 y축 대칭이므로 접선의 y절편이 곧 정삼각형의 높이가 됩니다.

정삼각형의 한 내각의 크기는 $60°$이므로 접선의 기울기는 $-\sqrt{3}$ 입니다.

접선의 방정식을 $y = -\sqrt{3}x + k$라 하면

이차방정식 $\sqrt{3}(x-1)^2 + \dfrac{\sqrt{3}}{2} = -\sqrt{3}x + k$는 중근을 가져야 합니다.

위의 식을 정리하면 $3x^2 - 3x + \dfrac{9}{2} - \sqrt{3}k = 0$이고, 이 이차방정식의 판별식을 D라 할 때 중근을 가져야

하므로 $D = 0$이어야 합니다.

즉, $D = 3^2 - 4 \cdot 3 \cdot \left(\dfrac{9}{2} - \sqrt{3}k\right) = -45 + 12\sqrt{3}k = 0$에서 $k = \dfrac{5\sqrt{3}}{4}$ 입니다.

따라서 정삼각형이 가질 수 있는 한 변의 길이의 최댓값을 a라 하면 $\dfrac{\sqrt{3}}{2}a = \dfrac{5\sqrt{3}}{4}$이므로

구하는 a의 값은 $\dfrac{5}{2}$ 입니다.

이상으로 1번 문제의 답변을 마치겠습니다. 감사합니다!

[1-1] 계산

부등식의 영역을 나타내면 쉽게 파악할 수 있습니다.

부등식의 영역은 현재 교과 과정에서 제외되었으나 이해하는 데에 있어서는 어려움이 없습니다.

- 사회과학대학 경제학부
- 경영대학
- 농업생명과학대학 농경제사회학부

- 생활과학대학 소비자아동학부 소비자학전공, 의류학과
- 자유전공학부(인문)

주요 개념

부등식의 영역, 접선의 방정식

서울대학교의 공식 해설

▶ 부등식의 영역은 제한된 조건을 수학적으로 표현하는 법을 배우는 단원이고, 많은 경우에 최댓값을 구하는 문제는 미분을 활용해서 해결한다.

본 문항은 제약 조건을 부등식의 영역을 통해 그리고 그 안에서의 최댓값을 찾는 방법을 다루고 있다.

본 문항에서는 부등식의 영역을 표현할 수 있는지와 접선의 방정식을 그릴 수 있는지, 그리고 그를 활용하여 최댓값 문제를 해결할 수 있는지 평가한다.

문제 2

수직선 위의 원점에 있는 점 A에 대하여 다음과 같이 시행을 반복한다.

> n번째 시행에서, 점 A는 현재 위치에 그대로 있거나
>
> 양의 방향으로 $1+\left(\dfrac{1}{3}\right)^n$ 만큼 움직이거나,
>
> 음의 방향으로 $1+\left(\dfrac{1}{3}\right)^n$ 만큼 움직인다.
>
> 이때, 각 경우가 일어날 확률은 $\dfrac{1}{3}$로 모두 같다. (단, $n \geq 1$)

[2-1]

3번째 시행을 한 후에 점 A가 정수에 놓일 확률을 구하시오.

[2-2]

100번째 시행을 한 후에 점 A가 원점에 있을 확률을 구하시오.

[2-3]

100번째 시행을 한 후에 점 A가 양의 실수에 놓일 확률을 구하시오.

[2-4]

좌표평면 위의 원점에 있는 점 B에 대하여 다음과 같이 시행을 반복한다.

> n번째 시행에서, 점 B는 현재 위치에 그대로 있거나
>
> 동서남북 중 한 방향으로 $1+\left(\dfrac{1}{3}\right)^n$ 만큼 움직인다.
>
> 이때, 각 경우가 일어날 확률은 $\dfrac{1}{5}$로 모두 같다. (단, $n \geq 1$)

100번째 시행을 한 후에 점 B가 제1사분면 위에 있을 확률을 구하시오.

예시 답안

2-1

1번 문제의 답변을 시작하겠습니다.

(설명과 계산을 시작합니다.)

세 번의 이동 방법은 다음과 같이 분류할 수 있습니다.

(i) 세 번 모두 그대로 있는 경우
(ii) 그대로 있거나 한 번 이상 양의 방향으로만 이동하는 경우
(iii) 그대로 있거나 한 번 이상 음의 방향으로만 이동하는 경우
(iv) 그대로 있거나 한 번 이상씩 양의 방향과 음의 방향으로 이동하는 경우

(i)의 경우

위치가 0이므로 그 확률은 $\left(\dfrac{1}{3}\right)^3$ 입니다.

(ii)의 경우

$\left(\dfrac{1}{3}\right)^n$ 또는 $\left(\dfrac{1}{3}\right)^n$ 의 합이 존재하므로 이는 정수가 될 수 없습니다.

(iii)의 경우

$-\left(\dfrac{1}{3}\right)^n$ 또는 $-\left(\dfrac{1}{3}\right)^n$ 의 합이 존재하므로 이는 정수가 될 수 없습니다.

(iv)의 경우

$\left(\dfrac{1}{3}\right)^{n_1} - \left(\dfrac{1}{3}\right)^{n_2}$ 이 존재합니다. (단, n_1, n_2는 1 이상 3 이하의 정수이고 $n_1 \neq n_2$입니다.)

$\left(\dfrac{1}{3}\right)^{n_1} - \left(\dfrac{1}{3}\right)^{n_2}$ 이 정수가 되려면 $n_1 = n_2$이어야 하지만 $n_1 \neq n_2$이므로 정수가 될 수 없습니다.

또한 세 집합 $\left\{\dfrac{1}{3}, -\left(\dfrac{1}{3}\right)\right\}$, $\left\{\left(\dfrac{1}{3}\right)^2, -\left(\dfrac{1}{3}\right)^2\right\}$, $\left\{\left(\dfrac{1}{3}\right)^3, -\left(\dfrac{1}{3}\right)^3\right\}$에서 원소를 하나씩 선택하여 계산을 하더라도 $\dfrac{1}{3} > \left(\dfrac{1}{3}\right)^2 > \left(\dfrac{1}{3}\right)^3$이고 $\dfrac{1}{3} > \left(\dfrac{1}{3}\right)^2 + \left(\dfrac{1}{3}\right)^3$이므로

$\dfrac{1}{3} - \left(\dfrac{1}{3}\right)^2 - \left(\dfrac{1}{3}\right)^3$ 또는 $-\dfrac{1}{3} + \left(\dfrac{1}{3}\right)^2 + \left(\dfrac{1}{3}\right)^3$은 정수가 될 수 없습니다.

(i), (ii), (iii), (iv)에서 3번째 시행 후 정수에 놓일 확률은

(i)의 경우 밖에 없으므로 그 확률은 $\left(\dfrac{1}{3}\right)^2 = \dfrac{1}{27}$ 입니다.

이상으로 1번 문제의 답변을 마치겠습니다.

2번 문제의 답변을 시작하겠습니다.

(설명과 계산을 시작합니다.)

점 A가 n번째 시행에서의 위치는 x이고, 그 이후 m번째 시행(단, m은 $m \geq n+1$인 정수)에서 다시 이동을 시작할 때 다음의 경우로 분류해서 살펴 보겠습니다.

(i) $1+\left(\dfrac{1}{3}\right)^m$ 만큼 이동한 경우

위치가 다시 x가 되려면 음의 방향으로 이동을 해야 합니다.

이때 정수 부분인 1을 제외하고서 $\left(\dfrac{1}{3}\right)^m$의 이동만을 고려하더라도

$$\left(\frac{1}{3}\right)^m > \left(\frac{1}{3}\right)^{m+1}+\left(\frac{1}{3}\right)^{m+2}+\cdots = \frac{\left(\dfrac{1}{3}\right)^{m+1}}{1-\dfrac{1}{3}} = \frac{1}{2}\left(\frac{1}{3}\right)^m$$

이므로 양의 방향과 음의 방향의 이동의 합이 절대로 0이 될 수 없습니다.
따라서 점이 이동을 하게 되면 절대로 n번째 위치 x로 다시 돌아올 수 없습니다.

(ii) $-1-\left(\dfrac{1}{3}\right)^m$ 만큼 이동한 경우

(i)과 마찬가지로 점이 이동을 하게 되면 절대로 n번째 위치 x로 돌아올 수 없습니다.

(i), (ii)에 의해 n번 시행을 한 후에 처음 위치인 원점에 있으려면 n번 시행 모두 원점에 그대로 있어야 합니다.

따라서 $n=100$일 때 구하는 확률은 $\left(\dfrac{1}{3}\right)^{100}$ 입니다.

이상으로 2번 문제의 답변을 마치겠습니다.

3번 문제의 답변을 시작하겠습니다.

(설명과 계산을 시작합니다.)

2번 문제의 결과와 여사건의 확률을 이용하면

100번째 시행에서 점 A가 양의 실수 또는 음의 실수에 놓일 확률은 $1-\left(\dfrac{1}{3}\right)^{100}$ 입니다.

그리고 각 시행에서 양의 방향으로 이동할 확률과 음의 방향으로 이동할 확률은 각각 $\dfrac{1}{3}$ 로 같으므로 100번째 시행에서 점 A가 양의 실수에 놓일 확률과 음의 실수에 놓일 확률은 같습니다.

예를 들어, 점 A가 100번 이동하여 $x\,(x>0)$에 놓이게 되는 이동 경로가
그대로 있는 것이 k번, →(양의 방향)은 l번, ←(음의 방향)은 m번으로 구성되어 있다고 가정합니다.
(단, $l>m$이고, $k+l+m=100$)
이때 →을 ←으로 바꾸고 ←을 →으로 바꾼 이동 경로인
그대로 있는 것이 k번, ←은 l번, →은 m번으로 구성된 이동 경로의 도착 지점은 $-x$가 됩니다.

따라서 양의 실수에 놓일 확률과 음의 실수에 놓일 확률은 같습니다.

그러므로 구하는 확률은 $\dfrac{1}{2}\left\{1-\left(\dfrac{1}{3}\right)^{100}\right\}$입니다.

이상으로 3번 문제의 답변을 마치겠습니다.

2-4

4번 문제의 답변을 시작하겠습니다.

(설명과 계산을 시작합니다.)

100번째 시행에서, 점 B의 위치는 다음과 같이 분류할 수 있습니다.

(ⅰ) 원점에 있는 경우
(ⅱ) x축 위에 있는 경우
(ⅲ) y축 위에 있는 경우
(ⅳ) 제1사분면에 있는 경우
(ⅴ) 제2사분면에 있는 경우
(ⅵ) 제3사분면에 있는 경우
(ⅶ) 제4사분면에 있는 경우

(ⅰ)의 경우

확률은 $\left(\dfrac{1}{5}\right)^{100}$ 입니다.

(ⅱ)의 경우

그대로 있거나 동 또는 서의 방향으로 이동하는 경우만 가능합니다.

따라서 그 확률은 $\left(\dfrac{1}{5}+\dfrac{1}{5}+\dfrac{1}{5}\right)^{100}=\left(\dfrac{3}{5}\right)^{100}$ 입니다.

(ⅲ)의 경우

그대로 있거나 남 또는 북의 방향으로 이동하는 경우만 가능합니다.

따라서 그 확률은 $\left(\dfrac{1}{5}+\dfrac{1}{5}+\dfrac{1}{5}\right)^{100}=\left(\dfrac{3}{5}\right)^{100}$ 입니다.

한편, (ⅰ)의 경우는 (ⅱ)와 (ⅲ)의 경우의 교집합입니다.

따라서 (ⅳ), (ⅴ), (ⅵ), (ⅶ)의 경우의 확률의 합은

$1-\left\{\left(\dfrac{3}{5}\right)^{100}+\left(\dfrac{3}{5}\right)^{100}-\left(\dfrac{1}{5}\right)^{100}\right\}=1-\left\{2\left(\dfrac{3}{5}\right)^{100}-\left(\dfrac{1}{5}\right)^{100}\right\}$ ⋯ ㉠입니다.

그리고 각 시행에서 각 방향으로 이동할 때 일어나는 확률은 모두 $\frac{1}{5}$ 로 같으므로 100번째 시행에서 점 B가 제1사분면에 놓일 확률은 각 사분면에 놓일 확률과 같습니다.

예를 들어, 점 B가 100번 이동하여 제1사분면에 놓이게 되는 이동 경로를
그대로 있는 것이 a번, →은 b번, ←은 c번, ↑은 d번, ↓은 e번으로 구성되어 있다고 할 때
이것을 순서쌍으로 나타내면 (a, b, c, d, e)입니다. (단, $b > c, d > e$이고, $a+b+c+d+e = 100$)

b와 c의 자리를 바꾼 순서쌍 (a, c, b, d, e)의 구성은 제2사분면에 놓이게 되는 이동 경로입니다.
d와 e의 자리를 바꾼 순서쌍 (a, b, c, e, d)의 구성은 제4사분면에 놓이게 되는 이동 경로입니다.
b와 c의 자리, d와 e의 자리를 모두 바꾼 순서쌍 (a, c, b, e, d)의 구성은 제3사분면에 놓이게 되는 이동 경로입니다.

따라서 각 사분면에 놓일 확률은 서로 같으므로
구하는 확률은 ㉠을 4로 나눈 $\frac{1}{4}\left[1 - \left\{ 2\left(\frac{3}{5}\right)^{100} - \left(\frac{1}{5}\right)^{100} \right\} \right]$ 입니다.

이상으로 4번 문제의 답변을 마치겠습니다. 감사합니다!

문제 해결의 Tip

[2-1] 추론 및 증명

이 문제를 통하여 $\left(\dfrac{1}{3}\right)^n$ 의 합 또는 차가 정수가 될 수 없음을 파악해야 합니다.

답을 구하기는 쉬우나 위의 내용을 논리적으로 설명할 수 있어야 다음 문제들을 풀이할 수 있습니다.

[2-2] 추론 및 증명

[2-1]에서 밝힌 내용을 이용하면 쉽게 구할 수 있습니다.

[2-3] 계산, 추론 및 증명

점 A가 놓일 수 있는 경우를 세 가지로 분류하고 음의 실수에 놓일 확률과 양의 실수에 놓일 확률이 같다는 것을 예를 들어 밝혀 봅니다.

그리고 나서 여사건의 확률을 이용하여 해결하면 됩니다.

[2-4] 계산

[2-3]과 마찬가지로 점 B가 놓일 수 있는 경우를 분류하고 여사건의 확률을 이용하여 해결합니다.

활용 모집 단위

- 사회과학대학 경제학부
- 경영대학
- 농업생명과학대학 농경제사회학부
- 생활과학대학 소비자아동학부 소비자학전공, 의류학과
- 자유전공학부(인문)

주요 개념

확률의 덧셈정리, 등비수열의 합, 등비급수

서울대학교의 공식 해설

▶ 확률과 통계는 현대 사회의 다양한 현상을 이해하는 데 필수적이며, 사회 문제에 대한 주요 정책 결정 및 금융 경제 관련 문제에 중요하게 활용되고 있다. 본 문항은 확률과 통계를 다루고 있다.

▶ [2-1] 문항에서는 확률을 구하기 위해 특정한 경우의 수와 전체 경우의 수를 올바르게 구하고, 그 둘의 비율이 확률이라는 것을 이해하는지 평가한다.

▶ [2-2] 문항에서는 확률의 의미와 등비급수의 합을 이해하고 이를 확률 문제를 해결하는 데 잘 적용하는지 평가한다.

▶ [2-3] 문항에서는 확률의 의미를 이해하고 이를 확률 문제를 해결하는 데 잘 적용하는지 평가한다.

▶ [2-4] 문항에서는 확률의 의미와 확률의 덧셈정리 그리고 등비수열의 합을 이해하고 이를 보다 복잡한 확률 문제를 해결하는 데 잘 적용하는지 평가한다.

2019학년도 수학 인문 오후

문제 3

다음 물음에 답하시오.

[3-1]

좌표평면에서 중심이 점 $(-3, 0)$이고 반지름의 길이가 1인 원 C_1 위에서 움직이는 점 A와 좌표평면 위의 고정된 점 $B(b_1, b_2)$가 있을 때, 두 점 A와 B의 중점 $P(x, y)$가 그리는 도형의 방정식을 구하시오.

[3-2]

좌표평면에서 두 원 C_1과 C_2는 각각 중심이 점 $(-3, 0)$, 점 $(3, 0)$이고 반지름의 길이가 모두 1이라고 하자. 원 C_1 위의 점 A와 원 C_2 위의 점 B가 각각 점 $(-3, 1)$, 점 $(3, 1)$에 위치해 있다. 이제 두 점 A와 B가 각각 원 C_1과 원 C_2 위를 같은 빠르기로 시계 방향으로 움직일 때, 점 A와 점 B의 중점 $P(x, y)$가 그리는 도형의 방정식을 구하시오.

[3-3]

문제 [3-2]에서와 같은 원 C_1 위의 각 점 S와 원 C_2 위의 각 점 T의 중점 $P(x, y)$가 그리는 도형의 넓이를 구하시오.

구상지

3-1

1번 문제의 답변을 시작하겠습니다.

(설명과 계산을 시작합니다.)

원 C_1의 방정식은 $(x+3)^2 + y^2 = 1$이고, 점 A의 좌표를 $A(a_1, a_2)$라 하면
점 A는 원 C_1 위에 있으므로 $(a_1 + 3)^2 + a_2^2 = 1$ ⋯ ㉠을 만족합니다.

두 점 A와 B의 중점 P는 $x = \dfrac{a_1 + b_1}{2}$, $y = \dfrac{a_2 + b_2}{2}$ 입니다.

이것을 정리하면 $a_1 = 2x - b_1$, $a_2 = 2y - b_2$이고
점 A는 원 C_1 위의 점이므로 ㉠에 대입하면
$(2x - b_1 + 3)^2 + (2y - b_2)^2 = 1$입니다.

따라서 점 P가 그리는 도형의 방정식은 $\left(x - \dfrac{b_1 - 3}{2}\right)^2 + \left(y - \dfrac{b_2}{2}\right)^2 = \dfrac{1}{4}$ 입니다.

이상으로 1번 문제의 답변을 마치겠습니다.

3-2

2번 문제의 답변을 시작하겠습니다.

(설명과 계산을 시작합니다.)

원 C_1의 방정식은 $(x+3)^2+y^2=1$이고 원 C_2의 방정식은 $(x-3)^2+y^2=1$입니다.
원 C_2는 원 C_1을 x축의 방향으로 6만큼 평행이동한 도형입니다.
따라서 점 A의 좌표를 $A(a_1,\ a_2)$라 하면 점 B의 좌표는 $B(a_1+6,\ a_2)$라 할 수 있습니다.

두 점 A와 B의 중점 P는 $x=\dfrac{a_1+a_1+6}{2}=a_1+3,\ y=\dfrac{a_2+a_2}{2}=a_2$입니다.

이것을 정리하면 $a_1=x-3,\ a_2=y$이고 점 A는 원 C_1 위의 점이므로 원 C_1의 방정식 $(x+3)^2+y^2=1$에 대입하면 $(x-3+3)^2+y^2=1$입니다.

따라서 점 P가 그리는 도형의 방정식은 $x^2+y^2=1$입니다.

이상으로 2번 문제의 답변을 마치겠습니다.

3번 문제의 답변을 시작하겠습니다.

(설명과 계산을 시작합니다.)

점 T의 좌표를 $T(t_1, t_2)$라 하면 점 T는 원 C_2 위의 점이므로

$(t_1-3)^2 + t_2{}^2 = 1 \ \cdots\ \text{㉠}$

을 만족합니다.

또한 1번 문제의 결과에 의해서 중점 P의 자취는 $\left(x-\dfrac{t_1-3}{2}\right)^2 + \left(y-\dfrac{t_2}{2}\right)^2 = \dfrac{1}{4}$이 됩니다.

즉, 중심이 $\left(\dfrac{t_1-3}{2},\ \dfrac{t_2}{2}\right)$이고 반지름의 길이가 $\dfrac{1}{2}$인 원입니다.

이 중심은 원점으로부터의 거리가 $\sqrt{\left(\dfrac{t_1-3}{2}\right)^2 + \left(\dfrac{t_2}{2}\right)^2} = \dfrac{1}{2}\sqrt{(t_1-3)^2 + t_2^2} = \dfrac{1}{2}\ (\because\ \text{㉠})$이 됩니다.

이것은 원 $x^2+y^2=1$과 점 P의 자취인 원 $\left(x-\dfrac{t_1-3}{2}\right)^2 + \left(y-\dfrac{t_2}{2}\right)^2 = \dfrac{1}{4}$의 위치 관계가 내접함을 의미합니다.

따라서 구하는 중점 P의 자취는

원 $x^2+y^2=1$에 내접하는 반지름의 길이가 $\dfrac{1}{2}$인 무수히 많은 원의 둘레가 되므로

원 $x^2+y^2=1$을 꽉 채우게 됩니다.

그러므로 점 $P(x,\ y)$가 그리는 도형의 넓이는 π입니다.

이상으로 3번 문제의 답변을 마치겠습니다. 감사합니다!

문제 해결의 Tip

[3-1] 계산

자취방정식을 구하는 문제입니다.
점 P의 x좌표와 y좌표의 관계식을 구하면 됩니다.

[3-2] 계산

[3-1]과 같이 자취방정식을 구하면 됩니다.

[3-3] 추론, 계산

점 T의 자취방정식을 구하고 원 C_1과의 위치 관계를 파악해야 합니다.
그러면 자취가 그리는 도형을 쉽게 구할 수 있습니다.

- 사회과학대학 경제학부
- 자유전공학부(인문)

주요 개념

도형의 방정식, 도형의 이동

서울대학교의 공식 해설

▶ 자료의 양이 기하급수적으로 늘어나는 현대 사회에서는 주어진 많은 자료 사이의 관계를 알아내는 것이 필수적인 능력이다. 그런 관계는 보통 방정식을 통해 나타나는데, 수학 I '도형의 방정식'에서 이를 학습한다.

▶ [3-1] 주어진 원의 방정식과 다른 한 점의 중점을 택하여 역으로 그들이 만족하는 도형의 방정식을 찾을 수 있는지를 평가한다.

▶ [3-2] 주어진 두 원의 방정식을 통해 새로운 도형의 방정식을 알아낼 수 있는지를 평가한다.

▶ [3-3] 이전 두 문제를 활용하여 주어진 두 원의 방정식을 통해 만든 새로운 도형의 둘레를 방정식으로 나타내고, 그 넓이를 구할 수 있는지를 평가한다.

문제 4

로봇 청소기가 좌표평면 위의 정사각형 $\{(x, y)|0 \le x \le 1, 0 \le y \le 1\}$ 모양의 방 내부를 청소하고 있다. 이 청소기는 경계를 만나기 전에는 직선으로 이동하고, 경계를 만나는 순간 정사각형 내부를 향하도록 $90°$ 회전한 후 다시 직선을 따라 이동한다. (단, 로봇 청소기는 점으로 간주한다.)

[4-1]

$0 < x < 1$인 실수 x에 대하여 점 $(x, 0)$에서 오른쪽 위 $30°$ 방향으로 출발한 로봇 청소기가 x축으로 처음 돌아온 점을 $(f(x), 0)$으로 정의하자. 이때, 함수 f를 구하시오.

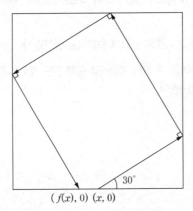

[4-2]

문제 [4-1]에서 구한 함수 f에 대하여, $(f \circ f \circ f)(x) = x$를 만족하는 실수 x를 모두 구하시오.

[4-3]

구간 $\left[\dfrac{1}{3}, \dfrac{2}{3}\right]$에서 함수 f의 최솟값과 최댓값을 각각 a_1, b_1이라고 하자. 마찬가지로 n이 자연수일 때, 구간 $[a_n, b_n]$에서 함수 f의 최솟값과 최댓값을 각각 a_{n+1}, b_{n+1}이라고 하자.

이때 $\displaystyle\sum_{n=1}^{\infty} (b_n - a_n)$의 값을 구하시오.

구상지

4-1

1번 문제의 답변을 시작하겠습니다.

주어진 그림에서 정사각형 안쪽의 네 개의 직각삼각형은 모두 한 내각의 크기가 30°인 직각삼각형입니다. 최초의 직각삼각형의 한 변의 길이는 $(1-x)$이므로 삼각비를 이용하여 직각삼각형들의 빗변이 아닌 변들의 길이를 나타내면 다음 그림과 같습니다.

(칠판에 그래프 또는 그림을 그립니다.)

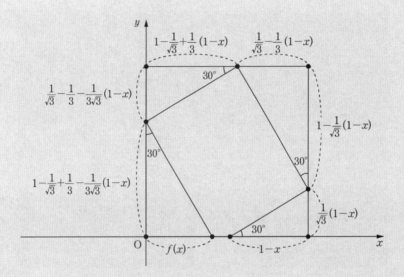

(설명과 계산을 시작합니다.)

따라서 구하는 $f(x)$는 다음과 같이 정리할 수 있습니다.

$$f(x)=\frac{1}{\sqrt{3}}\left\{1-\frac{1}{\sqrt{3}}+\frac{1}{3}-\frac{1}{3\sqrt{3}}(1-x)\right\}=\frac{4}{3\sqrt{3}}-\frac{1}{3}-\frac{1}{9}(1-x)=\frac{1}{9}x+\frac{4\sqrt{3}-4}{9}$$

이상으로 1번 문제의 답변을 마치겠습니다.

2번 문제의 답변을 시작하겠습니다.

(설명과 계산을 시작합니다.)

1번 문제에서 구한 $f(x)$를 차례로 합성하겠습니다.

$$f(f(x)) = \frac{1}{9}f(x) + \frac{4\sqrt{3}-4}{9} = \frac{1}{9}\left(\frac{1}{9}x + \frac{4\sqrt{3}-4}{9}\right) + \frac{4\sqrt{3}-4}{9} = \frac{1}{9^2}x + \frac{4\sqrt{3}-4}{9^2} + \frac{4\sqrt{3}-4}{9}$$

이므로 문제의 주어진 식의 좌변 $(f \circ f \circ f)(x)$, 즉 $f(f(f(x)))$는

$$f(f(f(x))) = \frac{1}{9}f(f(x)) + \frac{4\sqrt{3}-4}{9} = \frac{1}{9^3}x + \frac{4\sqrt{3}-4}{9^3} + \frac{4\sqrt{3}-4}{9^2} + \frac{4\sqrt{3}-4}{9}$$

$$= \frac{1}{9^3}x + \frac{4}{9}(\sqrt{3}-1)\left(\frac{1}{9^2} + \frac{1}{9} + 1\right)$$

$$= \frac{1}{9^3}x + \frac{4}{9}(\sqrt{3}-1)\frac{1-\dfrac{1}{9^3}}{1-\dfrac{1}{9}}$$

$$= \frac{1}{9^3}x + \frac{1}{2}(\sqrt{3}-1)\left(1-\frac{1}{9^3}\right)$$

입니다.

따라서 방정식 $(f \circ f \circ f)(x) = x$, 즉 $f(f(f(x))) = x$는 $\dfrac{1}{9^3}x + \dfrac{1}{2}(\sqrt{3}-1)\left(1-\dfrac{1}{9^3}\right) = x$이므로

구하는 실수 x의 값은 $\dfrac{\sqrt{3}-1}{2}$뿐입니다.

이상으로 2번 문제의 답변을 마치겠습니다.

3번 문제의 답변을 시작하겠습니다.

(설명과 계산을 시작합니다.)

함수 $f(x)$의 기울기는 양수이므로 증가함수입니다.
따라서 구간 $[a_n,\ b_n]$에서 함수 f의 최솟값 a_{n+1}과 최댓값 b_{n+1}은 다음과 같습니다.

$$a_{n+1}=f(a_n)=\frac{1}{9}a_n+\frac{4\sqrt{3}-4}{9} \quad \cdots \text{㉠}$$

$$b_{n+1}=f(b_n)=\frac{1}{9}b_n+\frac{4\sqrt{3}-4}{9} \quad \cdots \text{㉡}$$

구하는 급수의 일반항은 (b_n-a_n)이므로 ㉡에서 ㉠을 빼면

$b_{n+1}-a_{n+1}=\frac{1}{9}(b_n-a_n)$이므로 수열 $\{b_n-a_n\}$은 공비가 $\frac{1}{9}$인 등비수열입니다.

따라서 $b_n-a_n=(b_1-a_1)\left(\frac{1}{9}\right)^{n-1}$ 입니다.

여기에서 $a_1=f\left(\frac{1}{3}\right)$, $b_1=f\left(\frac{2}{3}\right)$이고 $b_1-a_1=\frac{1}{9}\left(\frac{2}{3}-\frac{1}{3}\right)=\frac{1}{9}\cdot\frac{1}{3}$이므로

$b_n-a_n=\frac{1}{3}\left(\frac{1}{9}\right)^n$ 입니다.

그러므로 $\displaystyle\sum_{n=1}^{\infty}(b_n-a_n)$은 첫째항이 $\frac{1}{27}$, 공비가 $\frac{1}{9}$인 등비급수이고 그 값은 $\dfrac{\frac{1}{27}}{1-\frac{1}{9}}=\frac{1}{24}$ 입니다.

이상으로 3번 문제의 답변을 마치겠습니다. 감사합니다!

문제 해결의 Tip

[4-1] 계산

직각삼각형에서 삼각비를 이용하여 변의 길이를 구합니다.
식이 복잡하기는 하지만 순서대로 대입하면 쉽게 $f(x)$를 구할 수 있습니다.

[4-2] 계산, 추론 및 증명

합성함수의 식을 직접 구하여 방정식을 풀이하거나 $f(x)=t$로 치환한 후 풀이할 수도 있습니다.
단, 후자의 경우는 $f(x)=t$가 아닌 경우는 될 수 없음을 언급해야 합니다.
또는 $c_{n+1}=f(c_n)$이라 하여 관계식을 이용하여 풀이할 수도 있습니다.

[4-3] 계산

점화식을 만들어 풀이할 수 있습니다.
이때에는 간단한 연립점화식으로부터 일반항을 찾을 수 있어야 합니다.

- 사회과학대학 경제학부
- 자유전공학부(인문)

주요 개념

함수, 합성함수, 등비수열, 등비급수

서울대학교의 공식 해설

▶ 어떤 원인으로부터 인과적으로 결과가 특정되는 현상을 수학에서는 함수를 통해 분석한다. 따라서 여러 자연적인, 혹은 공학적인 문제 등을 해결하는 것에 있어서 주어진 상황을 함수를 통해 묘사하는 것은 항상 필수적이다.

▶ [4-1] 로봇 청소기의 예시를 들어 함수를 실생활에 적용하여 문제를 해결할 수 있는지 평가한다.
　　　사회 현상을 분석하는 과정에서 함수의 합성을 이용하여 복잡한 과정을 간단한 여러 개의 과정으로 분리해 살펴볼 수 있다.

▶ [4-2] 주어진 함수를 여러 번 합성하여 문제를 해결할 수 있는지 평가한다.

▶ [4-3] 주어진 수열이 등비수열인지 파악하고 등비급수의 합을 이용하여 문제를 해결하는지 평가한다.

※ 제시문을 읽고 문제에 답하시오.

(가) 송경운(宋慶雲)은 서울 사람이다. 아홉 살에 비파를 배워 최고의 경지에 올랐고 열두세 살에 전국에 유명해졌으며, 벼슬아치들이 그의 음악을 애호했다. 그는 정묘호란 때 전주로 피난 왔다. 전주는 큰 도회지이지만 민생이 어려워 관가를 제외하고는 음악을 들을 수 없었다. 그런데 송경운이 온 뒤로 이곳 사람들 모두 음악을 좋아하게 되었다. 그의 집 앞에 인파가 몰려드는데, 손님이 찾아오면 그는 무슨 일을 하다가도 허겁지겁 하던 일을 놓아두고 얼른 비파를 들었다. "소인은 천한 사람입니다. 이처럼 귀한 분들이 찾아오는 까닭은 오로지 소인의 솜씨 때문이니, 소인이 어찌 감히 연주를 지체하겠으며, 어찌 감히 연주에 진심을 다하지 않겠습니까?" 그러고는 반드시 곡을 다 갖추어 연주하여 손님 마음이 흡족해진 것을 느낀 뒤에야 연주를 마쳤다. 비록 가마를 떠메고 말을 모는 아랫것들이 오더라도 역시 이렇게 대했다.

(나) 최북(崔北)은 산수화를 잘 그렸으며, 독창적으로 일가를 이루었다. 일찍이 어떤 집에서 높은 벼슬아치를 만났는데 그 사람이 최북을 가리키면서 집 주인에게 물었다. "저기 앉아 있는 사람 이름이 뭔가?" 최북이 얼굴을 치켜들고 말했다. "먼저 물어보자. 자네 이름이 뭔고?" 그 오만함이 이와 같았다. 한번은 금강산을 유람하다 구룡연에 이르러 갑자기 크게 부르짖으며 "천하의 명사(名士)는 천하의 명산(名山)에서 죽는 게 마땅하다!" 하고 못에 뛰어들어 거의 구하지 못할 뻔했다. 한 귀인이 최북에게 그림을 그려 달라고 요구했으나 뜻대로 되지 않자 장차 최북을 위협하려 했다. 최북이 분노하여 "다른 사람이 나를 배신하는 게 아니라 내 눈이 나를 배신하는구나!" 하고 한쪽 눈을 찔러 애꾸눈이 되었다. 어떤 이는 이렇게 평했다. "최북의 풍모가 매섭구나. 왕공귀족(王公貴族)의 노리개가 되지 않으면 그만이지 무엇 하러 그렇게 스스로를 괴롭힌단 말인가."

문제 1

송경운과 최북이 예술가로서 보여 주는 태도와 관점을 비교하여 설명하고, 어떤 '예술가상(像)'이 바람직하다고 생각하는지 의견을 제시하시오.

문제 2

송경운과 최북으로 대변되는 '인간상'이 현대 사회의 예술 이외 영역에서 어떤 의의와 한계를 가지는지 설명하시오.

구상지

문제 1

1번 문제의 답변을 시작하겠습니다.

송경운과 최북은 예술의 최고 경지를 추구한다는 점에서, 즉 둘 다 예술가적 진정성을 추구한다는 점에서 공통점을 보입니다. 그리고 예술 앞에서 만인을 평등하게 대한다는 점에서도 공통점을 보입니다. 하지만 세부적으로는 분명한 차이점이 있습니다. 송경운은 예술의 향유자인 대중을 중요시하는 반면, 최북은 대중보다는 자기 기준을 중시한다는 점에서 큰 차이가 있습니다. 그리고, 송경운은 예술과 함께 그 감상자마저도 중시하는데 비해, 최북은 예술 그 자체를 중요시하는 듯합니다.

우선, 송경운에 대해서 상세히 얘기해 보겠습니다. 송경운은 이른 나이에 예술의 최고 경지에 올랐고 높은 인지도를 가지고 있음에도 불구하고, 항상 겸손한 태도를 유지합니다. 신분의 높낮이와 자신의 상황을 고려하지 않고 대중에게 자신의 음악을 들려주는 것을 사명으로 삼고 있습니다. 대중에 대한 이런 순응성과 적극성은 청중이 자기 음악에 만족할 때까지 연주를 계속하는 태도로 드러납니다.

한편, 최북은 그 대척점에 서 있는 것으로 보입니다. 최북의 자기 예술에 대한 자신감과 독창성, 소위 예술적 고집이 대단합니다. 그 오만함은 자기 눈을 스스로 상하게 할 정도입니다. 갑자기 물에 빠지는 몽상적 괴벽을 보이기도 합니다. 분명 최고의 예술적 경지에 이르렀음에도 불구하고, 이런 지나친 자기만족적 성향과 괴팍함은 타인들의 지탄을 불러일으키기도 합니다. 하지만 자기 예술을 지켜내기 위한 강한 저항성과 탐미주의는 '예술혼의 추구'로도 읽힙니다.

그럼, 제가 생각하는 이상적 예술가상을 말씀드리겠습니다. 제가 생각하는 이상적 예술가는 시대를 정확히 포착해 내는 분석력과 시대를 앞서 가는 진취성을 함께 지닌 사람입니다. 자기 시대의 지배적 정신과 감성을 정확히 읽어 낸다는 점에서는 제일 분석적이고 냉철한 사람이어야 할 것이고, 새로움을 추구한다는 점에서는 가장 이상적이고 진취적이며, 몽상가적인 사람이어야 할 것 같습니다. 그런 양면성이 예술가의 숙명이자 사명 같은 것이라고 생각합니다.

예술가들이 시대의 화두와 어젠다(agenda)를 던지고, 정책가와 활동가들이 그 화두의 실현 가능성을 검토하여 실천하고, 사상가와 역사가들이 성찰하고 기록하는 그런 선순환의 첫 머리에 예술가들이 있다고 생각합니다.

이상으로 1번 문제의 답변을 마치겠습니다.

2번 문제의 답변을 시작하겠습니다.

저는 1번 문제의 '예술가상'과 2번 문제의 '인간상'이라는 단어가 대비되어 보였습니다. 그래서 1번 문제의 송경운과 최북이 가진 '순응성'과 '저항성'을 일반적인 사람들의 덕목으로 확장하여 이해해 보았습니다. 저는 송경운으로 대변되는 '순응성'과 최북으로 대변되는 '저항성'의, 각각의, 의의와 한계를 말씀드리겠습니다.

우선 순응성의 의의의 한계를 말씀드려 보겠습니다. 순응성은, 좋게 말하자면, 대중들과 자기가 발 딛고 서 있는 현실을 정확히 인지하고 잘 받아들이는 태도라고 볼 수 있습니다. 그렇기 때문에 대중들과 지속적인 교감을 하고 그것을 자기 삶에 반영할 수 있는 것이 순응성의 의의라고 봅니다. 하지만 그 한계도 뚜렷할 것 같습니다. 자기 주관이나 신념 없이 타인들의 반응만 살핀다면, 자칫 삶과 행동의 일관성을 잃게 되고, 더 나아가 기회주의적인 태도마저 가질 수 있는 한계가 있을 것입니다.

이제, 저항성의 의의와 한계를 말씀드려 보겠습니다. 저항성의 의의는 뚜렷합니다. 확고한 신념에 기반한, 부조리에 대한 강단 있는 저항 정신은 우리 시대와 예술과 학문과 사회를 발전시키는 원동력임에 분명합니다. 하지만 원칙 없는, 아집에 기반한, 나만 무조건 옳다는 안하무인식의 저항은 오히려 사회 진보의 발목을 잡을 것입니다. 그런 유아기적 저항은 도리어 자기를 갉아먹고 자신과 세상의 연결 통로를 차단하는 결과를 불러올 것입니다.

이런 점을 고려할 때, 타인들과의 공감에 기반한 적절한 순응성과, 신념과 상식에 기반한 저항은 양자택일의 이분법이 아닌, 변증법적 지양의 대상이라고 생각합니다.

(본인의 지원 전공과 관련된 얘기를 덧붙이면 좋겠습니다. 지원 전공에 따라 수없이 다양한 얘기가 가능할 것입니다. 아래는 정치 외교학 기준으로 구성해 본 것입니다.)

저는, 정치도 마찬가지일 거라고 생각합니다. 무조건 대중의 요구만을 따르는 무원칙적인 포퓰리즘도 한계가 뚜렷하고, 나 아니면 안 된다는 식의 독불장군 정책 또한 문제일 것입니다. 대중의 요구에는 순응하고, 부조리와 모순에는 저항하는 것. 하지만 그 모든 것들이 사회와의 공감과 정확한 분석 위에서 이루어져야 한다고 생각합니다.

이상으로 2번 문제의 답변을 마치겠습니다. 감사합니다!

문제 해결의 Tip

논리성-일관성: [문제 1]과 [문제 2]를 연결하여 생각하기

논리성이란 무엇인가요? 저는, 논리는 일관성과 인과성이라고 생각합니다. 일관성과 인과성이 뚜렷할 때, 논리적이라고 얘기할 수 있는 거죠. 바꿔 말하면, 답변이 논점에서 이탈될 때, 즉 일관성이 떨어질 때 비논리적이라는 지적을 할 수 있습니다.

서울대 구술 문제는 통상 2개 정도로 구성되어 있습니다. 지금까지 제가 본 모든 서울대 문제는 [문제 1]과 [문제 2]가 동일한 하나의 주제로 이어져 있었습니다. [문제 1]과 [문제 2] 사이에 일관성이 있다는 얘기지요. 하지만 많은 학생들은 [문제 1] 따로, [문제 2] 따로 답변을 구성합니다. 그렇다 보니 답변에 모순이 생깁니다. 뭔가 이상합니다.

[문제 1]과 [문제 2]를 따로 보지 말고, 큰 시각에서 하나의 문제를 두 개로 나눈 것이라고 생각하세요. 하나의 주제를 공유하는 일관성 있는 문제 '세트'로 인식해 주세요. 그러면 더 큰 무언가가 보이면서 일관성을 잡을 수 있을 겁니다.

창의성-확장성

창의성이란 무엇인가요? 저는 창의성은 심층성과 확장성의 결합이라고 생각합니다. 스티브 잡스는 인터넷과 모바일폰을 결합해서 스마트폰을 창조하고, 아인슈타인은 가속도와 중력의 등가 원리를 통해 일반 상대성 이론을 창안합니다. 깊이 파들어 가거나(심층성), 넓게 펼치는(확장성) 방식으로, 대상의 범주를 재정의하여 새로운 결합을 만들어 낼 때 우리는 '창의적이다.'라고 감탄합니다.

그 관점에서 볼 때, 이 문제 또한 창의적입니다. [문제 1]은 '예술가상'을, [문제 2]는 '인간상'을 말합니다. 예술가상을 확장하면 인간상이 되겠죠. 서울대 문제에는 이런 확장성이 자주 등장합니다. 서울대의 공식 해설에서 "'예술의 문제'를 '인간 사회 전반의 문제' 내지 '인간 보편의 문제'로 확장하여 …… 비교 …… 고찰 …… 통찰 …… 하도록 구성되어 있다. [문제 1]의 '예술가상'과 [문제 2]의 '인간상' 용어는 …… 확장성을 …… 밝혀 준 것이다."라고 명시한 것에서도 그런 경향을 확인할 수 있습니다.

- 인문대학
- 사회과학대학(경제학부 제외)
- 간호대학

- 생활과학대학 소비자아동학부 아동가족학전공
- 자유전공학부(인문)
- 사범대학

주요 개념

고전, 인물의 이해, 인간상, 예술가, 예술가적 진정성, 순응성, 저항성

서울대학교의 공식 해설

▶ 제시문 (가)와 (나)는 각기 다른 예술가상을 보여 준다. 학생이 각각의 제시문에 대한 충실한 이해를 토대로 송경운과 최북의 예술가적 특징을 파악하고, 더 나아가 '예술'에 대한 자기 나름의 생각을 개진하도록 문항이 구성되어 있다.

▶ [문제 1]의 '예술의 문제'를 '인간 사회 전반의 문제' 내지 '인간 보편의 문제'로 확장하여, 송경운과 최북의 비교를 통해 고찰할 수 있는 '예술의 문제'와 유사한 문제가 예술 이외의 영역에서 어떻게 제기될 수 있는지 통찰하는 데로 나아가도록 구성되어 있다. [문제 1]의 '예술가상'과 [문제 2]의 '인간상'이란 용어는 두 문항의 내적 관련 및 [문제 2]의 차별성과 확장성을 문항 내에서 밝혀 준 것이다.

※ 제시문을 읽고 문제에 답하시오.

(가) 신에 대해 아무 의견도 갖지 않는 것이 잘못된 의견을 갖는 것보다 낫다. 전자는 불신이고 후자는 모욕이며, 미신은 당연히 신을 모욕하는 것이다. 플루타르크가 그런 뜻으로 잘 말한 바 있다. "나는 갓 태어난 자기 자식들을 잡아먹은 플루타르크라는 자가 있었다는 말을 듣느니 차라리 플루타르크라는 자가 아예 존재하지 않았다는 말을 듣는 편이 낫겠다." 무신론은 인간을 분별력, 철학, 법률, 평판 등에 의지하게 한다. 이 모든 것은 설령 종교가 없다 해도 피상적 도덕성의 지침이 될 수 있지만, 미신은 이 모든 것을 끌어내리고 인간의 마음속에 절대 왕정을 세운다. 무신론은 더 먼 곳을 향하지 않음으로써 인간을 자중시킨다. 따라서 국가를 혼란에 빠뜨리지 않는다. 우리는 아우구스투스 카이사르의 시대처럼 무신론에 기운 시대가 평화로운 시기였음을 알고 있다. 반면, 미신은 여러 국가에서 혼란을 야기한다.

(나) 깨어 있고 효율적인 지성의 체제는 수많은 편견이 만개하도록 내버려 둔다. 그런 체제는 편견을 억압하려는 어떤 시도도 하지 않는다. 편견을 억압하는 것은 모두가 똑같은 편견, 즉 권위를 지닌 자의 편견을 공유하도록 강요하는 일이기 때문이다. 편견인지 아닌지를 객관적으로 구별하는 것, 편견을 선명하게 정의하는 것은 사실상 불가능하다. 지성의 다원주의는 편견을 방임함으로써 사람들이 정설에 도전하고, 창의적으로 사고하고, 과감하게 실험할 수 있는 여지를 만들어 낸다. 심지어 해롭고 악의적인 편견이라도 말이다. 1633년에는 갈릴레오가 지동설을 고집한 것이 그런 편견으로 받아들여졌다. 탁월함과 편협함은 같은 동력에서 힘을 얻는다.

문제 1

제시문 (나)의 저자라면 제시문 (가)의 주장에 대해 어떤 입장을 취할지 설명하시오.

문제 2

적절한 사례를 논거로 들어 제시문 (나)의 주장을 지지하거나 반박하시오.

구상지

문제 1

1번 문제의 답변을 시작하겠습니다.

우선, 제시문 (나)의 입장을 정리해 보겠습니다. 제시문 (나)는 이른바 '편견의 건강성'을 강조하고 있습니다. 의견의 다양성을 보장함으로써, 설혹 조금은 해로울지라도, 편견이 가져올 수 있는 도전, 혁신, 창의성을 더 중시하는 것입니다. 이를 위해 '건강한 편견'이 가져왔던 학문적 진보를 그 근거로 듭니다. 편견의 부작용이 있지만 그보다는 편견이 가져올 수 있는 창의성, 진보성, 다양성에 더 주목합니다. 이런 의견의 근저에는 '편견'이 '편향되어 있는 의견'이라는 낙인을 찍어서는 안 된다는 판단이 있는 것으로 보입니다. 즉, 편견과 편견이 아닌 것을 구별하는 객관적 기준은 존재하지 않는다는 것이며, 편견은 '다른 의견'이자 '편향된 의견'이 아님을 강조하는 입장입니다.

반면, 제시문 (가)는 편견이 가지는 '그름', '틀림', 혹은 '잘못된 것'에 매우 비판적 입장입니다. 옳고 그름이라는 판단, 즉 시비판단은 명확할 수 있기 때문에, 그릇된 의견을 가지기보다는 의견을 가지지 않는 것이 차라리 더 좋다는 주장을 펼칩니다. 미신, 즉 편견이 사회 혼란을 조장한다고 보기 때문입니다.

제시문 (나)의 저자가 볼 때, 제시문 (가)의 주장은 지배적인 통념에만 집착하는, 편협한 보수적 사고라고 비판할 수 있을 것입니다. 옳고 그르다는 판단의 객관적 기준은 무엇인지, 판단의 근거는 무엇인지에 대해 맹공을 펼칠 것 같습니다. 당대에는 틀렸다가 후대에 옳은 것으로 판명된 수많은 사례 – 예컨대 천동설 대 지동설, 아인슈타인의 상대성 이론 등 – 를 들어 건강한 편견이 가져오는 사회적 진보와 학문적 진보를 강조할 것입니다.

더불어, '새로운 의견'을 '편향된 의견'으로 치부하거나, 혹은 '새로운 시도'를 '그릇된 시도'로 낙인찍는 것의 폐해를 언급하며, 편견이 새로운 패러다임의 출발점이 될 수 있음을 주장합니다. 진정한 혁신과 다양성은 편견마저도 수용할 때 가능하다고 보는 것입니다.

이상으로 1번 문제의 답변을 마치겠습니다.

2번 문제의 답변을 시작하겠습니다.

저는 제시문 (나)의 주장을 지지해 보려 합니다.

(본인의 지원 전공과 관련된 사례를 언급하면 좋겠습니다. 지원 전공에 따라 수없이 다양한 얘기가 가능할 것입니다. 아래는 인문학(문학, 역사, 철학)을 기준으로 구성해 본 것입니다.)

저는 조선 후기의 실학과 문학을 사례로 들어 보겠습니다. 실용적 흐름에 기반하여 조선 후기에는 실학과 새로운 문학적 흐름이 등장했습니다. 기존의 성리학적 관점과 한문학 중심의 관점에서 보자면 이런 새로운 흐름은 정통에서 벗어난 이단적 학문이고 그릇된 문학이었을 것입니다. 그에 대한 탄압도 있었습니다. 게다가 17세기부터 유입된 서학의 경우에는 심각한 탄압을 받았고, 진취적이었던 정조마저도 문체반정을 통해 새로운 문학적 경향들을 경계했습니다.

그 당시의 관점에서 보자면, 실학, 서학, 새로운 문체는 미신이자 편견이자 혹세무민이자, 전통을 파괴하는 악마적 요소로 비쳐졌을 겁니다. 하지만 그런 '건강한 편견'은 시대를 흔들고 근대 사회로 진입하는 계기가 되었고, 기존 사회에 도전하는 출발점이 되었다고 판단할 수 있습니다. 실학은 전통에서 근대로의 패러다임 전환의 연결 고리였다고 생각됩니다.

그렇기 때문에 저는 제시문 (나)의 주장을 지지합니다.

이상으로 2번 문제의 답변을 마치겠습니다. 감사합니다!

▌문제 해결의 Tip

'건강한 OO'

편견, 퇴폐, 차별, 게으름, 혐오, 패배 등등, 부정적 뉘앙스를 담은 단어들은 수없이 많습니다. 하지만 그 부정성 안에 긍정성이 있는 경우도 있죠. 이른바 '긍정적 부정성'이라고 할까요? 사회적 '일탈'에서 '새로움'이 탄생한 것, 신의 절대성에 대한 '의심'이 '과학'의 발전을 낳은 것 등을 비롯해, 그런 '긍정적 부정'의 사례는 정말 많을 것입니다.

그럴 때 그 부정적 단어 앞에 '건강한'이라는 표현을 사용하면 긍정적이고 역설적인 뉘앙스를 만들 수 있습니다. '건강한 편견', '건강한 게으름', '건강한 의심' 등. 어떤가요? 그럴듯하죠? 이런 식으로 할 때 "'건강한 편견'이 가져 왔던 학문적 진보를 그 근거로 듭니다. 편견의 부작용이 있지만 그보다는 편견이 가져올 수 있는 창의성, 진보성, 다양성에 더 주목합니다."와 같은 그럴듯한 표현을 해 낼 수 있습니다.

정설, 지배적 관념, 통념, 도그마, 패러다임

현재의 사회나 학계에 통용되고 있는 지배적 의견이나 학설을 흔히 '정설'이라고 표현합니다. 기존의 노하우가 집약되어 있거나 사회적 합의가 담겨 있기 때문에, 정설의 권위에 도전하는 것은 흔치 않은 일이죠.

하지만 정설이 무조건 맞다고 볼 수는 없을 겁니다. 수천 년간 자명한 진리로 인정받았던 유클리드 기하학의 공리도 절대적 진리로서의 지위를 상실하지 않았나요? 기존의 지배적 정설에 대해 의심을 품고, 도전할 경우 그 지배적 정설에 대해 부정적인 뉘앙스의 용어를 사용해야 할 겁니다. 그 때 사용하는 용어가 바로 '통념'입니다.

통념이라는 단어의 사전적 정의는 '사회 일반에 널리 퍼져 있는 공통된 사고방식'입니다만, 흔히들 부정적인 뉘앙스로 사용하지요. 조금 어렵게는 '도그마에 빠져 있다.'라는 표현도 쓸 수 있습니다.

자, 그러면, 기존의 지배적 관념을 통념으로 보고, 새롭고 혁신적인 관점이 필요하다는 것은 어떤 용어를 쓰면 좋을까요? 그때 사용하는 단어가 바로 '패러다임'이면 좋겠습니다. 이른바 '패러다임의 전환'이죠.

'정설-통념-패러다임'이라는 말뭉치를 잘 사용하면, "제시문 (가)의 주장은 지배적인 통념에만 집착하는, 편협한 보수적 사고라고 비판할 수 있을 것입니다.", "실학은 전통에서 근대로의 패러다임 전환의 연결 고리였다고 생각됩니다." 등과 같은 표현을 만들 수 있습니다.

• 인문대학
• 사회과학대학(경제학부 제외)

• 사범대학
• 자유전공학부(인문)

주요 개념

다원주의, 미신, 편견, 믿음, 다양성

서울대학교의 공식 해설

▶ 제시문 (가)의 주장은 다음과 같은 논점으로 구성된다.
  1) 종교가 올바른 신앙이라면 미신은 그릇된 신앙이고 무신론은 신앙이 없는 상태다.
  2) 미신은 인간을 극단적 도그마에 가두어 사회 혼란을 조장한다.
  3) 무신론은 인간을 자중시키고 인간이 이성과 합의에 의지해 질서를 유지할 수 있는 길을 열어 준다.

  제시문 (가)와 (나)는 유사한 문제를 제기하면서도 결이 다른 글이므로 제시문 (나)의 관점을 제시문 (가)에 적용할 때 크고 작은 오차가 발생하며, 따라서 다양한 논리의 근사치가 만들어질 수 있다. 학생이 어떤 입장을 취하는가보다 그 입장을 어떻게 뒷받침하는지, 가능한 반론을 어떻게 차단하는지에 평가의 초점이 맞추어져야 할 것이다.

▶ 제시문 (나)의 주장은 다음과 같은 논점으로 구성된다.
  1) 편견과 편견이 아닌 것을 구별하는 객관적 기준은 존재하지 않는다.
  2) 특정한 편견을 억압하는 것은 동일한 편견을 강요하는 것이다. (악의적 편견도 예외가 될 수는 없다.)
  3) 진정한 혁신은 다양한 편견을 허용할 때 비로소 이루어질 수 있다.

  학생이 이 논점들을 충분히 숙지한 상태에서 자신의 의견을 제시하고 사례를 드는지 살펴보아야 한다. 편견은 담론으로서 타인의 사고, 감정, 행동에 영향을 끼치므로 학생들이 이 점을 숙지했는지, 즉 특정한 성향이 아니라 담론화된 사고의 문제에 초점을 맞추는지 또한 살펴볼 필요가 있다.

※ 제시문을 읽고 문제에 답하시오.

(가) A국의 중소 도시들은 경기 침체와 인구 감소로 인해 재정이 취약해지고 있어 중앙 정부에 예산 지원을 요청해 왔다. 이 도시들은 낮은 재정 자립도를 그 근거로 삼았다. 재정 자립도는 각 지방 자치 단체가 한 해 동안 사용하는 돈을 어느 정도 스스로 마련하는지, 중앙 정부에 얼마나 의존하는지를 보여 주는 지표다.

$$재정자립도(\%) = \frac{지방\ 자치\ 단체가\ 마련한\ 재원}{지방\ 자치\ 단체가\ 마련한\ 재원 + 중앙\ 정부로부터\ 받은\ 예산} \times 100$$

중앙 정부는 재정 자립도를 기준으로 각 중소 도시에 수년간 예산을 차등 지원했다. 이후, 상대적으로 예산 지원을 많이 받은 도시들을 살펴보니, 지방 자치 단체가 마련한 재원은 거의 변하지 않은 채, 재정 자립도가 오히려 계속 낮아졌음이 발견되었다. 이에 중앙 정부의 예산 지원 기준에 대해 문제를 제기한 지방 자치 단체가 있었다.

(나) 자선 단체를 평가하는 방법 중 하나는 재무 건전성을 살펴보는 것이다. 재무 건전성은 전체 예산 중에서 수혜자를 위한 프로그램에 직접 투입된 금액의 비중이 클수록 높아지고, 광고비, 인건비, 기타 경비에 투입되는 금액의 비중이 클수록 낮아진다. 자선 단체 평가 기관인 B사는 재무 건전성을 기준으로 X자선 단체에 수년 연속 최고점을 부여했고, 많은 사람들이 이 단체에 기부를 하게 되었다. 하지만 이에 대한 문제도 제기되었다. X단체는 아프리카 국가에 책을 보내는 사업을 하는데, 최근 연구는 교육 인프라가 부족한 국가에 책을 보내는 것의 실효성이 미미함을 보여 준다. 반면, 아프리카의 아동 사망률을 낮추는 프로그램을 운영하는 Y단체는 재무 건전성이 X단체보다 낮지만, 이 단체에 대한 기부의 실질적 효과는 매우 큰 것으로 나타났다.

문제 1

제시문 (가)와 (나)의 밑줄 친 부분과 같은 의사 결정에 공통적으로 어떤 문제가 있는지 설명하시오.

문제 2

제시문 (가) 또는 (나)의 문제 상황과 유사한 사례를 들고, 그 사례의 문제를 어떻게 해결할 수 있을지 설명하시오.

예시 답안

문제 1

1번 문제의 답변을 시작하겠습니다.

제시문 (가)와 (나)의 공통적인 문제점은 적절하지 않은 지표를 선택함으로써 바람직하지 않은 정책 결과가 나타난 점이라고 생각합니다. 그렇게 생각한 이유를 말씀드리기 위해, 저는 정책 수단과 정책 목표라는 표현을 사용해 보겠습니다.

우선, 제시문 (가)의 정책 목표는 지자체의 재정 안정성 확보입니다. 그 목표를 달성하기 위해 중앙 정부는 재정 자립도라는 지표를 이용하여 예산을 할당합니다. 언뜻 보기에는 합리적인 지표입니다. 하지만 그 지표를 자세히 보면, 무엇인가 어색합니다. 제시문에 나와 있는 것처럼 지자체 자체 조달 예산이 거의 그대로라면 그 지표를 결정짓는 것은 중앙 정부의 지원 예산입니다. 정부의 지원 예산이 증가하면 재정 자립도는 낮아지는 구조입니다. 그러면 그 다음 해에는 낮아진 재정 자립도를 기준으로 다시 더 큰 중앙 정부의 지원이 있게 되고, 그러면 또 재정 자립도는 낮아지고, 그러면 다시 또 중앙 정부의 예산이 커져야 하는 기이한 악순환 구조로 설계되어 있습니다. 그래서, 지자체의 재정 안정성 확보라는 정책 목표에 합당하지 않은 정책 수단 혹은 지표 설정입니다.

제시문 (나)도 동일한 맥락으로 해석할 수 있습니다. 본질과 무관한 지표를 선택하여 기부 단체를 평가함으로써 본질적인 과업을 열심히 하는 복지 단체가 아니라 비본질적인 재무 건전성이 뛰어난 단체가 더 많이 지원받는 모순적 상황입니다. 자선 단체의 본질적 기능이자 평가 지표는 말 그대로 '자선'이어야 할 것입니다. 하지만 부차적 요소인 '재무 건전성'만을 평가 지표로 활용함으로써 '자선 활동에 대한 지원'이라는 정책 목표를 달성하지 못합니다.

이상의 내용으로 저는, 부정확한 지표에 기반한 정책 수단의 설정은 정책 목표를 달성하지 못할 뿐 아니라, 심지어는 정책 목표 달성을 더 악화하기도 한다는 것을 파악했습니다.

이상으로 1번 문제의 답변을 마치겠습니다.

2번 문제의 답변을 시작하겠습니다.

(본인의 지원 전공과 관련된 사례를 언급하면 좋겠습니다. 지원 전공에 따라 수없이 다양한 얘기가 가능할 것입니다. 아래는 경영학 기준으로 구성해 본 것입니다.)

이 문제를 풀면서 신상품 개발에 있어 시장 조사 혹은 수요 조사의 유사한 맹점을 가지고 있지 않나 하는 생각을 했습니다. 많은 기업들은 신상품 개발에 매진합니다. 그 출발이 시장 조사 혹은 수요 조사 혹은 설문 조사인 듯합니다. 그 조사(survey)는 정량적 통계로 정리되어 신상품 개발의 출발점이 됩니다.

하지만 수요 조사, 혹은 시장 조사는 결국은 과거 혹은 현재의 니즈에 대한 조사입니다. 그렇기 때문에 현재의 니즈에 기반한 신상품은 창의적 제품보다는 개선적 제품에 가깝지 않나 하는 생각이 들었습니다. 스티브 잡스의 인터뷰 기사도 떠올랐습니다. '나는 시장 조사를 하지 않는다. 시장 조사로는 혁신을 이뤄낼 수 없다. 미래로 가기 위해서는 내가 화두를 던지고 시장을 선도하는 것이 맞다.'라는 내용인 것으로 기억합니다.

그래서, 혁신을 위한 도구가 혁신을 막는 이런 역설적 상황이 신상품 개발은 물론 기업 전략 수립에도 나타날 수 있다고 봅니다.

이런 상황을 해결하기 위해서는, 의사 결정을 위한 지표의 정교성 확보 및 정성적 요소의 지표를 반영해야 합니다. 그리고, 단일 지표보다는 복합적 지표를 활용해야 할 것입니다. 또한, 정성적 요소의 활용이 자의적 의사 결정으로 전락하지 않기 위해서 경계해야 할 것입니다. 그런 한편, 의사 결정 과정에서 AI의 도움을 받는 것도 한 방편이라고 생각합니다. 지금까지 개발된 수없이 많은 경영 지표, 축적되고 있는 빅 데이터, 그리고 뛰어난 경영진들의 직관과 그것들이 결합될 수 있는 AI의 개발. 이와 같은 복합적이고 중장기적인 노력이 필요하다고 생각합니다.

이상으로 2번 문제의 답변을 마치겠습니다. 감사합니다!

문제 해결의 Tip

패러독스, 아이러니, 딜레마, 모순, 역설, 반어

'패러독스, 아이러니, 딜레마, 모순, 역설, 반어적'. 뭔가 일관성이 느껴지죠? 지배적인 정설이 아니라 그 반대편에 서 있거나, 이러지도 저러지도 못하는, 무언가 앞뒤가 바뀐, 원래의 의도와 결과가 정반대인... 그런 기묘한 형국을 가리킬 때 쓰는 표현을 다 모아 봤습니다.

논술·구술은 odd, paradoxical, eccentric, irregular, strange...한 상황을 좋아합니다. 앞서 했던 말을 또 한번 반복해 볼까요? '지배적인 정설이 아니라 그 반대편에 서 있거나, 이러지도 저러지도 못하는, 무언가 앞뒤가 바뀐, 원래의 의도와 결과가 정반대인, 그런 기묘한 형국'을 논술·구술은 좋아한다는 말이죠.

그런 상황에서는, '패러독스, 아이러니, 딜레마, 모순, 역설, 반어적'이라는 표현을 적극적으로 사용해 보세요. 그러면 **"혁신을 위한 도구가, 혁신을 가로막는 역설적 상황이 …… 나타날 수 있다고 봅니다."**처럼, 효율적인 표현을 만들 수 있습니다. 우리나라 출신의 재독 사회학자 한병철은 『피로사회』라는 책에서 "자유가 해방적이기만 한 것은 아니다. 자유에서 새로운 강제가 발생한다는 데 자유의 변증법이 있다."라는 문장을 통해 멋진 통찰력을 보여 주었습니다. 역설과 모순을 포착하기 시작할 때, 여러분의 답변도 한 차원 높아질 겁니다.

정량적 vs 정성적/양적 vs 질적

한동안 수리적 정합성과 통계성을 강조하는 접근법이 득세했었습니다. 즉, '수(數)와 양(量)을 통해 세상을 파악하려는 관점이 우세했던 거죠. 그래서 대학 학위 논문은 물론이고, 고등학생들의 소논문에도 실험이나 통계를 필수적으로 요구하지 않았나요?

하지만, 최근에는 경향이 조금은 바뀌었습니다. 인간의 심리를 다루는 심리학에 대한 관심이 커지고, 인간 심리를 경제적으로 다루는 행동 경제학이 유명해지고, 마케팅 조사 방법론에서도 사람들의 세세한 의견을 포착하는 FGI(Focus Group Interview)가 유행했습니다. 왜 그럴까요? 수리적 접근만으로는 복잡 미묘한 사람들의 마음을 알기가 어렵고, 개개인의 개별적이고 심층적인 의도를 파악하는데 한계가 있었기 때문입니다.

수리적 정합성과 통계를 강조하는 관점을 양적 접근 혹은 '정량적(quantitative) 연구'라 표현합니다. 정량적 연구는 그 장점도 뚜렷하지만, 단점 또한 확실합니다. 그런 정량적 연구의 한계를 극복하고 보완하기 위해 강조되는 것이 바로 '정성적(qualitative) 연구'입니다.

'숫자만으로 다 포착할 수 없는 인간 개개인에 대한 심층적이고 섬세한 포착'이 바로 정성적 접근입니다. 이렇게 얘기하니까 되게 거창해 보이지만, 실제로 우리 주변에 '정성적 접근'은 이미 널리 퍼져 있습니다.

바로 여러분들이 지원한 소위 '학종'이 바로 정성적 평가 방식이죠? 빅 데이터는 뭐죠? 데이터에 대한 양적 접근 방식인 Data-Mining에서 한발 더 나아가, 수많은 데이터들에서 정성적·심층적·개별적 의미마저도 파악하겠다는 시도 아닌가요?

문제가 수리적·정량적 접근만 보여 줄 경우, 정성적 접근의 필요성을 강조하면 답변의 전체적 논리틀을 쉽게 구성해 볼 수 있을 것입니다. 정성적 접근이라는 용어를 자주 사용해 보세요.

- 인문대학
- 사회과학대학
- 간호대학
- 경영대학
- 생활과학대학 소비자아동학부 소비자학전공 · 아동가족학전공 의류학과

- 사범대학
- 농업생명과학대학 농경제사회학부
- 자유전공학부(인문)

주요 개념

지표, 의사 결정, 자원 분배, 정책 결정, 지방 자치

서울대학교의 공익 해설

▶ 주어진 사례들에서 사람들이 어떤 지표를 사용하여 의사 결정을 내렸는지를 이해하고, 그 결과 생겨난 문제점과 한계를 정확히 파악하고 있는지를 평가하기 위한 문항이다. 밑줄 친 부분에 나오는 두 의사 결정의 공통점은 복잡한 현실에 개입하는 데 있어 하나의 지표만을 활용한 결과 문제가 발생한 것인데, 이를 포착할 수 있는지를 평가하기 위한 문항이다.

▶ 제시문은 정량화된 단일 지표만을 활용하여 의사 결정이나 정책적 결정을 내릴 때, 좋은 의도를 가지고 있더라도 그 결과가 기대했던 것과 다르게 나타나는 문제 상황을 보여 주고 있다. 보다 넓게는 현실과 이를 반영하는 정량화된 지표 간에 존재하는 차이가 제시문들에 나오는 핵심 문제 상황이라 할 수 있다. 학생들이 이와 관련된 사례를 제시할 수 있는지 여부를 평가하기 위한 문항이다.

※ 제시문을 읽고 문제에 답하시오.

(가) 세계 여러 곳의 촌락 공동체에서는 토지, 산림, 물, 사냥감, 목초지 등과 같은 자원을 여전히 공동으로 소유·관리하고 이용한다. 또한, 토지의 수용, 경작, 분배, 자원의 재활용 등에 관한 결정을 구성원들이 민주적으로 내린다. 이러한 공동체는 규약 위반 행위에 대한 제재와 처벌을 관례로 정립하고 있기 때문에, 자치적 공유 경제 조직으로 볼 수 있다. 교환보다 생존을 목적으로 생산과 소비가 이루어지는 자급자족 기반의 공동체에서 이러한 공유 경제는 비교적 성공적인 관리 모델임이 입증된 바 있다.

(나) 결혼식을 위해 웨딩드레스나 턱시도를 빌려 입는 것과 같은 렌털(rental) 문화는 200년 전에도 있었다. 조선 후기 서울의 종로에는 여러 가지 옷을 파는 가게인 의전(衣廛)이 있었다. 의전은 헌 옷을 주로 판매하였는데, 그것만으로는 생계유지가 쉽지 않아 결혼식 때 신랑이 입는 예복을 대여하는 사업을 병행하였다. 신랑 예복은 혼례 때 잠시 사용하는 것인데도 그 값이 저렴하지 않았으므로, 굳이 구입하거나 직접 만들기보다는 빌려서 입는 쪽으로 문화가 정착해 있었던 것이다.

(다) 숙소를 가지고 있는 사람과 숙소를 찾는 여행객들을 웹이나 모바일 앱을 통해 전 세계적으로 연결해 주는 민박 중개 서비스 업체가 최근 성업 중이다. 이 서비스를 통해 누구나 자신의 집이나 빈방을 임대하여 높은 수익을 올릴 수 있다. 이러한 이유로 이 서비스는 성공적인 공유 경제 모델로 각광받고 있다. 하지만 집주인이 없는 상태에서 방문객에게 단기간 공간을 임대하는 행위를 불법으로 규정한 지역도 있고, 숙박업자로 등록되어 세금을 납부하는 기존 사업자들의 불만도 적지 않다. 또한, 집을 임대해 준 숙소 대여자의 피해 사례도 빈번하다. 어떤 사람은 휴가 동안 빈 아파트를 빌려주었는데 집으로 돌아와 보니 자신의 집이 파티장으로 사용되고 쓰레기장으로 변해 있었다.

문제 1

제시문 (가), (나), (다)에서 파악할 수 있는 세 가지 공유 경제 유형의 공통점과 차이점을 설명하시오.

문제 2

제시문 (다) 또는 이와 유사한 공유 경제 모델에서 발생할 수 있는 사회 경제적 문제를 기존 사업자, 공유 서비스 업체, 대여자, 이용자, 정부 중 하나의 입장에서 기술하고, 이러한 문제를 해결하기 위한 방안을 제시하시오.

구상지

문제 1

1번 문제의 답변을 시작하겠습니다.

제시문 (가), (나), (다)는 모두 특정 자원에 대한 공유를 다루고 있습니다. 하지만 시대별로 달라지는 공유 경제의 변화상을 담고 있습니다. 그리고 그 자원의 소유, 운용, 사용의 주체가 누구냐에 따라 차이점을 보여 줍니다.

우선 제시문 (가)는 전통적 공유 경제를 보여 줍니다. 공동 소유, 공동 관리, 공동 사용의 모습입니다. 소유자와 관리 책임자와 사용자가 일치하고 그 대상이 주로 자연 자원이라는 데 있어서 아주 초기적인 모습의 공유 경제라 할 수 있습니다. 이 모델은 상업성보다는 자급자족을 추구하며 자연 발생적인 형태라고 볼 수 있습니다. 소유자, 관리자, 사용자가 일치하기 때문에 사업의 영역이 아니며, 공유의 지역적 제한이 존재합니다.

반면, 제시문 (나)의 공유 경제는 그 이용권을 일시적으로 빌려주는 상업적인 모델의, 대여형 공유 경제입니다. 이 모델부터 소유자와 사용자가 엄격히 구분됩니다. 소유자는 소유권과 관리 책임을 가지고, 사용자는 그에 대한 비용을 납부하고 일정 기간 동안 그 자원에 대한 독점적 사용권을 갖게 됩니다. 즉, 소유자와 관리자는 일치하나 사용자는 구분됩니다. 이 모델부터 공유가 사업, 즉 비즈니스의 영역에 들어오는 것처럼 보입니다.

한편, 제시문 (다)의 공유 경제는 이른바 '중개 플랫폼'을 활용한 공유 경제입니다. 이 모델에서는 소유 주체, 관리 주체 그리고 사용 주체가 모두 다릅니다. 이 모델은 공유 경제라는 비즈니스 모델이 IT 기술과 결합되어 탄생하였습니다. 중개 앱을 활용하기 때문에 공유의 지역적 한계를 뛰어넘어, 공유의 세계화마저 가능하게 합니다. 여러 형태의 자원이 전 세계의 광범위한 영역에서 공유 경제 안으로 들어오고 있습니다. 제시문 (다)의 경우 기술의 변화가 공유 형태의 변화를 추동한 요인이라고 할 수 있습니다.

이상으로 1번 문제의 답변을 마치겠습니다.

2번 문제의 답변을 시작하겠습니다.

(본인의 지원 전공과 관련된 사례를 언급하면 좋겠습니다. 지원 전공에 따라 수없이 다양한 얘기가 가능할 것입니다. 아래는 경제학, 정책학, 행정학, 정치학 기준으로 구성해 본 것입니다.)

저는 정부 입장에서 답변을 구성해 보겠습니다. 제시문 (다)에서 발생할 수 있는 사회 경제적 문제점은 기존의 사업자들과 신규 진입자들과의 이해관계 충돌입니다. 이론적으로도 그렇고, 실제로도 그런 갈등이 우리나라에서 첨예하게 발생했던 것으로 알고 있습니다. 정부의 입장에서는 기존 사업자들의 경제적 안정성과 실정법 체계를 지켜야 하지만, 혁신적인 사업 모델의 등장을 마냥 막을 수만도 없는 상황입니다.

이 때 정부는 유연한 태도를 가져야 한다고 생각합니다. IT 기술에 기반한 새로운 사업 모델의 등장에 있어 기존의 법 체계 이탈과 기존 사업자와의 이해관계 충돌은 어찌 보면 창의적 혁신의 숙명 같은 것입니다. 그렇기 때문에 새로운 사업 모델이 실정법 체계에 들어오지 않으면 무작정 그 모델을 불법시하기보다는 변화에 맞게 법을 유연하게 바꾸는 것이 맞을 것 같습니다.

다만, 실정법 체계 안에서 충실히 사업을 추진하던 기존 사업자들이 손해를 보거나 역차별을 받지 않게 '기존 사업자-신규 진입자-정부-전문가'들의 협의체를 구성하여 충분한 사회적 합의를 이끌어 낼 수 있게 노력해야 합니다.

더불어, 새롭다고 해서 무조건 옳은 것은 아닐 것입니다. '신사업 모델 맹신'도 경계의 대상이어야 합니다. 새로운 동시에 사회적 가치에 부합하고, 국민 경제 전체의 발전을 이끌어 낼 수 있는 옥석을 가려, 진짜 창의적이고 혁신적인 모델에 대해서는 파격적 지원과 연착륙을 위한 유연성은 꼭 확보해야 합니다. 그러나, 새롭다고 해서 무조건적으로 지원하는 것은 오히려 '깜깜이' 예산 지원이 될 수 있음을 주의해야 할 것입니다.

이상으로 2번 문제의 답변을 마치겠습니다. 감사합니다!

문제 해결의 Tip

주체-객체(대상)

이 세상을 단순화해 볼까요? 결국 세상은 '주체-행위-대상'으로 이루어져 있습니다. 그 세상을 담은 언어 체계가 '주어-동사-목적어'로 구성되어 있는 것도 우연의 일치는 아닐 거구요. 그리고 보니 주체-주어는 둘 다 subject이고, 대상(객체)-목적어는 모두 object입니다. 같은 용어라는 거죠?

그래서, 제시문을 분석할 때, '주체'는 무엇이고, '객체'는 무엇이고, 주체와 객체의 연결 고리(매개)가 무엇인지를 따져 보면, 정교한 분석이 나올 때가 많습니다.

이 문제도 그러하죠. 모두 '공유'하고 있습니다. 하지만 미세한 차이가 있죠? 그럼에도 정교하게 표현하기가 애매합니다. 이럴 때 '주체(subject)-매개(media)-객체(object)' 방법론을 꺼내 보세요. 그러면, "그 자원의 소유, 운용, 사용의 주체가 누구냐에 따라 차이점을 보여 줍니다. …… 소유자와 관리 책임자와 사용자가 일치하고 그 대상이 주로 자연 자원이라는 데 있어서 아주 초기적인 모습의 공유 경제라 할 수 있습니다. …… 반면, 제시문 (나)의 공유 경제는 …… 소유자와 관리자는 일치하나 사용자는 구분됩니다. …… 한편, 제시문 (다)의 공유 경제는 소유 주체, 관리 주체 그리고 사용 주체가 모두 다릅니다."라는 식으로, 괜찮은 분석이 가능해 집니다.

플랫폼, 미디어, 매개체

21세기의 신인류는 미디어를 통해 세상을 인식하고, 플랫폼 위에서 행위합니다. '호모 미디어쿠스'라는 표현도 들려옵니다. 바야흐로 미디어의 시대, 플랫폼의 시대입니다.

media는 무슨 뜻인가요? media라는 단어를 보는 순간, 방송, 언론, 소셜 미디어 등이 떠오르지만, 원래 media/medium은 (어근을 생각해 보세요.) 중간, 중간의, 중간자, 매체, 매개체의 뜻입니다. 즉, 복수의 대상 중간에 있는 연결체라는 거죠. 과학에서는 '매질(媒質)'로 번역하기도 합니다.

주체와 대상만을 강조하던 기존의 패러다임에서 그 중간에 있는 연결체의 역할에 주목하는 것이 요즘입니다. 여러분들은 주체·대상만이 아니라 그것들이 어떤 형식으로, 무엇으로 연결되어 있는지, 즉 media가 무엇인지를 잘 확인해 주세요.

플랫폼(platform)도 hot한 단어입니다. platform은 말 그대로 '평평한(plat) 기반(form)'입니다. 그 위에서 무언가 행위가 이루어지죠. 기차를 타고, 예약을 하고, 앱이 구동되고, 교환이 이루어지고, 공유가 확산되고, 거래가 발생합니다. 결국 모든 것은 플랫폼 '위에서' 이루어집니다. 이전에는 behavior(일어나는 '것')과 player(일으키는 '자')에 주목했다면 이제는 platform(일어나는 '곳')을 중시하는 거죠. 여러분들도 일어나는 '것'과 '곳'을 동시에 살피는 훈련을 하시기 바랍니다. 그러면 "제시문 (다)의 공유 경제는 이른바 '중개 플랫폼'을 활용한 공유 경제입니다. 이 모델에서는 소유 주체와 관리 주체 그리고 사용 주체가 모두 다릅니다. 이 모델은 공유 경제라는 비즈니스 모델이 IT 기술과 결합되어 탄생하였습니다."라는 식으로 문장을 만들어 낼 수 있습니다.

공유^{1}과 공유^2

공유(共有)라는 단어 또한 최근 곳곳에서 사용되고 있는 단어입니다. 그 뜻을 정확히 알기 위해, '공유^1'과 '공유^2'로 구분하여 설명해 보겠습니다.

'공유^1'은 '공동 소유'의 줄임말입니다. 건물, 토지, 물건의 주인이 복수일 때, 공동 소유라고 하지요? 그때의 의미입니다. 즉, 공유^{1}은 '소유'의 유형입니다. 영어로는 joint-ownership이죠.

'공유^2'는 '함께 나눔'이라는 뜻입니다. 건물, 토지, 물건, 자료, data 등을 함께 사용한다는 겁니다. 즉, 공유^{2}는 '사용'의 유형입니다. 영어로는 sharing이죠.

보다시피 두 단어는 확연히 다릅니다. 그런데, 학생들이 답변할 때 그 두 개의 다른 개념을 혼용해서 쓰다 보니 답변의 일관성과 정교성이 떨어지는 경우를 많이 보았습니다. 여러분들은 공유의 두 가지 뜻을 정확히 구분해서 사용해 보세요.

- 인문대학
- 사회과학대학
- 사범대학
- 자유전공학부(인문)

주요 개념

공유 경제, 경제 문제, 기술 변화, 이해 당사자의 관점

서울대학교의 공식 해설

▶ 제시문은 공유 경제의 다양한 유형/형태에 대해 설명하고 있다. 촌락 공동체의 공유 경제와 렌털 기반의 공유 경제, 정보 통신 기술 기반의 공유 경제의 공통점과 차이점을, 재화의 소유 형태, 공유 방식, 거래 공간, ICT 기술 유무, 생산/소비 관계 등의 주요 요소에 기반하여 논리적으로 비교 설명할 수 있는지를 평가하기 위한 문항이다.

▶ 제시문 (다)는 에어비앤비와 같은 웹/모바일 앱 플랫폼에 기반한 숙박 공유 서비스의 특성과 최근 불거지고 있는 문제들을 기술하고 있다. 최신 ICT 기술에 기반한 공유 경제 모델에 관련될 수 있는 이해 당사자가 누구인지 파악하고, 이들 간의 상호 관계 속에서 나타날 수 있는 다양한 사회 경제적 문제와 해결책을 논리적으로 설명할 수 있는지를 평가하기 위한 문항이다.

문제 1

자연수 n에 대하여 다음의 조건을 만족하는 원 A_n을 생각해 보자.

(i) A_1의 중심은 $(0,\ 0)$이고 반지름의 길이는 4이다.

(ii) A_n의 중심은 $\left(\displaystyle\sum_{i=1}^{n-1}\dfrac{15}{2^i},\ 0\right)$이고 반지름의 길이는 $\dfrac{8}{2^n}$이다. (단, $n \geq 2$)

두 원 $A_n,\ A_{n+1}$과 각각 만나면서 y절편이 최대가 되는 직선을 l_n이라 하자.

[1-1]

직선 l_1의 방정식을 구하시오.

[1-2]

직선 l_n의 y절편을 a_n이라 할 때, 극한 $\displaystyle\lim_{n\to\infty} a_n$의 값을 구하시오.

구상지

1-1

1번 문제의 답변을 시작하겠습니다.

주어진 조건을 이용하면 원 A_2의 중심은 $\left(\dfrac{15}{2},\ 0\right)$이고 반지름의 길이는 2입니다.

원 A_1과 원 A_2를 좌표평면 위에 먼저 그려 보겠습니다.

(칠판에 그래프 또는 그림을 그립니다.)

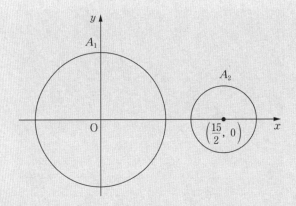

이때 두 원과 만나면서 y절편이 최대인 직선 l_1은 두 원에 모두 접하면서 기울기가 음수인 직선입니다.

(칠판에 직선을 추가로 그립니다.)

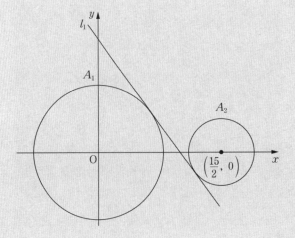

(설명과 계산을 시작합니다.)

직선 l_1의 방정식을 $ax - y + b = 0$ $(a < 0,\ b > 0)$이라 하면 점과 직선 사이의 거리 공식에 의해

$$\frac{|b|}{\sqrt{a^2 + 1}} = 4, \quad \frac{\left|\frac{15}{2}a + b\right|}{\sqrt{a^2 + 1}} = 2$$

입니다.

이때 점 $\left(\frac{15}{2},\ 0\right)$은 직선 l_1의 윗부분에 위치하므로 $\frac{15}{2}a - 0 + b < 0$, 즉 $\frac{15}{2}a + b < 0$입니다.

이를 이용하여 절댓값을 처리하면

$$\frac{b}{\sqrt{a^2 + 1}} = 4, \quad \frac{-\left(\frac{15}{2}a + b\right)}{\sqrt{a^2 + 1}} = 2$$

이고, 두 식을 좌변과 우변끼리 나누어 정리하면 $-15a - 2b = b$이므로 $b = -5a$입니다.

$b = -5a$를 $\dfrac{b}{\sqrt{a^2 + 1}} = 4$에 대입하면 $\dfrac{-5a}{\sqrt{a^2 + 1}} = 4$이고 이를 정리하면

$9a^2 = 16$, 즉 $a = -\dfrac{4}{3}$ 입니다.

따라서 직선 l_1의 방정식은 $y = -\dfrac{4}{3}x + \dfrac{20}{3}$ 입니다.

이상으로 1번 문제의 답변을 마치겠습니다.

2번 문제의 답변을 시작하겠습니다.

(설명과 계산을 시작합니다.)

주어진 조건에 의해

$$\sum_{i=1}^{n-1} \frac{15}{2^i} = 15 \cdot \frac{\frac{1}{2}\left(1 - \frac{1}{2^{n-1}}\right)}{1 - \frac{1}{2}} = 15\left(1 - \frac{1}{2^{n-1}}\right) = 15 - \frac{15}{2^{n-1}}$$

입니다. 따라서 원 A_n의 중심은 $\left(15 - \frac{15}{2^{n-1}},\ 0\right)$이고 반지름의 길이는 $\frac{8}{2^n}$입니다.

위의 식에서 n 대신 $n+1$을 대입하면 원 A_{n+1}의 중심은 $\left(15 - \frac{15}{2^n},\ 0\right)$이고 반지름의 길이는 $\frac{8}{2^{n+1}}$입니다.

이때 두 원의 중심거리는 $\left(15 - \frac{15}{2^n}\right) - \left(15 - \frac{15}{2^{n-1}}\right) = \frac{15}{2^n}$이고

이는 두 원의 반지름의 길이의 합 $\frac{8}{2^n} + \frac{8}{2^{n+1}} = \frac{12}{2^n}$ 보다 크므로 두 원은 만나지 않습니다.

1번의 과정과 동일하게 직선 l_n의 위치를 그리면 다음 그림과 같습니다.

(칠판에 그래프 또는 그림을 그립니다.)

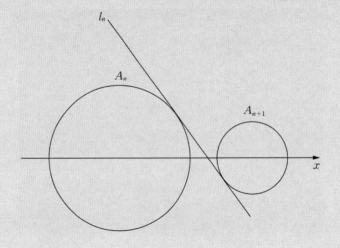

$l_n : cx - y + d = 0 \quad (c < 0, \ d > 0, \ d = a_n)$ 이라 할 때

점과 직선 사이의 거리 공식을 이용하여 구합니다.

이때 원 A_n의 중심은 직선 l_n의 아래부분, 원 A_{n+1}의 중심은 직선 l_n의 윗부분에 위치하므로 절댓값을

계산하면 $\dfrac{\left(15 - \dfrac{15}{2^{n-1}}\right)c + d}{\sqrt{c^2 + 1}} = \dfrac{8}{2^n}, \quad \dfrac{-\left\{\left(15 - \dfrac{15}{2^n}\right)c + d\right\}}{\sqrt{c^2 + 1}} = \dfrac{8}{2^{n+1}}$ 입니다.

두 식을 좌변과 우변끼리 나누어 정리하면

$\left(15 - \dfrac{15}{2^{n-1}}\right)c + d = -2\left\{\left(15 - \dfrac{15}{2^n}\right)c + d\right\}$ 이므로

$\left(-30 + \dfrac{15}{2^{n-1}}\right)c - \left(15 - \dfrac{15}{2^{n-1}}\right)c = 3d$ 에서

$\left(-45 + \dfrac{60}{2^n}\right)c = 3d$, 즉 $d = \left(-15 + \dfrac{20}{2^n}\right)c$ 입니다.

$d = \left(-15 + \dfrac{20}{2^n}\right)c$ 를 $\dfrac{\left(15 - \dfrac{15}{2^{n-1}}\right)c + d}{\sqrt{c^2 + 1}} = \dfrac{8}{2^n}$ 에 대입하여 정리하면

$2^n\left(\dfrac{20}{2^n} - \dfrac{30}{2^n}\right)c = 8\sqrt{c^2 + 1}$ 이므로 $100c^2 = 64c^2 + 64$, 즉 $c = -\dfrac{4}{3} \ (\because c < 0)$ 입니다.

따라서 $d = a_n = \left(-15 + \dfrac{20}{2^n}\right)\left(-\dfrac{4}{3}\right) = 20 - \dfrac{80}{3 \cdot 2^n}$ 이므로

$\lim\limits_{n \to \infty} a_n = 20$ 입니다.

이상으로 2번 문제의 답변을 마치겠습니다. 감사합니다!

문제 해결의 Tip

[1-1] 계산

그림을 통하여 y절편이 최대가 되는 상태를 찾아야 합니다.
그 상태는 기울기가 음수인 공통내접선임을 알고, 원의 중심과 접선 사이의 거리가 반지름의 길이와 같음을 이용하여 계산하면 됩니다.

[1-2] 계산

수열의 일반항에 대하여 [1-1]에서의 과정을 반복하면 됩니다.

- 사회과학대학 경제학부
- 경영대학
- 농업생명과학대학 농경제사회학부

- 생활과학대학 소비자아동학부 소비자학전공, 의류학과
- 자유전공학부(인문)

원의 접선, 직선의 방정식, 두 직선의 평행 조건, 등비급수의 합

▶ 가장 기본이 되는 도형인 원과 직선의 위치 관계를 이해하고 급수의 합을 구할 수 있는지를 평가하기 위한 문항이다.

▶ [1-1] 원의 접선의 성질을 이해하는지, 직선의 방정식을 구할 수 있는지를 평가한다.

▶ [1-2] 두 직선이 평행할 조건을 이해하는지와 반복적 형태로 주어진 도형으로부터 구하고자 하는 양이 등비수열임을 알아내고 등비급수의 합을 계산할 수 있는지 평가한다.

문제 2

실수 $a < b$에 대하여 닫힌구간 $[a,\ b]$가 주어졌을 때, 함수 $y = f_{[a,\ b]}(x)$를 실수 전체의 집합에서 다음과 같이 정의하자.

$$f_{[a,\ b]}(x) = \begin{cases} a + b - x & (x \in [a,\ b]) \\ x & (x \not\in [a,\ b]) \end{cases}$$

[2-1]

합성함수 $y = (f_{[0,\ 2]} \circ f_{[1,\ 3]})(x)$는 $x = 1,\ 2$에서 연속인지 아닌지 설명하시오.

[2-2]

모든 실수 x에 대하여

$$(f_{[0,\ 1]} \circ f_{[a,\ b]})(x) = (f_{[a,\ b]} \circ f_{[0,\ 1]})(x)$$

가 성립하도록 하는 점 $\mathrm{P}(a,\ b)$를 모두 구하시오. (단, 실수 $a,\ b$의 값의 범위는 $0 \le a < b \le 1$이다.)

구상지

2-1

1번 문제의 답변을 시작하겠습니다.

먼저 주어진 함수에서 정의역의 범위를 부등식으로 바꾸어 써 보겠습니다.

(식을 칠판에 적고 설명과 계산을 시작합니다.)

$$f_{[1,\,3]}(x)=\begin{cases}4-x & (1\le x\le 3)\\ x & (x<1 \ \text{또는} \ x>3)\end{cases} \ , \quad f_{[0,\,2]}(x)=\begin{cases}2-x & (0\le x\le 2)\\ x & (x<0 \ \text{또는} \ x>2)\end{cases}$$

그리고 $x=1,\ 2$일 때 함숫값을 각각 구해보면
$f_{[1,\,3]}(1)=3,\ f_{[1,\,3]}(2)=2$이므로
$\left(f_{[0,\,2]}\circ f_{[1,\,3]}\right)(1)=f_{[0,\,2]}(3)=3,\ \left(f_{[0,\,2]}\circ f_{[1,\,3]}\right)(2)=f_{[0,\,2]}(2)=0$입니다.

이제 함수의 연속의 정의를 이용하기 위해 극한을 계산하겠습니다.

$x=1$에서의 좌극한은 $\displaystyle\lim_{x\to 1-}\left(f_{[0,\,2]}\circ f_{[1,\,3]}\right)(x)=\lim_{x\to 1-}f_{[0,\,2]}(f_{[1,\,3]}(x))$로 나타낼 수 있습니다.
여기에서 $f_{[1,\,3]}(x)=t$라 하면
$\displaystyle\lim_{x\to 1-}f_{[0,\,2]}(f_{[1,\,3]}(x))=\lim_{t\to 1-}f_{[0,\,2]}(t)=1$입니다.
마찬가지로 치환하여 풀면 $x=1$에서의 우극한은
$\displaystyle\lim_{x\to 1+}\left(f_{[0,\,2]}\circ f_{[1,\,3]}\right)(x)=\lim_{x\to 1+}f_{[0,\,2]}(f_{[1,\,3]}(x))=\lim_{t\to 3-}f_{[0,\,2]}(t)=3$입니다.
따라서 $x=1$에서 극한값이 존재하지 않으므로 주어진 합성함수는 $x=1$에서 연속이 아닙니다.

$x=2$에서의 좌극한과 우극한은 각각 $\displaystyle\lim_{x\to 2-}f_{[0,\,2]}(f_{[1,\,3]}(x)),\ \lim_{x\to 2+}f_{[0,\,2]}(f_{[1,\,3]}(x))$이고
마찬가지로 치환하여 풀면 $\displaystyle\lim_{t\to 2+}f_{[0,\,2]}(t)=2,\ \lim_{t\to 2-}f_{[0,\,2]}(t)=0$입니다.
따라서 $x=2$에서 극한값이 존재하지 않으므로 주어진 합성함수는 $x=2$에서도 연속이 아닙니다.

이상으로 1번 문제의 답변을 마치겠습니다.

2번 문제의 답변을 시작하겠습니다.

우선 조건에 주어진 함수 $y = f_{[a,\ b]}(x)$의 그래프를 그려 보겠습니다.

(칠판에 그래프 또는 그림을 그립니다.)

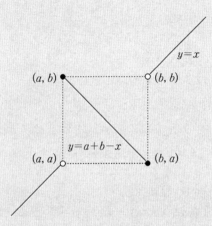

(설명과 계산을 시작합니다.)

함수 $y = f_{[0,\ 1]}(x)$, $y = f_{[a,\ b]}(x)$의 그래프는 모두 일대일 대응이면서 직선 $y = x$에 대하여 대칭이므로

$$f_{[0,\ 1]}(x) = (f_{[0,\ 1]})^{-1}(x),\ f_{[a,\ b]}(x) = (f_{[a,\ b]})^{-1}(x)$$

입니다.

따라서 문제에 주어진 식의 우변은

$$(f_{[a,\ b]} \circ f_{[0,\ 1]}) = (f_{[a,\ b]})^{-1} \circ (f_{[0,\ 1]})^{-1} = (f_{[0,\ 1]} \circ f_{[a,\ b]})^{-1}$$

로 바꿀 수 있습니다.

그러므로 문제에 주어진 식의 좌변은 $(f_{[0,\ 1]} \circ f_{[a,\ b]})(x) = (f_{[0,\ 1]} \circ f_{[a,\ b]})^{-1}(x)$이 되고,

이는 함수 $y = (f_{[0,\ 1]} \circ f_{[a,\ b]})(x)$의 그래프가 직선 $y = x$에 대하여 대칭이어야 함을 의미합니다.

이제 합성함수의 식을 관찰해 보겠습니다.

$$y = \left(f_{[0,\,1]} \circ f_{[a,\,b]}\right)(x) = f_{[0,\,1]}\left(f_{[a,\,b]}(x)\right) = \begin{cases} 1 - f_{[a,\,b]}(x) & (0 \le f_{[a,\,b]} \le 1) \\ f_{[a,\,b]}(x) & \left(f_{[a,\,b]}(x) < 0 \text{ 또는 } f_{[a,\,b]}(x) > 1\right) \end{cases}$$

이고 $f_{[a,\,b]}(x) = \begin{cases} a+b-x & (a \le x \le b) \\ x & (x < a \text{ 또는 } x > b) \end{cases}$ 이므로 이를 위의 식에 대입하면

$$y = \left(f_{[0,\,1]} \circ f_{[a,\,b]}\right)(x) = f_{[0,\,1]}\left(f_{[a,\,b]}(x)\right)$$
$$= \begin{cases} x+1-a-b & (0 \le a+b-x \le 1,\ a \le x \le b) \\ 1-x & (0 \le x \le 1,\ x < a \text{ 또는 } x > b) \\ a+b-x & (a+b-x < 0 \text{ 또는 } a+b-x > 1,\ a \le x \le b) \\ x & (x < 0 \text{ 또는 } x > 1,\ x < a \text{ 또는 } x > b) \end{cases}$$

입니다. 각 함수의 정의역을 고려하지 않고 보면
$y = x+1-a-b$를 제외하고 함수 $y = 1-x$, $y = a+b-x$의 그래프는 직선 $y = x$에 대하여 대칭일 수 있고, 함수 $y = x$의 그래프는 직선 $y = x$에 대하여 대칭입니다.

따라서 $y = f_{[0,\,1]}\left(f_{[a,\,b]}(x)\right)$의 그래프가 직선 $y = x$에 대하여 대칭이기 위해서는
함수 $y = x+1-a-b$의 그래프도 직선 $y = x$에 대칭이어야 합니다.
$y = x+1-a-b$가 직선 $y = x$에 대칭이기 위해서는 $a+b = 1$이거나 $a+b \ne 1$일 때
정의역인 $0 \le a+b-x \le 1$, $a \le x \le b$를 만족하는 x의 값의 범위가 존재하지 않아
함수 $y = x+1-a-b$의 그래프가 그려지지 않으면 됩니다.

이제 문제에 주어진 조건 $0 \le a < b \le 1$을 고려하여 경우를 분류하겠습니다.

(ⅰ) $a+b = 1$인 경우
　　우선 $a+b = 1$이므로 $b = 1-a \le 1$입니다.
　　즉, $0 \le a < b \le 1$이고 $a < 1-a$이므로 $a < \dfrac{1}{2}$, $b > \dfrac{1}{2}$입니다.
　　이제 다음의 두 경우를 확인하면 됩니다.

① $a=0$, $b=1$인 경우

주어진 합성함수의 식이 $y=(f_{[0,\,1]}\circ f_{[0,\,1]})(x)=f_{[0,\,1]}(x)$이므로 모든 실수 x에 대하여 직선 $y=x$에 대하여 대칭입니다.

② $0<a<b<1$인 경우

$f_{[a,\,b]}(x)=f_{[a,\,1-a]}(x)=\begin{cases} a+b-x=1-x & (x\in [a,\,1-a]) \\ x & (x\not\in [a,\,1-a]) \end{cases}$ 입니다.

함수 $y=f_{[a,\,b]}(x)=f_{[a,\,1-a]}(x)$의 그래프를 그려보겠습니다.

(칠판에 그래프 또는 그림을 그립니다.)

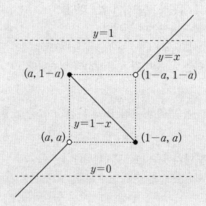

(설명과 계산을 시작합니다.)

$f_{[a,\,1-a]}(x)\in [0,\,1]$인 경우는

$f_{[a,\,1-a]}(x)=\begin{cases} x & (0\le x<a \ \text{또는} \ 1-a<x\le 1) \\ 1-x & (a\le x\le 1-a) \end{cases}$

$f_{[a,\,1-a]}(x)\not\in [0,\,1]$인 경우는

$f_{[a,\,1-a]}(x)=x \ (x<0 \ \text{또는} \ x>1)$

입니다.

따라서

$$f_{[0,\ 1]}(f_{[a,\ 1-a]}(x)) = \begin{cases} 1-x & (0 \le x < a \text{ 또는 } 1-a < x \le 1) \\ x & (a \le x \le 1-a \text{ 또는 } x < 0 \text{ 또는 } x > 1) \end{cases}$$

입니다. 이는 직선 $y = x$에 대하여 대칭입니다.

①, ②에서 주어진 식을 만족하는 a, b의 값의 조건은 $a+b=1$, $0 \le a < \dfrac{1}{2}$입니다.

(ii) $a+b \ne 1$인 경우

$0 \le a+b-x \le 1$, $a \le x \le b$를 정리하면 $a+b-1 \le x \le a+b$, $a \le x \le b$입니다.

이를 만족하는 x의 값의 범위가 존재하지 않으려면

$a+b-1 > b$이거나 $a+b < a$이어야 합니다.

이때 $a+b < a$는 $b < 0$이고, $a+b-1 > b$는 $a > 1$이므로

$0 \le a < b \le 1$를 만족하는 a, b의 값이 존재하지 않습니다.

따라서 (i), (ii)에 의해 조건을 만족하는 점 $P(a,\ b)$는 $a+b=1$, $0 \le a < \dfrac{1}{2}$입니다.

이상으로 2번 문제의 답변을 마치겠습니다. 감사합니다!

문제 해결의 Tip

[2-1] 계산

어떤 실수 x의 값에서의 연속성을 조사하기 위해 합성함수의 식을 구한 후, 함수의 연속의 정의를 이용하여 해결합니다.

[2-2] 단순화 및 분류

주어진 조건식을 분석하고 역함수가 존재해야 함을 파악해야 합니다.

합성함수에서는 그래프를 많이 이용하지만 이 문제는 그래프를 이용하는 방법이 더 어렵다는 것을 판단할 수 있습니다.

따라서 합성함수의 식을 구한 후 두 실수 a, b의 값의 조건을 분류하여 확인해 보아야 합니다.

문제 해결 방법이 낯선 방법일 수 있어 어려워 보이더라도 논리적인 분석 훈련이 되어 있으면 어렵지 않게 해결할 수 있습니다.

• 사회과학대학 경제학부
• 경영대학
• 자유전공학부(인문)
• 농업생명과학대학 농경제사회학부, 조경·지역시스템공학부, 바이오시스템·소재학부, 산림과학부

• 생활과학대학 소비자아동학부 소비자학전공, 의류학과

주요 개념

합성함수, 직선의 방정식, 일차함수, 함수의 극한과 연속, 역함수

서울대학교의 공식 해설

▶ [2-1] 함수의 합성을 통해 일차함수의 그래프가 어떻게 변하는지 이해하는가를 평가하고 이를 통해 주어진 합성함수의 연속을 판단할 수 있는지 평가하기 위한 문항이다.

▶ [2-2] 일대일 대응의 역함수의 그래프가 $y = x$에 대칭이 된다는 사실을 이해하고 있는지, 이를 바탕으로 합성함수의 역함수를 이해하는지를 평가하기 위한 문항이다.

문제 1

곡선 C와 직선 l이 점 A에서 만나고, 점 A에서의 곡선 C에 대한 접선이 직선 l과 수직일 때 C와 l이 점 A에서 수직으로 만난다고 한다. 곡선 $y = x^3$을 T라고 하자.

[1-1]

좌표평면 위의 한 점 $(a,\ b)$를 지나는 직선 l이 점 $\mathrm{P}(t,\ t^3)$에서 곡선 T와 수직으로 만날 때, a, b, t 사이의 관계식을 t에 대한 다항식으로 구하시오.

또한 곡선 T와 직선 l이 수직으로 만날 수 있는 점은 많아야 하나임을 설명하시오. (단, t는 0이 아닌 실수)

[1-2]

점 $(a,\ b)$가 제4사분면에 속할 때, 점 $(a,\ b)$를 지나고 제1사분면 위의 점에서 곡선 T와 수직으로 만나는 직선의 개수를 구하시오.

[1-3]

점 $\mathrm{A}(-1,\ -1)$에서 곡선 T와 수직으로 만나는 직선 l_1과, 점 $\mathrm{B}\left(\dfrac{1}{5},\ -\dfrac{7}{5}\right)$를 지나고 T에 접하는 직선 l_2와 곡선 T로 둘러싸인 도형의 넓이를 구하시오.

[1-4]

곡선 T 위의 점 $\mathrm{A}_1(t,\ t^3)$을 지나 점 A_2(단, $\mathrm{A}_2 \neq \mathrm{A}_1$)에서 곡선 T에 접하는 직선을 l_1이라고 하자. 단, t는 양의 실수이다. 이번에는 점 A_2를 지나 점 A_3(단, $\mathrm{A}_3 \neq \mathrm{A}_2$)에서 곡선 T에 접하는 직선을 l_2라고 하자. 이러한 시행을 반복하여 점 A_1, A_2, A_3, $\cdots$ 과 직선 l_1, l_2, l_3, $\cdots$을 얻었을 때, 곡선 T와 접선 l_n으로 둘러싸인 도형의 넓이를 S_n이라고 하자. (단, n은 자연수) 이때,

$$\sum_{n=1}^{\infty} S_n = 1$$

을 만족하는 t의 값을 구하시오.

구상지

1-1

1번 문제의 답변을 시작하겠습니다.

(설명과 계산을 시작합니다.)

먼저 점 P에서의 접선의 기울기는 $3t^2$이므로 점 P에서 곡선 T와 수직인 직선 l의 방정식은
$y=-\dfrac{1}{3t^2}(x-t)+t^3$입니다.

이 직선은 점 $(a,\ b)$를 지나므로 $b=-\dfrac{1}{3t^2}(a-t)+t^3$이고

이것을 t에 대한 다항식으로 정리하면 $3t^5-3bt^2+t-a=0$입니다.

다음은 곡선 T와 직선 l이 수직으로 만날 수 있는 점의 개수에 대해 답변을 시작하겠습니다.

직선 l은 이미 점 $(a,\ b)$를 지나고 곡선 T와 점 $\mathrm{P}(t,\ t^3)$에서 수직으로 만나고 있습니다.
이때 직선 l이 곡선 T 위의 다른 점과 수직으로 만날 수 있는가를 조사하면 됩니다.

직선 l이 곡선 T 위의 점 P가 아닌 다른 점 $\mathrm{R}(s,\ s^3)$과 수직으로 만난다고 가정하면
직선 l의 방정식은 $y=-\dfrac{1}{3s^2}(x-s)+s^3$입니다.

따라서 $y=-\dfrac{1}{3t^2}(x-t)+t^3$과 $y=-\dfrac{1}{3s^2}(x-s)+s^3$은 모두 직선 l이므로 일치하는 직선입니다.
기울기와 y절편이 같으므로
$t^2=s^2,\ t^3+\dfrac{1}{3t}=s^3+\dfrac{1}{3s}$ (단, $t \neq s$)

이고, 두 식을 연립하여 풀면 $t=-s$이므로 $-s^3-\dfrac{1}{3s}=s^3+\dfrac{1}{3s}$ 입니다.

이것은 다시 $2\left(s^3+\dfrac{1}{3s}\right)=0$, 즉 $3s^4+1=0$이므로 이것을 만족하는 실수 s의 값은 존재하지 않습니다.
따라서 곡선 T와 직선 l이 수직으로 만날 수 있는 점은 많아야 하나입니다.

이상으로 1번 문제의 답변을 마치겠습니다.

2번 문제의 답변을 시작하겠습니다.

(설명과 계산을 시작합니다.)

점 (a, b)가 제4사분면에 속하므로 $a > 0,\ b < 0$입니다.
이때 1번에서 구한 방정식 $3t^5 - 3bt^2 + t - a = 0$에서 양수인 t의 개수를 구하면 됩니다.

$f(t) = 3t^5 - 3bt^2 + t$라 하면 $f'(t) = 15t^4 - 6bt + 1$이고 구하는 점은 제1사분면 위의 점이므로 $t > 0$입니다.
또한 $b < 0$이므로 모든 $t > 0$에 대하여 $f'(t) > 0$입니다.
즉, $t > 0$에서 $f(t)$는 증가함수이므로 $f(t) > f(0) = 0$입니다.
따라서 $a > 0$이므로 방정식 $f(t) = a$의 해의 개수는 1입니다.
즉, 곡선 T와 수직으로 만나는 직선의 개수는 1입니다.

이상으로 2번 문제의 답변을 마치겠습니다.

3번 문제의 답변을 시작하겠습니다.

(설명과 계산을 시작합니다.)

직선 l_1의 방정식은 $y=-\dfrac{1}{3}x-\dfrac{4}{3}$입니다.

직선 l_2와 곡선 T의 접점을 $(t,\ t^3)$이라 하면 직선 l_2의 방정식은 $y=3t^2(x-t)+t^3$이 되고 이 직선이
점 $\mathrm{B}\left(\dfrac{1}{5},\ -\dfrac{7}{5}\right)$을 지나야 하므로 $-\dfrac{7}{5}=\dfrac{3}{5}t^2-2t^3$을 만족합니다.

이 식을 정리하면 $10t^3-3t^2-7=0$이고 조립제법을 이용하면

$$
\begin{array}{r|rrrr}
1 & 10 & -3 & 0 & -7 \\
  &   & 10 & 7 & 7 \\
\hline
  & 10 & 7 & 7 & \boxed{0}
\end{array}
$$

입니다. $(t-1)(10t^2+7t+7)=0$에서 모든 실수 t에 대하여 $10t^2+7t+7>0$이므로
$t=1$입니다.
즉, 직선 l_2의 방정식은 $y=3x-2$이고 접점의 좌표는 $(1,\ 1)$입니다.

또한 두 직선 l_1과 l_2의 교점을 구하면 $-\dfrac{1}{3}x-\dfrac{4}{3}=3x-2$이므로

$x=\dfrac{1}{5},\ y=-\dfrac{7}{5}$입니다.

즉, 교점은 점 B입니다.

점 $(1,\ 1)$을 점 C라 하고, 이를 그려 보겠습니다.

(칠판에 그래프 또는 그림을 그립니다.)

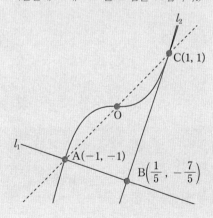

두 직선 l_1과 l_2는 수직이고 곡선 T는 원점 O에 대하여 대칭이므로 직선 $y = x$와 이루는 두 영역, 즉 빗금 친 두 영역의 넓이는 같습니다.

따라서 구하는 영역의 넓이는 직각삼각형 ABC의 넓이와 같습니다.

$$\overline{AB} = \sqrt{\left(-1 - \frac{1}{5}\right)^2 + \left(-1 + \frac{7}{5}\right)^2} = \frac{2\sqrt{10}}{5} \text{이고}$$

$$\overline{BC} = \sqrt{\left(1 - \frac{1}{5}\right)^2 + \left(1 + \frac{7}{5}\right)^2} = \frac{4\sqrt{10}}{5} \text{이므로}$$

구하는 영역의 넓이는 $\dfrac{1}{2} \cdot \dfrac{2\sqrt{10}}{5} \cdot \dfrac{4\sqrt{10}}{5} = \dfrac{8}{5}$ 입니다.

이상으로 3번 문제의 답변을 마치겠습니다.

1-4

4번 문제의 답변을 시작하겠습니다.

n번째와 $n+1$번째의 관계를 살펴보겠습니다.

자연수 n에 대하여 $t_1 = t$, $\mathrm{A}_n\left(t_n,\ t_n^{\ 3}\right)$, $\mathrm{A}_{n+1}\left(t_{n+1},\ t_{n+1}^{\ 3}\right)$ 이라 하면

직선 l_n의 방정식은 $y = 3t_{n+1}^{\ 2}(x - t_{n+1}) + t_{n+1}^{\ 3}$이고 이는 점 A_n을 지나므로

$t_n^{\ 3} = 3t_{n+1}^{\ 2}(t_n - t_{n+1}) + t_{n+1}^{\ 3}$입니다.

이를 정리하면 $\left(t_n - t_{n+1}\right)\left(t_n^{\ 2} + t_n t_{n+1} - 2t_{n+1}^{\ 2}\right) = \left(t_n - t_{n+1}\right)^2\left(t_n + 2t_{n+1}\right) = 0$이므로

$t_{n+1} = -\dfrac{1}{2}t_n\,(t_n \neq t_{n+1})$ 입니다.

즉, $t_n = t_1\left(-\dfrac{1}{2}\right)^{n-1} = \left(-\dfrac{1}{2}\right)^{n-1}t$입니다.

그리고 $\displaystyle\int_\alpha^\beta |(x-\alpha)(x-\beta)^2|dx = \dfrac{1}{12}(\beta-\alpha)^4$이므로

$S_n = \dfrac{1}{12}\left(t_{n+1} - t_n\right)^4 = \dfrac{1}{12}\cdot\dfrac{81}{16}t_n^{\ 4} = \dfrac{27}{64}\left(\dfrac{1}{16}\right)^{n-1}t^4$

입니다.

따라서 $\displaystyle\sum_{n=1}^\infty S_n$은 첫째항이 $\dfrac{27}{64}t^4$이고 공비가 $\dfrac{1}{16}$인 등비급수이므로

$\displaystyle\sum_{n=1}^\infty S_n = \dfrac{\dfrac{27}{64}t^4}{1 - \dfrac{1}{16}} = \dfrac{9}{20}t^4 = 1$입니다.

그러므로 구하는 t의 값은 $\left(\dfrac{20}{9}\right)^{\frac{1}{4}}$입니다.

이상으로 4번 문제의 답변을 마치겠습니다. 감사합니다!

문제 해결의 Tip

[1-1] 계산, 추론 및 증명

첫 번째 문항은 접선과 수직인 방정식(법선)을 구하는 단순 계산 문제입니다.
두 번째 문항은 증명 문제로 그 의미를 잘 파악해야 합니다.
그리고 귀류법을 이용하여 증명하는 것이 좋습니다.
낯선 문제일 수 있으니 논리의 과정을 연습할 필요가 있습니다.

[1-2] 계산

삼차함수의 그래프에서 접하는 직선의 개수는 교점의 개수이며 방정식의 해의 개수와 같음을 알아야 합니다.
또한, 방정식의 해의 개수를 구하기 위해 그래프를 이용하면 됩니다.

[1-3] 계산

[1-1], [1-2]의 결과를 이용하여 그래프를 그리고, 그래프에서 삼차함수의 대칭성을 이용하면 도형의 넓이를 구할 수 있습니다.

[1-4] 계산

주어진 조건을 관계식(점화식)으로 만들고 정적분을 이용하면 주어진 식이 등비급수임을 파악할 수 있습니다.

- 사회과학대학 경제학부
- 자유전공학부(인문)

주요 개념

직선의 방정식, 두 직선의 수직 조건, 정적분, 직선, 접선, 등비수열, 등비급수

서울대학교의 공식 해설

▶ [1-1] 그래프를 읽고 해석하는 능력은 경제·사회 현상을 정량화하여 해석하는 데 사용되는 가장 기본적인 수학적 도구 중 하나이다. 접선은 한 점에서 함수와 가장 가까운 일차함수이므로 그 의미가 특히 중요하다고 할 수 있다. 따라서 미분계수의 뜻과 기하학적 의미를 이해하고, 이를 활용하여 접선의 방정식을 구할 수 있는지 평가하기 위한 문항이다.

▶ [1-2] 미분을 활용하여 다항함수의 도함수를 구할 줄 알고 이를 활용하여 다항방정식의 근의 개수를 조사할 수 있는지 평가하기 위한 문항이다.

▶ [1-3] 넓이는 고대부터 현대에 이르기까지 가장 중요한 정보 중 하나이다. 따라서 곡선의 접선을 구할 줄 알고 곡선과 직선으로 둘러싸인 도형의 영역을 구할 수 있는지, 정적분을 통하여 그래프로 둘러싸인 넓이를 계산할 수 있는지 평가하기 위한 문항이다.

▶ [1-4] 접선의 방정식을 구할 줄 알고 정적분을 계산할 수 있는지를 평가한다. 등비수열을 이해하고 귀납적인 추론을 바탕으로 등비수열을 구할 줄 알고 그 급수의 값을 구할 수 있는지 평가하기 위한 문항이다.

※ 제시문을 읽고 문제에 답하시오.

> (가) 공공 미술은 공공장소에 설치되므로 미술관에 전시된 작품과 달리 원하지 않는 시민들에게도 노출되기 마련이다. 따라서 공공 미술을 기획할 때는 대중의 미적 만족을 고려해야 한다. 일반적 취향을 벗어나 아름답기는커녕 불쾌감만 주는 작품에 공공 재정을 지출하는 것은 정당하지 않다.
>
> (나) 공공 미술의 공공성은 그 목적에서 찾아야 한다. 누구의 심기도 건드리지 않기 위해 무난하고 의례적인 작품만 선정한다거나, 작품의 선택을 주민 투표에 맡긴다면 예술을 지원할 이유가 없다. 공공 미술은 대중의 취향을 교육하고 시민에게 더 나은 삶의 가치를 전달할 기회다. 어떤 작품이 그럴 만한 것인지 판단할 수 있는 사람은 인정된 전문가들이다.
>
> (다) 1981년 리차드 세라는 정부의 지원을 받아 길이 36미터의 녹슨 강철판인 〈기울어진 호〉를 맨해튼의 작은 광장에 설치했다. 시민의 동선을 변경하여 광장의 기능을 다시 생각하게 하려는 것이 작가의 의도였다. 이 작품은 전통적인 조각처럼 관조의 대상에 머무르지 않는다. 작품에 반응하는 관람객의 행동과 이로 인해 새롭게 규정되는 공간까지 작품의 일부가 되는 것이다. 하지만 관습에 익숙한 눈에 작품은 건축 폐기물에 불과했다. 충격과 불편함에 시민들의 항의가 이어졌고 논란 끝에 작품은 89년에 철거되었다.
> 1982년 유사한 양식의 조형물이 워싱턴 국회 의사당 인근에 세워졌다. 공모전에서 마야 린의 〈베트남 참전 용사 기념물〉이 선정된 것이다. 길이 150미터의 검은 화강암 벽은 중간이 한 번 꺾여 있을 뿐 단순했다. 작가는 기존의 전쟁 기념물과 달리 전쟁이 아닌 사람을 기리겠다고 생각하여, 베트남에서 죽은 이들의 이름을 사망 연도순으로 벽에 새겨 넣었다. 전혀 영웅적이지 않다는 일부의 불만에도 불구하고, 이 조형물은 몇 년 만에 워싱턴에서 가장 많은 사람이 방문하는 장소가 되었다. 베트남 전쟁으로 양분된 미국은 오랫동안 정치적이고 이념적인 대립을 겪었고, 그 상처는 깊었다. 작품에서 린은 이 논쟁적인 사안에 화해나 종결을 제안하지 않았다. 참전 용사부터 반전 평화주의자까지, 입장이 다른 모든 관람객이 이곳에서 원하는 방식으로 전쟁을 반추할 수 있었다.

문제 1

제시문 (다)의 사례들을 제시문 (가)와 (나)에 비추어 평가하시오.

문제 2

제시문 (가)와 (나)의 입장을 중재할 수 있는 안을 제시하시오.

구상지

문제 1

1번 문제의 답변을 시작하겠습니다.

제시문 (다)에 있는 두 사례는 공공 미술에 대한 대중들의 수용 여부를 보여 줍니다. 〈기울어진 호〉는 대중들의 외면을 받았지만, 〈베트남 참전 용사 기념물〉은 대중들이 가장 많이 방문한 곳이 되었습니다.

우선, 〈기울어진 호〉부터 상세하게 말씀드리겠습니다. 〈기울어진 호〉의 경우 일반적인 미적 가치와는 괴리가 있는 새로운 예술적 시도에 대해 대중들이 거부감을 느낀 사례입니다. 전통적 예술의 형식을 파괴함으로써 대중들에게 새로운 의미와 감성을 전달하려는 시도를 했습니다. 하지만 대중들은 그 작품을 예술로 받아들이지 않았고, 이는 작품의 철거로 이어졌습니다.

제시문 (가)에 비추어 볼 때 〈기울어진 호〉는 공공 예술로 적합하지 않습니다. 대중의 미적 눈높이를 맞추지 못했고, 불쾌감을 줌으로써 헛된 공공 재정을 썼기 때문입니다. 작가가 자신의 의도를 대중들에게 훈육하려 하는 계몽적 의도를 가졌다는 점에서도 제시문 (가)의 취지와는 맞지 않습니다.

하지만 제시문 (나)의 관점에서 보면 반대의 평가를 내릴 수 있을 것입니다. 예술의 공공성은 수용자인 대중에게 있는 것이 아니라 제공자인 예술가 혹은 전문가에게 있다는 것이 제시문 (나)의 입장입니다. 그런 입장에서 보자면, 〈기울어진 호〉는 공공 예술로서의 의미를 충분히 가집니다. 대중의 수용 여부와 무관하게, 그 자체로 공공성을 담지하고 있기 때문에 〈기울어진 호〉는 공공 예술로서의 역할을 수행한다고 평가할 수 있습니다. 다만, 〈기울어진 호〉가 제시문 (나)의 입장에 완벽하게 부합한다고 보기는 조금 어렵습니다. 〈기울어진 호〉는 공공 미술로서의 교육적 가치와 사회적 가치 전달에 실패했기 때문입니다.

〈베트남 참전 용사 기념물〉은 〈기울어진 호〉와 달리, 대중들에 의해 수용을 받은 사례라 할 수 있습니다. 〈베트남 참전 용사 기념물〉 또한 전통적인 미적 가치를 그대로 따르지는 않았습니다. 일반적인 기념물과는 달리 치장도 없으며, 단순한 구조로 참전 용사들의 이름이 새겨져 있을 뿐입니다. 그럼에도 불구하고 대중들은 그 기념물을 가장 많이 방문했습니다.

이는 제시문 (가)의 입장에서 볼 때 바람직한 공공 미술로서의 기본 요건을 충족했다고 볼 수 있습니다. 대중들이 적극적으로 수용하고, 방문하고, 감응했기 때문입니다. 하지만 그 목적을 달성하는 방식이 제시문 (가)에서 강조하는 '미적 만족'보다는 '사회적 메시지 전달'이라는 측면에서는 아쉬움이 있습니다.

제시문 (나)를 기준으로 해도 〈베트남 참전 용사 기념물〉은 공공 미술로서의 역할을 충실히 수행하고 있습니다. 공공 미술이 가져야 하는 사회적 가치가 전달되기 때문입니다. 베트남 전쟁이 가져왔던 상처를 치유하고, 입장이 다른 사람들 모두에게 반추의 기회를 주었습니다. 이는 제시문 (나)에서 강조하는 '공공 예술의 목적'을 달성했다고 판단할 수 있습니다. 하지만 여기서도 아쉬움은 남습니다. 제시문 (나)는 공공 미술이 대중을 교육하고 더 나은 삶의 가치를 전달할 것을 중요시합니다. 하지만 〈베트남 참전 용사 기념물〉이 '논쟁적 사안에 대한 화해나 종결'이라는 더 적극적인 메시지로 나아가지 못했다는 점, 그리고 정확한 계도보다는 대중들이 각자의 방식으로 이해하도록 방관했다는 점에서 제시문 (나)의 입장에는 못 미친다고 볼 수 있습니다.

이상으로 1번 문제의 답변을 마치겠습니다.

2번 문제의 답변을 시작하겠습니다.

제시문 (가)는 예술성과 대중성을, 제시문 (나)는 사회적 메시지를 강조합니다. 공공 미술에 있어 제시문 (가)가 '예술성'에 방점을 찍는다면, 제시문 (나)는 '공공성'에 주안점을 두고 있는 것입니다. 공공 미술이라면 예술성과 사회성과 대중성을 공히 갖추는 것이 미덕입니다.

우선, 대중성은 필수 요소입니다. 예술적 실험성만을 추구하는 것은 공공 미술보다는 전위 예술에 어울립니다. 공공 미술이 대중 예술의 한 장르라고 생각한다면, 공공 미술은 그 본성상 대중성에 더 우선순위를 둘 수밖에 없습니다. 하지만, 대중성을 추구한다고 해서 무조건 예술적 혁신을 외면할 필요는 없습니다. 창의적 예술이 대중성을 확보한 사례는 많습니다.

둘째는 사회성입니다. 대중적이기만 한 예술은 기존 예술의 클리셰이거나, 예술적 포퓰리즘에 그칠 것입니다. 공공 미술은 '예술적 메시지'뿐만 아니라 '사회적 메시지'도 던지는 것이기 때문에 공공 예산을 투여하는 것입니다. 그런 측면에서 볼 때, 공공 미술은 그 특성상 사회성을 가지는 것이 필요합니다.

셋째는 예술성입니다. 사회성만 갖춘 예술은 자칫 교육용 장식품으로 전락할 수 있고, 예술 작품이 예술적 감흥을 불러일으키지 못하는 이상한 현상이 발생할 것입니다. 무늬만 예술이고 실상은 설치물에 불과한 공공 미술은 무의미한 예술이 될 것입니다. 예술성이 담보되지 않고, 훈육과 계몽만 가득 찬 작품은 대중에게 외면당할 수 있습니다. 공공 미술도 결국 '예술'입니다. 그러므로 공공 미술이라고 해서 무조건 기존의 어법을 따르거나, 새로운 시도를 게을리할 필요는 없습니다.

이상으로 볼 때 공공 미술은 대중성, 사회성, 예술성, 즉 공공성과 예술성을 함께 확보해야 한다고 봅니다. 사회적 메시지를 강조하더라도 예술성을 버리지 않고, 예술성을 우선하더라도 메시지를 놓치지 않아야 하는, 그런 접근이 필요합니다. 물론 공공성과 예술성을 함께 잡는 것이 그리 쉽지는 않을 것입니다. 하지만 그 둘을 함께 추구해야 하는 것은 공공 예술의 숙명일 것입니다.

공공 예술은 재정이 투입된다는 점에서 하나의 '정책'입니다. 예술적 방편을 통해 정책을 실행하는 것이 공공 예술입니다. 고로 공공 예술은 예술로서의 정체성도 잊지 않아야 하고, 정책으로서의 정체성도 놓쳐서는 안 됩니다. 정책이란 것은 원래부터 개별 시민의 요구와 사회 전체적 필요성 사이의 줄타기 같은 것 아닐까요? 그렇다면 공공 예술 또한 마찬가지로 예술성과 대중성 사이에서, 혹은 그 둘을 동시에 추구하는 아슬아슬한 줄타기 같은 것이 아닐까 생각합니다. 줄타기가 어려운 것은 맞지만 불가능한 것은 아닐 테니까요.

이상으로 2번 문제의 답변을 마치겠습니다. 감사합니다!

▌문제 해결의 Tip

'예술'과 '공공 예술'의 차이점을 생각해 보기

꼬리표가 없는 단어(ex. 예술)와 꼬리표가 있는 단어(ex. 공공 예술)를 대비해서 읽는 습관을 가져야 합니다. 예컨대, 예술-공공 예술, 미술-현대 미술, 가치-내재적 가치, 물가-명목 물가 등처럼 원래의 단어와 단서가 붙은 단어를 대비해서 이해할 수 있어야 합니다.

자, 예술은 무엇일까요? 아름다움, 창의성, 전위성 등의 단어가 떠오릅니다. 그러면 '공공 예술'은 무엇일까요? '공공성을 갖춘 예술'이라고 얘기할 수 있겠죠. 그럼 공공 예술은 '아름다움과 창의성을 통한 공공성의 추구'라고 정의 내릴 수 있을 겁니다. 그때 우리는 '공공 예술은 예술성(심미성)과 사회성(대중성)을 동시에 추구하는 것입니다.'라고 표현할 수 있게 될 겁니다.

이처럼, 특정 단어를 분석할 때는 항상 그 단어의 구성 요소를 하나하나 떼어 놓고 파악하는 훈련을 계속해야 이른바 '분석력'을 기를 수 있습니다.

[문제 1]: '~을/를 평가하시오.' 문제 유형에 대한 접근

평가 유형 혹은 비판 유형은 제시문의 내용에 대해 '옳고 그름'의 판단을 내리라는 문제입니다. 즉, 제시문의 내용이 타당한 것인지 아니면 부당한 것인지를 밝혀 달라는 거죠. 고로, 평가(비판)하라는 요구 사항이 있을 경우, 답변의 출발점은 '제시문 A에 있는 ○○○ 주장은 나름의 타당성을 지닙니다.' 혹은 '제시문 B에 있는 ○○○ 현상은 그 한계가 뚜렷합니다.' 등이어야 합니다.

[문제 2]: '중재할 수 있는 방안'-변증법적 접근

이런 유형의 경우, 변증법을 떠올리면 상대적으로 쉽게 접근할 수 있을 것입니다. 변증법은 세상을 '정(正) → 반(反) → 합(合)'의 발전 과정으로 이해하는 방법입니다. 양극단에 '정(正)'과 '반(反)'이 있는데 그 절충점 혹은 장점만을 모은 '합(合)'을 제시하는 것이죠. 물론 변증법이 이렇게 앙상한 것은 아니지만 고등학교 과정에서는 이렇게 생각해도 무방할 것 같습니다. 다시 말해, '흑(정/正)'과 '백(반/反)'의 중간 선택지인 '회색(합/合)'을 대안으로 제시하는 겁니다. 변증법을 통해, "공공 미술(합/合)은 예술적 메시지(정/正)뿐만 아니라 사회적 메시지(반/反)도 함께 던진다(합/合)."는 표현을 할 수 있을 것입니다.

- 인문대학
- 사회과학대학(경제학부 제외)
- 간호대학
- 생활과학대학 소비자아동학부 아동가족학전공
- 자유전공학부(인문)
- 사범대학

주요 개념

예술, 공공 미술, 예술의 공공성, 예술의 기능, 갈등 해결

서울대학교의 공식 해설

▶ 예술의 미적 측면, 대중의 만족이라는 제시문 (가)의 요소들과 새로움, 엘리트 취향, 메시지의 전달, 계몽과 각성을 내세우는 (나)의 요소들을 두 사례에서 얼마나 적절하고 세밀하게 찾아내고, 그 기준으로 사례들을 평가하는지를 판단한다. 두 사례는 제시문 (가), (나)와 1:1로 대응하는 것은 아니다.

〈기울어진 호〉는 전반적으로 제시문 (가)에 의해 부정적인 평가, 제시문 (나)에 의해 긍정적인 평가를 받는다고 볼 수 있지만, 세밀하게 보면 제시문 (나)에 의해서도 부정적 평가를 받을 수 있기에 이를 지적하는 학생이 적절하게 지문을 독해했다고 볼 수 있다.

〈베트남 참전 용사 기념물〉은 평가가 더 열려 있어 제시문 (가)와 (나) 모두 자신의 입장에 해당하는 사례로, 혹은 해당하지 않는 사례로 볼 수 있다. 출제자는 이 사례가 제시문 (가)와 (나)가 원하는 목표는 각각 이루었지만 그들이 지지하는 방법으로는 아니었음을 보여 주는 사례로 이해되길 의도했다.

▶ '중재'의 성격상 제시문 (가)와 (나) 모두 전면적인 수정이나 포기는 아닌, 어느 정도의 변화는 요청하되 취지는 존중되는 의견이 제시되어야 한다.

결국 '가치 있는 메시지 전달'과 '대중적 인기', 두 마리 토끼를 다 잡는 것이 바람직한 공공 미술인데, 어떻게 그럴 수 있는지에 대해 조금 더 생각해 보라는 것이 문항의 취지이다. 제시문 (다)의 독해가 가이드라인이 될 수 있다.

결국 '공공 미술은 아름다운 장식 이상이 되어야 하나 메시지의 전달 방식에 유의하여 대중적 거부감을 완화시켜야 한다.' 정도가 절충안이 될 것이다.

※ 제시문을 읽고 문제에 답하시오.

(가) 그녀는 남성들을 비난하느라 시간을 낭비할 필요가 없다. 허용되지 않은 경험과 지식을 갈망하느라 마음의 평화를 망칠 필요가 없다. 두려움과 증오는 거의 사라졌다. 확실히 소설가로서 높은 수준의 장점을 누리게 되었다. 폭넓고 열렬하고 자유로운 감수성을 지닌 것이다. 그녀는 거의 느껴질까 말까 한 감촉에도 반응한다. 마치 야외에 새로 심은 식물이 다가오는 모든 풍경과 소리를 흠뻑 빨아들이듯이. 거의 알려지지 않거나 기록되지 않은 것을 아주 세심하게 또 호기심에 가득 차서 살펴본다. 사소한 것을 보듬고는 그것이 결국 사소하지 않음을 보여준다. 묻혀 있던 것을 드러내어 그렇게 묻어야 했던 이유가 있었는지 돌아보게 한다. 그녀는 비록 서툴기도 하고 유명한 남성 작가를 따르는 전통의 후예도 아니지만, 가장 중요한 교훈을 깨우쳤다. 여성으로서, 자신이 여성이라는 것을 잊어버린 여성으로서, 쓸 줄 안다.

(나) 글을 쓰는 동기 중에는 어떤 사회를 지향할지에 대한 사람들의 생각을 바꾸려는 정치적 욕망이 있다. 정치적 편향에서 진정으로 자유로운 글은 없다. 예술이 정치와 무관해야 한다는 의견은 그 자체가 정치적 태도이다. 평화로운 시대였으면 나는 정치적 지향을 모르고 살았을 수도 있다. 히틀러의 등장을 목격하면서 전체주의에 맞서는 작품을 써야 했다. 내가 가장 하고 싶었던 것은 정치적 글쓰기를 예술로 만드는 일이었다. 불의를 감지하는 것이 출발점이었다. 사람들이 거의 알지 못하는 중요한 사실이나 거짓을 드러내려 했고, 우선 사람들이 들어주길 바랐다. 그렇다고 해도 글쓰기가 미적 경험이 아니라면 쓸 수 없었다. 글쓰기는 고통스러운 병마와 싸우는 것처럼 끔찍하고 고단한 투쟁이다. 자신의 개인성을 지우려 분투하지 않으면 결코 읽을 만한 글을 쓸 수 없다.

문제 1

제시문 (가)와 (나)에서 작가가 갖추어야 할 자질들을 찾아 차이점과 공통점을 설명하시오.

문제 2

위에서 답변한 내용 중 어떤 자질이 문학 이외의 영역에서도 중요하다고 생각하는가? 자신이 속한 공동체의 관점에서 구체적으로 설명하시오.

구상지

문제 1

1번 문제의 답변을 시작하겠습니다.

제시문 (가)와 (나) 모두 짧은 글이지만, 많은 공통점과 차이점을 읽었습니다. 그 공통점과 차이점에 기반하여, 나와, 사회와, 세계에 대한 관심과 노력 그리고 '공존의 의지'를 작가의 자질로 들 수 있습니다.

그러면, 공통점부터 말씀드려 보겠습니다. 제시문 (가)와 (나) 모두 문학과 글쓰기를 통해 자신의 정체성을 확인하고, 눈앞의 문제를 글쓰기라는 예술을 통해 접근하고, 그를 통해 자기 극복을 이루어냅니다. 그리고 사람들이 잘 알지 못하는, 숨어 있는 진실에 주목합니다. 제시문 (가)는 두려움과 증오를 이겨내고 사소한 것들의 사소하지 않은 의미를 포착합니다. 제시문 (나)는 불의와 거짓을 글쓰기를 통한 저항의 의지를 드러냅니다. 모두 열정적 태도로 자신의 글쓰기와 그 대상에 집중합니다. 그리고 자신이 속한 공동체 혹은 사회와의 공존을 모색합니다.

차이점도 만만치 않습니다. 우선, 제시문 (가)는 일상의 미시 세계와 감수성의 세계에 주목하고, 자기의 개인적 정체성을 확인합니다. 자기 주변과 일상, 사소한 것들의 세계를 호기심 있게 관찰하고 섬세한 감수성으로 그 세계를 읽어 냅니다. 사람들이 무심코 보았던 이름 없는, 묻혀 있던 것들을 발굴하여 드러냅니다. 자기 주변의 '외부 세계'에 대한 민감한 포착은 자기 '내면과 정체성'에 대한 명확한 인식으로 연결되었습니다. 감수성과 호기심에서 출발하여 주변의 일상 세계와 자기 자신에 대한 인식으로 귀결됩니다.

반면, 제시문 (나)는 정치라는 거시적 주제에 집중합니다. '우리'를 위한 '나'의 희생과 저항의 의지를 키웁니다. 사람들이 인지하지 못하거나 숨겨져 있는 정치적 문제들을 문학을 통해 드러내고, 거기에 예술성을 더하여 저항의 에너지가 축적되기를 지향합니다. 사회적 불의의 해소가 때로 끔찍한 고통이더라도, 그것을 감수하겠다는 투쟁의 전의를 문학적 에너지로 승화하려는 모습을 보입니다. 불의에 대한 저항에서 출발하여 정치와 예술과 투쟁의 의지를 다집니다.

이상으로 1번 문제의 답변을 마치겠습니다.

2번 문제의 답변을 시작하겠습니다.

(이 문제는 넓게 열린 문제입니다. '문학 외의 영역에서도 중요한 자질'은 매우 다양하고, 창의적인 답변이 가능할 것입니다. 본인의 지향, 희망 전공, 관심사, 읽은 책 등에서 다양하게 소재를 끄집어 낼 수 있을 것입니다.

'자신이 속한 공동체'에 대해서도 다양한 해석이 가능합니다. 작게는 가족이나 학교, 동아리 등을 설정할 수 있고 크게는 사회, 국가, 심지어 지구 전체나 생태계를 공동체로 설정할 수 있겠습니다.

일단, 여기서는 '사회 일반에서의 공존의 의지'를 기준으로 답안을 구성해 보았습니다.)

1번 문제에서 답변 드린 여러 자질 중 '공존의 의지'를 문학 이외의 영역에서도 중요한 자질로 꼽아 보고 싶습니다. 굳이 '인간은 사회적 동물이다.'라는 말을 떠올리지 않더라도, 모든 개인은 홀로 설 수 없다는 것은 자명한 사실입니다. 개인적 정체성에 대한 자각은 사회적 정체성의 각성으로 연결되어야 할 것입니다. 나의 노력과 공존의 의지가 공동체의 발전과 진보로 이어지고, 사회 전체 성장의 열매가 구성원 개인들에게 분배되는 협응적 모델이 가장 이상적이라 생각합니다. 그 이상적 모델의 전제가 바로 공존의 의지라고 생각합니다.

그리고, 그 공존의 의지가 좁지 않고 넓으면 좋겠습니다. 내가 소속되어 있는 공동체, 즉 내집단의 발전만 바란다면, 그것은 타자에게, 외집단에게 배타적으로 작동할 것입니다. 그래서 제가 생각하는 것은 넓은 의미에서의 공존의 의지입니다. 나에서 사회로, 작은 사회에서 우리나라 전체 혹은 세계 전체로 공존의 의지는 확장되어야 마땅합니다.

나와 공동체가 상호 기여하고, 나의 공동체가 남의 공동체와 공존하여, 작은 공동체가 더 크고 넓은 공동체가 되어, 내가 모두를 이롭게 하고 모두가 모두를 이롭게 하는 '넓은 의미의 공존 의지'가 지금 이 시대에게 요구하는 자질이라고 생각합니다. 그런 자질들이 잘 갖추어질 때, 일방적인 희생은 사라지고, 극단적 개인화와 파편화가 엷어지고, 배타적인 자기중심주의와 집단만을 강조하는 전체주의가 사라질 것입니다.

이상으로 2번 문제의 답변을 마치겠습니다. 감사합니다!

문제 해결의 Tip

대조적 파악

논술과 구술에서 '대조'는 가장 기본적인 접근법입니다. 정신-육체, 이성-감성, 시간-공간, 미시-거시, 인문학-자연 과학, 기능론-갈등론, 이기적-이타적, 가치 판단-사실 판단, 윤리-합리, 나-남, 개인-사회, 내면-외면, 자기-타인 등 우리가 고등학교 때 배웠던 것들과 대학에서 배우는 많은 것들이 이런 형태의 이원적 접근을 하는 경우가 많습니다.

하지만 이원적 접근과 이분법적 접근을 혼동하는 것은 좋지 않습니다. 이원론은 '대조'에 기반하여 세상을 정확히 이해하려는 것이고, 이분법은 '분리'에 기반한 차별적 접근인 것이죠. 서양-동양이 대조적 이원론이라면, 백인종-유색 인종은 차별적 이분법으로 볼 수 있을 거예요.

서울대는 공식 해설에서 "(가)는 여성 작가이고 (나)는 남성 작가이다, (가)는 감성적 작가이고 (나)는 이성적 작가이다, (가)는 순수 문학을 추구하고 (나)는 참여 문학을 추구한다, 등은 틀린 대답은 아니지만, 두 제시문을 꼼꼼하게 읽지 않고 고정 관념에 의존한 결과에 가깝다."라고 했습니다. 이는 지나치게 앙상한 이원론을 경계하는 것으로 보입니다. 즉, 대조 자체가 아니라 '앙상하고 무성의한 대조'를 경계하는 것입니다. 서울대는 심층성을 강조합니다. 고로, 대조에 기반해서 풍성한 논의와 심층적 사고를 보여 준다면 충분히 좋은 답변을 구성할 수 있습니다.

그럴 때 "제시문 (가)는 일상의 <u>미시</u> 세계와 감수성의 세계에 주목하고, 자기의 <u>개인</u>적 정체성을 확인합니다. …… 반면, 제시문 (나)는 <u>정치</u>라는 <u>거시적</u> 주제에 집중합니다. '우리'를 위한 '나'의 희생과 <u>저항의 의지</u>를 키웁니다."와 같은 풍성하고 심층적인 답변을 구성할 수 있습니다.

공동체는 무엇인가요?

공동체는 무엇인가요? 공동체는 공존하는 개인들의 집합입니다. 그렇다면, 공동체에서 중요한 요소는 '개인'과 '공존'일 것입니다. '개인'만을 강조하면 배타적 이기성과 경쟁만 난무할 것이고, '공동체'만 중시하면 인간은 사라지고 집단주의와 전체주의가 강조되어 전체를 위해 부분이 희생될 것입니다.

인간에게 정신과 육체가 모두 중요하듯, 공동체에서도 '개인-인간'과 '공존의 태도'도 함께 중요하다고 봅니다. 지나친 개인-자기중심주의와 파편화는 세상에 대한 극단적 무관심으로 귀결되어 결국은 자기에게도 좋지 않습니다. 역으로, 지나친 집단-전체 중심주의는 구성원들의 희생을 전제하기 때문에 구성원들의 필연적 이탈과 공동체의 와해를 불러옵니다.

'공동체'와 관련된 문제가 나올 때는 '개별 구성원들의 공존'이라는 콘셉트를 활용하면 좋은 답변을 구성할 수 있겠습니다.

- 인문대학
- 사회과학대학(경제학부 제외)

- 사범대학
- 자유전공학부(인문)

주요 개념

글쓰기, 글쓰기의 정치성, 글쓰기의 동기, 문학성, 문학의 목적, 공동체, 다양성, 관용, 평화와 공존

서울대학교의 공익 해설

▶ 두 제시문은 감수성을 강조하는 글쓰기와 정치성을 강조하는 글쓰기의 대비를 보여 주는 동시에 작가의 자기 극복이라는 공통점을 가진다. 차이점을 지나치게 단순화하는 답변은 바람직하지 않다. 예컨대, 제시문 (가)는 여성 작가이고 제시문 (나)는 남성 작가이다, 제시문 (가)는 감성적 작가이고 제시문 (나)는 이성적 작가이다, 제시문 (가)는 순수 문학을 추구하고 제시문 (나)는 참여 문학을 추구한다, 등은 틀린 대답은 아니지만, 두 제시문을 꼼꼼하게 읽지 않고 고정 관념에 의존한 결과에 가깝다. 두 제시문은 작가의 구체적인 '글쓰기 노동'을 묘사한다는 특징이 있다. 따라서 이와 같은 답변이 나오면, 제시문의 어떤 구절을 근거로 답변했는지 되물어보면서 추가 설명을 유도할 수 있다.

▶ [문제 1]에서 두 제시문의 차이점과 공통점을 종합적으로 물었기 때문에 [문제 2]에서 두 제시문의 우열을 가리는 것이 초점은 아니다. 대신, 어느 하나의 자질을 골라서 공동체에 대한 고민과 연결하여 사고를 확장하고 응용하도록 문항을 구성했다. '본인이 속한 공동체'는 학생이 생각하는 학교, 지역 사회, 국가, 세계 등 다양할 수 있다. 학생이 생각하는 공동체가 어떤 성격이나 문제를 가지고 있다고 생각하는지, 그리고 그 성격에 맞거나 그 문제의 해결에 도움이 되는 자질이 무엇이라고 생각하는지에 초점이 있다.

※ 제시문을 읽고 문제에 답하시오.

(가) 정치적 자유는 어떤 사람이 다른 사람에게서 강제를 받지 않는 상태를 의미한다. 자유를 보장하기 위해서는 권력의 집중이 최대한 제거되어야 한다. 경제 행위의 조직을 정치권력의 통제로부터 벗어나게 함으로써, 시장은 이러한 강제력의 원천을 제거할 수 있다. 정치인들이 공산당 지지 혐의가 있는 영화 산업 종사자를 업계에서 퇴출시키고자 했던 '할리우드 블랙리스트' 사건이 있었다. 이 사건은 강제적인 수단을 동원해 자발적 교환을 막으려고 한 결탁이라는 점에서 자유를 파괴한 반자유주의적 행위였다. 블랙리스트가 지켜지지 않은 것은 바로 이를 따르는 데 큰 비용이 들도록 만든 시장 때문이었다. 기업을 운영하는 사람들에게는 최대한 많은 돈을 벌려는 동기가 있었기 때문에, 유능한 사람이라면 블랙리스트에 올랐더라도 고용할 유인이 생겼다. 블랙리스트에 오른 사람들은 가명으로 극본을 쓰거나 새로운 제작사를 찾아가는 등의 대안적 방식으로 일자리를 얻을 수 있었으며, 그 결과 자유를 보호받을 수 있었다.

(나) 자유 지상주의자는 시장에서 표출될 수 있는 개인 선호의 충족을 근본적인 것으로 본다. 그러나 개인이 스스로 삶을 얼마나 통제할 수 있는지에 영향을 주는 요인은 이와 무관한 경우가 많다. 예컨대, 시장 경제가 효율적으로 작동하기 위해서는 타자기 제조업처럼 불필요해진 산업에서 컴퓨터 제작이나 소프트웨어 개발처럼 수요가 더 많은 산업으로 자원을 쉽게 움직일 수 있어야 한다. 이러한 효율성의 대가는 변화가 생길 때 새로운 일자리를 찾아야 하는 노동자들이 치르게 된다. 노동자들이 이러한 변화에 항시적으로 노출되어 있으면, 더 안정적인 사회에서보다 스스로 삶을 통제할 능력이 떨어진다. 어떤 시스템이 나은지 결정하려면, 생산 효율성과 개인의 삶에 대한 통제력이라는 상충하는 두 가치를 어떻게 조화할지 선택해야 한다. 규제되지 않는 시장은 많은 노동자가 삶에 대한 통제력을 상실하도록 방치한다. 이들의 자유 또한 도덕적으로 중요하다.

문제 1

제시문 (가)와 (나)의 저자가 시장과 자유의 관계를 어떻게 이해하는지 설명하시오.

문제 2

제시문 (가)의 '할리우드 블랙리스트' 사건 논의에 대해, 제시문 (나)의 저자는 어떤 입장을 취할지 설명하시오.

구상지

문제 1

1번 문제의 답변을 시작하겠습니다.

문제에서는 '시장과 자유의 관계'를 논하라 했습니다.

우선 제시문 (가)부터 살펴보겠습니다. 제시문 (가)는 정부 규제가 최소한일 때 시장의 경제적 자유도와 개인의 정치적 자유도가 향상된다고 보았습니다. 여기에 등장한 '블랙리스트' 사건은 정부의 강압적 규제입니다. 정부 규제가 이윤 추구를 이겨 내지 못하는 것을 보여 주는 사례입니다. 정부가 반자유주의적인 정책을 시도했으나, 시장의 이윤 추구 논리는 시장 참여자인 개인들의 자유를 보호할 수 있었습니다.

제시문 (나)는 이와 반대되는 모습을 보입니다. 제시문 (나)에서 시장이 효율성과 이윤을 추구하는 것은 마찬가지입니다. 하지만 여기서는 시장의 이윤 추구와 개인의 자유가 상충하는 모습을 보입니다. 시장의 자유도 향상은 개인의 자유를 위협하는 요인이 됩니다.

이상으로 볼 때, 제시문 (가)에서는 시장이 개인의 자유를 보호하는 반면, 제시문 (나)에서는 시장이 개인의 자유를 위협합니다. 시장의 이윤 추구라는 동일한 원인이 정반대의 결과를 불러온다는 역설이 흥미로웠습니다.

한편, 저는 이 제시문에서 정부, 시장, 개인이라는 3주체가 보였습니다. 정부는 규제의 주체이고, 시장과 개인은 자유의 주체입니다. 제시문 (가)에는 정부의 불합리한 규제에 시장과 개인이 협력하는 모습이 보입니다. 반면, 제시문 (나)의 경우, 시장이 그 자신만의 자유를 추구할 때, 정부는 개인을 보호해야 한다는 논리를 폅니다.

3주체 중 특정 1개 주체가 과도하거나 불합리한 경우, 나머지 2개 주체가 협력하거나 도와주는 모습을 보인다(또는 보여야 한다)는 주장을 펼치는 모습이 흥미로웠습니다. 제시문 (가)에서는 정부가 과도한 규제를 펼치자 시장과 개인이 협력합니다. 반면, 제시문 (나)에서는 시장이 이윤만을 추구할 경우, 정부가 개인의 자유를 보호해 주어야 한다고 강조합니다.

이런 면에서 볼 때, 정부, 시장, 개인이라는 3주체 또한, 마치 '3권 분립'처럼, '견제와 균형'의 논리를 따른다고 표현할 수도 있겠습니다.

이상으로 1번 문제의 답변을 마치겠습니다.

2번 문제의 답변을 시작하겠습니다.

블랙리스트 사건은 정부가 시장과 개인의 자유를 구속하고 억압하는 사건입니다. 이는 제시문 (가) 기준으로 볼 때, '외부적 강제를 받지 않는 상태'인 자유를 억압하는 것이고, 제시문 (나) 기준으로 볼 때 '자기 삶에 대한 내적 통제력'을 침해하는 것입니다.

제시문 (가)는 정부 규제의 불필요성을 드러내는 반면, 제시문 (나)는 정부 규제의 필요성을 드러내고 있습니다. 표면적으로 보자면 제시문 (나) 기준으로 볼 때 제시문 (가)의 블랙리스트 사건은 정부의 규제라는 측면에서 나름의 타당성을 갖고 있다고 볼 수 있습니다. 하지만 이는 블랙리스트 사건을 너무 단편적으로 이해하는 것이고, 제시문 (나)의 주장 또한 피상적으로 이해한 것이라 할 수 있습니다.

제시문 (나)는, 외부적 힘으로부터 개인을 보호하기 위한 장치로서 정부 규제의 필요성을 주장하는 것입니다. '정부 규제는 무조건 옳다.'가 아니라, '자유 보호'라는 꼬리표가 달려 있는 경우에만 정부 규제가 필요하다는 것입니다. 고로, 제시문 (나) 또한 블랙리스트 사건에 대해 정치적·경제적 자유를 침해하는 나쁜 규제라고 비난할 것입니다.

다시 말해서, 정부의 규제는 필요하나, 그것이 개인의 자유를 침해하는 규제가 아니라, 개인의 자유를 보호하는 규제여야 한다는 것, 그리고 개인의 자유에 대한 규제가 아니라, 시장의 탐욕적 자유에 대한 규제여야 한다는 것이 제시문 (나)의 정확한 입장이라고 생각합니다.

(규제와 관련된 개인적 경험 혹은 간접적으로 알고 있는 사례 등을 전공에 맞추어 언급한다면 더 좋은 답변이 구성될 수 있습니다.)

이상으로 2번 문제의 답변을 마치겠습니다. 감사합니다!

문제 해결의 Tip

'같은 원인-같은 결과' vs '같은 원인-다른 결과'

인과 관계의 의미를 한번 생각해 보죠. 자연 과학에서 인과 관계는 '동일 원인-동일 결과'를 말합니다. 즉, 자연 과학의 인과 관계는 법칙성인 것이죠. '물에 열을 가한다(원인).-물의 온도가 높아진다(결과).', '수소 2개와 산소 1개를 결합한다(원인).-물 분자 1개가 만들어진다(결과).' 같은 것이 바로 자연 과학입니다. 예외가 거의 없죠.

하지만, 인문 사회학에서의 인과 관계는 '그러한 경향이 큼' 정도로 볼 수 있습니다. '박해를 가한다.'라는 원인은 일반적으로 '순응한다.'라는 결과를 낳을 겁니다. 하지만 그 반대도 충분히 가능합니다. '박해를 가한다.'라는 원인은 '저항과 반발이 커진다.'는 정반대의 결과를 가져올 수도 있습니다.

인간 사회에서는 같은 원인이 다른 결과를 낳을 수도 있다는 점을 알면 좋겠습니다. 이 문제도 그러합니다. 이윤 극대화의 추구라는 원인이 개인의 '자유를 보호'할 수도 있지만, 정반대로 개인의 '자유를 위협'할 수도 있는 거죠.

이런 경우, '역설(paradox)'이라는 표현을 사용하면 좋습니다. 그러면 "제시문 (가)에서는 시장이 개인의 자유를 보호하는 반면, 제시문 (나)에서는 시장이 개인의 자유를 위협합니다. 시장의 이윤 추구라는 동일한 원인이 정반대의 결과를 불러온다는 역설이 흥미로웠습니다."라는 깔끔한 답변이 가능해집니다.

'같은 목적-다른 수단' vs '다른 목적-같은 수단'

목적을 달성하기 위해 우리는 때로 정반대의 수단을 함께 사용합니다. 학생의 학습 의욕을 자극하기 위해 차갑게 혼을 낼 수도 있고, 따뜻한 격려를 줄 수도 있습니다. 역으로, 의도는 정반대이지만 같은 수단을 사용하기도 합니다. 예컨대, 정부의 규제는 시민을 자유를 보호하기 위한 용도로도, 시민을 자유를 제어하기 위한 용도로도 활용됩니다.

동일한 정책적 수단이 그 의도·목적·용도에 따라 달라질 수 있음을 안다면 이 문제를 쉽게 접근할 수 있을 겁니다. 그럴 때, "정부의 규제는 필요하나, 그것이 개인의 자유를 침해하는 규제가 아니라, 개인의 자유를 보호하는 규제여야 한다는 것, 그리고 개인의 자유에 대한 규제가 아니라, 시장의 탐욕적 자유에 대한 규제여야 한다는 것이 제시문 (나)의 정확한 입장이라고 생각합니다."라는 식으로 심층적 답변이 가능할 것입니다.

- 인문대학
- 사회과학대학
- 간호대학
- 농업생명과학대학 농경제사회학부
- 생활과학대학 소비자아동학부 소비자학전공 · 아동가족학전공, 의류학과

- 사범대학
- 자유전공학부(인문)
- 경영대학

주요 개념

정치적 자유, 경제적 자유, 삶에 대한 통제력, 시장 경제

서울대학교의 공식 해설

▶ 제시문 (가)의 저자는 정부 규제를 최소한으로만 받는 시장이 자발적 교환의 경제적 자유뿐 아니라 정치적 자유까지 보호 · 증진한다고 본다. (적어도 규제를 최소한으로만 받을 때) 시장은 정치적 자유를 위협하는 정치권력의 힘이 뻗치지 못하는, 독립적인 생리를 지닌 제도이기 때문이라는 논거를 제시한다.

제시문 (나)의 저자는 자기 삶에 대한 통제력(control over one's own life)이라는 또 다른 의미의 자유를 강조한다. 저자는 시장이 이러한 자유를 보호 · 증진하는지는 사람과 상황에 따라 달라서, 예를 들어 사양 산업 종사자들은 효율성을 추구하는 시장의 흐름에 직장을 잃고 따라서 자기 삶에 대한 통제력을 상실할 수 있음을 지적한다. 나아가 제시문 (나)의 저자는 시장의 섭리-예컨대 효율성, 개인 선호의 총합적 충족, 이윤 극대화-가 언제나 저절로 개인의 자유를 보호 · 증진하는 것이 아니며, 오히려 개인의 자유와 충돌할 때가 많으므로 이러한 충돌을 어떻게 해소할지 시장 밖에서, 가령 정치적으로 결정해야 한다고 주장한다.

▶ 제시문 (가)의 지문은 이윤 극대화의 시장 원리가 자유에 위협을 받는 이들을 보호하는 사례를, 제시문 (나)의 지문은 효율성을 추구하는 시장 원리가 취약한 노동자의 자유를 위협하는 사례를 설명한다. 두 지문 모두 개인의 자유 보호 · 증진의 사회적 목적에 근거하여 논변을 전개하지만, 시장이 이 목적에 어떻게 도움이 (안) 되는지를 설명함에 있어 다른 측면에 주목한다.

※ 제시문을 읽고 문제에 답하시오.

(가) 2014년 런던 지하철 노조가 부분 파업을 벌였다. 이틀 동안 일부 역에서 열차가 정차하지 않았고, 이 때문에 사람들이 새 통근 경로를 찾아야 했다. 이런 상황이 되자 사람들은 평소보다 더 빠른 길이 있음을 알게 되었다. 일상적인 길이 막힌 후에야 새로운 길을 찾게 된 것이다. 매일 소모하는 통근 시간을 단축하는 일이 무시할 만한 것이 아님에도, 사람들은 좀처럼 새로운 시도를 하지 않는다. 한 연구에 의하면 인간 행동의 47%가 습관적인 것이라고 한다.

(나) 어떤 연구 결과에 따르면, 스마트폰을 하루에 세 시간 이상 사용하는 아동은 그렇지 않은 아동보다 자살 충동을 느낄 확률이 30% 이상 높다. 하루에 다섯 시간 이상이면 그 확률이 50% 이상 높아진다고 한다. 아동은 스마트폰 과용의 위험을 잘 모르고 있다. 학교에서 스마트폰 사용을 법적으로 금지하기로 한 프랑스의 조치는 과하다기보다 오히려 부족한 것처럼 보인다.

(다) 학교 교육에서 부모와 학생은 소비자이며 교사와 학교 관리자는 생산자이다. 학교 교육의 국영화와 중앙 집권화로 인해 교육 단위는 대규모화되고 소비자의 선택권은 약화되었으며 생산자의 힘은 커졌다. 교사와 학교 관리자도 부모일 수 있으며 학교가 그들의 자녀를 훌륭한 인재로 교육해 주기를 바랄 것이다. 그러나 교사와 학교 관리자로서 그들의 이익은 중앙 집권화와 관료화를 통해 증가될 수 있다. 소비자로서 부모의 이익은 그렇지 않다.

(라) 1962년 미국은 모든 새로운 의약품은 판매 전에 효험과 안전성에 대해서 식약청의 승인을 받아야 한다는 법을 도입했다. 물론 모든 사람은 그들이 사용하는 약품이 안전한 것이길 원한다. 그러나 말기 암 환자들의 경우 부작용의 위험을 감수하고서라도 실험적인 약품이나 치료법을 시도해 볼 의향을 가지고 있다. 한 연구에 따르면 1962년 이후 미국의 신약 개발이 현저하게 감소했다고 한다.

문제 1

제시문을 모두 활용하여 '정부는 개인의 선택을 제한할 필요가 있다.'라는 주장에 대해 자신의 견해를 제시하시오.

문제 2

위에서 답변한 내용에 비추어 '전염병 확산기에 백신 접종을 직장 출근의 조건으로 의무화하는 정부의 정책'에 대해 찬성 혹은 반대의 견해를 밝히고 그 이유를 설명하시오. 자신의 주장을 뒷받침하려면 어떤 데이터가 필요할지도 설명하시오.

구상지

문제 1

1번 문제의 답변을 시작하겠습니다.

저는 '정부는 개인의 선택을 제한할 필요가 있다.'라는 주장에 대해 찬성하는 입장을 갖고 있습니다. 이유는 개인이 언제나 합리적인 선택을 하는 것도 아니고, 개인의 자유 선택이 때로 심각한 위험을 낳을 수도 있기 때문입니다. 제시문 (가)와 (나)를 보면 그런 사례가 잘 드러나 있습니다.

제시문 (가)에서 보듯 개인은, 더 나은 선택이 있음에도 불구하고, 관성에 의한 비효율적 선택을 하는 경향이 있습니다. 이런 인간 행동의 잦은 불합리성과 비효율성을 개선하기 위해, 정부는 때로 개인의 선택에 개입을 해야 합니다. 제시문 (나)에서는, 개인의 선택이 불합리성 수준을 넘어 위험성으로 나아갈 수도 있음을 보여 줍니다. 이럴 경우 정부는 적극적으로 개인의 선택을 제한할 필요가 있습니다.

제시문 (가)의 경우에는 소극적 규제 정도가 적당하겠지만, 제시문 (나)의 경우에는 적극적 개입이 필요할 것입니다. 최근 가상 화폐 투기 열풍은 불합리성을 넘어 큰 위험성을 내포하고 있다고 봅니다. 이럴 경우에는 정부가 적극적으로 개입해서 개인의 선택을 제한할 필요가 있다고 생각합니다.

다만, 정부의 개입은 공공복리 증진이라는 뚜렷한 정책 목표와 정교한 정책 수단에 기반을 두어야 할 것입니다. 그렇지 않을 경우 정부의 개입은 행정 편의주의, 관료주의, 계몽주의, 개인과 시장의 자유권 침해가 되어 오히려 사회를 불안하게 하고, 사회의 역동성을 저해하는 요소가 될 수 있습니다.

제시문 (다)는 정부의 개입이 일선 현장에서 관료주의로 전락해버린 사례입니다. 미래 세대의 양성이라는 측면에서 교육은 국가의 가장 중요한 정책일 것입니다. 하지만 교육 현장은 정부의 정책적 의도대로 흘러가지 않았습니다. 정부는 이처럼 정책과 현장 사이에서 괴리가 없도록 꾸준히 관찰하고 경계해야 할 것입니다.

제시문 (라)는 적정한 개입임에도 불구하고 사회적 역동성을 억제하는 정부 정책의 사례입니다. 이런 함정에 빠지지 않기 위해서 정부는 정책 수립에 그치지 않고, 그 실행 과정의 추이를 꾸준히 살펴야 합니다.

저의 의견을 최종적으로 정리해 보자면, 정부의 개입은 필요하나, 그 목적, 목표, 수단을 정교히 하고, 부작용에 대한 면밀한 경계와 지속적 관찰이 필요하다는 것입니다.

이상으로 1번 문제의 답변을 마치겠습니다.

2번 문제의 답변을 시작하겠습니다.

1번 문제에서 답변드렸던 것과 동일한 논거로, 저는 '백신 접종 의무화 정책'에 대해 찬성의 입장입니다. 우선, 이 정책은 전염병 확산을 막는다는 정책 목표와 백신 접종 의무화라는 정책 수단이 잘 연결되어 있다고 봅니다. 그리고, 예상되는 부작용도 크지 않기 때문에, 시행하는 것이 마땅하다고 생각합니다.

물론 개인의 자유 선택은 중요합니다. 하지만 개인의 자유가 타인의 자유를 침해할 소지가 있을 경우 정부의 개입은 정당합니다. 타인으로의 전염병 확산이 우려되는 상황에서 백신을 접종받지 않는 것은 지나치게 이기적인 행위이며, 주변 동료, 사회 전체에게 큰 위협이 될 수 있는 것은 물론, 자기 건강에도 좋지 않습니다. 백신 접종의 경우에는, 현장에서 관료주의나 행정 편의주의가 발생할 가능성도 높지 않습니다.

이런 제 주장의 근거로, 그 전염병의 확산 추세, 전염 경로, 백신의 안정성 및 임상 효과와 관련된 데이터를 들 수 있겠습니다. 정부는 백신 접종 의무 정책의 시행 과정에서, 이런 데이터를 통해 백신의 안정성 및 유효성을 잘 홍보하여 시민들의 불안감을 미리 해소해야 할 것입니다.

얻을 것은 뚜렷하나 잃을 것은 없는, 선명한 정책입니다. 고로 저는 이 정책을 지지합니다.

이상으로 2번 문제의 답변을 마치겠습니다. 감사합니다!

문제 해결의 Tip

두괄식 · 양괄식 구성

'구술은 말 그대로 말-논리'입니다. 그렇기 때문에 '글-논리'인 논술과 마찬가지로, '주장 → 근거'의 형태일 때 답변이 선명하게 들릴 것입니다. '주장 → 근거'는 'A입니다. 왜냐하면 B이기 때문입니다.'로 간결하게 답할 수 있습니다. 고로, 구술은 두괄식일 때 청자에게 선명하게 전달됩니다.

하지만, 많은 학생들은 'B입니다. 고로 A입니다.'의 방식, 즉 '근거 → 주장' 형식의 미괄식 답변을 구사합니다. 생각보다 미괄식 답변은 귀에 잘 들어오지 않습니다. 실제로 들어 보면, 미괄식보다는 두괄식이 훨씬 명쾌하게 들립니다.

물론, 제일 좋은 형식은 양괄식입니다. 양괄식은 '주장 → 근거 → 주장'의 형식을 말하는 거죠. 구술은 말로 하는 것이기 때문에 화자의 말을 놓치기 쉽습니다. 그렇기 때문에 (1단계) 주장을 먼저 간결하고 선명하게 밝히고, (2단계) 그 근거와 이유를 풍성하고 심층적으로 밝혀 준 다음, (3단계) 다시 한번 최종적 주장을 압축적으로 정리해 주는 말하기 3단계를 거치면 청자의 머리에 쏙쏙 각인될 겁니다.

양괄식을 구성하면, "저는 '정부는 개인의 선택을 제한할 필요가 있다.'라는 주장에 대해 찬성하는 입장을 갖고 있습니다. 이유는 개인이 언제나 합리적인 선택을 하는 것도 아니고, 개인의 자유 선택이 때로 심각한 위험을 낳을 수도 있기 때문입니다. …… 저의 의견을 최종적으로 정리해 보자면, 정부의 개입은 필요하나, 그 목적, 목표, 수단을 정교히 하고, 부작용에 대한 면밀한 경계와 지속적 관찰이 필요하다는 것입니다."는 식으로 말할 수 있을 것입니다.

정책 목표, 정책 수단, 정책 결과

서울대 사회과학 문제는 '정책'에 관련된 경우가 많습니다. 사회과학의 대상이 '사회'라면 결국 그 사회의 운영과 유지, 갈등의 조절 수단으로 '정책'은 필수적인 주제이기 때문일 겁니다. 사회과학에 속하는 학문을 생각해 봅시다. 정치학, 외교학, 사회학, 사회복지학, 경제학 등입니다. 그 전공들은 직간접적으로 '정책학'의 범주에 들 것입니다. 고로, 사회과학에서 '정책'의 중요성은 대단합니다.

정책과 관련된 문제들을 볼 때, 정책의 타당성, 효율성, 정당성과 더불어 '정책의 일치성'을 고려하면 좋겠습니다. 정책의 일치성이란, 해당 정책의 목표-수단-결과가 잘 맞아떨어질 경우를 말할 겁니다. 차별 완화라는 정책 목표를 달성하기 위해 역차별적 정책 수단을 사용하는 것은 앞뒤가 안 맞겠죠.

다른 예를 들어 볼까요? 정부는 로또와 같은 사행성 사업을 공식적으로 인가했고, 국민 건강에 심각한 위협인 담배 사업을 허용하고 있습니다. 이 정책들은 타당한 정책인가요? 아주 논쟁적인 이슈들입니다. 저는 그 질문에 대한 정답을 가지고 있지 않습니다. 다만, 답변을 구성할 수 있는 방법론만 가지고 있습니다. 그 정책들에 대해 '목표-수단-결과'의 일치 여부를 따지는 것이죠.

- 인문대학
- 사회과학대학
- 사범대학
- 자유전공학부(인문)

주요 개념

개인의 선택, 합리성, 정부의 개입

서울대학교의 공식 해설

▶ 네 개의 제시문은 자유로운 개인의 선택과 정부의 개입에 대한 내용이다. 제시문 (가)와 (나)는 개인의 선택이 항상 최선의 결과를 가져오는 것은 아니므로 개인의 선택에 제약을 가하는 정부의 정책적 개입을 정당화하는 논거로 사용될 수 있다. 반면, 제시문 (다)와 (라)는 정부의 관료주의, 정책의 의도치 않은 부작용을 지적하여 정부 개입에 대한 반대 논거로 사용될 수 있다. 정부 개입의 정당성을 찬성하는 입장은 제시문 (가)와 (나)를 지지하는 논거로 삼고 제시문 (다)와 (라)의 내용을 반박할 수 있다. 정부 개입의 정당성을 반대하는 입장은 제시문 (다)와 (라)를 논거로 삼고 제시문 (가)와 (나)의 내용을 반박할 수 있다.

▶ 직장인 대상 백신 접종 의무화라는 정부의 개입이 정당한가를 묻는 문항이다. [문제 1] 답변의 연장선에서 논의를 전개하는 것이 중요하다. [문제 1]에서 개인 선택의 중요성을 강조했더라도, 근거를 가지고 정부 개입을 지지하는 입장으로 전환해도 무방하다. 예를 들어, 개인의 선택이 다른 사람에게도 영향을 주는 외부성을 가지고 있다는 점에서 제시문의 비효율적인 출퇴근길 선택이나 스마트폰 과용의 경우와는 다르다. 반대로 [문제 1]에서는 정부 개입을 지지했지만, [문제 2]에서는 직장인에 한정된 차별적 규제이기 때문에 정부 개입을 반대할 수도 있다.

문제 1

두 함수 $g_1(x)$와 $g_2(x)$가 아래와 같이 주어져 있다.

$$g_1(x) = \begin{cases} 0 & (-1 \le x < 0) \\ 1 & (0 \le x \le 1) \end{cases}$$
$$g_2(x) = \sin(4\pi x) \,(0 \le x \le 1)$$

합성함수 $h(x) = (g_1 \circ g_2)(x)$에 대하여 다음 질문에 답하시오.

[1-1]

함수 $y = h(x)\,(0 \le x \le 1)$의 그래프와 이차함수 $y = -6x(x-b)$의 그래프의 교점의 개수가 최대가 되는 실수 b의 값의 범위를 구하시오.

구상지

1-1

1번 문제의 답변을 시작하겠습니다.

주어진 함수 $y = g_2(x)$의 그래프와 그에 따른 합성함수 $y = h(x) = (g_1 \circ g_2)(x)$의 그래프를 그려 보겠습니다.

(칠판에 그래프 또는 그림을 그립니다.)

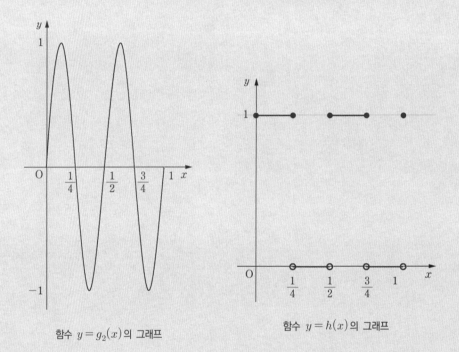

함수 $y = g_2(x)$의 그래프

함수 $y = h(x)$의 그래프

(설명과 계산을 시작합니다.)

주어진 조건은 교점의 개수가 최대일 때이므로 이차함수 $y = -6x(x-b)$에서 실수 b의 값은 양수이어야 합니다.

또한 이차함수는 $x = \dfrac{b}{2}$를 경계로 증가에서 감소로 바뀌므로 교점의 최대 개수는 3개로 추측할 수 있습니다.

따라서 다음과 같이 두 가지 경우를 생각할 수 있습니다.

(ⅰ) $y=1$ $\left(0 \leq x \leq \dfrac{1}{4}\right)$과 이차함수의 교점이 2개일 때

(칠판에 그래프 또는 그림을 그립니다.)

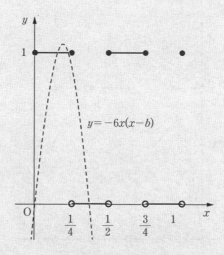

(설명과 계산을 시작합니다.)

이 경우에 이차함수의 꼭짓점의 좌표 $\left(\dfrac{b}{2}, \ \dfrac{3b^2}{2}\right)$의 위치는

$0 < \dfrac{b}{2} < \dfrac{1}{4}$이고 $\dfrac{3b^2}{2} > 1$입니다.

이를 정리하면 $0 < b < \dfrac{1}{2}$이고 $b^2 > \dfrac{2}{3}$에서 $b > \dfrac{\sqrt{6}}{3}$입니다.

이때 $\dfrac{\sqrt{6}}{3} > \dfrac{1}{2}$이므로 이 두 범위를 모두 만족하는 실수 b의 값은 존재하지 않습니다.

따라서 가능하지 않습니다.

(ⅱ) $y = 1 \left(0 \leq x \leq \dfrac{1}{4} \right)$, $y = 1 \left(\dfrac{1}{2} \leq x \leq \dfrac{3}{4} \right)$과 이차함수의 교점이 각각 1개씩일 때

(칠판에 그래프 또는 그림을 그립니다.)

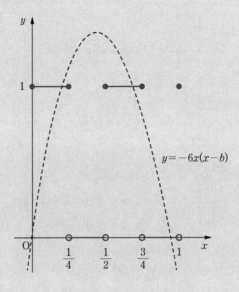

(설명과 계산을 시작합니다.)

$f(x) = -6x(x - b)$라 하면

이 경우에는 $f\left(\dfrac{1}{4}\right) \geq 1$, $f\left(\dfrac{1}{2}\right) \geq 1$, $0 < f\left(\dfrac{3}{4}\right) \leq 1$, $f(1) < 0$을 만족해야 합니다.

각각의 부등식을 계산하겠습니다.

$f\left(\dfrac{1}{4}\right) = -6 \cdot \dfrac{1}{4}\left(\dfrac{1}{4} - b\right) \geq 1$이고 이를 정리하면 $b \geq \dfrac{11}{12}$ 입니다.

$f\left(\dfrac{1}{2}\right) = -6 \cdot \dfrac{1}{2}\left(\dfrac{1}{2} - b\right) \geq 1$이고 이를 정리하면 $b \geq \dfrac{5}{6}$ 입니다.

$0 < f\left(\dfrac{3}{4}\right) = -6 \cdot \dfrac{3}{4}\left(\dfrac{3}{4} - b\right) \leq 1$이고 이를 정리하면 $\dfrac{3}{4} < b \leq \dfrac{35}{36}$ 입니다.

$f(1) = -6(1 - b) < 0$이고 이를 정리하면 $b < 1$입니다.

위 부등식을 모두 만족하는 실수 b의 값의 범위는 $\dfrac{11}{12} \leq b \leq \dfrac{35}{36}$ 입니다.

(ⅰ), (ⅱ)에서 구하는 실수 b의 값의 범위는 $\dfrac{11}{12} \leq b \leq \dfrac{35}{36}$ 입니다.

이상으로 1번 문제의 답변을 마치겠습니다. 감사합니다!

문제 해결의 Tip

[1-1] 단순화 및 분류

식을 통해 그래프를 그리고, 그래프를 이용하여 요구하는 값을 구해야 합니다.

경우를 분류하고 모순이 없는지 각각의 경우를 확인해야 합니다.

• 사회과학대학 경제학부
• 경영대학
• 농업생명과학대학 농경제사회학부

• 생활과학대학 소비자아동학부 소비자학전공, 의류학과
• 자유전공학부(인문)

■ 주요 개념

함수의 합성, 이차함수, 사인함수

■ 서울대학교의 공식 해설

▶ 합성함수의 그래프를 그리고, 이차함수의 그래프를 분석할 수 있는지 평가한다.

문제 2

아래와 같은 도로망에 '기쁨 바이러스'가 다음 (가)~(마)의 규칙에 따라 퍼지고 있다.

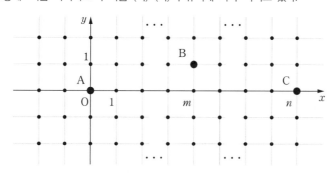

[그림 1] 도로망 및 A, B, C의 위치

(가) 감염되지 않은 사람이 감염된 사람과 동일한 좌표에 위치하게 되는 순간 50%의 확률로 감염된다.

(나) 시각 $t = 0$초일 때, '기쁨이'는 A$(0,\ 0)$에, '화남이'는 B$(m,\ 1)$에, '슬픔이'는 C$(n,\ 0)$에 있다.
　 (단, n, m은 $n \geq 1$, $0 \leq m < n$을 만족하는 정수이다.)

(다) $t = 0$초일 때 기쁨이는 '기쁨 바이러스'에 감염된 상태이고, 화남이와 슬픔이는 감염되지 않은 상태이다.

(라) 매초 기쁨이는 오른쪽, 왼쪽, 위, 아래 중 한 방향으로 한 칸씩 움직이는데 각 방향으로 움직일 확률은 각각
　 25%이다. 화남이와 슬픔이는 움직이지 않는다.

(마) '기쁨 바이러스'에 감염되었을 때 스스로 치유되지 않으며, 기쁨이 외의 감염원은 없다.

다음 물음에 답하시오.

[2-1]

화남이와 슬픔이가 모두 $t = n+2$초에 '기쁨 바이러스'에 '감염된 상태'일 확률을 구하시오.

[2-2]

슬픔이가 $t = n+2$초에 '기쁨 바이러스'에 '감염된 상태'일 때, 화남이도 '감염된 상태'일 조건부확률을 구하시오.

구상지

예시 답안

2-1

1번 문제의 답변을 시작하겠습니다.

화남이와 슬픔이가 모두 '감염된 상태'이기 위해서는
$A(0,\ 0)$에서 출발한 기쁨이가 $B(m,\ 1)$과 $C(n,\ 0)$을 모두 지나야 하므로
최소 경로의 경우 중 하나는 오른쪽($\rightarrow$)으로 n번, 위쪽($\uparrow$)으로 1번, 아래쪽($\downarrow$)으로 1번이고,
이때의 이동거리는 $(n+2)$입니다.
그러므로 $t < n+2$에서는 화남이와 슬픔이를 모두 감염시킬 수 없습니다.
또한 $(n+2)$초 후에 화남이의 위치에 도착하거나, 슬픔이의 위치에 도착해야 합니다.
이를 통해 다음과 같이 경우를 분류해 보겠습니다.

(설명과 계산을 시작합니다.)

(ⅰ) $A \rightarrow B \rightarrow C$, 즉 화남이가 먼저 감염된 후 슬픔이가 감염되는 경우
　　(도착점이 $(n,\ 0)$인 경우)
　　이 경우에는 $\uparrow$의 위치가 $x=0$부터 $x=m$까지 중에 있어야 하므로 경우의 수는 $_{m+1}C_1$이고,
　　$\downarrow$의 위치가 $x=m$부터 $x=n$까지 중에 있어야 하므로 경우의 수는 $_{n-m+1}C_1$입니다.
　　나머지 n번의 경로는 모두 $\rightarrow$이어야 합니다.

　　또한 1회 이동 시 방향을 선택할 확률은 25%, 즉 $\dfrac{1}{4}$이므로 방향 선택의 전체 확률은 $\left(\dfrac{1}{4}\right)^{n+2}$이고,

　　화남이와 슬픔이가 모두 감염될 확률은 $\left(\dfrac{1}{2}\right)^2$입니다.

　　따라서 (ⅰ)의 경우의 확률은
　　$_{m+1}C_1 \cdot {}_{n-m+1}C_1 \cdot \left(\dfrac{1}{4}\right)^{n+2} \cdot \left(\dfrac{1}{2}\right)^2 = \left(\dfrac{1}{4}\right)^{n+2} \cdot \dfrac{(m+1)(n-m+1)}{4}$ ⋯ ㉠입니다.

(ⅱ) A→C→B, 즉 슬픔이가 먼저 감염된 후 화남이가 감염되는 경우
(도착점이 $(m, 1)$인 경우)

이 경우에는 먼저 n번의 이동이 →이어야 합니다.

그 후에 2번의 이동이 ←↑ 또는 ↑←이어야 합니다.

즉, 이동경로는 → … → ←↑ 또는 → … → ↑← 로 2가지이며 $m = n-1$이어야 합니다.

따라서 (ⅱ)의 경우의 확률은

$2 \cdot \left(\dfrac{1}{4}\right)^{n+2} \cdot \left(\dfrac{1}{2}\right)^{2}$ … ⓛ입니다.

(ⅰ), (ⅱ)로부터 조건을 만족하는 확률은 두 경우로 분류하여 구할 수 있습니다.

$m = n-1$이면 (ⅰ)의 경우의 확률은 ㉠으로부터 구한 $\left(\dfrac{1}{4}\right)^{n+2} \cdot \dfrac{n}{2}$이고, 식 ⓛ과 더하면 됩니다.

$m \neq n-1$ 즉, $m < n-1$이면 (ⅱ)의 경우는 일어날 수 없으므로 ㉠만을 고려하면 됩니다.

따라서 구하는 확률을 P라 하면

$$P = \begin{cases} \left(\dfrac{1}{4}\right)^{n+2} \cdot \dfrac{n+1}{2} & (m = n-1) \\ \left(\dfrac{1}{4}\right)^{n+2} \cdot \dfrac{(m+1)(n-m+1)}{4} & (m < n-1) \end{cases}$$

입니다.

이상으로 1번 문제의 답변을 마치겠습니다.

2번 문제 답변을 시작하겠습니다.

(설명과 계산을 시작합니다.)

사건 X를 슬픔이가 $t=n+2$초에 '기쁨 바이러스'에 '감염된 상태'인 사건이라 하고,
사건 Y를 화남이가 $t=n+2$초에 '기쁨 바이러스'에 '감염된 상태'인 사건이라 하겠습니다.

따라서 조건부확률을 X, Y로 표현하면 $P(Y|X)=\dfrac{P(X\cap Y)}{P(X)}$가 됩니다.

이때 $P(X\cap Y)$는 1번 문제의 결과 P와 같습니다.
따라서 $P(X)$를 구하면 됩니다.

슬픔이가 '기쁨 바이러스'에 감염되기 위해서는 최단 경로의 길이가 n이므로 n초가 필요합니다.
이를 바탕으로 사건 X를 다음과 같이 분류하겠습니다.

X_n은 슬픔이가 $t=n$초일 때 최초 감염되는 사건,
X_{n+1}은 슬픔이가 $t=n+1$초일 때 최초 감염되는 사건,
X_{n+2}은 슬픔이가 $t=n+2$초일 때 최초 감염되는 사건이라 하면

$P(X_n)=\left(\dfrac{1}{4}\right)^n \cdot \dfrac{1}{2}$이고 $P(X_{n+1})=0$입니다.

왜냐하면 $t=n+1$초에 $(n, 0)$에 도착할 수 없기 때문입니다.
$P(X_{n+2})$는 경로에 따라 분류가 필요합니다.

(i) $n+1$번의 이동이 →이고 1번의 이동이 ←인 경우의 확률

경로의 수는 같은 것을 포함한 순열의 수와 같으므로 $\dfrac{(n+2)!}{(n+1)!1!}=n+2$입니다.

이때 경로 중 →···→→←와 →···→←는 $(n, 0)$을 지나 다시 $(n, 0)$으로 돌아오는 경우입니다.
처음 $(n, 0)$을 지날 때, 슬픔이가 감염되는 경우는 n초에 최초 감염되는 사건이므로 제외해야 합니다.

즉, 이 경우의 확률은 $2 \cdot \left(\dfrac{1}{4}\right)^n \cdot \dfrac{1}{2} \cdot \left(\dfrac{1}{4}\right)^2 = \left(\dfrac{1}{4}\right)^{n+2}$입니다.

한편, 처음 $(n, 0)$을 지날 때, 슬픔이가 감염되지 않고, 다시 $(n, 0)$에 돌아와 감염되는 사건은 포함
시켜야 합니다.

즉, 경우의 확률은 $2 \cdot \left(\dfrac{1}{4}\right)^n \cdot \dfrac{1}{2} \cdot \left(\dfrac{1}{4}\right)^2 \cdot \dfrac{1}{2} = \left(\dfrac{1}{4}\right)^{n+2} \cdot \dfrac{1}{2}$입니다.

따라서 (i)의 경우의 확률은

$$(n+2) \cdot \left(\dfrac{1}{4}\right)^{n+2} \cdot \dfrac{1}{2} - \left(\dfrac{1}{4}\right)^{n+2} + \left(\dfrac{1}{4}\right)^{n+2} \cdot \dfrac{1}{2} = \left(\dfrac{1}{4}\right)^{n+2} \cdot \dfrac{n+1}{2} \cdots \bigcirc$$

입니다.

(ii) n번의 이동이 →이고 ↑와 ↓의 이동이 각각 1번씩인 경우의 확률

경로의 수는 같은 것을 포함한 순열의 수와 같으므로 $\dfrac{(n+2)!}{n!1!1!}=n^2+3n+2$ 입니다.

이때 경로 중 →…→ ↑↓와 →…→ ↓↑는 $(n,\ 0)$을 지나 다시 $(n,\ 0)$으로 돌아오는 경우입니다. 처음 $(n,\ 0)$을 지날 때, 슬픔이가 감염되는 경우는 n초에 최초 감염되는 사건이므로 제외해야 합니다.

즉, 이 경우의 확률은 $2\cdot\left(\dfrac{1}{4}\right)^{n}\cdot\dfrac{1}{2}\cdot\left(\dfrac{1}{4}\right)^{2}=\left(\dfrac{1}{4}\right)^{n+2}$ 입니다.

한편, 처음 $(n,\ 0)$을 지날 때, 슬픔이가 감염되는 않고, 다시 $(n,\ 0)$에 돌아와 감염되는 사건은 포함시켜야 합니다.

즉, 이 경우의 확률은 $2\cdot\left(\dfrac{1}{4}\right)^{n}\cdot\dfrac{1}{2}\cdot\left(\dfrac{1}{4}\right)^{2}\cdot\dfrac{1}{2}=\left(\dfrac{1}{4}\right)^{n+2}\cdot\dfrac{1}{2}$ 입니다.

따라서 (ii)의 경우의 확률은

$(n^2+3n+2)\cdot\left(\dfrac{1}{4}\right)^{n+2}-\left(\dfrac{1}{4}\right)^{n+2}+\left(\dfrac{1}{4}\right)^{n+2}\cdot\dfrac{1}{2}=\left(\dfrac{1}{4}\right)^{n+2}\cdot\dfrac{n^2+3n+1}{2}$ ··· ⓛ

입니다.

(i), (ii)에 의해

$P(X_{n+2})=㉠+ⓛ=\left(\dfrac{1}{4}\right)^{n+2}\cdot\dfrac{n+1}{2}+\left(\dfrac{1}{4}\right)^{n+2}\cdot\dfrac{n^2+3n+1}{2}=\left(\dfrac{1}{4}\right)^{n+2}\cdot\dfrac{n^2+4n+2}{2}$

입니다.

따라서

$P(X)=P(X_n)+P(X_{n+1})+P(X_{n+2})=\left(\dfrac{1}{4}\right)^{n}\cdot\left(\dfrac{1}{2}\right)+0+\left(\dfrac{1}{4}\right)^{n+2}\cdot\dfrac{n^2+4n+2}{2}$

$=\left(\dfrac{1}{4}\right)^{n+2}\cdot\dfrac{n^2+4n+18}{2}$

이므로

$m=n-1$인 경우는

$P(Y|X)=\dfrac{P(X\cap Y)}{P(X)}=\dfrac{\left(\dfrac{1}{4}\right)^{n+2}\cdot\dfrac{n+1}{2}}{\left(\dfrac{1}{4}\right)^{n+2}\cdot\dfrac{n^2+4n+18}{2}}=\dfrac{n+1}{n^2+4n+18}$

$m<n-1$인 경우는

$P(Y|X)=\dfrac{P(X\cap Y)}{P(X)}=\dfrac{\left(\dfrac{1}{4}\right)^{n+2}\cdot\dfrac{(m+1)(n-m+1)}{4}}{\left(\dfrac{1}{4}\right)^{n+2}\cdot\dfrac{n^2+4n+18}{2}}=\dfrac{(m+1)(n-m+1)}{2(n^2+4n+18)}$

입니다.

즉, $P(Y|X)=\begin{cases}\dfrac{n+1}{n^2+4n+18} & (m=n-1)\\[3mm]\dfrac{(m+1)(n-m+1)}{2(n^2+4n+18)} & (m<n-1)\end{cases}$ 입니다.

이상으로 2번 문제의 답변을 마치겠습니다. 감사합니다!

문제 해결의 Tip

[2-1] 단순화 및 분류

두 사람 모두가 감염되기 위한 경로의 성질을 파악해 봅니다.
그리고 같은 것을 포함한 순열 또는 조합을 이용해 계산하면 됩니다.

[2-2] 단순화 및 분류

조건부확률에 관한 문제입니다.
[2-1]의 결과가 조건부확률의 식에서 분자에 해당합니다.
분모에 해당하는 확률은 경우를 분류하여 구하면 됩니다.
각각의 경우의 확률을 하나하나 정확하게 구해 봅니다.

[인문]
- 사회과학대학 경제학부
- 경영대학
- 농업생명과학대학 농경제사회학부

- 생활과학대학 소비자아동학부 소비자학전공, 의류학과
- 자유전공학부(인문)

[자연]
- 자연과학대학 수리과학부, 통계학과

- 사범대학 수학교육과

주요 개념

수학적 확률, 합의 법칙, 곱의 법칙, 순열, 조합, $n!$, $_n\mathrm{P}_r$, $_n\mathrm{C}_r$, 조건부확률

서울대학교의 공식 해설

▶ [2-1] 확률의 기본 개념을 잘 이해하고, 같은 것이 있는 순열을 활용하여 문제에서 주어진 사건이 발생할 확률을 계산한다.

▶ [2-2] 확률의 기본 개념을 잘 이해하고, 같은 것이 있는 순열을 활용하여 문제에서 주어진 조건부확률을 구한다.

문제 1

다항식 $g(x) = x^4 + x^3 + x^2 + x + 1$에 대하여 다음 물음에 답하시오.

[1-1]

x^5을 $g(x)$로 나눈 나머지를 구하시오.

[1-2]

자연수 n에 대하여 $f_n(x) = (x^3 + x^2 + 3)^n$이라 하자. $f_n(x)$를 $g(x)$로 나눈 나머지를

$$r_n(x) = a_n x^3 + b_n x^2 + c_n x + d_n \ \text{(단, } a_n, \ b_n, \ c_n, \ d_n\text{은 정수)}$$

라고 쓰자. 모든 $n \geq 1$에 대하여 $a_n = b_n, \ c_n = 0$임을 보이시오.

[1-3]

모든 $n \geq 1$에 대하여 $a_n{}^2 + a_n d_n - d_n{}^2$의 값을 구하시오.

1-1

1번 문제의 답변을 시작하겠습니다.

(설명과 계산을 시작합니다.)

다항식 $g(x)$는 첫째항이 1이고 공비가 x인 등비수열의 합이므로

등비수열의 합 공식에 의해 $g(x) = 1 + x + x^2 + x^3 + x^4 = \dfrac{x^5 - 1}{x - 1}$ 입니다.

따라서 $x^5 - 1 = g(x)(x - 1)$이고 정리하면 $x^5 = g(x)(x - 1) + 1$ ⋯ ㉠입니다.
㉠은 항등식이므로 이 식을 통해 구하는 나머지는 1임을 알 수 있습니다.

이상으로 1번 문제의 답변을 마치겠습니다.

2번 문제의 답변을 시작하겠습니다.

(설명과 계산을 시작합니다.)

주어진 조건을 식으로 표현하면

$$(x^3 + x^2 + 3)^n = (x^4 + x^3 + x^2 + x + 1) Q_n(x) + a_n x^3 + b_n x^2 + c_n x + d_n$$

입니다. 여기서 $Q_n(x)$는 몫입니다.

이제 수학적 귀납법을 이용하여 모든 $n \geq 1$에 대하여 $a_n = b_n$, $c_n = 0$임을 증명하겠습니다.

(i) $n = 1$일 때

$$(x^3 + x^2 + 3) = (x^4 + x^3 + x^2 + x + 1) \cdot 0 + x^3 + x^2 + 3 \text{이므로}$$

$a_1 = b_1 = 1$, $c_1 = 0$, $d_1 = 3$입니다.

따라서 성립합니다.

(ii) $n = k$ $(k \geq 1)$일 때

$$(x^3 + x^2 + 3)^k = g(x) Q_k(x) + a_k x^3 + a_k x^2 + d_k \text{라고 가정하겠습니다.}$$

(iii) $n = k + 1$일 때

$$(x^3 + x^2 + 3)^{k+1} = g(x) Q_{k+1}(x) + a_{k+1} x^3 + a_{k+1} x^2 + d_{k+1} \text{임을 보이겠습니다.}$$

좌변 $(x^3 + x^2 + 3)^{k+1}$을 (ii)의 가정을 이용하여 나타내면

$$(x^3 + x^2 + 3)^{k+1} = (x^3 + x^2 + 3)^k (x^3 + x^2 + 3)$$
$$= \{g(x) Q_k(x) + a_k x^3 + a_k x^2 + d_k\}(x^3 + x^2 + 3)$$
$$= g(x) Q_k(x)(x^3 + x^2 + 3)$$
$$+ a_k x^6 + 2a_k x^5 + a_k x^4 + (3a_k + d_k)x^3 + (3a_k + d_k)x^2 + 3d_k$$

입니다. 여기에서 $a_k x^6 + 2a_k x^5 + a_k x^4 + (3a_k + d_k)x^3 + (3a_k + d_k)x^2 + 3d_k$를 변형하면

$$a_k x^6 + 2a_k x^5 + a_k x^4 + (3a_k + d_k)x^3 + (3a_k + d_k)x^2 + 3d_k$$
$$= a_k(x^6 + x^5 + x^4 + x^3 + x^2) + a_k x^5 + 2a_k x^3 + 2a_k x^2 + d_k x^3 + d_k x^2 + 3d_k$$

이고 1번 문제에서 $x^5 = g(x)(x-1) + 1$임을 이용하면

$$a_k x^2(x^4 + x^3 + x^2 + x + 1) + a_k x^5 + 2a_k x^3 + 2a_k x^2 + d_k x^3 + d_k x^2 + 3d_k$$
$$= a_k x^2 g(x) + a_k g(x)(x-1) + a_k + 2a_k x^3 + 2a_k x^2 + d_k x^3 + d_k x^2 + 3d_k$$
$$= g(x)(a_k x^2 + a_k x - a_k) + (2a_k + d_k)x^3 + (2a_k + d_k)x^2 + (a_k + 3d_k)$$

입니다.

따라서
$$(x^3 + x^2 + 3)^{k+1} = g(x)\{Q(x)(x^3 + x^2 + 3) + a_k x^2 + a_k x - a_k\}$$
$$+ (2a_k + d_k)x^3 + (2a_k + d_k)x^2 + (a_k + 3d_k)$$

입니다.

즉, $a_{k+1} = 2a_k + d_k$, $b_{k+1} = 2a_k + d_k$, $c_{k+1} = 0$, $d_{k+1} = a_k + 3d_k$입니다.
그러므로 $n = k+1$일 때에도 $a_{k+1} = b_{k+1}$, $c_{k+1} = 0$이 성립합니다.

(i), (ii), (iii)에 의해 모든 $n \geq 1$에 대하여 $a_n = b_n$, $c_n = 0$은 성립합니다.

이상으로 2번 문제의 답변을 마치겠습니다.

3번 문제의 답변을 시작하겠습니다.

(설명과 계산을 시작합니다.)

2번 문제를 통해 모든 $n \geq 1$에 대하여
$a_{n+1} = 2a_n + d_n$, $b_{n+1} = 2a_n + d_n$, $c_{n+1} = 0$, $d_{n+1} = a_n + 3d_n$ (단, $a_1 = 1$, $d_1 = 3$)
임을 알 수 있습니다.

이를 이용하여 관계식을 만들기 위해 $a_{n+1}^2 + a_{n+1}d_{n+1} - d_{n+1}^2$을 변형하면

$$
\begin{aligned}
a_{n+1}^2 + a_{n+1}d_{n+1} - d_{n+1}^2 &= (2a_n + d_n)^2 + (2a_n + d_n)(a_n + 3d_n) - (a_n + 3d_n)^2 \\
&= 4a_n^2 + 4a_nd_n + d_n^2 + 2a_n^2 + 7a_nd_n + 3d_n^2 - a_n^2 - 6a_nd_n - 9d_n^2 \\
&= 5a_n^2 + 5a_nd_n - 5d_n^2 \\
&= 5\left(a_n^2 + a_nd_n - d_n^2\right)
\end{aligned}
$$

입니다.

즉, 이것은 수열 $\left\{a_n^2 + a_nd_n - d_n^2\right\}$은 공비가 5인 등비수열임을 의미합니다.

따라서 $a_n^2 + a_nd_n - d_n^2 = \left(a_1^2 + a_1d_1 - d_1^2\right) \cdot 5^{n-1} = (-5) \cdot 5^{n-1} = -5^n$입니다.

이상으로 3번 문제의 답변을 마치겠습니다. 감사합니다!

문제 해결의 Tip

[1-1] 계산

등비수열의 합으로 생각한다면 쉽게 검산식을 만들 수 있습니다.

[1-2] 추론, 계산

증명 문제입니다.

어떤 증명법을 사용해야 하는지 판단해야 합니다.

이 문제에서는 모든 자연수에 대해서 성립함을 보여야 하므로 수학적 귀납법이 적절합니다.

풀이 과정 중에 [1-1]의 결과를 유용하게 사용할 수 있습니다.

[1-3] 추론, 계산

$n = 1,\ 2,\ 3$일 때, 주어진 식의 값을 계산해 보세요.

그리고 규칙이 있다면 증명을 시도하면 됩니다.

또는 [1-2]의 과정에서 얻은 a_n과 d_n의 관계식을 이용하면 됩니다.

a_n과 d_n의 관계식을 각각 구할 수도 있으나 $a_{n+1}^2 + a_{n+1}d_{n+1} - d_{n+1}^2$을 a_n과 d_n으로 나타내면 보다 쉽게 해결할 수 있습니다.

• 사회과학대학 경제학부 • 자유전공학부(인문)

주요 개념

다항식의 연산, 수열의 귀납적 정의, 수학적 귀납법, 등비수열

서울대학교의 공식 해설

▶ [1-1] 고등학교 수학의 기본 개념 중 하나인 다항식의 나눗셈을 잘 수행할 수 있는지에 대해 평가한다.

▶ [1-2] 수열의 귀납적 정의와 다항식의 나눗셈에 대한 이해를 기반으로, 수학적 귀납법을 이용하여 주어진 명제를 잘 증명할 수 있는지에 대해 평가한다.

▶ [1-3] 등비수열의 일반항을 구하는 과정을 평가한다.

문제 2

실수 s에 대하여 좌표평면 위의 세 점 $\mathrm{A}(s,\ 2)$, $\mathrm{B}(-1+s,\ 0)$, $\mathrm{C}(1+s,\ 0)$을 꼭짓점으로 하는 삼각형 ABC와 세 점 $\mathrm{A}'(-2,\ 3)$, $\mathrm{B}'(0,\ 1)$, $\mathrm{C}'(2,\ 3)$을 꼭짓점으로 하는 삼각형 $\mathrm{A}'\mathrm{B}'\mathrm{C}'$을 생각하자. 삼각형 ABC의 내부와 삼각형 $\mathrm{A}'\mathrm{B}'\mathrm{C}'$의 내부가 겹치는 부분의 넓이를 $R(s)$라고 하자. (단, 겹치는 부분이 없으면 $R(s)=0$으로 정한다.)

다음 물음에 답하시오.

[2-1]

함수 $y=R(s)$를 구하고, 그래프의 개형을 그리시오.

[2-2]

함수 $y=R(s)$가 미분가능임을 설명하고 도함수 $y=R'(s)$를 구하시오.

2-1

1번 문제의 답변을 시작하겠습니다.

좌표평면 위에 삼각형 ABC와 삼각형 A′B′C′을 그리면 다음과 같습니다.

(칠판에 그래프 또는 그림을 그립니다.)

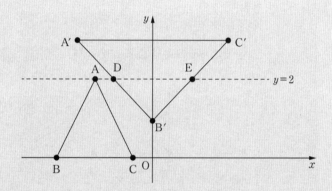

(설명과 계산을 시작합니다.)

여기에서 점 D와 점 E는 D(−1, 2), E(1, 2)입니다.

그림에서 보는 바와 같이 겹치는 부분은 삼각형 DB′E의 내부 ($1 \leq y \leq 2$)에서 생기고,
$s \leq -1$ 또는 $s \geq 1$일 때에는 겹치는 부분이 없으므로 $R(s) = 0$입니다.

따라서 $R(s) \neq 0$일 때의 점 A는 선분 DE 사이에 있어야 하고
이때의 실수 s의 값의 범위는 $-1 < s < 1$입니다.

또한 겹치는 부분은 y축 대칭이므로 $0 \leq s < 1$에서의 $R(s)$를 구하면
$-1 < s < 0$에서의 $R(s)$ 역시 구할 수 있습니다.

그리고 두 도형을 동시에 똑같이 평행이동하여도 $R(s)$는 같으므로
y축 방향으로 -1만큼 평행이동을 한 후 각 점의 좌표를 나타내어 보겠습니다.

삼각형 DB'E를 y축 방향으로 -1만큼 평행이동한 도형을 D'OE',

삼각형 ABC를 y축 방향으로 -1만큼 평행이동한 도형에서 점 A가 이동된 점을 A″,

x축과의 두 교점을 각각 B″, C″이라 하면

삼각형 D'OE'와 삼각형 A″B″C″의 겹치는 부분의 넓이가 $R(s)$입니다.

그리고 점 D', E', A″, B″, C″의 좌표는

D'$(-1, 1)$, E'$(1, 1)$, A″$(s, 1)$, B″$\left(s - \dfrac{1}{2}, 0\right)$, C″$\left(s + \dfrac{1}{2}, 0\right)$입니다.

이제 겹치는 부분의 모양을 기준으로 분류하여 $R(s)$를 구하겠습니다.

(i) $s - \dfrac{1}{2} = -\dfrac{1}{2}$, 즉 $s = 0$인 경우

(칠판에 그래프 또는 그림을 그립니다.)

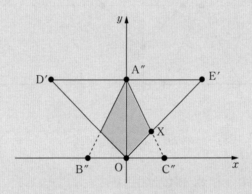

(설명과 계산을 시작합니다.)

점 B″의 x좌표가 $s - \dfrac{1}{2} = -\dfrac{1}{2}$일 때, 즉 $s = 0$인 경우 $R(0)$은 위의 그림의 어두운 부분의 넓이와 같습니다.

이때, 직선 OE'과 직선 A″C″의 교점을 X라 하면

$R(s)$는 y축에 대하여 대칭이므로 그 넓이는 삼각형 A″OX의 넓이의 2배와 같습니다.

두 직선 $y = x$와 $y = -2x + 1$의 교점 X의 x좌표를 구하면

$x = -2x + 1$에서 $x = \dfrac{1}{3}$입니다.

따라서 삼각형 A″OX의 넓이는 $\dfrac{1}{2} \cdot 1 \cdot \dfrac{1}{3} = \dfrac{1}{6}$이므로

$R(0) = 2 \cdot \dfrac{1}{3} = \dfrac{1}{3}$입니다.

(ii) $-\dfrac{1}{2} < s - \dfrac{1}{2} < 0$, 즉 $0 < s < \dfrac{1}{2}$인 경우

(칠판에 그래프 또는 그림을 그립니다.)

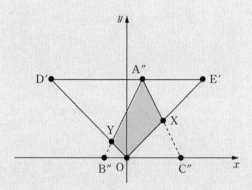

(설명과 계산을 시작합니다.)

점 B''의 x좌표가 $-\dfrac{1}{2} < s - \dfrac{1}{2} < 0$일 때, 즉 $0 < s < \dfrac{1}{2}$인 경우 $R(s)$는 위의 그림의 어두운 부분의 넓이와 같습니다.

이때, 직선 $A''B''$과 직선 OD'의 교점을 Y라 하면

$R(s)$는 도형 $A''YOX$의 넓이와 같습니다.

따라서 삼각형 $A''B''C''$의 넓이에서 삼각형 $YB''O$와 삼각형 XOC''의 넓이를 빼면 됩니다.

직선 $y = -x$와 직선 $A''B''$, 즉 $y = 2\left\{x - \left(s - \dfrac{1}{2}\right)\right\}$의 교점 Y의 좌표를 구하면

$-x = 2\left\{x - \left(s - \dfrac{1}{2}\right)\right\} = 2x - 2s + 1$에서 $x = \dfrac{2s-1}{3}$, $y = \dfrac{-2s+1}{3}$ 입니다.

직선 $y = x$와 직선 $A''C''$, 즉 $y = -2\left\{x - \left(s + \dfrac{1}{2}\right)\right\}$의 교점 X의 좌표를 구하면

$x = -2\left\{x - \left(s + \dfrac{1}{2}\right)\right\} = -2x + 2s + 1$에서 $x = y = \dfrac{2s+1}{3}$ 입니다.

삼각형 $YB''O$와 삼각형 XOC''의 넓이의 합은

$\dfrac{1}{2}\left\{\left(\dfrac{1}{2} - s\right)\left(\dfrac{-2s+1}{3}\right) + \left(s + \dfrac{1}{2}\right)\left(\dfrac{2s+1}{3}\right)\right\} = \dfrac{1}{2}\left\{\dfrac{(1-2s)^2}{6} + \dfrac{(2s+1)^2}{6}\right\} = \dfrac{4s^2+1}{6}$

입니다.

따라서 $R(s)$는 삼각형 $A''B''C''$의 넓이는 $\dfrac{1}{2} \cdot 1 \cdot 1 = \dfrac{1}{2}$이므로

$R(s) = \dfrac{1}{2} - \dfrac{4s^2+1}{6} = -\dfrac{2}{3}s^2 + \dfrac{1}{3}$ 입니다.

(iii) $s - \frac{1}{2} = 0$, 즉 $s = \frac{1}{2}$인 경우

(칠판에 그래프 또는 그림을 그립니다.)

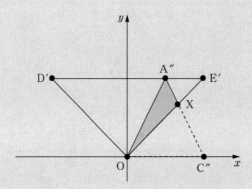

(설명과 계산을 시작합니다.)

점 B″의 x좌표가 $s - \frac{1}{2} = 0$일 때, 즉 $s = \frac{1}{2}$인 경우 $R(s)$는 위의 그림의 어두운 부분의 넓이와 같습니다.

$R(s)$는 도형 A″OX의 넓이와 같으므로

삼각형 A″OC″의 넓이에서 삼각형 XOC″의 넓이를 빼면 됩니다.

직선 $y = x$와 직선 A″C″, 즉 $y = -2(x-1)$의 교점 X의 좌표를 구하면

$x = -2(x-1) = -2x + 2$에서 $x = \frac{2}{3}$, $y = \frac{2}{3}$입니다.

삼각형 A″OC″의 넓이는 $\frac{1}{2} \cdot 1 \cdot 1 = \frac{1}{2}$이고, 삼각형 XOC″의 넓이는 $\frac{1}{2} \cdot 1 \cdot \frac{2}{3} = \frac{1}{3}$입니다.

따라서 $R(s)$는 $R(s) = \frac{1}{2} - \frac{1}{3} = \frac{1}{6}$입니다.

이것은 (ii)의 $R(s) = -\frac{2}{3}s^2 + \frac{1}{3}$에서 $s = \frac{1}{2}$일 때의 값과 같습니다.

(iv) $s - \dfrac{1}{2} > 0$, 즉 $\dfrac{1}{2} < s < 1$인 경우

(칠판에 그래프 또는 그림을 그립니다.)

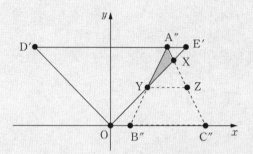

(설명과 계산을 시작합니다.)

점 B''의 x좌표가 $s - \dfrac{1}{2} > 0$일 때, 즉 $\dfrac{1}{2} < s < 1$인 경우 $R(s)$는 위의 그림의 어두운 부분의 넓이와 같습니다.

이때, 직선 $A''B''$과 직선 OE'의 교점을 Y라 하고

직선 $A''C''$ 위의 점 중 점 Y와 y좌표가 같은 점을 Z라 합니다.

$R(s)$는 도형 $A''YX$의 넓이와 같으므로

삼각형 $A''YZ$의 넓이에서 삼각형 XYZ의 넓이를 빼면 됩니다.

직선 $y = x$와 직선 $A''C''$, 즉 $y = -2\left\{ x - \left(s + \dfrac{1}{2} \right) \right\}$의 교점 X의 좌표를 구하면

$x = -2\left(x - s - \dfrac{1}{2} \right) = -2x + 2s + 1$에서 $x = \dfrac{2s+1}{3}$, $y = \dfrac{2s+1}{3}$입니다.

직선 $y = x$와 직선 $A''B''$, 즉 $y = 2\left\{ x - \left(s - \dfrac{1}{2} \right) \right\}$의 교점 Y의 좌표를 구하면

$x = 2\left(x - s + \dfrac{1}{2} \right) = 2x - 2s + 1$에서 $x = 2s - 1$, $y = 2s - 1$입니다.

이때 점 Z의 y좌표는 점 Y의 y좌표 $(2s-1)$과 같고 직선 $A''C''$ 위에 있으므로 x좌표를 구하면

$2s - 1 = -2\left(x - s - \dfrac{1}{2} \right) = -2x + 2s + 1$에서 $x = 1$입니다.

삼각형 $A''YZ$의 넓이는 $\dfrac{1}{2}(1 - 2s + 1)(1 - 2s + 1) = 2(1-s)^2$이고,

삼각형 XYZ의 넓이는 $\dfrac{1}{2}(1 - 2s + 1)\left(\dfrac{2s+1}{3} - 2s + 1 \right) = \dfrac{4}{3}(1-s)^2$입니다.

따라서 $R(s)$는 $R(s)=2(1-s)^2-\dfrac{4}{3}(1-s)^2=\dfrac{2}{3}(1-s)^2$입니다.

(ⅰ), (ⅱ), (ⅲ), (ⅳ)에 의해 함수 $y=R(s)$는 다음과 같이 정리됩니다.

$$R(s)=\begin{cases} 0 & (s\le -1) \\[2mm] \dfrac{2}{3}(s+1)^2 & \left(-1<s<-\dfrac{1}{2}\right) \\[2mm] -\dfrac{2}{3}s^2+\dfrac{1}{3} & \left(-\dfrac{1}{2}\le s\le \dfrac{1}{2}\right) \\[2mm] \dfrac{2}{3}(s-1)^2 & \left(\dfrac{1}{2}<s<1\right) \\[2mm] 0 & (s\ge 1) \end{cases}$$

이때 $x=-1$, $x=-\dfrac{1}{2}$, $x=\dfrac{1}{2}$, $x=1$에서 연속임을 알 수 있습니다.

따라서 함수 $y=R(s)$의 그래프의 개형은 다음과 같습니다.

(칠판에 그래프 또는 그림을 그립니다.)

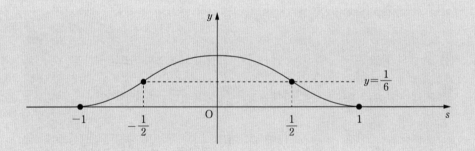

이상으로 1번 문제의 답변을 마치겠습니다.

2번 문제의 답변을 시작하겠습니다.

1번 문제에서 구한 함수의 식을 이용하여 $s=\dfrac{1}{2}$과 $s=1$에서의 미분가능성을 조사하겠습니다.

(설명과 계산을 시작합니다.)

$$\lim_{h \to 0-} \frac{R\left(\frac{1}{2}+h\right)-R\left(\frac{1}{2}\right)}{h} = \lim_{h \to 0-}\left\{-\frac{2}{3}(h+1)\right\}=-\frac{2}{3}\text{이고}$$

$$\lim_{h \to 0+} \frac{R\left(\frac{1}{2}+h\right)-R\left(\frac{1}{2}\right)}{h} = \lim_{h \to 0+}\frac{2}{3}(h-1)=-\frac{2}{3}\text{이므로}$$

$$\lim_{h \to 0} \frac{R\left(\frac{1}{2}+h\right)-R\left(\frac{1}{2}\right)}{h}=-\frac{2}{3},\ \text{즉}\ R'\left(\frac{1}{2}\right)=-\frac{2}{3}\text{입니다.}$$

따라서 $S=\dfrac{1}{2}$에서 미분가능합니다.

$$\lim_{h \to 0-} \frac{R(1+h)-R(1)}{h}=\lim_{h \to 0-}\frac{2}{3}h=0\text{이고}$$

$$\lim_{h \to 0+} \frac{R(1+h)-R(1)}{h}=0\text{이므로}$$

$$\lim_{h \to 0} \frac{R(1+h)-R(1)}{h}=0,\ \text{즉}\ R'(1)=0\text{입니다.}$$

따라서 $s=1$에서 미분가능합니다.

또한, 함수 $y=R(s)$는 y축 대칭이므로 $R(s)=R(-s)$이고 $R'(s)=-R'(-s)$입니다.

즉, $s=-\dfrac{1}{2}$, $s=-1$에서도 미분가능하고

$$R'\left(-\frac{1}{2}\right)=-R'\left(\frac{1}{2}\right)=\frac{2}{3},\ R'(-1)=R'(1)=0\text{입니다.}$$

그러므로 함수 $y = R(s)$는 미분가능하고 도함수 $y = R'(s)$는 다음과 같습니다.

$$R'(s) = \begin{cases} 0 & (s \leq -1) \\ \dfrac{4}{3}(s+1) & \left(-1 < s < -\dfrac{1}{2}\right) \\ -\dfrac{4}{3}s & \left(-\dfrac{1}{2} \leq s \leq \dfrac{1}{2}\right) \\ \dfrac{4}{3}(s-1) & \left(\dfrac{1}{2} < s < 1\right) \\ 0 & (s \geq 1) \end{cases}$$

이상으로 2번 문제의 답변을 마치겠습니다. 감사합니다!

문제 해결의 Tip

[2-1] 단순화 및 분류, 계산

문제를 이해하고 그림을 그릴 수 있어야 합니다.

그리고 넓이를 구하기 위해 경우를 분류하고, 각 경우에 맞는 그래프를 그려 넓이를 계산해야 합니다.

[2-2] 계산

[2-1]의 결론으로부터 미분계수의 정의를 이용하여 미분가능성을 조사하면 됩니다.

• 사회과학대학 경제학부　　　　　　　　　　• 자유전공학부(인문)

주요 개념

도형의 넓이, 함수의 그래프, 극한, 좌극한, 우극한, 연속, $\lim\limits_{x \to a} f(x)$, $\lim\limits_{x \to a-} f(x)$, $\lim\limits_{x \to a+} f(x)$, 미분계수, 미분가능, 도함수

서울대학교의 공식 해설

▶ [2-1] 도형의 넓이를 구하는 것은 적분의 기초 개념으로, 이 문제에서는 간단한 영역의 넓이에 대해 다룬다.

▶ [2-2] 미분가능성의 뜻을 이해하여 주어진 함수가 미분가능한지 확인하고, 도함수를 잘 구할 수 있다.

※ 제시문을 읽고 문제에 답하시오.

(가) 우정의 본질은 모든 사람을 평등하게 대하지 않는다는 데 있다. 우리는 자신의 친구들에게 더 우호적이며, 나와 무관한 제3자들에게보다 나의 친구들에게 더 많은 윤리적 의무와 책임을 진다. 우정은 서로의 '차이'와 '다름'을 인정한다. 그러므로 우정은 인간의 삶을 인간답게 만드는 소중한 가치이다. 친구는 상대의 특별한 상황에 관심을 기울이면서 '바로 이 한 명의 남다른 인간'으로 살아가도록 서로를 인도하는 인생의 안내자이기 때문이다. 따라서 좋은 친구와 맺는 우정의 관계를 본(本)으로 삼는 곳에서만, 진정한 소통과 상생이 가능하다. 나로부터 멀리 있는 타인들, 그리고 멀리서 온 이방인들의 차이를 반기며 그들과 '친구가 될 준비'를 하라! 그런 마음이 준비된 자들의 세계에서만 비로소, 참된 '우리'의 역사가 시작될 것이다.

(나) 나에게 가까운 타인이 행복할 자격이 있든 없든 그가 행복하기를 바라는 마음을 편애(偏愛)라 한다. 공정하게 판단한다는 것은, 이러한 치우친 편애의 마음 없이 모두를 똑같이 대한다는 의미이다. 공정한 사람은 '모두'를 나와 연관이 없는 제3자로 바라볼 줄 아는 객관적인 판관의 태도를 취한다.

자기 자신과 가까운 이를 편애하는 마음은 결국 자기를 편애하는 마음에서 생긴다. 편애는 자기애의 확장인 것이다. 나 자신과 가까운 이를 대할 때, 우리 마음속에 공정한 판관의 태도보다 편애의 태도가 앞서는 까닭은 여기에 있다.

그러나 진정으로 좋은 삶을 위해서는, 어떤 경우든 항상, 공정한 판관의 마음이 치우친 편애의 마음을 능가하고 앞서도록 해야 한다. 그 누구를 대하든지, 그의 선함과 옳음을 '먼저' 따져 물은 다음에 그의 행복에 관한 물음이 '뒤따라' 오도록 하라! 이와 반대되는 순서로 묻는 세계가 있다면, 그런 세계에는 경멸만이 넘쳐날 것이다.

문제 1

제시문 (가)의 관점에 대해 제시문 (나)는 어떤 입장을 취할지 설명하시오.

문제 2

모두가 존엄하고 품위 있게 사는 사회를 만들기 위해서는 제시문 (가)와 (나)의 견해 중 어느 쪽이 더 절실히 요구되는가? 사회적으로 소외되거나 배제된 사람들의 사례를 제시하면서 구체적으로 설명하시오.

예시 답안

문제 1

1번 문제의 답변을 시작하겠습니다.

우선 제시문 (나)의 논지부터 설명드리겠습니다. 제시문 (나)는 '나'와의 친소 여부와 무관하게 모든 이를 동일하게 대하는 '객관적 공정'의 태도를 중시합니다. 나와 가까운 이들을 더 중시하는 태도를 '편애'라 칭하며, 편애는 결국 자기애의 확장일 뿐이라 비판합니다. 모든 사람에게 동등한 선악의 기준을 가지는 것이 일차적이고, 개인의 개별적인 행복은 이차적 판단이어야 함을 강조합니다. 그 순서가 바뀌면 세상은 경멸로 가득 찬다는 것이 제시문 (나)의 요지입니다.

반면, 제시문 (가)는 '나'와의 친소 관계를 중심으로 한 '우정'을 강조합니다. 제3자가 아닌 나와 가까운 이들에게 더 가치를 부여합니다. 나와 가까운 이들이 일차적이고, 먼 이들은 이차적입니다. 물론, 그렇다고 해서 제시문 (가)가 무작정 타인들에게 배타적 태도를 취하는 것은 아닙니다. 가까운 이들과의 우정이 선행되고 충족될 때, 비로소 타인 및 이방인과도 진정한 소통이 가능하다는 점을 강조하는 것으로 파악됩니다. 제시문 (가)와 (나)는 바로 이 지점에서 차이가 납니다. 제시문 (나)가 '객관적 공정'의 보편적 잣대를 강조하는 반면, 제시문 (가)는 '주관적 공감'이 일차적이라 봅니다.

고로, 제시문 (나)의 관점에서 볼 때 제시문 (가)는 강하게 말하면 '협소한 편애'의 포장일 뿐이고, 약하게 말해도 '자기중심적 우정의 합리화'에 불과하다는 비판이 가능합니다. 이러한 비판은 설득력이 있습니다. 우정은 개인 간의 덕목입니다. 개인 간의 윤리적 덕목을 사회적 덕목으로 확장하는 것은 위험합니다. 우리 사회는 객관적 기준과 보편적 잣대라는 기반 위에서 운영되고 있습니다. 공정은 객관성의 전제 위에서 실행되는 것이고, 정의는 공정의 기반 위에서 구동되는 것입니다. 요즘 유행하는 용어를 써 보자면, 공정과 정의는 '객관성의 플랫폼' 위에서만 작동합니다. 그런 의미에서 볼 때, 나와의 친소 관계를 기준으로 한 제시문 (가)의 논지는 개인 혹은 내집단 수준의 가치가 될 수는 있어도, 사회의 운영 원리가 되기에는 부족하다고 판단할 것입니다.

이상으로 1번 문제의 답변을 마치겠습니다.

2번 문제의 답변을 시작하겠습니다.

(문제에서는 사례를 요구했지만 저는 일단 답변에서 그것을 뺐습니다. 여러분 주변의 구체적 사례나 시사적 사례 혹은 학생부에 있는 사례를 들어 설명하면 되겠습니다.)

결론부터 말씀드리자면, 모두의 존엄과 품위를 위한 사회적 가치는 제시문 (나)의 견해라고 생각합니다. 1번 문제의 답변에서 말씀드린 바와 같이, 제시문 (나)의 견해가 사회적 가치, 사회의 운영 원리로 더 절실하다고 봅니다.

우리 사회에는 많은 소수자가 있습니다. 인종, 성, 빈곤, 장애, 연령, 마음 등 수없이 많은 이유의 소수자들이 있습니다. 그들 중에는 '사회적 공인'을 얻어 소수자로서 사회적 안전망 안에 있는 사람들도 있지만, 소수자로 인정받지 못한 사각지대 속 소수자들도 있습니다. 우리들 또한 언제 소수자가 될지 모릅니다. 그들도, 그리고 잠재적 소수자인 우리도, 인간으로서 최소한의 존엄과 품위를 누릴 수 있어야 합니다. 그렇게 볼 때 나와, 우리와, 그들은 다를 게 없는 '보편적 존재'로, 모두 존중받아야 합니다. 모두 존중받아야 한다는 것은 '존엄'의 보편성이고, 존엄의 보편성은 '존엄의 기준'의 보편성이어야 합니다. 나도, 우리도, 그들도 모두 존중받아야 합니다. 그리고 모두 '동일하게' 존중받아야 합니다. 그런 의미에서 존중받을 '자격의 동일성'은 그 '기준의 동일성'에 부합한다고 보는 제시문 (나)의 주장이 더 타당하다고 생각합니다.

물론, 제시문 (가)는 이러한 저의 주장을 차가운 기계적 접근법이라고 생각할지 모릅니다. 진정한 소통은 따뜻한 공감에서 나오는 것이지, 획일적 기준에서 나오는 것이 아니라고 할 수 있습니다. 차이와 다름을 인정하지 않는, 컨베이어 벨트에서 만들어낸 판박이 공정이라고 치부할 수도 있을 것입니다.

그럼에도 저는 사회적 공정의 가치는 제시문 (나)에 있다는 점을 한 번 더 강조하고 싶습니다. 주관과 공감에 객관과 공정을 더하는 것은 자칫 아전인수적 정의로 빠질 수 있습니다. 반면 객관과 공정에 따뜻한 공감을 더하는 것은 그럴 위험이 없습니다. 특히, 이 문제의 중점은 더 나은 '사람'이 되는 것이 아니라 더 나은 '사회'를 만드는 것입니다. 시간에도 선후가 있듯 가치에도 선후가 있습니다. 제시문 (나)의 공정에 제시문 (가)의 공감을 더하는 것이 맞을 것입니다. 그 반대로, 제시문 (가)의 공감에 제시문 (나)의 공정을 더하는 것은 가치의 선후가 바뀐 것이라고 생각합니다. 그렇게 되면 자칫 우리 사회는 특혜와 자의적 공감이 넘칠 수 있고, 의도하지 않은 사회적 배제가 발생할지도 모릅니다. 그런 무원칙과 배제에서 벗어날 때, 우리 사회는 원칙 있는 차등과 지속 가능한 공정을 추구할 수 있을 것입니다.

이상으로 2번 문제의 답변을 마치겠습니다. 감사합니다!

문제 해결의 Tip

개념어적 표현법

서울대는 공식 해설에서 (가)를 '우정의 공동체'와 '공감'으로, (나)를 '공정한 공동체'와 '공정'으로 표현했습니다. 참 좋은 표현입니다. 게다가 귀에 쏙 들어오죠? 왜 이 표현들이 좋게, 세련되게, 인상적으로 느껴지는지 생각해 봅시다.

우선, 명확한 대조적 용어를 사용했기 때문입니다. 두 번째는 개념어적 표현이기 때문입니다. 세 번째는 흔히 말하는 라임(rhyme)이 잘 살아 있는 표현이기 때문입니다. 이러한 세 가지 포인트의 표현법을 잘 활용하면, "제시문 (가)와 (나)는 바로 이 지점에서 차이가 납니다. 제시문 (나)가 '객관적 공정'의 보편적 잣대를 강조하는 반면, 제시문 (가)는 '주관적 공감'이 일차적이라 봅니다. …… 개인 간의 윤리적 덕목을 사회적 덕목으로 확장하는 것은 위험합니다."와 같은 표현을 만들어 낼 수 있습니다.

시간의 선후 관계와 가치의 선후 관계

시간과 가치의 선후 관계는 어려운 접근법은 아니지만, 학생들이 쉽게 사용하는 표현은 아닙니다. 수학에서 순열과 조합을 생각해 봅시다. 조합의 관점에서 보면 'A and B'와 'B and A'는 같은 거죠? 하지만 순열의 관점에서 보면 'A and B'와 'B and A'는 다른 의미입니다. 이러한 것이 바로 선후 관계입니다. 즉, '구성 요소가 동일하더라도 순서를 달리하면 결과는 상이하다'는 것입니다. 어찌 보면 지극히 상식적인 이야기입니다. 'A 기반 위의 B'와 'B 기반 위의 A'는 엄연히 다른 의미이니 말입니다.

그러므로 'A & B'만 생각하지 말고, 'A after B'와 'B after A'를 고려해 보자는 것입니다. 이를 조금 어렵게 말하면 '시간의 선후 관계' 혹은 '가치의 선후 관계'라 할 수 있습니다. 이러한 섬세한 접근을 익히면, "주관과 공감에 객관과 공정을 더하는 것은 자칫 아전인수적 정의로 빠질 수 있습니다. 반면 객관과 공정에 따뜻한 공감을 더하는 것은 그럴 위험이 없습니다. …… 시간에도 선후가 있듯 가치에도 선후가 있습니다. 제시문 (나)의 공정에 제시문 (가)의 공감을 더하는 것이 맞을 것입니다."와 같은 표현을 구사할 수 있습니다.

- 인문대학
- 사회과학대학(경제학부 제외)
- 간호대학
- 생활과학대학 소비자아동학부 아동가족학전공
- 자유전공학부(인문)
- 사범대학

주요 개념

공동체, 우정, 공정, 편애, 타인, 좋은 삶의 원리, 사회적 소외, 사회적 배제

서울대학교의 공식 해설

▶ 제시문 (가)의 관점은 우정이 좋은 삶의 원리이며 우정의 본질은 모든 사람을 평등하게 대하지 않는 데에 있다는 것이다. 반면, 제시문 (나)의 관점은, 나와 가까운 사람의 옳고 그름을 먼저 따져 묻지 않고 그냥 그의 행복부터 바라는 마음은 편애라는 것이다. 극명하게 대조되는 모습을 띠는 이 두 입장의 실질적인 논점을 정확히 이해한 다음, 두 입장이 서로 어떤 관계에 있는지를 다각도로 사유해 본 후, 제시문 (나)가 (가)에 대해 어떤 입장을 표명할지 추론해 보도록 요구하는 문항이다.

이 문항은 각각의 제시문에 대한 깊이 있는 문해력과 두 제시문을 연결 지어 유기적으로 생각할 수 있는 사고력과 응용력을 평가한다.

▶ 제시문 (가)의 관점은 우정의 공동체를 지향한다면, 제시문 (나)의 관점은 공정한 공동체를 지향한다고 말할 수 있다. 제시문 (가)의 우정의 공동체는 '차이'를 있는 그대로 '다름'으로 인정하고 각자의 특수한 사정과 고유한 상황에 주목하는 타인에 대한 정서적 공감을 중시하며, 추상적인 동일시나 획일화의 경향을 가장 시급히 해결할 문제로 상정할 것이다. 반면, 제시문 (나)의 공정한 공동체는 선과 옳음의 견지에서 모두를 치우침 없이 객관적으로 판정한 다음에 합당한 보상과 처벌을 부과하는 것을 중시할 것이다. 이러한 공동체에서는 누군가에게 도덕적으로 용납될 수 없는 특혜를 주는 것이 가장 큰 이슈로 비판될 수 있다. 자신이 제시한 사회적으로 소외된 사람들의 사례가 해결되려면 제시문 (나)의 공정의 이념과 제시문 (가)의 공감의 관계 중 무엇이 더 시급히 필요한지 묻는 문항이다.

이 문항은 제시문 (가)와 (나)의 관점을 삶의 현실에 잘 적용하면서 그 함의를 유의미하게 이해하는 데까지 나아갈 수 있는 사고력과 응용력을 평가한다.

※ 제시문을 읽고 문제에 답하시오.

(가) 일반적으로 문화적 담론에 의해 전달되는 것은 '진실'이 아니라 '표상'이다. 언어는 그 자체가 고도로 조직화되고 기호화된 시스템으로, 표현, 암시, 메시지 및 정보의 교환, 그리고 표상 등을 위해 여러 장치를 활용한다. 그리고 이러한 담론 속의 언어는 존재 자체를 그대로 전달하는 것이라기보다는 작성자에 의해 재현되고 표상되는 것이다. 따라서 동양에 관해 작성된 서술의 가치와 유효성 및 진실성이 반드시 동양 그 자체에 기반한다고 할 수 없다. 오히려 동양을 실질과 다르거나 대체된 존재로 전달할 위험이 있다.

(나) 샤탄의 끔찍한 후손들, 즉 타타르인들(몽골인)의 거대한 무리가 마치 지옥에서 악마들이 풀려나듯이 산으로 둘러싸인 그들의 땅으로부터 갑자기 나타나 결코 통과할 수 없는 암석을 관통하며 나아갔다. 그들은 나라를 파괴하고 메뚜기 떼처럼 지면을 뒤덮으며 가는 곳마다 불 지르고 학살하며 폐허로 만들며 동쪽으로부터 다가오고 있다. 그들은 잔혹하고 짐승의 본성을 가지고 있었다. 사람이라기보다는 괴물로 불러야 마땅했고, 피를 갈망하고 마셨으며, 개와 사람의 살을 찢어 먹었다. 그들에게는 인간의 법이 없었고, 자비를 몰랐으며, 사자나 곰보다 더 잔인했다.

(다) 타타르인들은 이 세상 어느 누구보다도 자기 주인에게 순종적이며, 가볍게 거짓말을 하지 않습니다. 싸움, 언쟁, 상해, 살인과 같은 일은 그들 사이에서 전혀 발생하지 않으며, 남의 물건을 훔치는 강도나 도적도 찾아볼 수 없습니다. 가진 음식이 많지는 않아도 서로 기꺼이 나눕니다. 또한 고난을 오래 참아 하루나 이틀 동안 먹지 않아도 되고, 행군할 때에는 매서운 추위와 혹독한 더위도 잘 참습니다. (중략) 그들은 다른 사람들에 대해서 극도로 오만하며 모두를 깔보고, 다른 사람에게 금세 화를 내며 성격이 조급합니다. 또한 남에게 거짓말을 잘하는데, 거의 진실을 찾아보기 어렵습니다. 그들은 만약 할 수만 있다면 누구나 속이려고 합니다. 그들은 지나칠 정도로 탐욕스러우며, 남에게 주는 것에는 매우 인색합니다. 다른 사람을 학살하는 것을 아무렇지도 않게 생각합니다.

문제 1

제시문 (나)와 (다)의 저자는 모두 13세기 중엽 몽골의 대외 팽창 시기 유럽 사회의 구성원이다. 제시문 (가)의 관점에서 제시문 (나)와 (다)에 포함되어 있는 '표상된 이미지'와 '객관적 사실'을 논하시오.

제시문 (나) 또는 (다)의 저자가 느꼈으리라 생각하는 감정 중 하나를 아래의 〈보기〉에서 선택해 그 이유를 설명하고, 본인이 읽은 문학 작품 중 해당 감정이 가장 두드러지게 표출된 사례를 이야기하시오.

〈보기〉

두려움, 멸시, 분노, 비탄, 시기, 우월, 이질감, 절망

구상지

문제 1

1번 문제의 답변을 시작하겠습니다.

우선 제시문 (가)부터 말씀드리겠습니다. 제시문 (가)는 담론 체계 속 언어 기호학적 표현이 진실을 담고 있다기보다는, 왜곡의 이미지를 담고 있으며 발화자에 의해 재해석된 재현과 표상이라는 점을 강조합니다. 또한 담론을 표현, 암시 등의 고도로 조직화된 장치로 이해합니다. 이러한 제시문 (가)의 관점에서, 제시문 (나)와 (다)에 명시적으로 혹은 암시적으로 드러나 있는 '표상된 이미지'와 '객관적 사실'을 구분해 보겠습니다. 제시문 (나)와 (다)에 공통적으로 드러나 있는 객관적 사실은 몽골의 유럽 침공입니다. 전면적이며 광범위한 침공, 몽골군의 강건함, 살인의 동반 등은 제시문 (나)와 (다) 모두에서 읽어낼 수 있는 '사실'입니다.

제시문 (나)에 드러나 있는 '표상된 이미지'는 화자가 선택한 키워드를 통해 잘 볼 수 있습니다. '악마, 메뚜기 떼, 짐승, 괴물...' 등은 몽골군에게 악마적 이미지를 투여하는 어휘의 선택입니다. 그 외에도 많습니다. '지옥, 파괴, 학살, 폐허, 피를 갈망, 살을 찢어 먹었다, 잔인...' 등의 표현 또한 몽골군의 악마적 이미지를 강화하는 언어적 장치입니다. 몽골군에게 악마적 이미지를 부여함으로써, 힘과 힘의 상호 충돌이었던 '전쟁'을 유럽이 일방적으로 당한 침략과 피해의 모습으로 부각하는 전략을 구사했다고 이해할 수 있습니다.

제시문 (다)도 (나)와 크게 다르지 않습니다. 다만, 좀 더 세련된 전략적 담론이라고 보면 될 것 같습니다. 전체적으로 보았을 때 제시문 (다) 또한 몽골에 대해 자의적인 이미지를 투영하고, 객관적 사실에 주관적 표상을 더하고 있습니다. 하지만 세부적으로는 조금 다릅니다. 일견 장점을 서술하는 것 같기도 합니다. '가볍게 거짓말을 하지 않는다', '강도나 도적도 찾아볼 수 없다', '기꺼이 나눈다', '추위와 더위도 잘 참는다'라는 표현에서 몽골인의 장점을 말하는 것 같습니다. 하지만 중략 이후 부분에서는 태도를 바꿉니다. '오만, 조급, 거짓말, 탐욕, 인색, 학살...' 등의 어휘에서 곱지 않은 시선을 엿볼 수 있습니다. 요약하면 제시문 (다)는 몽골인이 '자기들끼리는 잘 지내나 다른 집단에게는 피도 눈물도 없는 배타적이고 악랄한 족속'이라고 말하고 있습니다. 그렇기에 제시문 (다)는 (나)보다 훨씬 세련된 전략입니다. 흔히 말하는 오리엔탈리즘입니다. 좋게 얘기하는 듯하나 실상은 자기중심적인 타자의 왜곡입니다. 이러한 방식을 택하는 이유는 서양 중심의 비합리적 시선을 합리적이고 균형 잡힌 시각으로 보이게 해 글에 대한 신뢰도를 높이려는 전략의 결과일 것입니다. 제시문 (나)가 나쁘게만 묘사하는 순박한 왜곡이라면, 제시문 (다)는 교묘한 왜곡입니다.

이상으로 1번 문제의 답변을 마치겠습니다.

2번 문제의 답변을 시작하겠습니다.

저는 제시문 (나)를 기준으로 답변드리겠습니다.

(열린 문제입니다. 백인백색의 답변이 가능합니다. 저는 제시문 (나)를 기준으로 답변을 구성했습니다만, 당연히 제시문 (다)를 기준으로 답해도 됩니다. 또한, 저는 '문학 작품'의 사례를 담지 않았지만 어떤 문학 작품을 선택해도 무관할 것입니다. 물론, 이 문제의 논점(표상과 진실)과 관련된 것이어야 합니다. 저는 제시문 (나)를 기준으로, '두려움'의 감정을 바탕으로 답변을 구성해 보았습니다.)

저는 제시문 (나)의 저자가 느낀 감정을 '두려움'이라고 생각해 보았습니다. 동(東)으로부터 갑작스럽게 침공해 들어오는 적군, 무력하게 무너지는 전선, 혼란과 당혹, 이겨낼 수 없는 현실, 낯선 문명의 침입으로 접해 보지 못한 무력감, 고통, 당황 등의 온갖 감당할 수 없는 감정들이 혼재하고 수습할 수 없는 지경이었을 것이며, 그것은 후대인들에게도 동일하게 적용되었을 것입니다.

많은 경우, 이럴 때 '방어 기제'가 작동합니다. '우리의 잘못과 부족'보다는 '악마의 침공'이라는 논리가 개인에게는 심리적 안정을 주고 집단에게는 사회적 통합을 가능하게 합니다. '전쟁에서의 패배'라는 객관적 사실보다는 '악마의 침공에 의한 일방적 희생'이라는 표상적 이미지가 '대혼란'을 버티고 '두려움'을 이겨내는 동력이 될 수 있었을 것입니다. 그런 의식적, 무의식적 시도는 과거에 대한 합리화로 작동하는 동시에 집단적 상흔을 치유하는 방편이었을 것입니다. 선과 악의 명확한 대비, 희생과 고통의 극화. 자기방어 기제의 작동 등은 거창하게 얘기하면 사회적 '인지 부조화 현상'은 모두 두려움에서 비롯된, 혹은 두려움을 이겨내려는 언어학적 장치였습니다.

그런 차원에서 볼 때, '문화적 담론의 표상'에 대해 무작정 '왜곡'이라는 덧칠을 할 필요는 없다고 생각합니다. 그것이 가지는 '치유'의 효과도 분명히 있다고 생각하기 때문입니다. 마치 나치의 민족주의가 배제와 학살의 이론적 근거인 동시에 우리의 민족주의가 일제에 대한 저항의 논리로 기능하는 것처럼, 문화적인 담론의 표상은 양면성이 있다고 생각됩니다.

이상으로 2번 문제의 답변을 마치겠습니다. 감사합니다!

문제 해결의 Tip

양비양시론, 절충론, 양면성

이전 학년도 [문제 해결의 Tip]에서 '절충론, 이원론, 이분법, 변증법' 등에 대해 여러 번 논한 적이 있습니다. 꼭 복습해 주세요. 여기서는 그와 더불어 양비양시론, 절충론, 양면성에 대해 얘기해 보겠습니다. 우선, 양비양시론(兩非兩是論)은 철저히 경계해야 합니다. '이것도 옳고 저것도 옳다, 이것도 틀리고 저것도 틀리다, 모든 일에는 맞는 점도 있고 틀린 점이 있다.'라는 모호한 태도를 취하는 것이 양비양시론입니다. 이를 주의해야 하는 이유는 논점을 흐리고 진실을 가리기 때문입니다. 객관적 외양을 띠지만 실제로는 아무 입장이 없고 심지어 실체적 진실을 호도하는 소극적 태도이죠. 학생들은 양비양시론을 절충론과 혼동하는 경우가 잦습니다. 양비양시론은 경계해야 하지만 절충론은 적극적으로 시도해야 합니다. 절충론은 모호하거나 진실을 가리지 않습니다. 절충론은 양자의 단점은 버리고 장점만을 취하는 적극적 입장입니다. 바로 그 점에서 절충론은 '변증법적 지양(止揚)'과 통합니다. 절충론적 관점에서 포착할 수 있는 것이 양면성입니다. 하나의 사건 혹은 이론에서 양면적 모습을 파악해 낸다면, "마치 나치의 민족주의가 배제와 학살의 이론적 근거인 동시에 우리의 민족주의가 일제에 대한 저항의 논리로 기능하는 것처럼, 문화적인 담론의 표상은 양면성이 있다고 생각됩니다."와 같은 섬세하고 정교한 분석이 가능해집니다.

세련된 표현법

2018 인문학 오후 [문제 해결의 Tip]에서 '표리부동, 모순, 불일치의 다양한 표현'을, 2020 사회과학 오전 [문제 해결의 Tip]에서 '패러독스, 아이러니, 딜레마, 모순, 역설, 반어'를 설명한 적이 있습니다. 두 설명 모두 복습해 주세요.

저는 이 문제에서 위의 두 방식을 혼합 사용하여 나름 세련된 표현을 시도해 보았습니다. 1번 문제의 답변 말미에 있는 "제시문 (나)가 나쁘게만 묘사하는 **순박한 왜곡**이라면, 제시문 (다)는 <u>교묘한 왜곡</u>입니다."라는 문장이 그것입니다. 제시문 (나)와 (다) 모두 객관적 사실의 왜곡이라는 점에서는 공통적이지만, 차이점을 섬세하게 표현하기 위해, 제시문 (나)에 대해서는 '순박한'을, 제시문 (다)에 대해서는 '교묘한'을 사용해서 차이점을 극대화한 배치를 시도했습니다.

• 인문대학
• 사회과학대학(경제학부 제외)

• 사범대학

주요 개념

몽골, 표상된 이미지, 객관적 사실, 서술자의 시각, 역사적 서술, 역사적 사실, 서술자의 감정, 문학 작품, 문학에서의 감정 표현, 표현 방식 비교

서울대학교의 공식 해설

▶ 제시문 (가)는 '동양'에 관한 서술이 모두 사실은 아니며 글로 옮기는 과정에서 저자에 의한 이미지 표상이 이루어지기 때문에 텍스트를 비판적으로 읽어야 할 필요성을 보여준다. 제시문 (나)와 (다)는 몽골에 대한 당시 유럽인의 기록으로서 몽골의 표상된 이미지와 객관적 사실이 혼재되어 있다. 이 문항은 제시문 (가)의 관점에서 제시문 (나)와 (다)를 분석하면 서 양자를 구분하고 그와 같이 판단한 근거를 제시하도록 한다.

이 문항은 정확한 독해력을 기반으로 제시문의 내용을 파악하고 다른 텍스트에 적용해 분석할 수 있는 응용 및 사고 능력을 평가한다.

▶ 제시문 (나)와 (다)의 저자는 각각 당시 몽골에 대한 서술을 남겼다. 그리고 제시문 (가)를 통해 이 저자들의 서술에는 그들의 시각이 투영되어 있음을 알 수 있다고 밝혔다. 이 문항은 수험생이 제시문 (나)와 (다)를 통해 각 저자가 몽골의 침략이라는 위협에 대해 어떤 감정을 느꼈을 것인가 추론하고, 자신의 독서 경험을 통해 유사한 사례를 제시하게 함으로 써 텍스트를 정확하게 이해했는지, 창의력 및 응용 능력을 갖추었는지를 평가한다.

이 문항은 제시문에 대한 정확한 이해를 바탕으로 자신의 독서 경험과 연결할 수 있는 창의력을 평가한다.

※ 제시문을 읽고 문제에 답하시오.

(가) 기업의 사회적 책임 활동은 기업의 소유주인 주주의 이익을 넘어, 소비자, 노동자, 투자자 및 지역 사회 등 다양한 이해관계자의 이익을 도모하는 일이다. 인도 정부는 2013년에 회사법을 개정함으로써 기업의 사회적 책임을 다음과 같이 의무화했다. 회계 연도 순자산이 50억 루피(한화 약 800억 원) 이상이거나 매출 100억 루피(한화 약 1,600억 원) 이상 또는 순이익이 5천만 루피(한화 약 8억 원) 이상인 회사는 직전 3개년도의 평균 순이익의 2% 이상을 기업의 사회적 책임 활동에 지출해야 한다. 2% 이상 미집행 시 사유를 공시해야 한다.

(나) 온라인 경매 사이트에서 자선 단체에 기부하는 프로그램을 도입했다. 이 사이트의 판매자들은 판매 대금 중 일부를 기부할 때 경매 참가자들이 어떻게 반응하는지에 대한 실험을 진행했다. 다른 조건은 동일한 상태에서 기부 프로그램의 참여 유무에만 차이를 두어, 판매 가능성과 낙찰 가격에 미치는 영향을 살펴보았다. 기부 프로그램에 배정된 매물은 그렇지 않은 동일한 매물에 비해 판매 가능성이 훨씬 높았고, 판매된 경우에는 평균 낙찰 가격도 높았다.

(다) 시장에서 기업은 경쟁으로 인해 사회적 책임을 소홀히 할 수 있다. 예를 들어, 독점적 지위를 확보한 기업은 사회적 요구에 응해 다양한 이해관계자의 이익을 도모할 처지가 된다. 반면, 생존의 기로에서 경쟁하는 기업들은, 비록 장기적으로 기업의 비용과 위험을 줄이는 행위임을 인지함에도 불구하고, 노동자의 안전과 환경 문제 등에 소홀할 수 있다.

문제 1

제시문 (나)와 (다)를 통해, 사회적 책임 활동을 수행하는 기업의 특정 동기와 상황을 추론할 수 있다. 기업들의 다양한 동기와 상황을 고려해, 제시문 (가)의 인도 정부의 회사법 개정이 기업의 사회적 책임 활동과 이윤 창출에 미칠 수 있는 영향에 대해 논하시오.

문제 2

사회 문제 해결을 위한 정부와 기업의 바람직한 역할 구분에 대해 설명하고, 그 관점에서 제시문 (가)의 회사법 개정에 대해 평가하시오.

구상지

예시 답안

문제 1

1번 문제의 답변을 시작하겠습니다.

문제에서는 제시문 (나)와 (다)에서 사회적 책임 활동을 수행하는 기업의 동기와 상황을 추론하라 했습니다.

제시문 (나)부터 말씀드려 보겠습니다. 경매 기업은 참가자들의 반응, 판매 가능성, 낙찰 가격 등을 파악하기 위해 기부 프로그램을 실험했습니다. 기부 프로그램을 시행했을 때 판매도 촉진되었고 가격도 상향되었습니다. 이를 통해 사회적 책임 활동이 기업에 재무적 도움이 된다는 사실을 확인할 수 있습니다. 이제는 제시문 (다)를 설명해 보겠습니다. 독점적 기업의 경우 '곳간에서 인심 나는' 것처럼 사회적 책임을 질 수 있습니다. 하지만 생존에 급급한 기업은 사회적 책임의 필요성을 인지하고 있음에도 현실적 이유 때문에 사회적 책임에 소홀하게 됩니다.

이상으로 볼 때, 기업이 사회적 책임 활동을 수행하는 동기에는 복합적 이유가 있습니다. 우선, 여러 이해당사자의 안전과 이익 도모라는 사회적 윤리를 수행하기 위해서입니다. 또한 기업 자체의 비용 절감과 위험 회피, 홍보를 통한 경제적 이익 확보도 동기 중 하나입니다. 하지만 현실적인 비용 문제와 시급성의 떨어짐은 사회적 책임 활동을 적극 시행하고자 하는 기업의 발목을 잡을 수 있습니다.

제시문 (가)의 회사법 개정은 기업의 사회적 책임을 의무화한 조치입니다. 실정법에 의한 강제와 임의적 의사 결정 사이에는 큰 차이가 있습니다. 법적 강제력 부과는 '하기 싫은 혹은 지금 당장 할 수 없는' 것들을 '당장 해야 하는' 것으로 바꿉니다. 이로 인해, 회사는 의지와 무관하게 사회적 책임 활동을 수행할 수밖에 없게 됩니다. 그 의무는 단기적으로 회사의 이익을 떨어뜨릴지 모릅니다. 하지만 중장기적 관점에서는 결국 그 회사의 이익으로 환원될 것입니다. 구성원의 안전, 사고의 감소, 신뢰도의 증가 때문입니다. 그와 더불어 사회적인 효용도 클 것입니다. '이해당사자'의 범위가 '주주'라는 좁은 틀에서 벗어나, 구성원과 소비자 그리고 지역 사회로 넓게 인식되고, 기업이 실질적 책임을 수행함으로써 사회 전체가 거대한 '안전과 이익'의 판을 구축할 수 있게 됩니다. 윤리적이고 당위적인 차원이 아니라, 법적이고 실질적인 차원, 실제 이익의 차원에서도 성숙한 호혜적 '안전과 이익'의 시스템이 운영될 수 있을 것입니다.

이상으로 1번 문제의 답변을 마치겠습니다.

문제 2

2번 문제의 답변을 시작하겠습니다.

저는 이 문제에서 '사회 문제'를 '공정, 정의, 혐오, 빈부 격차, 사회적 소수자...' 등의 일반적 의미가 아니라 기업이 사회적 책임을 지지 않음으로써 발생하는 문제로 이해했습니다. 즉, 기업이 오로지 자신만의 사적 이익을 추구하고, 사회로부터 받고 있는 편익을 고려하지 않음으로써 발생하는 문제를 '사회 문제'로 파악했습니다. 이러한 관점에서 답변을 해 보겠습니다.

모든 기업은 재화를 생산하고 용역을 제공합니다. 기업 활동은 기업 내부의 설비만으로는 불가능합니다. 여러 사회적 간접 자본과 기반 시설이 충족될 때 원활하고 정상적인 기업 활동이 가능합니다. 달리 말해, 기업은 공공재의 기반이 없으면 사적 재화와 용역을 생산·제공할 수 없습니다. 정부를 비롯한 공공 영역의 활동이 미비할 경우 기업은 타격을 입게 되고, 기업이 사적 이익만을 추구하고 사회적 책임을 도외시할 경우 시장은 장기적으로 볼 때 제 기능을 하지 못합니다. 소위 '시장의 실패'가 그것입니다. 그렇기 때문에 정부와 기업의 협조와 역할 분담은 사회 문제 해결에 필수적인 요건입니다. 정부는 정책과 법제화를 담당하고, 기업은 적극적 준법과 선도적 인식 개선에 나서야 합니다.

우선, 정부는 정책을 기획·실행하고, 지원과 강제의 법제화를 담당해야 합니다. 정부는 사회 전체를 고려하고, 중장기적인 안목에 입각한 정책을 수립하여 강제성을 부과하는 법제화를 주도해야 합니다. 그 과정에서 민간과의 소통과 협치는 필수적입니다. 저는 이러한 것들을 포괄적으로 표현하는 '거버넌스'라는 단어를 접한 적이 있습니다. 결국 정부는 적극적이며 효율적인 '거버넌스의 관리자'가 되어야 합니다.

한편, 기업은 정부의 거버넌스의 일원으로 적극 화답해야 합니다. 구체적으로는 실정법, 즉 공공 영역에서 정해진 정책과 법규를 충실히 준수해야 합니다. 단기적으로 도움이 안 될지라도 사회 전체적으로는 이득이 되며, 결국 그 이득은 기업에도 돌아옵니다. 물론 단순한 준법만으로는 부족합니다. 어찌 보면 공공 영역은 현실의 변화에 뒤따라오는 것이며, 현실의 변화를 추동하는 것은 민간 영역입니다. 정부가 거버넌스의 관리 주체라면 기업은 거버넌스의 추동 주체자입니다. 기업이 사회적 책임을 담고 있는 현행법을 준수하는 데서 나아가, 사회적 책임을 선도적으로 개발하고 제시할 수 있어야 합니다. 이러한 기업과 정부의 '협응의 거버넌스'가 정립될 때, 공공재와 사적 재화의 지속 가능한 선순환 구조가 안정적으로 운용될 수 있을 것입니다.

그 관점에서, 제시문 (가)의 회사법 개정은 타당성을 인정받을 수 있다고 봅니다. 인도 정부는 기업의 사회적 책임을 합리적인 수준에서 법제화했고, 정책 목표 또한 뚜렷합니다. 법 제정에 대한 개별 기업들의 반응이 제시문에 나와 있지는 않지만, 일괄적인 기준이 아니라 회사의 규모에 따라 차등적인 책임을 지면 되기 때문에 준법이 가능한 수준으로 볼 수 있습니다.

이상으로 2번 문제의 답변을 마치겠습니다. 감사합니다!

문제 해결의 Tip

CSR(Corporate Social Responsibility, 기업의 사회적 책임)

'기업의 사회적 책임'은 경영학적, 사회학적 개념어입니다. 막연하게 이해하기보다는 그 개념을 정확히 이해하는 것이 좋겠습니다. 세계은행(World Bank)은 CSR을 '영업, 지속 가능한 발전, 사회 전체에 도움이 되는 방향으로 모든 이해당사자와 협력함으로써 윤리적으로 행동하고 지속 가능한 경제 발전에 공헌하겠다는 기업의 공언'으로 정의합니다.

학생들은 '사회적 책임'을 너무 윤리적인 관점에서만 접근해서 아쉬울 때가 많습니다. CSR은 윤리적인 동시에 매우 실리적인 접근입니다. 사회 전체와 모든 이해당사자를 고려한다는 점에서는 윤리적이지만, 지속 가능한 경제 발전을 추구한다는 점에서 지극히 실리적이고 경제적인 접근인 것입니다.

학생 여러분, 제가 2017 인문학 오전 [문제 해결의 Tip]에서 설명한 '합리 판단과 윤리 판단, 사실 판단과 가치 판단'을 복습해서, 윤리라는 가치만 보지 마시고 꼭 효용이라는 가치도 함께 고려해 주세요.

- 인문대학
- 사회과학대학
- 간호대학
- 농업생명과학대학 농경제사회학부
- 생활과학대학 소비자아동학부 소비자학전공·아동가족학전공, 의류학과

- 사범대학
- 자유전공학부(인문)
- 경영대학

주요 개념

기업의 사회적 책임, 이윤, 정책 효과, 정부와 기업의 역할

서울대학교의 공식 해설

▶ 제시문 (나)와 (다)는 사회적 책임 활동의 동기나 처한 상황이 기업에 따라 다를 수 있음을 제시한다. 이를 통해, 사회적 책임 활동과 이윤 창출의 관계가 일률적이지 않음을 이해하고, 추가로 다른 동기와 상황에 대해 추론하도록 유도하고자 했다. 이러한 다양한 동기와 상황을 고려해서, 인도 정부의 회사법 개정이 기업들에 미치는 효과가 어떻게 달라질 수 있는지 논의하기를 기대하며 출제했다.

이 문항은 제시문의 내용을 바탕으로 정책 효과에 관한 판단 능력을 평가한다.

▶ 정부와 기업의 역할에 대해 생각해 보고, 외부성, 공공재의 불충분한 공급 등으로 야기된 시장 실패 혹은 사회 문제에 대해 정부와 기업이 어떻게 역할 분담을 하는 것이 바람직한지에 대해 생각해 보도록 유도하고자 했다. 이를 통해 제시문 (가)에 제시된 인도의 법 개정에 대해 규범적 판단을 유도하는 문항이다.

이 문항은 정부와 기업의 바람직한 역할 구분에 대한 생각과 이를 토대로 한 인도 회사법 개정에 관한 평가 능력을 측정한다.

※ 제시문을 읽고 문제에 답하시오.

(가) 공공 정책은 비선출직 전문가들에 의해 좌우되고 있다. 로비 활동이 늘고 정치 자금의 규모가 커지면서 정치인과 국민 사이의 거리도 멀어졌다. 정치가 국민의 뜻과 유리되어 버린 것이다. 독일 대안당의 한 지도자는 기성 정치인들은 현상 유지만을 바라고 있지만 대안당은 그들과 다르게 독일 국민이 스스로의 운명을 결정하기를 바란다고 주장했다. 그는 국민에게 중요한 결정을 내릴 권한을 주고 있는 나라로 스위스를 언급하며 그 나라의 정치를 높게 평가했다. 스위스는 2009년 국민 투표를 실시해 58%의 찬성률로 이슬람 첨탑의 건립을 금지했던 것이다. 한편, 네덜란드의 한 정치가는 2017년 총선에서 11개의 선거 공약을 내세웠는데, 그중 두 번째는 "코란을 금지한다."였다. 그러나 세 번째 공약은 민주적으로 보였다. "법적 구속력이 있는 국민 투표를 도입한다."

(나) 현대 대의제 민주주의는 선거가 있기 때문에 고대 도시 국가의 직접 민주주의보다 우월한 정치 체제이다. 선거는 본질적으로 엘리트를 선출하는 방식이기 때문이다. 대의제 민주주의는 선거로 선출한 대표에게 통치를 위임하는 귀족주의의 장점과 평등한 인민 주권을 실현하는 민주주의의 장점을 결합한 체제이기에 더 우월한 것이다.

(다) 잠재적 선동가가 대중의 인기를 얻어 중앙 무대로 올라서려 할 때 기성 정치인들은 힘을 합쳐 그들을 고립시키고 무력화한다. 미국의 대선 예비 경선은 이 문제의 해결책으로서는 지나치게 민주적인 방식인지 모른다. 대선 후보 지명을 오로지 투표자의 손에 맡겨둠으로써 정당이 지니는 문지기 역할을 약화시켰고, 동료에 의한 평가 절차를 생략함으로써 아웃사이더에게 문을 열어 놓았다.

(라) 국민의 뜻이 개인의 권리와 충돌하면서, 개인 권리 존중과 국민 자치의 독특한 조합인 자유 민주주의가 분리되고 있다. 대신 두 가지 체제, 즉 권리 보장 없는 민주주의라고 할 (ㄱ) 반자유주의적 민주주의, 그리고 민주주의 없는 권리 보장이라고 할 (ㄴ) 비민주주의적 자유주의가 부상하고 있다. 그렇다면 여기서 우리는 개인의 권리를 포기할 것인가? 국민의 뜻을 외면할 것인가?

문제 1

제시문 (가)에 제시된 사태에 대해 제시문 (나)와 (다)가 어떤 입장을 취할지 설명하고 그 두 입장에 대한 자신의 견해를 제시하시오.

문제 2

제시문 (라)의 (ㄱ)과 (ㄴ) 중 어느 경향이 심화되는 것이 바람직한 정치 체제에 더 큰 위협이 될 것인지 제시문 (가)에 제시된 사태와 연관 지어 자신의 생각을 이야기하시오.

구상지

예시 답안

문제 1

1번 문제의 답변을 시작하겠습니다.

제시문 (가)에는 몇 가지 상황이 드러나 있습니다. 첫 번째는 일부의 정책 독점 현상, 두 번째는 국민과 정치의 유리 현상, 세 번째는 직접 민주주의의 강화가 소수자의 권익을 침해하는 현상입니다. 1번 문제에 답하기 위해, 저는 이 중에서 세 번째 현상에 주목하려 합니다. 스위스와 네덜란드는 직접 민주주의의 강화로 인해 오히려 정치와 문화적 수준이 후퇴하는 딜레마적 상황에 빠졌습니다.

제시문 (나)는 직접 민주주의보다 대의제 민주주의가 더 우월한 체제라고 판단합니다. 대의제가 엘리트 주의와 민주주의의 장점을 결합한 정치 체제라는 것이 그 근거입니다. 제시문 (나)의 입장에서 볼 때, 제시문 (가)는 직접 민주주의의 폐해인 중우 정치나 포퓰리즘이 드러난 것이라고 할 수 있습니다. 그래서 제시문 (나)는 (가)를 정치 엘리트의 선도 없이 국민 투표제의 무리한 도입으로 배타적 문화가 법제화된 사례로 인식할 것입니다.

제시문 (다)는 예비 경선 제도의 한계와 정당의 필터링 기능 약화가 가져온 문제점을 지적합니다. 정치 지도자에 대한 지명권이 정당에서 투표자로 넘어가면서 선동가나 포퓰리스트들에게 정치의 문호가 개방되었다는 것입니다. 이러한 제시문 (다)의 입장에서 볼 때, 제시문 (가)의 스위스나 네덜란드는 기존 정당이나 정치 지도자들이 선동 정치가들을 걸러내는 문지기 역할에 실패한 결과라고 판단할 수 있습니다.

그럼 이제, 제시문 (나)와 (다)에 대한 제 견해를 말씀드리겠습니다. 저는 제시문 (나), (다)와 같은 입장은 과도한 엘리트주의, 대중의 자정 기능 무시, 그리고 근시안적인 판단이라고 생각합니다. 물론, 엘리트도 필요한 존재이며, 대중의 집합적 판단이 때로는 비정상적인 결론에 이르기도 합니다. 하지만 민주주의의 시작과 끝은, 민주주의의 보루와 전제는, 결국은 시민이라고 생각합니다. 제시문 (나)의 관점에 매몰되면 정치는 일부 엘리트의 전유물이 되고, 시민들은 정치에서 유리될 것입니다. 제시문 (다)의 주장에 의해서만 정당이 운영되면, 정치에서 시민들의 참여 공간은 사라질 것입니다.

대의제는 효율적 혹은 불가피한 수단이지 그 자체로 목적인 것은 아니라고 생각합니다. 또한 단기적인 실패를 최종적 실패로 오인해서도 안 된다고 봅니다. 과정상의 시행착오 때문에 종국적 가치와 지향을 버리는 것은 어리석은 일이라 생각합니다. 저는 민주주의의 여러 원칙 중 '견제와 균형'의 원칙이 곳곳에 배어 있어야 된다는 입장입니다. 권력 기관들 사이에 견제와 균형이 있는 것처럼, 시민과 권력 사이에도 견제와 균형이 있어야 합니다. 엘리트라고 해서 무조건 잘하는 것도 아니고, 시민이라고 해서 절대 선이 될 수는 없습니다. 권력 기관 사이는 물론, 권력과 시민 사이에 건강한 견제와 균형, 긴장을 유지하는 것을 목표로 해야지, 단기적인 오류가 나타났다고 해서 그 구도 자체를 바꾸는 것은 민주주의 자체에 심대한 위협이 될 것이라 생각합니다. 그래서 저는, 대의제라는 수단에 직접 참여라는 가치를 더하는 과정에 오류가 있을지라도 그것은 개선의 대상이지 폐기되어서는 안 된다고 봅니다.

이상으로 1번 문제의 답변을 마치겠습니다.

2번 문제의 답변을 시작하겠습니다.

저는 이 문제가 어려웠습니다. 자유와 민주는 함께 지향할 가치이지, 우선순위를 부여하는 것이 타당한가 하는 고민 때문이었습니다. 다만, 문제에서 요구한 것이 '정치 체제'의 기준이었기 때문에 그 관점에 집중해서 답변해 보겠습니다.

결론적으로 저는 '바람직한 정치 체제'에 더 큰 위협이 되는 것은 제시문 (가)에 나타난 기성 정당의 '반자유주의적 민주주의'라고 결론 내렸습니다. 개인의 권익과 의사를 반영하지 못하는 반자유주의는 민주주의로 귀결되기 어렵다고 생각하기 때문입니다. 대안 정당의 '비민주주의적 자유주의'는 시행착오를 거쳐 민주주의에 이를 여지가 있지만, 기성 정당의 태도인 '반자유주의적 민주주의'는 목적과 수단의 전도 현상에 불과하다고 보았습니다.

정치는 국민을 위해 존재하는 기술입니다. 국민을 위한다는 것은 '집합'으로서의 국민을 위하는 것이기 이전에 '존엄한 인간'으로서의 국민 각자를 위하는 것입니다. 고로 국민의 뜻은 개인의 뜻의 집합체이고, 그 과정에서 이해관계의 적절한 조정은 정치 본연의 숙명입니다. 모든 이를 한 번에 만족하게 할 수는 없습니다. 하지만, 현실 정치의 발전은 점차 만족의 수준을 올리고 만족의 범위를 넓히는 호시우보라고 생각합니다. 이러한 관점에서 대안 정당의 '비민주주의적 자유주의'는 정치적 성숙과 발전의 여지를 가지지만, '반자유주의적 민주주의'는 정치 발전의 여지를 없애는 일부 엘리트의 계몽주의라고 봅니다.

세상도, 가치관도, 시대상도 변화하기 때문에 완성형 정치란 없을 것입니다. 세계의 변화가 필연적인 것처럼 정치 체제 또한 영원한 개발 도상의 '과정'에 있을 것입니다. 그 혼돈의 여러 갈림길에서 '인간, 자유, 다양성'이라는 나침반은 흔들리지 않아야 합니다. 조금 돌아갈지라도, 때로 막다른 길에 몰릴지라도 방향이 튼튼하면 결국은 목적지에 도달할 것입니다.

이상으로 2번 문제의 답변을 마치겠습니다. 감사합니다!

▌문제 해결의 Tip

"A 없는 B는 ○○하고, B 없는 A는 ××하다."

'A와 B가 동시에 추구되어야 한다.'라는 의미를 여러 표현에 담을 수 있습니다. 단순하게는 'A와 B 모두 필요하다.'라는 담백한 표현도 좋습니다. 'A와 B에 대한 변증법적 지양이 필요하다.'와 같이 엄청 어려운 표현도 가능하겠지요. 'A와 B의 동시적 추구'를 논점으로 삼는 논술 문제와 구술 문제가 많습니다. 하지만 학생들이 사용하는 표현은 앙상하다 싶을 정도로 'A와 B 모두 필요하다.'의 수준을 벗어나지 못하고, 동일한 표현을 중복적으로 사용하기만 합니다. 이럴 때, 사용할 수 있는 표현 중 하나가 "A 없는 B는 ○○하고, B 없는 A는 ××하다."입니다. 사례는 많습니다. 가장 유명한 표현은 칸트의 "개념 없는 직관은 맹목적이고, 직관 없는 개념은 공허하다."이죠.

이 문제도 '자유'와 '민주'라는 A, B를 사용하고 있습니다. 그렇다면 "자유 없는 민주는 ○○하고, 민주 없는 자유는 ××하다."는 표현을 사용할 수 있는 것이죠. 예컨대, "자유 없는 민주는 공허하고, 민주 없는 자유는 맹목적이다."와 같은 표현이요. 이 문제의 답안에서는 시도하지 않았지만, 'both A and B'의 다양한 표현을 장착해 두시면 매우 유용할 겁니다.

• 인문대학
• 사회과학대학(경제학부 제외)

• 사범대학

주요 개념

민주주의, 민주주의의 위기, 포퓰리즘, 권리, 자유

서울대학교의 공식 해설

▶ 제시문 (가)는 정치가 국민의 뜻과 유리된 상황에서 기성 정당은 현상 유지를 바라지만 일부 대안 정당은 국민에게 국민 투표 같은 직접 민주주의적 권한을 부여할 것을 주장하는 상황이다. 그런데 국민 다수가 원하는 정책은 종교의 자유 등 소수의 권리를 침해할 소지가 있다.

제시문 (나)는 대의제 민주주의가 직접 민주주의에 비해 더 우월한 체제라고 주장한다. 그것은 선거를 통해 선출된 지식, 덕성, 지혜 등의 미덕을 갖춘 엘리트가 통치하는 체제라는 점에서 비롯한다. 제시문 (나)는 국민 투표와 같은 직접 민주주의적 제도에 비판적이다. 이슬람 첨탑 건립 금지와 같은 종교의 자유 침해는 그러한 폐해를 잘 보여준다.

제시문 (다)는 선거에서 위의 미덕을 갖춘 엘리트가 선출될 보장이 없다는 점에 주목한다. 선동가가 대중의 지지에 힘입어 선출되는 것을 방지하기 위해서는 특히 정당 체제 내에서 그러한 문지기 기능이 잘 작동되어야 한다. 스위스와 네덜란드는 기성 정치 지도자들이 선동가/선동 정치의 출현을 제대로 막지 못한 실패 사례에 해당한다.

제시문 (나)와 (다)의 입장은 엘리트 통치에 편중되어 있다는 비판이 가능하다. 제시문 (나)의 주장을 비판하면, 선출된 대표의 통치가 일반 국민의 뜻과 너무 거리가 멀고 많은 결정이 비선출직에 의해 내려진다. 제시문 (다)의 주장을 비판하면, 정당 체제가 지나치게 폐쇄적으로 운영될 경우 정치가 사회의 변화와 다양한 요구를 제대로 반영하지 못하고 국민의 소외가 심화된다. 결국은 제시문 (나)와 (다)가 우려하는 포퓰리즘 정치의 등장을 초래할 수도 있다.

이 문항은 제시문에 대한 이해력, 그것을 구체적 상황에 적용해 분석하는 응용력과 분석력, 그리고 자신의 관점에서 평가하는 비판력과 창의력을 평가한다.

▶ 제시문 (라)는 국민의 뜻이 개인의 권리와 충돌하면서 자유 민주주의가 민주 없는 자유주의와 자유 없는 민주주의로 분리되며 자유의 가치(개인의 권리)와 민주의 가치(국민의 뜻)가 양립하기 어려운 상황이 현재 민주주의 위기의 성격이라고 주장한다.

제시문 (가)에 제시된 사태는 제시문 (라)가 말하는 자유 민주주의의 분리 현상의 현실 사례이다. 기성 체제는 민주주의 없는 권리 보장인 비민주주의적 자유주의이고 대안 정당이 주장하고 있거나 실천한 정치 체제는 반자유주의적 민주주의이다. 두 경향 중에 어느 것이 심해질 때 민주주의에 더 심각한 위협이 될 것인지를 묻는 문항이다.

이 문항은 제시문에 대한 이해력, 그것을 구체적 상황과 연관 짓는 응용력, 그리고 유추하고 추론하는 창의력과 논리력을 평가한다.

문제 1

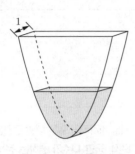

[그림 1] 물이 담긴 그릇

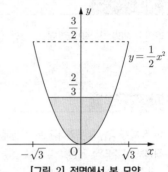

[그림 2] 정면에서 본 모양

[그림 1]과 같이 앞면과 뒷면의 모양이 영역

$$\left\{ (x,\ y) \ \middle| \ \frac{1}{2}x^2 \leq y \leq \frac{3}{2} \right\}$$

과 같고 앞면과 뒷면 사이의 간격이 1인 그릇에 물이 담겨 있다. (단, 그릇의 두께는 고려하지 않는다.) 정면에서 보았을 때 이 그릇의 모양은 [그림 2]와 같고, 수면의 높이는 $\frac{2}{3}$이다.

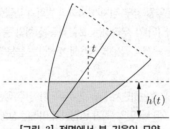

[그림 3] 정면에서 본 기울인 모양

[그림 3]처럼 그릇의 중심축이 y축 방향과 이루는 각이 t가 되도록 그릇을 기울였다. $\left(단,\ 0 \leq t \leq \dfrac{\pi}{2} \right)$ 이때 수면의 높이를 $h(t)$라고 하자. 그릇에 물이 없는 경우에는 $h(t)=0$으로 정의한다.

[1-1]

$h(t) = 0$일 필요충분조건이 $t_1 \le t \le \dfrac{\pi}{2}$일 때, t_1의 값을 구하시오.

[1-2]

그릇에 담긴 물의 양이 기울이기 전과 같을 필요충분조건이 $0 \le t \le t_0$일 때 t_0의 값을 구하시오.

[1-3]

$0 \le t \le \dfrac{\pi}{2}$인 t에 대하여 $h(t)$를 t에 대한 식으로 나타내시오. 그리고 $0 < t_2 < \dfrac{\pi}{2}$인 t_2가 $\cos t_2 = \dfrac{2\sqrt{7}}{7}$을 만족할 때 $h(t_2)$의 값을 구하시오.

구상지

1-1

1번 문제의 답변을 시작하겠습니다.

(설명과 계산을 시작합니다.)

그릇을 기울이면 기울이기 전의 그릇을 나타내는 곡선 $y = \frac{1}{2}x^2$을 이동시킨 도형의 방정식을 구하거나 곡선 $y = \frac{1}{2}x^2$은 그대로 두고 지면을 나타내는 도형을 구하면 됩니다. 지면을 나타내는 선은 그릇의 접선이 므로 전자보다는 후자의 방법이 더 유리합니다.

따라서 곡선 $y = \frac{1}{2}x^2$은 그대로 두고 지면을 나타내는 직선이 접선임을 이용하여 풀이를 하겠습니다.

아래 그림과 같이 그릇의 중심축을 y축으로 하면, 접선에 수직인 직선이 중심축인 y축과 이루는 각의 크기 는 t, x축과 이루는 각의 크기는 $\left(\frac{\pi}{2} - t \right)$입니다.

이때 지면을 나타내는 선, 즉 접선이 x축과 이루는 각의 크기는 t가 됩니다.

(칠판에 그래프 또는 그림을 그립니다.)

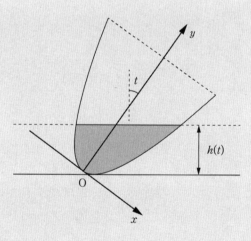

또한, $h(t) = 0$이 되기 위해서는 처음 그릇의 높이인 $\dfrac{3}{2}$에 해당하는 점 $\left(\sqrt{3},\ \dfrac{3}{2}\right)$에서의 접선이 지면과 일치할 때부터입니다.

따라서 $\dfrac{d}{dx}\left(\dfrac{1}{2}x^2\right) = x$이므로 점 $\left(\sqrt{3},\ \dfrac{3}{2}\right)$에서의 기울기는 $\sqrt{3}$입니다.

$\tan t = \sqrt{3}$이므로 $t = \dfrac{\pi}{3}$, 즉 구하는 t_1의 값은 $\dfrac{\pi}{3}$입니다.

이상으로 1번 문제의 답변을 마치겠습니다.

2번 문제의 답변을 시작하겠습니다.

(설명과 계산을 시작합니다.)

기울이기 전 정면에서 바라본 물의 표면적을 구하겠습니다.

수면의 높이인 직선 $y = \dfrac{2}{3}$와 곡선 $y = \dfrac{1}{2}x^2$과의 교점의 좌표는 $\left(-\dfrac{2}{\sqrt{3}},\ \dfrac{2}{3}\right)$, $\left(\dfrac{2}{\sqrt{3}},\ \dfrac{2}{3}\right)$이므로

$$\int_{-\frac{2}{\sqrt{3}}}^{\frac{2}{\sqrt{3}}} \left(\dfrac{2}{3} - \dfrac{1}{2}x^2\right)dx = \dfrac{2}{3}\cdot\dfrac{4}{\sqrt{3}} - 2\int_0^{\frac{2}{\sqrt{3}}} \dfrac{1}{2}x^2 dx = \dfrac{8}{3\sqrt{3}} - \left[\dfrac{1}{3}x^3\right]_0^{\frac{2}{\sqrt{3}}}$$

$$= \dfrac{8}{3\sqrt{3}} - \dfrac{8}{9\sqrt{3}} = \dfrac{16}{9\sqrt{3}} = \dfrac{16\sqrt{3}}{27}$$

입니다.

그리고 그릇에 담긴 물의 양이 기울이기 전과 같아지기 위해서는 수면의 우측 끝점의 좌표가 $\left(\sqrt{3},\ \dfrac{3}{2}\right)$이 될 때까지 입니다. 이때 수면의 좌측 끝점의 x좌표를 a라 하고, 수면을 나타내는 직선의 방정식을 $l(x)$라 하면 $l(x) - \dfrac{1}{2}x^2 = -\dfrac{1}{2}(x-a)(x-\sqrt{3})$입니다.

또한, $\displaystyle\int_\alpha^\beta |k(x-\alpha)(x-\beta)|dx = \dfrac{|k|}{6}(\beta-\alpha)^3 \cdots \bigcirc$이므로 이를 이용하면

$$\int_a^{\sqrt{3}} \left\{l(x) - \dfrac{1}{2}x^2\right\}dx = \int_a^{\sqrt{3}} \left|-\dfrac{1}{2}(x-a)(x-\sqrt{3})\right|dx = \dfrac{1}{12}\left(\sqrt{3}-a\right)^3$$이고

$\dfrac{1}{12}\left(\sqrt{3}-a\right)^3 = \dfrac{16\sqrt{3}}{27} \cdots \bigcirc$을 만족할 때, $t = t_0$가 됩니다.

$\bigcirc$에서 a의 값을 구하면 $\left(\sqrt{3}-a\right)^3 = \dfrac{64\sqrt{3}}{9} = \left(\dfrac{4\sqrt{3}}{3}\right)^3$이므로 $\sqrt{3}-a = \dfrac{4\sqrt{3}}{3}$에서 $a = -\dfrac{\sqrt{3}}{3}$이고 수면의 좌측 끝점의 좌표는 $\left(-\dfrac{\sqrt{3}}{3},\ \dfrac{1}{6}\right)$입니다.

수면을 나타내는 직선은 지면을 나타내는 접선과 평행하므로

$$\tan t_0 = \dfrac{\dfrac{3}{2} - \dfrac{1}{6}}{\sqrt{3} - \left(-\dfrac{\sqrt{3}}{3}\right)} = \dfrac{1}{\sqrt{3}}$$ 입니다.

따라서 구하는 t_0의 값은 $\dfrac{\pi}{6}$입니다.

이상으로 2번 문제의 답변을 마치겠습니다.

3번 문제의 답변을 시작하겠습니다.

물의 양이 기울이기 전과 같을 때와, 물의 양이 감소할 때로 분류하여 $h(t)$를 표현하겠습니다.

(ⅰ) 물의 양이 기울이기 전과 같을 때, 즉 $0 \leq t \leq \dfrac{\pi}{6}$일 때

(칠판에 그래프 또는 그림을 그립니다.)

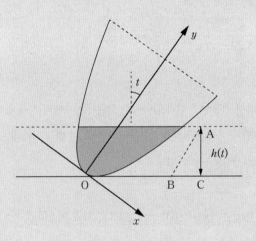

(설명과 계산을 시작합니다.)

[그림 3]으로부터 높이가 $h(t)$이고 빗변이 y축과 평행한 직각삼각형 ABC를 그리면

선분 AB는 y축과 평행하므로 $\angle \mathrm{BAC} = t$이고 $\overline{\mathrm{AB}} = \dfrac{h(t)}{\cos t}$ 입니다.

또한, 수면을 나타내는 직선은 지면을 나타내는 접선을 y축 방향으로 $\dfrac{h(t)}{\cos t}$ 만큼 평행이동한 도형입니다.

이제 접선의 방정식을 구하겠습니다.

$\dfrac{d}{dx}\left(\dfrac{1}{2}x^2\right) = x$이고 접선의 기울기는 $\tan t$이므로 접점의 좌표는 $\left(\tan t, \ \dfrac{1}{2}\tan^2 t\right)$ 입니다.

따라서 접선의 방정식은 $y = \tan t(x - \tan t) + \dfrac{1}{2}\tan^2 t$, 즉 $y = (\tan t)x - \dfrac{1}{2}\tan^2 t$이므로

수면을 나타내는 직선의 방정식은 $y = (\tan t)x - \dfrac{1}{2}\tan^2 t + \dfrac{h(t)}{\cos t}$ 입니다.

[1-2]의 풀이에서와 같이 기울이기 전 정면에서 바라본 물의 표면적은 $\dfrac{16\sqrt{3}}{27}$이고,

이는 앞에서 구한 수면을 나타내는 직선과 곡선 $y=\dfrac{1}{2}x^2$이 이루는 넓이와 같아야 합니다.

이때 직선 $y=(\tan t)x-\dfrac{1}{2}\tan^2 t+\dfrac{h(t)}{\cos t}$와 곡선 $y=\dfrac{1}{2}x^2$의 교점의 x좌표의 값을 각각 α, β

(단, $\alpha<\beta$)라 하면 [1-2]의 풀이에서 사용한 ㉠에 의해 $\dfrac{1}{12}(\beta-\alpha)^3=\dfrac{16\sqrt{3}}{27}$이므로

$\beta-\alpha=\dfrac{4\sqrt{3}}{3}$입니다. 즉, x에 대한 이차방정식 $\dfrac{1}{2}x^2-(\tan t)x+\dfrac{1}{2}\tan^2 t-\dfrac{h(t)}{\cos t}=0$의 두 근의 차

는 $\beta-\alpha=\dfrac{4\sqrt{3}}{3}$입니다.

이차방정식의 근과 계수와의 관계에 의해 $\beta+\alpha=2\tan t$, $\beta\alpha=\tan^2 t-\dfrac{2h(t)}{\cos t}$이고,

$(\beta-\alpha)^2=(\beta+\alpha)^2-4\beta\alpha$이므로 $\left(\dfrac{4\sqrt{3}}{3}\right)^2=4\tan^2 t-4\tan^2 t+\dfrac{8h(t)}{\cos t}$입니다.

따라서 $\dfrac{8h(t)}{\cos t}=\dfrac{16}{3}$이므로 $0\le t\le\dfrac{\pi}{6}$일 때 $h(t)=\dfrac{2}{3}\cos t$입니다.

(ii) 물의 양이 기울이기 전보다 감소할 때, 즉 $\dfrac{\pi}{6}\le t\le\dfrac{\pi}{3}$일 때

수면이 우측 끝점의 좌표가 $\left(\sqrt{3},\ \dfrac{3}{2}\right)$일 때이고, 수면을 나타내는 직선의 방정식은

$y=\tan t(x-\sqrt{3})+\dfrac{3}{2}$입니다. 이는 (i)과 같이 접선을 y축의 방향으로 $\dfrac{h(t)}{\cos t}$만큼 평행이동한 도형

이므로 $y=\tan t(x-\sqrt{3})+\dfrac{3}{2}$과 $y=(\tan t)x-\dfrac{1}{2}\tan^2 t+\dfrac{h(t)}{\cos t}$는 일치하는 직선입니다.

따라서 $\dfrac{h(t)}{\cos t}=\dfrac{1}{2}\tan^2 t-\sqrt{3}\tan t+\dfrac{3}{2}$이므로 $\dfrac{\pi}{6}\le t\le\dfrac{\pi}{3}$일 때

$h(t)=\dfrac{1}{2}\tan^2 t\cdot\cos t-\sqrt{3}\sin t+\dfrac{3}{2}\cos t$입니다.

[1-1], (i), (ii)에 의해 함수 $h(t)$는 다음과 같이 나타낼 수 있습니다.

$$h(t) = \begin{cases} \dfrac{2}{3}\cos t & \left(0 \leq t \leq \dfrac{\pi}{6}\right) \\[3mm] \dfrac{1}{2}\tan^2 t \cdot \cos t - \sqrt{3}\sin t + \dfrac{3}{2}\cos t & \left(\dfrac{\pi}{6} \leq t \leq \dfrac{\pi}{3}\right) \\[3mm] 0 & \left(\dfrac{\pi}{3} \leq t \leq \dfrac{\pi}{2}\right) \end{cases}$$

다음으로 $\cos t_2 = \dfrac{2\sqrt{7}}{7}$ 일 때, $h(t_2)$의 값을 구하겠습니다.

$\dfrac{2\sqrt{7}}{7}$ 과 $\dfrac{\sqrt{3}}{2}$ 의 분모를 통분하면 $\dfrac{4\sqrt{7}}{14} = \dfrac{\sqrt{112}}{14}$ 와 $\dfrac{7\sqrt{3}}{14} = \dfrac{\sqrt{147}}{14}$ 이고 $\sqrt{112} < \sqrt{147}$ 이므로

$\dfrac{2\sqrt{7}}{7} = \cos t_2 < \dfrac{\sqrt{3}}{2} = \cos\dfrac{\pi}{6}$, 즉 $t_2 > \dfrac{\pi}{6}$ 입니다.

또한, $\dfrac{2\sqrt{7}}{7}$ 과 $\dfrac{1}{2}$ 의 분모를 통분하면 $\dfrac{4\sqrt{7}}{14} = \dfrac{\sqrt{112}}{14}$ 와 $\dfrac{7}{14} = \dfrac{\sqrt{49}}{14}$ 이고 $\sqrt{49} < \sqrt{112}$ 이므로

$\dfrac{2\sqrt{7}}{7} = \cos t_2 > \dfrac{1}{2} = \cos\dfrac{\pi}{3}$, 즉 $t_2 < \dfrac{\pi}{3}$ 입니다.

따라서 t_2의 값의 범위는 $\dfrac{\pi}{6} < t_2 < \dfrac{\pi}{3}$ 이므로 $h(t_2) = \dfrac{1}{2}\tan^2 t_2 \cos t_2 - \sqrt{3}\sin t_2 + \dfrac{3}{2}\cos t_2$ 입니다.

$\cos t_2 = \dfrac{2\sqrt{7}}{7}$ 로부터 $\sin t_2 = \sqrt{1 - \cos^2 t_2} = \sqrt{1 - \dfrac{4}{7}} = \sqrt{\dfrac{3}{7}} = \dfrac{\sqrt{21}}{7}$, $\tan t_2 = \dfrac{\sin t_2}{\cos t_2} = \dfrac{\sqrt{3}}{2}$ 이므로

$h(t_2) = \dfrac{1}{2} \cdot \dfrac{3}{4} \cdot \dfrac{2\sqrt{7}}{7} - \sqrt{3} \cdot \dfrac{\sqrt{21}}{7} + \dfrac{3}{2} \cdot \dfrac{2\sqrt{7}}{7} = \dfrac{3\sqrt{7}}{28}$ 입니다.

이상으로 3번 문제의 답변을 마치겠습니다. 감사합니다!

문제 해결의 Tip

[1-1] 계산

관찰을 통해 지면은 접선이 되며 x축과 접선이 이루는 각의 크기가 t임을 파악할 수 있습니다. 또한, 물이 없는 경우는 접선이 처음 그릇의 높이에 해당하는 점을 지날 때부터임을 알고, 미분하여 접선의 기울기 및 t_1의 값을 구할 수 있습니다.

[1-2] 계산

정면에서 바라본 물의 표면적이 같으면 물의 양(부피)가 같다는 것을 파악할 수 있습니다. 물의 양이 기울이기 전과 같아지기 위해서는 수면을 나타내는 직선이 그릇의 최상단의 위치를 지나면서 정적분의 값이 기울이기 전의 물의 표면적과 같음을 이용하면 됩니다.

[1-3] 계산

수면을 나타내는 직선은 접선을 y축으로 평행이동한 것임을 알고 물의 양이 유지되는 경우와 물의 양이 감소하는 경우로 분류하여 t에 대한 함수 $h(t)$를 구할 수 있습니다. 또한, t_2의 값의 범위를 $\cos\dfrac{\pi}{6}$, $\cos\dfrac{\pi}{3}$의 값과 비교하여 찾으면 $h(t_2)$의 값을 구할 수 있습니다.

- 사회과학대학 경제학부
- 경영대학
- 농업생명과학대학 농경제사회학부

- 생활과학대학 소비자아동학부 소비자학전공, 의류학과
- 자유전공학부(인문)

주요 개념

접선의 방정식, 탄젠트함수, 직선의 방정식, 정적분, 간단한 삼차방정식, 점과 직선 사이의 거리, 근과 계수와의 관계, 인수분해, 삼각함수, 직선의 평행이동

서울대학교의 공식 해설

▶ [1-1] 접선의 성질을 이해하는지, 접선의 방정식을 구할 수 있는지, 직선의 기울기와 탄젠트 함수의 관계를 이해하는지 평가한다.

▶ [1-2] 다항함수의 정적분을 통해 넓이를 계산하고, 조건을 만족하는 직선을 구할 수 있는지 평가한다. 또한, 직선의 기울기와 탄젠트함수의 관계를 알고 있는지 평가한다.

▶ [1-3] 다항함수의 정적분을 이용해 특정 조건을 만족하는 직선을 구하고, 접선의 방정식을 구할 수 있는지, 점과 직선 사이의 거리를 구할 수 있는지 평가한다. 또한, 삼각함수들 사이의 관계를 함수 $h(x)$에 대입해서 함숫값을 계산할 수 있는지 평가한다.

※ 제시문을 읽고 문제에 답하시오.

(가) 생태계가 어떻게 작동하는지 알면 알수록 많은 환경 정책이 부적절하다는 사실이 드러난다. 얼핏 보아서는 상관 없어 보이지만 실제로는 다른 동식물에게 유난히 큰 영향력을 미치는 종에 대해 조사하는 과정에서, 나는 친환경을 표방하는 많은 농장과 그곳의 관리 체계가 빈껍데기에 불과하다는 것을 점점 더 깨닫게 되었다. 그들 농장은 많은 생물의 서식처인 나무와 관목과 죽은 나무를 잃음으로써, 물리적 구조뿐 아니라 생태계를 구성하는 다양한 종들의 관계 또한 상실했다. 그러한 공간에는 생명의 거미줄이 거의 몇 줄 남아 있지 않다.

(나) 환경 파괴와 기후 위기에 대한 경각심이 커지면서 플라스틱 빨대는 일회용품 중에서 대표적인 퇴출 대상으로 지목되었다. 하지만 플라스틱 빨대를 금지하는 정책은 빨대를 반드시 필요로 하는 사람들의 요구와 충돌한다. 빨대의 기본 형태는 오래전부터 있었지만 입구 부분이 휘어지는 플라스틱 주름 빨대는 환자들을 돕기 위해 처음 발명되었다. 플라스틱을 대체하는 친환경 빨대로 제공되는 종이 빨대, 쌀 빨대, 옥수수 전분 빨대 같은 것들은 플라스틱처럼 부드럽게 휘어지지 않아 불편하고, 뜨거운 음료에서는 쉽게 분해되므로 사용이 쉽지 않다. 플라스틱 주름 빨대를 굽은 금속 빨대 등으로 대체하는 것 역시 신체 기능이 저하된 사람들에게는 위험한 상황을 만들 수 있다. 따라서 주름 빨대를 비롯해 현대에 대량 생산되는 빨대는 부드럽고 얇은 플라스틱으로 제조되므로 신체를 움직이기 어려운 사람들이 다른 사람의 도움 없이 음료를 마실 수 있는 유일한 방법이다.

(다) 너희 인간들은 코로나 때문에 한 명만 죽어도 호들갑을 떨면서, 우리 동물은 수천만 마리 땅에 묻고 손을 탁탁 털더라! 자기 새끼는 끔찍이 아끼면서 남의 새끼는 끔찍하게 죽이더라! 우리의 모성애를 무시하는 당신들은 그 고매한 자식 사랑으로 무얼 했는가. 미래의 하늘에 탄소를 뿜고 미래의 땅에 분뇨 폐수 살처분 시체를 버리고 미래의 숲을 마구 베고 미래의 바다를 플라스틱으로 채운 것 말고?

문제 1

환경 정책을 수립할 때 유념해야 할 점에 대한 제시문 (가)와 (나)의 입장을 비교하시오.

문제 2

제시문 (다)의 화자를 만났을 때, 제시문 (가)와 (나)의 글쓴이가 자신의 입장을 각각 어떻게 변호할지 논하시오.

구상지

예시 답안

문제 1

1번 문제의 답변을 시작하겠습니다.

제시문 (가)와 (나)는 공통적으로 현재의 환경 정책이 의도와 다른 반전의 결과를 낳았음을 지적합니다. 다만 이러한 부정적 결과를 야기하는 환경 정책의 필요성에 대해서는 차이를 보입니다. 제시문 (가)는 환경 정책의 필요성은 인정하되 부작용을 경계하는 관점인 반면, 제시문 (나)는 필요성 자체에 의문을 던집니다. 이러한 관점의 차이는 환경 정책 수립 시 유념할 점에 대한 차이로 이어집니다. 이를 제시문별로 상세하게 말씀드려 보겠습니다.

제시문 (가)는 환경과 생태계의 중요성을 인지하고 있으며, 현재 시행되고 있는 환경 정책이 자연과 생태계에 부정적인 영향을 준다고 지적합니다. 현행 환경 정책의 부적절함과 불완전성이 오히려 종들의 다양성을 무너지게 하고 반생태적 결과를 낳는다고 보고 있습니다. 그렇기 때문에 제시문 (가)는 환경 정책을 수립할 때 이러한 부작용이 발생하지 않도록 정책이 정교성과 완전성을 갖추어야 함을 강조할 것입니다.

이와 달리 제시문 (나)는 인간 중심주의적 입장을 바탕으로 환경 정책의 시행이 사회적 약자의 접근성을 현저히 떨어뜨릴 수 있음을 비판합니다. 환경 정책의 불필요성을 구체적 맹점과 함께 언급하며 그 실효성에 의문을 제기하고 있습니다. 고로 제시문 (나)는 환경 정책을 수립할 때 인간의 접근성과 행위를 방해하지 않는 선 안에서 정책이 실효성을 갖추어야 함을 강조할 것입니다.

이상으로 1번 문제의 답변을 마치겠습니다.

2번 문제의 답변을 시작하겠습니다.

제시문 (다)의 화자는 인간의 자기중심적 행태를 강한 어조로 비판하고 있습니다. 제시문 (다)에 의하면 인간은 이기적이고 무책임한 냉혈한으로 묘사됩니다. 인간은 오직 스스로의 안위와 편의를 위해 동물의 생명을 짓밟으며, 자연과 생태계의 유지에는 아무런 관심을 두지 않습니다. 세부적으로 분석해 보면, 제시문 (다)의 전반부는 인간의 반윤리적 태도를, 후반부는 인간의 반환경적 행위를 지적합니다.

이를 바탕으로 보았을 때, 제시문 (다)의 화자는 제시문 (가)의 환경 정책에 대한 관점이 지엽적이라 비판할 것입니다. 일부 맹점 때문에 환경 정책을 부정적으로 바라보는 것은 매우 근시안적인 시각이라는 것이지요. 이에 대해 제시문 (가)의 글쓴이는 친환경 정책을 완전히 포기해 버리자는 것이 아니라, 부족한 점을 개선하자는 입장이라고 변호할 것으로 예상됩니다.

제시문 (다)의 화자는 제시문 (나)의 주장에 대해 더 강하게 비판할 것으로 예상됩니다. 제시문 (나)의 인간 중심적 시각이 동물과 생태계에 얼마나 큰 악영향을 주었는지, 얼마나 오랫동안 악영향을 끼쳤는지를 성토할 것입니다. 이에 대해 제시문 (나)가 제시한 주장은 현재 환경 정책의 경직성을 비판하는 것이며, 환경, 자연, 생태계에는 인간도 포함되기 때문에 인간, 그중에서도 약자와 소수자가 배제된다면 그것은 진정한 환경 정책이라 볼 수 없음을 지적할 것입니다. 무리하고 경직된 친환경 정책은 사회적 약자들의 접근성과 생존권을 침해할 수 있기 때문에 그 점을 고려한 유연하고 현실적인 대책이 필요하다는 식으로 변호할 것으로 예상됩니다.

이상으로 2번 문제의 답변을 마치겠습니다. 감사합니다!

문제 해결의 Tip

반전의 결과

반전(反轉)이라는 단어는 사전적으로 '위치, 방향, 순서 따위가 반대로 됨'이나 '일의 형세가 뒤바뀜'을 말합니다. 유사한 단어로는 역전, 도치, 전도 등이 있습니다. 넓게 보자면 역설, 모순과도 맥락이 유사합니다. 즉, 전후좌우의 대칭, 선후·인과의 도치, 주객전도, 의도와는 다른 반대의 결과 등 모순적 현상이 나타났을 때 포괄적으로 사용할 수 있는 단어입니다.

이 문제도 굉장히 모순적인 상황을 다루고 있습니다. 자연환경을 보호하려는 정책이 오히려 자연환경과 사회적 약자를 위협하는 정책이 되었습니다. 의도와 반대의 결과가 나온 것이지요. 이럴 때 앞선 단어들을 사용하면 의미 전달이 잘 됩니다. 1번 문제 역시 그러한 효과를 생각하며 예시 답안의 앞부분에서 **"현재의 환경 정책이 <u>의도와 다른 반전의 결과를 낳았음을 지적합니다</u>."**와 같은 표현을 사용했고, '반전'을 의도했습니다.

정도, 수준, 범위, 레벨, 차원!

학생들은 통상 '모 아니면 도' 식의 논리를 구사합니다. '긍정이다 혹은 부정이다. 타당하다 혹은 부당하다. 합리적이다 혹은 한계가 뚜렷하다'와 같은 식이죠. 과격하게 이야기하면 흑백논리를 자주 사용하는 것입니다. 하지만 복잡다단한 현실을 '모 아니면 도'로 완벽하게 구분 짓기는 어려울 것입니다. 특히, 서울대는 양면적·다면적 이해를 강조할 때가 많습니다. 이 때문에 흑백논리는 경계할 필요가 있습니다. 이럴 때는 제시문 속 상황 분석을 위해 '정도'를 설정해 주면 좋습니다. 예를 들어, '주장 A의 방향성은 옳으나, 세부적으로 볼 때 정도를 넘어섰다.'처럼 선을 그어주는 전략을 활용할 수 있을 것입니다.

이를 적용해 보면 **"제시문 (가)는 <u>환경 정책의 필요성은 인정하되 부작용을 경계하는 관점</u>인 반면,"**, **"고로 제시문 (나)는 <u>환경 정책을 수립할 때 인간의 접근성과 행위를 방해하지 않는 선 안에서 정책이 실효성을 갖추어야 함을 강조</u>할 것입니다."**와 같은 다면적 분석을 기반으로 하는 효과적 표현이 가능합니다.

- 인문대학
- 사회과학대학(경제학부 제외)
- 간호대학
- 생활과학대학 소비자아동학부 아동가족학전공
- 자유전공학부(인문)
- 사범대학

주요 개념

생태계, 생태주의, 환경 파괴, 환경 정책, 사회적 약자, 접근성, 가치의 충돌, 동물의 권리, 공생의 윤리, 인간 중심주의

서울대학교의 공익 해설

▶ 오늘날의 생태 환경 문제와 관련하여 제시문에 담겨 있는 관점의 공통점과 차이점을 잘 판별하여 설명하라는 문제이다. 제시문 (가)에는 생태계 전체를 고려할 때 환경 정책이나 환경 시설이 부적절하다고 지적하는 생태주의적 입장이 드러나 있다. 제시문 (나)는 사회적 약자와 사회적 소수자를 고려하지 않는 환경 정책의 맹점을 지적하는 글이다.
이 문항은 각각의 제시문에 대한 정확한 문해력과 두 제시문을 연결하여 사고하는 응용력을 평가한다.

▶ 제시문 (가)는 생태계의 복잡성과 자립성을 강조하는 생태주의의 입장에서, 인간의 환경 정책이 의도한 것과 반대의 결과를 유발할 수 있다고 지적하고 있다. 제시문 (가)의 글쓴이는 환경 정책이 오히려 자연 생태계의 자율성을 해치는 결과를 초래할 수 있다는 점을, 제시문 (나)의 글쓴이는 플라스틱 빨대 퇴출 정책이 노인이나 장애인의 권리를 침해할 수 있다는 점을 근거로 환경 정책을 비판한다. 제시문 (다)는 동물들이 내는 목소리이다. 동물들의 눈에 비친 인간은 이기적이고 무책임하여 공생의 윤리를 실천하지 않는 생명체이다. 동물의 입장에서 제시문 (가)의 환경 정책 비판은 일면적이고 부분적이다. 즉, 친환경 정책에 분명 맹점은 있겠지만 진정한 문제는 인간 중심주의의 극복 여부에 달려 있다. 반면, 제시문 (나)의 환경 정책 비판은 인간 중심주의의 한계에서 벗어나지 못한다. 장애인과 노약자의 권리가 중요하다는 이유로 여전히 플라스틱 사용을 호소하는 인간들은 동물의 권리를 인정하지 않는다. 제시문 (가)와 (나)의 입장에서 얼마나 논리적이며 창의적인 답변을 내놓는지를 평가하는 문항이다.
이 문항은 각각의 제시문에 드러난 글쓴이의 입장을 정확히 파악하고, 이를 제3의 입장에 비추어 비판적으로 이해하는 응용력과 융합적 사고력을 평가한다.

※ 제시문을 읽고 문제에 답하시오.

(가) 고전 비평은 결코 독자를 다룬 적이 없다. 고전 비평에서는 저자 이외에 누구도 존재하지 않았다. 그러나 현대의 비평에서 독자는 역사도 전기도 심리도 없는 사람으로 재탄생한다. 그는 이미 쓰인 것들의 흔적을 한곳에 모아 새롭게 쓰는 자다. 그러므로 누군가 고전 비평에서처럼 인본주의라는 이름 아래 위선적으로 독자의 권리를 옹호하며 이 새로운 글쓰기를 비난한다면 그것은 가소로운 일일 터이다. 이제 우리는 독자의 새로운 글쓰기를 위해 저자의 신화를 전복해야 한다는 것을 안다. 독자의 탄생은 저자의 죽음이라는 대가를 치러야 한다.

(나) 창작은 오직 독서를 통해서만 완성된다. 작가는 자기가 시작한 작품의 완성을 독자에게 맡기지 않으면 안 되며, 작가가 작품의 본질적 요소로 파악되는 것은 오로지 독자의 의식을 통해서만 가능하다. 따라서 문학 작품은 하나의 호소다. 작품을 쓴다는 것은 작가가 언어라는 수단을 통해 자신이 드러내고자 한 바를 독자에게 객관적 현실로 만들어 달라고 '호소'하는 것이다. 작가는 다만 독자에게 호소할 뿐이고, 그의 작품이 어떤 효과를 가지려면 독자가 자유롭게 그 작품을 갱신해야 한다.

(다) 고전은 한 시대의 특정한 사회 집단이 자신들의 이익이나 관심을 반영하여 선별한 작품이다. 고전이 선별되는 과정에는 작품의 직접 생산자(작가, 필사자, 인쇄업자 등), 작품의 가치를 생산 또는 재생산하고 그 가치를 인정하여 소유하려는 소비자나 청중, 그리고 소비자와 청중을 만들어 내는 관계자 및 제도·기관(이를테면 후원자, 사원, 학교, 박물관, 출판사, 정치 단체 등)이 적극적으로 참여한다. 여기에서 무엇보다 중요한 문제는 이러한 가치가 누구에 의해 어떤 목적으로 어떻게 생성되고 보존되며 전달되는가 하는 것이다.

문제 1
독자와 저자(혹은 작가)의 관계에 관해 제시문 (가)와 (나)에 제시된 입장을 비교하시오.

문제 2
제시문 (가)와 (나)에 나타난 독자에 대한 공통된 이해 방식을 제시문 (다)의 맥락에서 평가하시오.

문제 1

1번 문제의 답변을 시작하겠습니다.

제시문 (가)와 (나)는 모두 독자로 인해 글쓰기가 완성되고, 저자와 독자의 관계에서 독자의 역할을 중시하는 입장입니다. 다만 제시문 (가)는 저자와 독자를 대립적 관계로 보는 반면, 제시문 (나)는 저자와 독자의 상보성을 강조합니다.

우선, 제시문 (가)부터 자세히 말씀드리겠습니다. 제시문 (가)는 '고전 비평의 저자'와 '현대 비평의 독자'를 대립쌍으로 설정합니다. 또한, '저자의 신화'라는 표현을 쓰면서 고전 비평에서 저자가 누린 독점적 지위를 비판합니다. 이제는 새로운 글쓰기를 위해 저자의 신화적 지위를 독자에게 계승할 필요가 있다는 것입니다. 제시문의 표현을 빌리자면, 독자의 탄생은 저자의 죽음이라는 대가 위에서 이루어집니다. 독자에 의한 글쓰기는 저자의 위상과 신화를 뒤집고 새로운 생명력을 얻어 재탄생됩니다.

제시문 (나)는 이와 다른 입장을 보입니다. 제시문 (나)에 의하면, 저자는 시작하고 독자는 완성하는 존재입니다. 작가와 독자는 상호 보완적인 관계인 것입니다. 작품은 창작의 주체인 저자와 독서의 주체인 독자의 협업이고, 그 두 요소가 결합될 때 호소력을 획득합니다. 작가가 창작한 언어는 독자의 호응과 만나 유의미한 작품이 됩니다.

이상으로 볼 때, 독자의 역할을 중요시한다는 면에서 제시문 (가)와 (나)는 공통적입니다. 하지만 제시문 (가)는 독자가 저자를 대체하는 글쓰기의 주체가 되어야 함을 역설하고, 제시문 (나)는 독자를 저자와 함께 작품을 완성하는 동반자로 설정한다는 점이 다릅니다. 이러한 점이 '저자와 독자의 관계'를 바라보는 두 제시문의 가장 큰 차이점이라 생각합니다.

이상으로 1번 문제의 답변을 마치겠습니다.

2번 문제의 답변을 시작하겠습니다.

앞서 말씀드린 것처럼, 제시문 (가)와 (나)는 공통적으로 작품의 완성에 있어 독자의 중요성을 강조합니다. 즉, 독자는 저자를 대체할 수 있는 근원적 요소이거나, 작품을 완성할 수 있는 본질적 요소입니다. 저자와 독자를 작품의 두 가지 요소로 설정하고, 그중 독자를 우선시하고 있는 것입니다.

이와 달리 제시문 (다)는 상당히 현실적인 관점을 취하고 있습니다. 제시문 (가)와 (나)가 저자와 독자의 관계를 학술적이고 이론적인 차원에서 접근하는 반면, 제시문 (다)는 작품을 당대 사회의 현실적 산물로 이해합니다. 저자와 독자 외에 이해관계자, 기관, 시장이라는 제3의 구성 요소를 적극적 참여자로 설정한 것입니다. 즉, 제시문 (가)와 (나)는 '저자-독자'의 단순 구도이지만, 제시문 (다)에서는 '저자-독자-이해관계자'로 참여자를 확장했습니다. 제시문 (가)와 (나)가 '생산-소비'의 단순 접근이라면 제시문 (다)는 '생산-유통(참여)-소비'라는 더 정교한 논리 틀이라고 볼 수 있습니다.

분석한 내용을 정리해 보면 제시문 (다)는 작품의 시기, 사회, 집단, 이익, 관심, 목적이라는 현실적 요소에 주안점을 둡니다. 반면, 제시문 (가)와 (나)는 작품의 완성도, 의미, 본질적 요소에 포커스를 둡니다. 즉, 제시문 (다)는 독자를 작품의 여러 이해관계자 중 하나의 구성원으로 보기 때문에, 이러한 관점에서 제시문 (가)와 (나)가 설정한 독자의 영향력은 그 폭과 범위가 줄어들 것입니다. 따라서 제시문 (다)의 맥락에서 볼 때, 제시문 (가)와 (나)의 이해 방식은 지나치게 이론적이고 구체적이지 못한 시각입니다. 한발 더 나아가, 현실성이 떨어지는 무의미한 논의라는 비판도 가능합니다.

이상으로 2번 문제의 답변을 마치겠습니다. 감사합니다!

(예시 답안에서 비판의 대상이 되는 제시문 (가)는 저명한 학자 롤랑 바르트의 주장입니다. 롤랑 바르트는 문학 비평의 새로운 패러다임을 연 저명한 학자로, 그에 대해 이론적이고 구체적이지 못한 사변만 일삼았다고 이야기하기는 어려울 것입니다. 여기서는 롤랑 바르트의 전체적인 이론은 배제하고 제시문의 내용만을 기반하여 설명했습니다.)

문제 해결의 Tip

이해관계자, 이해당사자, 참여자, 관련 주체

관계를 분석하는 문제를 풀기 위해서는 '참여자(player)'를 고려해야 합니다. 어떠한 상황이든지 '직접 참여자'와 '간접 관계자'가 있기 마련입니다. 그 참여자들의 감정과 이해관계를 면밀하게 고려할 때 공감(sympathy)과 공존(coexistence)이 가능합니다. 상황을 '나(me)'만의 기준으로만 바라보면 시야가 좁아지고 독선적 판단이 되기 쉽습니다. 하지만 한 발 떨어져서 전체 참여자들의 면면을 살피면 객관적 시각을 확보할 수 있습니다. 이 문제도 마찬가지입니다. 단지 '독자를 중시한다' 수준으로만 말하면 답안의 매력이 떨어지게 될 것입니다. "제시문 (가)와 (나)는 '저자-독자'의 단순 구도이지만, 제시문 (다)에서는 '저자-독자-이해관계자'로 참여자를 확장했습니다."와 같은 방식으로 표현하면 더 분석적인 접근이 될 것입니다. 이러한 접근이 되면 "제시문 (가)와 (나)가 '생산-소비'의 단순 접근이라면 제시문 (다)는 '생산-유통(참여)-소비'라는 더 정교한 논리 틀이라고 볼 수 있습니다."와 같은 표현을 만들어 낼 수 있습니다.

이론(학술)과 현실, 이상과 현실

이상에 대한 추구, 이론에 대한 학술적 접근은 이론의 여지없이 중요합니다. 하지만 이론적이기'만'하고, 이상적이기'만'하고, 학술적 사변'만' 일삼는다면 구술면접 답안의 현실성과 실효성은 약해질 수밖에 없습니다. 제시문 (가)와 (나)를 살펴봅시다. 아주 멋지고 인사이트 넘치는 이론입니다. 하지만 완전히 고개가 끄덕여지지 않고 조금 께름칙하지요? 반면, 제시문 (다)를 보면 이렇다 할 통찰이 보이지는 않지만, 현실적인 역(逆)의 관계가 잘 정리되어 있습니다. 이런 식으로 상황이 대비되는 제시문을 만났을 때, '이론(학술)과 현실', '이상과 현실'의 구도를 활용하면 전달하고자 하는 바를 효과적으로 표현할 수 있을 겁니다. "제시문 (가)와 (나)가 저자와 독자의 관계를 학술적이고 이론적인 차원에서 접근하는 반면, 제시문 (다)는 작품을 당대 사회의 현실적 산물로 이해합니다."처럼 말입니다.

- 인문대학
- 사회과학대학(경제학부, 사회복지학과 제외)
- 사범대학

주요 개념

고전, 저자, 저자의 권위, 독자, 독자의 자율성, 글쓰기의 주체, 소비자로서의 독자, 유통, 출판

서울대학교의 공식 해설

▶ 제시문 (가)와 (나)는 모두 저자와 독자의 관계를 다루면서 공통적으로 독자의 역할에 더 큰 의미를 둔 글이다. 제시문 (가)는 저자의 죽음을 통해 독자가 재탄생된다는 입장이고 제시문 (나)는 저자가 독자에게 호소하는 것이 바로 문학이라는 다소 고전적인 입장이다. 제시문 (가)와 (나)의 유사점을 제대로 파악하고 있는지, 그리고 그 안에서 태도의 차이를 발견하고 이를 논리적으로 풀어낼 수 있는지를 평가하는 문항이다.
이 문항은 제시문을 정확히 분석하고 이해하는 능력과 두 제시문 간의 공통점과 차이점을 적절히 설명하는 능력을 평가한다.

▶ 제시문 (가)와 (나)는 공통적으로 글쓰기의 완성은 독자 없이 이루어질 수 없다고 주장한다. 그러나 제시문 (다)는 독자의 자율성이 현실적으로 제한될 가능성을 암시한다. 제시문 (다)에 따르면 소비자나 청중을 만들어 내는 것은 바로 학교나 출판사, 도서관 등과 같은 여러 제도와 기관들이다. 결국 독자와 저자의 2항 관계는 생산(저자), 소비(독자), 유통(제도)의 3항 관계로 확장될 수밖에 없다는 것이다. 제시문 (가)와 (나)의 글쓴이들이 이상적으로 그려낸 것과 다르게, 전체 독서 시장에서 독자가 누릴 수 있는 자유의 폭은 제한될 수 있다는 사실을 제시문 (다)로부터 적절히 유추하는지를 평가하는 문항이다.
이 문항은 각각의 제시문에 대한 독해력과, 제시문 간의 관계를 설정하는 논리적 사고 및 응용력을 평가한다.

※ 제시문을 읽고 문제에 답하시오.

(가) 사람들은 최근에 물가가 너무 올라 살기 힘들어졌다고 말한다. 물가는 경제의 전반적인 가격 수준을 의미하는데, 정부는 소비자 물가 지수(consumer price index; CPI)라는 지표를 통해 물가의 변동을 파악한다. CPI는 가계가 구매하는 쌀, 담배, 술, 블루베리, 컴퓨터 수리비 등 480여 개의 대표적 소비재 및 서비스 가격의 가중 평균을 이용해 산출한다. 가중 평균의 가중치는 전체 가계의 총 소비 지출에서 각 품목이 차지하는 지출 비중에 따라 결정된다. 따라서 CPI는 평균적인 소비자들의 생계비 변화, 혹은 '장바구니' 물가 변화 추이를 보여주는 지표라 할 수 있다. 물가 상승 시에도 가계가 동일한 생활 수준을 유지할 수 있도록, 정부는 국민연금, 최저 생계비 등 각종 지급액을 'CPI의 변동'에 맞추어 조정하는 정책을 시행하고 있다. 물가 연동 정책의 유용성에 대해 대부분의 사람들은 공감하나, 일부는 CPI 적용의 맹점을 지적하고 있다.

(나) 최근 곡물 가격 및 유가 급등에 따른 생산 비용 상승에 대한 대응으로 한 분식집이 떡볶이 가격을 올리려고 했다. 하지만 급격한 가격 상승이 단골손님 이탈로 이어질 가능성을 우려한 분식집 주인은 가격을 올리는 대신 떡볶이 1인분의 양을 조금 줄이기로 결정했다.

(다) 한 도시의 정책 당국은 임차인을 보호하기 위해 월세 통제(rent control) 정책을 시행했다. 이 정책에 따르면 임대인이 임차인을 들일 때 월세로 받을 수 있는 금액에 상한선이 있을 뿐만 아니라, 임차인은 본인이 원할 때까지 입주 당시 가격으로 임차해서 살 수 있다. 이 정책은 정책 당국이 미처 예상치 못한 부작용을 가져왔다. 건물주는 어차피 월세를 시세대로 받지 못하므로 건물 유지 및 보수를 게을리하고 쾌적한 공간을 제공하려는 노력을 하지 않았다. 결과적으로 시간이 지나면서 주택의 전반적인 질은 낮아졌고, 그나마 적절하게 유지 및 보수가 된 주택에 대한 수요는 폭증하여 뒷돈을 주고라도 들어오려는 사람들이 늘어났다.

(라) 1인 가구는 주택, 수도, 전기, 연료 부문의 지출이 크지만, 교육 부문의 지출 비중은 2인 이상 가구에 비해 낮을 수 있다. 또한, 영유아가 있는 가구, 취학 자녀가 있는 가구 등도 그렇지 않은 가구와 다른 지출 구조를 보인다. 저소득층에서 지출 비중이 상대적으로 높은 품목은 휴대 전화, 담배, 쌀, 채소 등이다. 반면, 고소득층의 경우에는 총 소비 지출에서 고급 주류, 해외여행, 골프 회원권 등의 비중이 상대적으로 높다.

문제 1

제시문 (나), (다), (라) 각각에 근거하여 제시문 (가)에 나타난 정부의 물가 변동 파악 방식의 한계점을 설명하시오.

문제 2

제시문 (라)를 참고하여 물가 상승이 경제적 불평등에 어떠한 영향을 미칠 수 있을지 논하시오. 자신의 주장을 뒷받침하려면 어떤 가정 또는 자료가 필요할지도 함께 설명하시오.

구상지

문제 1

1번 문제의 답변을 시작하겠습니다.

제시문 (가)에 의하면 CPI는 여러 구매 품목의 가중 평균으로, 정부는 CPI 지표를 통해 물가 변동을 파악합니다. 즉, CPI는 생계비 변화와 물가 추이를 보여주는 평균적 지표이기 때문에 개별 가구나 가계의 상황은 고려되기 어렵다는 특징이 있습니다. 또한, CPI는 물가 파악 지표일 뿐만 아니라 여러 정책의 추진 근거 지표이기도 합니다. 제시문에서는 이를 '물가 연동 정책'이라 표현하고 있습니다.

제시문 (나), (다), (라)는 물가 변동의 사례를 담고 있습니다. 제시문 (나)의 떡볶이 가게는 가격 대신 상품의 양을 조절합니다. 제시문 (다)의 임대인은 가격 인상이 어려워지자 상품 관리의 질을 낮춥니다. 제시문 (라)는 가구의 특성과 소득 수준에 따라 지출 구조가 달라지는 점을 강조합니다.

이러한 분석을 바탕으로 제시문 (나), (다), (라) 각각에 근거해 볼 때, 제시문 (가)의 CPI 방식은 허점이 많다고 할 수 있습니다. 우선 제시문 (나)와 (다)는 명목 금액은 그대로이나 양과 질의 수준이 하락함으로써 실질 금액이 상승한 사례입니다. CPI는 실질 금액을 과소 반영하기 때문에, 현실의 생계비 변화를 정책에 반영하기 어렵다는 맹점을 가지고 있습니다.

다음으로 제시문 (라)는 가계 유형에 따라 상이한 개별 지출 구조를 강조합니다. CPI는 평균적이고 전체적인 지출만을 반영하기 때문에 가계 유형에 따른 정교한 파악과 정책 대응이 어렵습니다. 특히, 개별 가계에 분배되는 정부 지급액이 CPI에 연동되는 것은 타당성이 떨어진다고 볼 수 있습니다.

결국, CPI는 전체적인 물가의 경향성을 파악하는 데는 유용하나, 실질 물가와 실질 생계비 파악과 정교한 정책 수립에는 한계가 있습니다.

이상으로 1번 문제의 답변을 마치겠습니다.

2번 문제의 답변을 시작하겠습니다.

물가 상승은 경제적 불평등의 심화를 가져올 것이라 생각합니다. 물가 상승은 실질 소득의 감소로 이어져 물가 상승은 국민 전체에 영향을 주며, 소득 수준에 따라 충격의 강도가 크게 달라질 것입니다. 저소득층에게 물가 상승은 필수 생계비의 감소로 연결될 것이기 때문에 고소득층에 비해 훨씬 큰 타격을 받습니다.

특히, 정부의 복지 기금으로 생활하는 취약 계층은 이중고, 삼중고를 겪을 것입니다. 먼저, 앞서 말한 바와 같이 실질 소득이 감소하고, CPI에 연동된 정부의 각종 지급액도 실질적으로 감소할 것입니다. 더 나아가 제시문 (가)와 (나)의 사례처럼 양과 질 조정을 통한 편법적인 가격 상승이 발생할 수도 있습니다. 이와 같이 물가 상승으로 인해 가격은 상승하고 가격 외적 혜택은 감소하게 되어 경제 불평등은 심화되고 중첩될 것입니다.

이러한 주장을 뒷받침하기 위해서는 '소득 분위별 가처분 소득 자료'가 필요합니다. '소득 분위별 가처분 소득 자료'란 개인이 사적으로 번 돈에 세금을 빼고 정부에서 제공하는 혜택을 더한 실질적 소득액을 소득 분위별로 제시한 것을 말합니다. 이 자료가 필요한 이유는 소득 분위별로 실질 소득의 격차가 커짐을 통계적으로 확인해야 하기 때문입니다. 그와 더불어 계층별로 다른 지출 구조를 반영하기 위해서는 소득 요소뿐만 아니라 실제로 지출에 쓸 수 있는 금액이 반영된 통계가 필요합니다.

'소득 분위별 가처분 소득 자료'를 통해 소득 계층, 실질 소득, 지출 구조라는 세 가지 요소를 반영할 수 있을 것입니다.

이상으로 2번 문제의 답변을 마치겠습니다. 감사합니다!

문제 해결의 Tip

지표

경제 및 정책 관련 문제가 나왔을 때는 '지표'라는 개념과 연결해 보아야 합니다. 이 문제는 제시문에서 직접 '지표'를 언급하고 있습니다만, 직접 언급되지 않았더라도 해당 개념을 활용하는 연습이 필요합니다. 지표는 추상적 개념을 대표하고 그 개념에 관련되는 지수나 척도를 말합니다. 경제학, 사회과학, 정책학에서는 필수적인 도구입니다.

지표는 측정의 도구인 동시에 실행의 근거가 됩니다. 이 점을 잘 인지하셔야 합니다. 한 번 더 강조하겠습니다. 지표를 '측정'의 관점으로만 보지 말고, 더 나아가 '실행'의 근거임을 꼭 밝혀 주세요. 이를 유념할 때 "CPI는 물가 파악 지표일 뿐만 아니라 여러 정책의 추진 근거 지표이기도 합니다."와 같은 표현을 할 수 있을 것입니다.

'과잉, 과대, 과소'로 인한 왜곡

왜곡을 두 가지로 나누어서 설명해 보겠습니다. 첫째는 '상태 왜곡'이고, 둘째는 '정도 왜곡'입니다. 상태 왜곡은 A를 B라고 칭하는 것입니다. A를 A라 칭하지 않고 엉뚱한 이름으로 부르는 것이지요. 정도 왜곡은 A를 A라고 부르기는 합니다만, A의 정도에 대한 왜곡이 있는 것이지요. 즉, A는 100인데 50에 불과하다고 말하는 것이 바로 정도 왜곡입니다. 정도 왜곡의 대표 유형이 과잉, 과대, 과소입니다.

학생들은 정도 왜곡을 잘 찾지 못하고, 잘 표현하지도 못합니다. 이 문제도 정도 왜곡이 있는 문제입니다. 제시문 (가)와 (나)의 사례에서 공급자가 가격을 손대지 않고 상품의 양과 질을 조절할 경우, CPI는 생계비의 상승 정도를 '과소' 반영하는 데에 그칩니다. "CPI는 실질 물가를 과소 반영하기 때문에, 현실의 생계비 변화를 정책에 반영하기 어렵다는 맹점을 가지고 있습니다."와 같이 정도 왜곡을 잘 포착해 내야 합니다.

- 인문대학
- 사회과학대학
- 간호대학
- 농업생명과학대학 농경제사회학부
- 생활과학대학 소비자아동학부 소비자학전공 · 아동가족학전공, 의류학과
- 사범대학
- 자유전공학부(인문)
- 경영대학

주요 개념

물가, 소비자 물가 지수(CPI), 물가 연동 정책, 소비 지출 구조, 경제적 불평등

서울대학교의 공식 해설

▶ 제시문 (가)는 두 가지 사실을 설명한다: ① CPI는 가계가 구매하는 품목들의 가중 평균이다.; ② 정부는 CPI를 '물가 연동 정책'에 활용하나, CPI 적용의 맹점 또한 존재한다.

제시문 (나), (다), (라)는 모두 그 맹점을 보여주는 사례로 활용될 수 있다. 이 제시문들은 모두 소비자 물가 지수가 생계비(cost of living)의 변화를 정확히 보여주지 못하는 사례이다. 따라서 가계의 동일한 생활 수준을 유지하는 것이 목적이라면, 정부 지급액을 CPI에 연동하는 것이 적절하지 않다는 주장을 할 수 있다. 제시문 (나)와 (다)는 재화 또는 서비스 공급자가 어떤 이유로 가격을 못 올리는 경우 가격 대신 해당 상품의 양(quantity)을 줄이거나 또는 질(quality)을 떨어뜨린 사례를 보여준다. 즉, CPI에는 반영이 안 되지만, 동일한 상품(재화나 서비스의 종류뿐만 아니라 질과 양도 동일한 상품)의 가격은 실질적으로 상승한 사례이다. 따라서 CPI가 생계비의 상승 정도를 실제보다 축소해서 보여주는 경향이 있다고 주장할 수 있다. 제시문 (라)는 개별 소비자 또는 개별 가계의 소비 지출 구조, 즉 '장바구니'가 각각 다르다는 사실의 몇 가지 사례를 나열한다. 반면, CPI는 평균적인 가계의 생계비만을 보여준다. 따라서 개별 가계에 주어지는 정부 지급액을 CPI에 연동하는 정책이 불합리하다고 주장할 수 있다.

이 문항은 논리적, 분석적, 비판적 사고력과 독해력, 사례를 이용하여 자신의 견해를 논리적으로 전개하는 능력을 평가한다.

▶ 제시문 (라)에 주어진 몇 가지 사례를 통해 개별 소비자들의 소비 지출 구조, 즉 '장바구니(소비 바구니)'가 다르다는 일반적인 사실을 추론하게 한다. 그리고 이 사실을 바탕으로 물가 상승이 가져올 분배적 함의에 대해 생각해 보도록 유도하고자 한다. 또한, 자신의 의견을 뒷받침하는 데 필요한 가정과 자료를 적절히 제시하는지 평가한다.

이 문항은 제시문 (라)에서 실증적 사실을 추론하고, 이를 토대로 물가 상승의 분배적 함의를 도출한다. 본인의 주장을 뒷받침하는 데 필요한 가정과 자료를 생각해 내는 능력을 측정한다.

※ 제시문을 읽고 문제에 답하시오.

(가) 본 연구는 오늘날 관측되는 지구 온난화가 대부분 인간의 활동으로 야기되었을 가능성이 높다는 데 과학자들이 얼마나 합의하는지 조사했다. 1991년부터 2011년까지 출판된 11,944편의 논문 중 7,930편(66.4%)은 '인간에 의한 지구 온난화'에 대해 별다른 입장을 표명하지 않은 것으로 확인되었다. 32.6%는 인간에 의한 지구 온난화가 존재함을 명시했다. 32.6%, 해당하는 위 논문에서 97.1%는 인간에 의한 지구 온난화가 이미 과학적으로 합의된 것임을 지지했다. 반면, 인간에 의한 지구 온난화에 대한 과학적 합의를 부정하는 논문들은 조사된 전체 논문에서 극히 낮은 비율을 차지하는 것으로 나타났다.

(나) 나는 늘 기후 변화가 현실이고 미래에 심각한 위협이 되리라 믿었다. 지난 30년간 기후 변화에 대한 과학적 예측이 점점 더 많이 이루어졌고 기후 변화가 인간 활동으로 초래되었다는 점에 과학계는 거의 만장일치로 합의했다. 기후 변화 메시지가 수십 년째 울려 퍼지며 온실가스 감축이나 신재생 에너지 개발을 위한 국제 사회의 시도로 이어져 왔다. 그럼에도 불구하고 아직도 많은 사람이 기후 변화 문제의 심각성을 실감하지 못하거나 외면하는 현실이 개탄스럽다.

(다) 분명히 말하면, 과학이 하는 일은 합의라는 것과 아무 관련이 없다. 합의란 정치판 같은 곳에서 벌어지는 비즈니스일 뿐이다. 이와 반대로, 과학은 정답을 발견한 연구자 한 명으로도 충분하다. 이 말은 실제 세계에서 증명할 수 있는 연구 결과가 도출된 경우를 의미한다. 과학에서 합의라는 것은 타당성을 갖추지 못했음을 의미하는 것이다. 타당하다는 것은 동일한 결과가 재현될 수 있음을 뜻한다. 역사상 가장 위대한 과학자들은 정확히 말하면 그들이 합의라는 것으로부터 단절되었기 때문에 위대한 것이다. 합의라는 과학은 없다. 만약 무언가가 합의된 것이라면 그것은 과학이 아니다. 만약 과학이라면 그것은 합의를 통한 것이 아니다.

문제 1

제시문 (가), (나), (다)를 읽고 과학적 합의에 대한 본인의 견해를 밝히시오.

문제 2

실제 사례를 들어 과학적 합의가 정책 결정의 타당한 근거가 될 수 있는지 제시문 (가), (나), (다)와 연계하여 논하시오.

문제 1

1번 문제의 답변을 시작하겠습니다.

과학적 합의는 아직 법칙이나 이론의 지위를 얻지는 못했지만, 현실적으로는 영향력을 발휘하는 실재라고 생각합니다.

제시문 (가)는 '인간에 의한 지구 온난화'에 대해 과학적 합의가 현실적으로 존재하며 지지를 받고 있다는 사실을 소개합니다. 제시문 (나) 또한, 기후 변화에 대한 과학계의 만장일치 합의를 명시합니다. 한발 더 나아가 과학적 합의에 근거한 국제 사회의 활동이 있고, 사람들이 그 합의를 외면하는 현실을 개탄하기까지 합니다.

제시문 (다)는 제시문 (가)와 (나)의 의견과 대조됩니다. 제시문 (가)와 (나)가 과학적 합의에 긍정적인 반면, 제시문 (다)는 과학적 합의에 부정적입니다. 과학은 합의가 아니라 증명의 대상이라는 것이지요. 증명 아닌 합의에 의한 과학은 타당성이 없다고 봅니다.

제시문에 기반해서 과학적 합의에 대한 제 견해를 말씀드려 보겠습니다. 저 또한 학문에 있어 합의 만능주의는 경계해야 할 태도라고 생각합니다. 하지만 전문가들 대다수의 합리적 합의와 이해관계에 기반한 적당주의식 야합과 타협은 구별되어야 한다고 봅니다.

과학뿐 아니라 인문학과 사회과학도 철저한 증명과 검증을 통해 이론화됩니다. 입증되지 않은 과학은 이론으로서의 타당성이 결여되었기 때문입니다. 그럼에도 불구하고, 과학적 합의는 현실적 유용성과 영향력을 가집니다. 제시문 (가)와 (나)에 나타나 있듯 지구 온난화에 인간의 책임이 있다는 것은 가장 유력한, 즉 합의의 수준이 높은 학설입니다. 그 합의에 기반해서 자연과 생태계에 대한 경각심이 높아지고 여러 환경 보호 활동이 진행될 수 있습니다.

또한, 아직도 자연에는 현대 과학으로 다 알 수 없는 미지의 영역이 있습니다. 하지만 모른다고 해서 아무것도 안 할 수는 없을 것입니다. 모르더라도 대비하고 노력해야 합니다. 그때 필요한 것이 과학적 합의입니다. 이론과 법칙이 하루아침에 성립될 리 없습니다. 수많은 가설과 학설이 수많은 검증과 실험을 거쳐 이론과 법칙의 지위를 얻습니다. 그렇게 보면 과학적 합의는 가설과 이론의 중간에 있는, 즉 아직 법칙이나 이론의 지위를 얻지는 못했지만, 이론이 될 가능성이 높은 준(準)이론의 지위에 있다고 생각합니다.

이상으로 1번 문제의 답변을 마치겠습니다.

2번 문제의 답변을 시작하겠습니다.

저는 과학적 합의가 정책 결정의 타당한 근거가 될 수 있다고 생각합니다. GMO, 즉 유전자 변형 식품의 사례를 들어 말씀드리겠습니다. 제가 알고 있는 범위 내에서 GMO의 유해성에 대한 과학적 입증은 완벽하게 이루어지지 않았습니다. 만약 제시문 (다)의 입장을 그대로 따른다면, GMO의 유해성은 과학적으로 입증되지 않았기 때문에 효율성이 높은 GMO를 규제할 근거도 필요도 없습니다. 하지만 우리나라를 비롯해 여러 국가에서 GMO에 대한 제재를 가하는 중입니다. 이는 제시문 (가)와 (나)를 통해 알 수 있듯 과학적 합의에 기반한 정책 시행이 안전성을 철저히 하기 위해 필요하다는 사회적 합의에 근거를 두고 있기 때문이라고 생각했습니다.

다시 말해, GMO의 유해성에 대해 완전한 과학적 검증은 없습니다. 하지만 GMO의 유해성에 대한 과학적 공감대와 사회적 불안감은 분명히 존재합니다. 그렇기 때문에 현 수준에서 안전성이 확보된 GMO에 한해 유통을 허가하는 정책은 상식적이며 타당합니다.

제시문 (가)와 (나)를 보면 명확한 과학적 입증이 없음에도 불구하고, 지구 온난화에 인간의 책임이 있다는 것에 과학적 합의가 형성되어 있습니다. 그리고 이러한 합의에 기반을 두어서 국제 사회는 여러 시도를 하는 중이며, 유의미한 결과를 낳고 있습니다.

저 또한 과학적 합의가 번복된 사례가 많기 때문에 과학적 합의와 과학 이론은 구분해야 한다고 생각합니다. 그래서 상식적 합의와 사회적 합의를 동반한 과학적 합의만이 비로소 정책적 타당성을 가진다고 봅니다. 또한, 그 정책이 수립 이후 방치되지 않고, 지속적으로 과학적 검증에 노출되어야 타당성이 유지된다고 생각합니다.

이상으로 2번 문제의 답변을 마치겠습니다. 감사합니다!

문제 해결의 Tip

합의와 야합

비슷한 뜻이지만 뉘앙스에 따라 다르게 표현되는 단어 쌍이 있음을 강조했던 바 있습니다. 반복해 보자면 '일관성'과 '획일성'은 그 뜻이 크게 다르지 않지만, '일관성'이 긍정적인 느낌을 주고 '획일성'은 부정적인 느낌을 줍니다. '합의'와 '야합'도 '의견이 모아진다.'라는 뜻은 비슷합니다. 하지만 '합의'는 긍정적이고 '야합'은 부정적이지요.

긍정적·부정적 뉘앙스를 잘 살린 단어를 대칭적으로 사용하면 편리할 때가 많습니다. 예컨대 "전문가들 대다수의 합리적 합의와 이해관계에 기반한 적당주의식 야합과 타협은 구별되어야 한다고 봅니다."와 같은 문장을 어렵지 않게 만들 수 있을 것입니다.

이론과 가설

'이론'을 뜻하는 영어 'theory'의 어원은 'theoria'입니다. '본다'라는 뜻이지요. 즉, 이론은 사물이나 현상의 '본질을 보는' 것입니다. 가설을 뜻하는 영어 'hypothesis'의 'hypo'는 'under', 'less than'의 의미이고, 'thesis'는 논문, 주장, 명제 등의 뜻입니다. 즉, 가설은 논문에 이르지 못한, 그 아래 단계라는 의미입니다.

'theory'와 'hypothesis'의 어근을 따져 보면 이론과 가설의 관계를 정교하게 알 수 있습니다. 이처럼 단어를 분절해서 어근을 파악해 두면 원천적 이해도가 높아질 것입니다.

저는 이 접근을 현강에서 많이 강조하는 편입니다. 조금 귀찮더라도 '어근 분절법'을 많이 시도해 주세요. 그러면 "수많은 가설과 학설이 수많은 검증과 실험을 거쳐 이론과 법칙의 지위를 얻습니다. 그렇게 보면 과학적 합의는 가설과 이론의 중간에 있는, 즉 아직 법칙이나 이론의 지위를 얻지는 못했지만, 이론이 될 가능성이 높은 준(準)이론의 지위에 있다고 생각합니다."와 같은 고차원적 표현을 어느새 만들고 있을 것입니다.

- 인문대학
- 사회과학대학(경제학부, 사회복지학과 제외)
- 사범대학

주요 개념

인간에 의한 지구 온난화, 기후 변화, 과학적 합의, 정책 결정

서울대학교의 공식 해설

▶ '과학적 합의' 또는 '과학자들 사이의 합의'라는 주제에 대한 수험생의 견해를 묻고자 한다. 답변의 범위가 너무 넓어질 수 있기 때문에, 제시문 (가), (나), (다)를 바탕으로 논리를 전개할 필요가 있다. 제시문 (가)와 (나)의 경우, 과학적 합의의 가능성에 긍정적인 반면, 제시문 (다)는 과학적 합의 자체를 부정한다. 하지만 제시문 (가)와 (나) 사이에도 차이점이 존재한다. 제시문 (가)는 과학적 합의에 관한 조사 결과를 객관적으로 전달하는 반면, 제시문 (나)는 이러한 합의를 많은 사람들이 여전히 외면한다고 문제를 제기한다. 엄밀히 말해, 제시문 (다)의 내용만으로 필자가 인간에 의한 기후 변화 자체를 부정한다고 확신할 수는 없다. 제시문 (다)의 필자는 기후 변화가 인간의 활동에 의한 것인지는 과학적으로 타당한 과정을 거쳐 '확인해야' 할 사안이지, '합의해야' 할 사안이 아니라는 입장에 가깝다.

이 문항은 제시문의 내용을 이용하여 자신의 견해를 논리적으로 전개하는 능력을 평가한다.

▶ '과학적 합의'가 사회 문제 해결과 의사 결정의 타당한 근거가 될 수 있는지 논의를 유도한다. 실제 사례를 들되, 답변의 범위가 너무 넓어질 수 있기 때문에 제시문 (가), (나), (다)에 바탕을 둔 논리를 전개할 필요가 있다.

이 문항은 과학적 합의에 대한 입장을 실제 사례에 적용하여 자신의 견해를 논리적으로 전개하는 능력을 평가한다.

※ 제시문을 읽고 문제에 답하시오.

문제 2

10원짜리, 100원짜리, 500짜리 동전이 각각 하나씩 놓여있다. 차례로 동전을 한 개씩 뒤집는 작업을 통해 동전을 다음의 상태로 바꾸려고 한다.

(∗) 3개의 동전이 모두 앞면이거나 모두 뒷면

동전을 뒤집을 순서를 차례대로 나열한 수열을 '뒤집기 수열'이라고 하자. 즉, '뒤집기 수열' $\{a_n\}$은 n번째에 a_n 원 짜리 동전을 뒤집는 것을 말하며 수열 $\{a_n\}$의 모든 항은 10, 100, 500 중 하나이다. 예를 들어, '뒤집기 수열' 100, 500, … 에 따라 동전을 뒤집으면 다음과 같다.

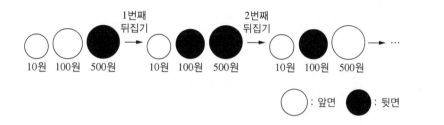

도전자가 '뒤집기 수열'을 하나 제시하면, 심판이 3개의 동전을 (∗) 상태가 아니도록 무작위로 놓은 후, 도전자가 제시한 '뒤집기 수열'에 따라 동전을 뒤집는다. 3개의 동전이 (∗) 상태가 되면 뒤집기를 멈춘다.

[2-1]

모든 '뒤집기 수열'에 대해 1번 만에 3개의 동전이 (∗) 상태로 바뀔 확률은 같다. 그 확률을 구하시오.

[2-2]

2번 이내에 3개의 동전이 (∗) 상태로 바뀔 확률을 최대로 만드는 '뒤집기 수열' 하나의 처음 두 개 항을 제시하고 그 최대의 확률을 구하시오.

[2-3]

n번 이내에 3개의 동전이 (∗) 상태로 바뀔 확률이 1인 '뒤집기 수열'이 존재하도록 하는 n의 최솟값을 구하시오.

[2-4]

위에서 (*) 상태를 아래의 (**) 상태로 대체한다.

(**) 3개의 동전이 모두 앞면

도전자가 '뒤집기 수열'을 하나 제시하면, 심판이 3개의 동전을 (**) 상태가 아니도록 무작위로 놓은 후, 도전자가 제시한 '뒤집기 수열'에 따라 동전을 뒤집는다. 3개의 동전이 (**) 상태가 되면 뒤집기를 멈춘다. n번 이내에 3개의 동전이 (**) 상태로 바뀔 확률이 1인 '뒤집기 수열'이 존재하도록 하는 n의 최솟값을 구하시오.

구상지

2-1

1번 문제의 답변을 시작하겠습니다.

(설명과 계산을 시작합니다.)

(∗) 상태가 아니도록 동전 3개의 앞면과 뒷면을 무작위로 놓은 배열과 각 배열에 대하여 1번 만에 (∗) 상태로 바뀔 '뒤집기 수열'을 표로 나타내겠습니다. 표에서 H는 앞면, T는 뒷면을 뜻합니다.

10원	100원	500원	뒤집기 수열
H	H	T	{500, ⋯}
H	T	H	{100, ⋯}
T	H	H	{10, ⋯}
H	T	T	{10, ⋯}
T	H	T	{100, ⋯}
T	T	H	{500, ⋯}

(∗) 상태가 아니도록 동전 3개의 앞면과 뒷면을 무작위로 놓은 배열의 모든 경우의 수는 6가지입니다. 또한, 모든 '뒤집기 수열'은 a_1의 값으로 분류할 수 있습니다. 따라서 각 '뒤집기 수열'에 대한 확률은 다음과 같습니다.

(i) $a_1 = 10$, 즉 $\{10, \cdots\}$은 $\dfrac{2}{6} = \dfrac{1}{3}$

(ii) $a_1 = 100$, 즉 $\{100, \cdots\}$은 $\dfrac{2}{6} = \dfrac{1}{3}$

(iii) $a_1 = 500$, 즉 $\{500, \cdots\}$은 $\dfrac{2}{6} = \dfrac{1}{3}$

입니다.

즉, 1번 만에 3개의 동전이 (∗) 상태로 바뀔 확률은 $\dfrac{1}{3}$입니다.

이상으로 1번 문제의 답변을 마치겠습니다.

2번 문제의 답변을 시작하겠습니다.

(설명과 계산을 시작합니다.)

1번 문제의 표에 2번 만에 (＊) 상태로 바뀔 '뒤집기 수열'을 추가하겠습니다.

10원	100원	500원	1번 (＊) 뒤집기 수열	2번 (＊) 뒤집기 수열
H	H	T	$\{500, \cdots\}$	$\{10, 100, \cdots\}, \{100, 10, \cdots\}$
H	T	H	$\{100, \cdots\}$	$\{10, 500, \cdots\}, \{500, 10, \cdots\}$
T	H	H	$\{10, \cdots\}$	$\{100, 500, \cdots\}, \{500, 100, \cdots\}$
H	T	T	$\{10, \cdots\}$	$\{100, 500, \cdots\}, \{500, 100, \cdots\}$
T	H	T	$\{100, \cdots\}$	$\{10, 500, \cdots\}, \{500, 10, \cdots\}$
T	T	H	$\{500, \cdots\}$	$\{10, 100, \cdots\}, \{100, 10, \cdots\}$

2번 이내에 (＊) 상태로 바뀔 수 있는 '뒤집기 수열'에 대한 확률은 1번 만에 바뀔 확률과 2번 만에 바뀔 확률의 합과 같습니다. 따라서 각 '뒤집기 수열'의 확률은 다음과 같습니다.

(i) $a_1 = 10, \ a_2 = 100$, 즉 $\{10, \ 100, \ \cdots\}$은 $\dfrac{2}{6} + \dfrac{2}{6} = \dfrac{4}{6} = \dfrac{2}{3}$

(ii) $a_1 = 10, \ a_2 = 500$, 즉 $\{10, \ 500, \ \cdots\}$은 $\dfrac{2}{6} + \dfrac{2}{6} = \dfrac{4}{6} = \dfrac{2}{3}$

(iii) $a_1 = 100, \ a_2 = 10$, 즉 $\{100, \ 10, \ \cdots\}$은 $\dfrac{2}{6} + \dfrac{2}{6} = \dfrac{4}{6} = \dfrac{2}{3}$

(iv) $a_1 = 100, \ a_2 = 500$, 즉 $\{100, \ 500, \cdots\}$은 $\dfrac{2}{6} + \dfrac{2}{6} = \dfrac{4}{6} = \dfrac{2}{3}$

(v) $a_1 = 500, \ a_2 = 10$, 즉 $\{500, \ 10, \ \cdots\}$은 $\dfrac{2}{6} + \dfrac{2}{6} = \dfrac{4}{6} = \dfrac{2}{3}$

(vi) $a_1 = 500, \ a_2 = 100$, 즉 $\{500, \ 100, \cdots\}$은 $\dfrac{2}{6} + \dfrac{2}{6} = \dfrac{4}{6} = \dfrac{2}{3}$

즉, $a_1 \neq a_2$인 모든 '뒤집기 수열'은 구하는 '뒤집기 수열'이고 그 확률은 $\dfrac{2}{3}$입니다.

이상으로 2번 문제의 답변을 마치겠습니다.

3번 문제의 답변을 시작하겠습니다.

(설명과 계산을 시작합니다.)

문제에서 요구하는 n은 (*) 상태가 아닌 동전 3개의 앞면과 뒷면을 무작위로 놓은 모든 배열에 대해 (*) 상태로 바뀔 수 있는 '뒤집기 수열'의 항 번호 중 최솟값을 뜻합니다.

2번 문제의 결과에서 2번 이내 3개의 동전이 (*) 상태로 바뀔 확률의 최댓값은 $a_1 \neq a_2$일 때 $\dfrac{2}{3}$이므로 $a_1 \neq a_2$인 '뒤집기 수열'부터 조사해 보겠습니다.

$a_1 = 10$, $a_2 = 100$일 때

(i) $a_3 = 10$인 경우

10원	100원	500원	1번 시행 후	2번 시행 후	3번 시행 후
H	H	T	THT	TTT (종료)	
T	T	H	HTH	HHH (종료)	
H	T	H	TTH	THH	HHH (종료)
T	H	T	HHT	HTT	TTT (종료)
T	H	H	HHH (종료)		
H	T	T	TTT (종료)		

(ii) $a_3 = 100$인 경우

10원	100원	500원	1번 시행 후	2번 시행 후	3번 시행 후
H	H	T	THT	TTT (종료)	
H	T	H	HTH	HHH (종료)	
T	H	H	TTH	THH	TTH
H	T	T	HHT	HTT	HHT
T	H	T	HHH (종료)		
T	T	H	TTT (종료)		

(iii) $a_3 = 500$인 경우

10원	100원	500원	1번 시행 후	2번 시행 후	3번 시행 후
H	H	T	THT	TTT (종료)	
H	T	H	HTH	HHH (종료)	
T	H	H	TTH	THH	THT
H	T	T	HHT	HTT	HTH
T	H	T	HHH (종료)		
T	T	H	TTT (종료)		

3번 이내에 (*) 상태로 바뀔 수 있는 '뒤집기 수열'에 대한 확률은 1번 만에 바뀔 확률과 2번, 3번 만에 바뀔 확률의 합과 같습니다.

(i) $a_1 = 10$, $a_2 = 100$, $a_3 = 10$, 즉 $\{10, \ 100, \ 10, \cdots\}$은 $\dfrac{2}{6} + \dfrac{2}{6} + \dfrac{2}{6} = \dfrac{6}{6} = 1$

(ii) $a_1 = 10$, $a_2 = 100$, $a_3 = 100$, 즉 $\{10, \ 100, \ 100, \cdots\}$은 $\dfrac{2}{6} + \dfrac{2}{6} = \dfrac{4}{6} = \dfrac{2}{3}$

(iii) $a_1 = 10$, $a_2 = 100$, $a_3 = 500$, 즉 $\{10, \ 100, \ 500, \cdots\}$은 $\dfrac{2}{6} + \dfrac{2}{6} = \dfrac{4}{6} = \dfrac{2}{3}$

(i)에서 3개의 동전이 (*) 상태로 바뀔 확률이 1인 '뒤집기 수열'이므로 n의 최솟값은 3입니다.

마찬가지로 $\{10, \ 500, \ 10, \ \cdots\}$, $\{100, \ 10, \ 100, \ \cdots\}$, $\{100, \ 500, 100, \ \cdots\}$, $\{500, \ 10, \ 500, \ \cdots\}$, $\{500, \ 100, 500, \ \cdots\}$인 경우에도 3번 시행 후 모든 동전의 앞뒤 배열은 (*) 상태가 됨을 알 수 있습니다.

따라서 구하는 n의 최솟값은 3입니다.

이상으로 3번 문제의 답변을 마치겠습니다.

4번 문제 답변을 시작하겠습니다.

(설명과 계산을 시작합니다.)

(i) (*) 상태가 아닌 경우

    3번 문제의 결과에서 동전 3개의 앞면과 뒷면을 무작위로 놓은 배열의 3번 시행 후 동전의 상태를 관찰하면 전체 6가지 중 3가지는 HHH이므로 (**) 상태이고, 3가지는 TTT입니다.

    이때 순열 $\{a_4,\ a_5,\ a_6\}$이 $\{10,\ 100,\ 500\}$의 순열과 같으면 (**) 상태로 바뀔 수 있습니다.

    따라서 구하는 n의 최솟값은 6입니다.

(ii) (*) 상태 중 10원, 100원, 500원이 모두 뒷면인 경우

    (i)에서 $a_1=10$, $a_2=100$, $a_3=10$, $\{a_4,\ a_5,\ a_6\}$은 $\{10,\ 100,\ 500\}$의 순열입니다.

    이 중 $\{10,\ 100,\ 10,\ 10,\ 100,\ 500\}$의 뒤집기 수열을 적용해 보면 다음과 같습니다.

10원	100원	500원	1번 시행 후	2번 시행 후	3번 시행 후	4번 시행 후	5번 시행 후	6번 시행 후
T	T	T	HTT	HHT	THT	HHT	HTT	HTH

    이때, 6번 만에 (**) 상태가 될 수 없습니다.

    10원 동전은 3번, 500원 동전은 1번 뒤집히지만 100원 동전은 2번만 뒤집히기 때문에 $a_7=100$이어야 합니다.

    즉, $a_2=100$이므로 $a_7=a_2$일 때, 7번 시행 후 (**) 상태가 됩니다.

    따라서 3번 문제와 (i)의 수열에서 $a_7=a_2$일 때 (**) 상태가 됩니다.

    그러므로 구하는 n의 최솟값은 7입니다.

(i), (ii)에서 구하는 n의 최솟값은 7입니다.

이상으로 4번 문제의 답변을 마치겠습니다. 감사합니다!

문제 해결의 Tip

[2-1] 관찰 및 추론

확률의 정의는 $\dfrac{(\text{구하는 사건이 일어나는 경우의 수})}{(\text{모든 경우의 수})}$ 입니다. 여기에서 경우의 수는 동전 3개의 앞면과 뒷면을 무작위로 놓은 배열의 경우의 수임을 파악해야 합니다.

[2-2] 관찰 및 추론

동전 3개의 앞면과 뒷면을 무작위로 놓은 배열의 경우의 수에 대해서 '뒤집기 수열'의 a_1항과 a_2항을 가정하여 관찰하면 쉽게 구할 수 있습니다.

[2-3] 관찰 및 추론

[2-2]의 결과를 이용하여 a_3항부터 결정합니다. 경우를 나누어 수열을 직접 구해 주면 해결할 수 있습니다.

[2-4] 관찰 및 추론

[2-3]의 결과를 관찰하면 쉽게 a_4항부터 그 값을 추론할 수 있습니다. 이때 모두 뒷면인 경우는 따로 생각해 주어야 문제를 해결할 수 있습니다.

활용 모집 단위

- 사회과학대학 경제학부
- 경영대학
- 자유전공학부
- 생활과학대학 소비자아동학부 소비자학전공, 의류학과
- 농업생명과학대학 농경제사회학부
- 농업생명과학대학 조경·지역시스템공학부, 바이오시스템·소재학부, 산림과학부
- 공과대학
- 약학대학
- 사범대학 수학교육과
- 자연과학대학 수리과학부, 통계학과

주요 개념

경우의 수, 확률, 수열

서울대학교의 공식 해설

▶ [2-1] '뒤집기 수열'의 의미를 이해하고, 경우의 수를 이용하여 확률을 계산할 수 있다.

▶ [2-2] '뒤집기 수열'의 의미를 이해하고, 경우의 수를 이용하여 확률을 계산할 수 있다. '뒤집기 수열'마다 동전이 (*) 상태로 바뀔 확률이 다름을 이해한다.

▶ [2-3] '뒤집기 수열'의 의미를 이해하고, 경우의 수를 이용하여 확률을 계산할 수 있다. '뒤집기 수열'마다 동전이 (*) 상태로 바뀔 확률이 다름을 이해하고, 모든 동전이 (*) 상태로 바뀌는 '뒤집기 수열'을 찾을 수 있다.

▶ [2-4] '뒤집기 수열'의 의미를 이해하고, 경우의 수를 이용하여 확률을 계산할 수 있다. '뒤집기 수열'을 이용하여 동전을 (**) 상태로 바꾸는 과정을 '일대일 대응'을 이용하여 설명하거나, 역으로 생각하여 (**) 상태에서 임의의 배치로 동전을 바꾸는 상황으로 바꾸어 생각할 수 있다.

※ 제시문을 읽고 문제에 답하시오.

> (가) 진실을 추구하지만 이야기라는 틀을 벗어날 수 없는 혼종 학문인 역사학은 인문학의 경계에 위치하면서 다른 학문보다 더 어렵기도 하고 더 쉽기도 하다. 역사가들은 원하는 정보 모두를 획득할 때까지 사료를 끊임없이 파헤치고, '사실'을 다루는 자신들의 깊이를 앞세워 여타 학문의 동료들을 괴롭히는 콧대 높은 경험주의자들이다. 이와 동시에 역사책은 흔히 이야기를 중심으로 전개되며, 가장 성공적인 역사서들은 대체로 훌륭한 소설의 속성을 일정하게 갖고 있다. 역사학의 본질적 혼종성은 과거를 재구성하는 데 있어서 사실성과 허구성 사이의 경계에 관한 논쟁의 핵심적 이유이다.
>
> (나) 크리스토퍼 브라우닝(Christopher Browning)은 1942~1943년에 걸쳐 약 38,000명의 유대인 학살 명령을 수행한 독일 101 예비 경찰대의 재판 기록을 통해 '평범한 사람들'이 학살에 가담했던 이유를 설명한다. 유대인을 죽이라는 명령을 받고 당황한 대원들에게 상관은 나이가 좀 더 많은 사람들은 임무를 수행하지 못할 것 같으면 빠져도 좋다고 말했지만, 선택의 가능성에도 불구하고 80~90%의 대원들이 대량 학살에 가담했다. 브라우닝은 사회적 관계로 인해 나약한 인간이 부당한 일을 행할 수 있다고 보았다. 순응주의, 권위에 대한 복종, 임무를 거부할 때 동료들로부터 따돌림을 당할지도 모른다는 두려움이 학살 가담의 결정적 원인이라는 것이다. 브라우닝은 무엇이 보통 사람들을 그토록 잔혹한 범죄에 가담하도록 이끌었는가를 이해하려 했던 것이고 그의 결론은 집단적 순응성의 압도적인 영향이었다.
>
> (다) 대니얼 골드하겐(Daniel Goldhagen)은 브라우닝과 동일한 사료를 검토하고 정반대의 결론을 내렸다. 그의 결론은 101 예비 경찰대의 압도적 다수가 동료들의 압력, 복종, 혹은 자신들의 경력 때문에 학살에 가담했던 것이 아니라, 섬뜩할 정도로 냉담하고 잔인한 행동을 묘사한 기록들에서 드러나듯 유대인 학살의 적극적 욕망을 가지고 행동했기 때문이라는 것이다. 골드하겐은, 학살 가담이 내키지 않았고 자신들의 행동을 혐오했다는 대원들의 진술이 자기변호에 불과하며, 그들은 '평범한 보통 사람들'이 아니라 '비정상적인 정치 문화의 보통 사람들'이라고 보았다. 그의 명제는 단순하고 명확하다. "독일인의 반유대주의적 신념이 홀로코스트를 유발한 핵심 동인이다." 골드하겐은 사회적 관계에 초점을 맞추기보다는 반유대주의라는 당시 독일 사회의 특수성을 문제시했다. 그의 자명한 주장은 앞선 역사가들과 달랐지만, 상당한 대중적 찬사를 받았다.

문제 1

제시문 (가)에서 말한 역사학에서의 허구성을 구체적으로 설명하고, 제시문 (나)와 (다)에서 발견되는 허구적 요소가 각각 무엇인지 설명하시오.

문제 2

제시문 (가)에서 말한 '혼종성'이 다른 학문 분야에서 어떻게 나타날 수 있는지 예를 들어 설명하시오.

문제 1

1번 문제의 답변을 시작하겠습니다.

제시문 (가)에서 말하는 역사학의 허구성은, 역사를 해석하는 과정에서 사료의 사실적 근거만으로 설명할 수 없는 부분을 역사가가 허구적 상상력을 결합하여 개연성 있게 재구성하는 것을 말합니다. 다시 말해 역사학에는 사실성과 허구성이 혼종되어 있는데, 이것이 바로 역사의 혼종성입니다. 역사 그 자체는 사실일지 몰라도, 역사가의 주관적 해석과 결합하여 재구성된 역사는 서사적 성격을 띠는데, 역사 교과서에서 이런 특성을 '기록으로서의 역사'로 표현했던 것으로 기억합니다.

제시문 (나)와 (다)는 모두 '유대인 학살 사건'을 다루고 있지만, 역사가의 주관적 해석이 결합하여 동일한 역사적 사건을 각기 다르게 설명하고 있습니다. 브라우닝과 골드하겐은 홀로코스트라는 사건에 대해 각기 다른 해석을 혼종함으로써, 다른 역사를 구성한 것입니다.

제시문 (나)의 브라우닝은 홀로코스트에 인간의 집단적 순응성이라는 이야기를 혼종하였습니다. 그는 '따돌림에 대한 두려움'이라는 인간 보편의 심리를 평범한 사람들이 학살에 가담한 주요인으로 분석하였습니다. 브라우닝은 재판 기록이라는 '사실'에 사회적 압박이라는 '허구'를 더하여, '보통 사람의 학살 가담'이라는 이야기를 구성하였습니다.

반면, 제시문 (다)의 골드하겐은 당시 독일 사회의 반유대주의라는 특수성에 주목하였습니다. 그는 사료에 기록된 말이 아니라 행동에 집중했습니다. 재판 기록에 담긴 말은 자기변호에 불과하고, 섬뜩하고 잔인한 행동이 진실을 드러낸다고 본 것입니다. 또한, 그들의 학살 가담을 소극적 참여 행위가 아니라 적극적 실천 행위로 인식하였습니다. 이러한 관점에서 골드하겐은 대원들의 행동에 드러난 반유대주의적 신념을 홀로코스트의 동인으로 분석하였습니다. 골드하겐은 잔혹한 행동이라는 '사실'에 이념과 욕망이라는 '허구'를 혼종하여 '비정상적 정치 문화'라는 이야기를 만들었습니다.

이상으로 1번 문제의 답변을 마치겠습니다.

2번 문제의 답변을 시작하겠습니다.

제시문 (가)에서 말한 혼종성은 역사학이 사실성과 허구성의 결합을 통해 구성된다는 것입니다. 저는 역사학뿐만 아니라 다른 학문 분야에도 이러한 혼종성이 나타나 있다고 생각합니다. 사회 과학과 자연 과학 등 대부분의 학문 역시 사실적 근거와 연구자의 주관적 해석에 의해 이론이 구성되고, 연구자의 해석에 따라 현상에 대한 이해가 달라질 수 있기 때문입니다.

제가 관심을 갖고 있는 문학 또한 완전한 허구가 아니라 사실에 기반한 허구라는 점에서 혼종의 성격을 갖고 있다고 볼 수 있습니다. 일반적으로 소설의 특징을 허구성이라고 하지만, 실제로는 소설조차도 사실과 허구의 혼종이라고 생각합니다. 전체 이야기에서 차지하는 허구의 비중 차이일 뿐, 많은 문학 작품이 순수한 허구의 세계가 아니라 사실이 혼종된 허구의 세계를 담고 있습니다.

역사 소설이나 대하소설뿐만 아니라 자전 소설이나 전기 소설은 여타 소설에 비해 사실성이 훨씬 강하게 드러납니다. 또한, 민중 문학, 시민 문학, 리얼리즘 문학 작품들은 순수 문학이나 장르 문학 작품들에 비해 상대적으로 현실을 강하게 반영하고 있습니다. 제가 좋아하는 최인훈의 「광장」은 분단 시대를 관통하고 있다는 점, 한국 전쟁 후에 제삼국으로 향하는 수많은 전쟁 포로들의 존재를 담고 있다는 점 등에서 사실성이 강하게 드러납니다. 또한, 이청준의 「눈길」 같은 소설은 작가의 경험이 소설에 깊게 배어 있습니다. 작가 본인이 겪은 사건을 소설화한 것이 아닌가 할 정도로 리얼리티가 강합니다. 어찌 보면 그 짙은 사실성이 제게 큰 감동을 줬다고도 볼 수 있습니다. 문학의 허구성과 창의성이 '문학적 감동'을 준다면, 문학의 사실성은 '삶의 감동'을 준다고 느꼈습니다. 소설, 즉 픽션은 그 정의가 이미 '허구적으로 꾸며낸 이야기'입니다. 하지만 '상상력'에 기반한 허구만큼이나 '사실'에 기반한 허구가 많다는 점 또한 부인할 수 없다고 생각합니다.

이상으로 2번 문제의 답변을 마치겠습니다. 감사합니다!

문제 해결의 Tip

사실로서의 역사 vs 기록으로서의 역사

역사 교과서는 '사실로서의 역사'와 '기록으로서의 역사'를 구분하며, '사실 – 이야기'의 관계를 통찰력 있게 설명하고 있습니다. 아래 교과서 인용을 꼼꼼히 곱씹어 주세요. 역사 이론의 출발점이자 끝인 부분입니다.

> '사실로서의 역사'는 객관적 사실, 즉 <u>시간적으로 현재에 이르기까지 일어났던 모든 과거 사건</u>을 의미한다. 이러한 의미에서 역사는 바닷가의 모래알 같이 수많은 과거 사건들의 집합체가 된다. '기록으로서의 역사'는 <u>과거의 사실을 토대로 역사가가 이를 조사하고 연구하여 주관적으로 재구성한 것</u>이다. 이 과정에서는 필연적으로 역사가의 가치관과 같은 주관적 요소가 개입하게 되며, 이 경우 역사라는 말은 기록된 자료 또는 역사서와 같은 의미가 된다.

이 문제의 표현과 교과서의 표현을 연결시키면, 사실성은 '사실로서의 역사 – 객관적 사실 – 사건의 집합체'와 연결되고, 허구성은 '역사의 가치관 – 주관적 요소', 혼종성은 '기록으로서의 역사 – 객관적 사실의 주관적 재구성'과 동일한 맥락입니다. 아직도 역사서의 '허구성' 여부는 찬반이 갈리는 학술적 주제입니다. 상당히 논쟁적인 주제가 출제된 만큼, 많은 학생들이 어려움을 호소한 고난도 문제였습니다.

서사(敍事)

'서사'를 뜻하는 영어는 'narrative'입니다. 역사 이론에서는 'narrative'를 맥락에 따라 '서사, 이야기, 이야기체' 중에서 골라 번역합니다.

'서사'의 한자는 '敍事'입니다. '敍事'는 '일의 서술, 사건의 서술, 이야기의 서술'로 풀어 쓸 수 있습니다. 여러 사건 사고와 사실 관계를 말이나 글로 담은 것이 서사입니다. 즉, '사건의 문장화, 사실의 이야기화, 사건의 계열화'입니다. 고로, <u>서사</u>는 이미 그 자체로 <u>사실</u>과 <u>허구</u>를 결합하여 <u>이야기</u>라는 그릇에 담긴 것입니다.

'소설'은 '개연성에 기반한 허구적 서사'입니다. '역사'는 '사건에 기반한 사실적 서사'입니다. 소설과 역사는 각각 허구와 사실을 다룬다는 점에서 완전히 다르지만, 재현 양식이 서사라는 점에서 동일합니다.

이 문제는 인문학적 소양을 측정하는 데 탁월해 보입니다. 사실, 허구, 개연성, 리얼리티, 재현, 재구성, 서사, 해석, 진실 등 인문학의 본질적 주제를 포괄적으로 담은 문제입니다. 여러 번 풀어 보며 다양한 답안을 구성해 보시면 여러분들의 철학적 사고력을 높여줄 것입니다.

- 인문대학
- 사회과학대학(경제학부 제외)
- 간호대학
- 생활과학대학 소비자아동학부 아동가족학전공
- 자유전공학부
- 사범대학

주요 개념

역사, 역사관, 사실성과 허구성, 혼종성, 악의 평범성, 연구자의 해석

서울대학교의 공식 해설

▶ 역사학에서의 허구성은 역사의 재구성과 해석에서 사료의 사실성에 의해 결정될 수 없는 부분을 역사가가 서사적으로 구성하는 것을 말한다. 다만, 문학에서의 허구성과는 달리 사실에 기반해야 하고 그 서사적 구성이 논리적 설득력을 갖추어야 한다.

제시문 (나)와 (다)의 다른 해석은 두 역사가가 중요하게 생각한 지점의 차이에서 비롯된 것이다. 제시문 (나)는 인간의 집단적 순응성을 중시했는데, 이는 독일 사회의 특수성보다는 인간이 사회적 관계 속에서 부당한 일을 행할 수 있다는 보편성에 초점을 맞춘 입장이다. 제시문 (다)는 당시 독일인들의 반유대주의적 신념의 영향을 중시하여 인간의 보편성보다는 독일 사회의 특수성을 강조한 입장이다.

더욱이 제시문 (다)에서는 가해자 진술은 자기변호에 불과하므로 사료적 가치가 없다고 보았음을 알 수 있다. 그러나 이와 상반된 해석을 한 제시문 (나)에서는 가해자 진술을 적절하게 받아들였다고 추론할 수 있다.

제시문에 대한 독해력과 제시문들의 관계와 차이를 논리적으로 설명할 수 있는 능력을 평가한다. 또한, 제시문의 내용을 바탕으로 합리적 추론을 할 수 있는지 평가한다.

▶ 역사학의 혼종성이란 역사학이 사실성과 허구성을 모두 지니고 있다는 것이다. 이러한 혼종성은 역사학만의 특성이 아니다. 사회 과학은 물론이고 자연 과학에서도 증거에 기반하여 현상을 해석하고 이론을 정립하지만, 연구자의 해석에 따라 현상에 대한 이해는 달라질 수 있다.

제시문에 대한 독해력과 제시문을 바탕으로 한 합리적 추론 능력, 종합적 사고력과 응용 능력을 평가한다.

※ 제시문을 읽고 문제에 답하시오.

(가) 사람을 믿는 것과 사실을 믿는 것은 사뭇 다른 일이다. 다음 주에 있을 과제 발표를 준비하는 데에 있어 같은 반 친구 유진이가 당신에게 도움을 줄 것인가? 당신이 유진이가 과제를 도와줄 것이라는 사실을 믿는다면, 그것은 주변 친구들을 기꺼이 도와주었던 유진이의 평소 행동 등 증거에 바탕을 둔 것일 수 있다. 반면 과제를 도와줄 것이란 사실과 관련하여 당신이 유진이라는 사람을 믿는 것은 그와의 개인적 관계에 기반한다. 설령 유진이와 친하지 않더라도 당신은 유진이가 과제를 도와줄 것이란 사실을 믿을 수 있지만, 당신이 유진이를 믿는 것은 그에 대한 당신의 개인적 태도 없이는 성립할 수 없다. '믿음'을 사실에 대한 믿음에, '신뢰'를 사람에 대한 믿음에 한정해서 말한다면, 당신이 유진이가 과제를 도와줄 것이라고 '믿는' 것과 유진이가 과제를 도와줄 것이라고 '신뢰하는' 것은 같은 것이 아니다.

(나) 믿음의 기반과 신뢰의 기반의 차이는 믿었던 바가 참이 아닌 것으로 드러난 경우와 신뢰했던 바가 참이 아닌 것으로 드러난 경우에 나타나는 반응의 차이를 만든다. 오후 날씨가 맑을 것이라고 믿었지만 그렇지 않은 것으로 드러났다면, 실망스럽거나 짜증이 날 수 있다. 그리고 앞으로 날씨 예측과 관련해 더 많은 증거를 찾거나 다른 종류의 증거를 찾기도 할 것이다. 반면, 절도 혐의를 받고 있는 친구가 결백을 호소하여 그가 결백하다고 신뢰했지만 그렇지 않은 것으로 드러난 경우, 우리가 느끼는 바는 단지 실망스러움이나 짜증이기보다는 배신감이다.

(다) 여행을 하다가 낯선 도시에 들러 식당을 찾아갈 때, 우리는 처음 보는 사람에게 길을 묻고 그가 일러 주는 방향으로 간다. 이때 우리는 그 사람이 어떤 사람인지 특별히 아는 바가 없고, 그가 잘 알지 못하면서 무책임하게 답했다거나 우리를 골탕 먹이기 위해 엉뚱한 방향을 알려주지 않았다는 사실을 아는 것도 아니다. 그럼에도 불구하고 그 낯선 이가 말해 준 방향대로 길을 간다.

(라) 사람들이 서로를 잘 신뢰하는 사회에서는 타인의 말을 쉽게 믿어 버리고 타인의 말에 더 쉽게 속을 수도 있기 때문에 거짓이 팽배해질 수 있을 것이라 생각할 수 있다. 그러나 이 사회는 거짓이 배제되고 참이 증진되는 건강한 사회로 유지된다.

문제 1

제시문 (가)의 내용에 기반하여 제시문 (다)의 상황이 가능한 이유를 설명하시오.

문제 2

제시문 (가), (나)를 바탕으로, 제시문 (라)의 '건강한 사회'가 유지될 수 있는 이유를 설명하시오.

예시 답안

문제 1

1번 문제의 답변을 시작하겠습니다.

제시문 (가)는 '사람에 대한 믿음'과 '사실에 대한 믿음'을 달리 파악하고 있습니다. 사람에 대한 믿음은 '신뢰'로 정리하고, 사실에 대한 믿음은 '믿음'이라는 용어로 표현합니다. 근거에도 차이를 둡니다. '사실에 대한 믿음'은 증거에 바탕하고, '사람에 대한 신뢰'는 관계에 근거합니다.

제시문 (가)를 기준으로 볼 때, 제시문 (다)는 '사실에 대한 믿음'이 작동한 상황입니다. 낯선 여행길의 낯선 도시에서 처음 보는 사람과 '나' 사이에는 사전에 형성된 개인적 관계가 없으므로 '사람에 대한 믿음'이 성립하기 어렵습니다. 따라서 처음 보는 사람의 말을 믿고, 그가 일러 준 방향대로 길을 가는 것은 개인적 관계에 기반한 행위로 보기 어렵습니다. 그럼에도 불구하고, 이러한 상황이 가능한 이유는 '사람들은 길을 물어 보는 타인에게 올바른 길을 알려준다'는 경험에 기반한 일반적인 사실에 대한 믿음이 있기 때문입니다.

낯선 사람들 사이에는 신뢰를 구축할 만한 관계가 형성되어 있지 않지만, 사람들은 '길을 묻는 사람에게 이상한 길을 알려주지 않는다'는 상식을 사회적으로 공유하고 있습니다. 또한, 사람들은 낯선 사람에게 길을 묻고 그에 따라 길을 찾아가는 데 성공했던 누적된 경험 역시 보편적으로 가지고 있습니다. 우리는 이러한 상식과 경험에 비추어 낯선 이의 안내를 믿고, 그가 말해 준 방향대로 길을 선택할 수 있는 것입니다.

이상으로 1번 문제의 답변을 마치겠습니다.

2번 문제의 답변을 시작하겠습니다.

제시문 (가)와 (나)를 종합하면, 우선 '사람에 대한 신뢰'는 개인적 관계에 기반합니다. 그렇기 때문에 그 신뢰가 거짓으로 드러날 때 배신감을 느낍니다. 반면, '사실에 대한 믿음'은 증거에 기반합니다. 따라서 그 믿음이 참이 아닐 경우 실망스럽고 짜증스럽다는 반응이 나오게 됩니다.

제시문 (라)는 신뢰 사회에서는 거짓이 배제되고 참이 증진된다고 주장하고 있습니다. 믿음과 신뢰가 잘 형성된 사회에서는 개인에 대한 신뢰가 사회적 믿음이 되고, 사회적 믿음이 누적되어 신뢰 사회로 나아가게 됩니다. 사회적 신뢰는 정치적 신뢰, 경제적 신용, 나아가 '믿는 문화'의 기반이 됩니다. 이런 사회에서는 자연스럽게 거짓이 배제되고 참이 증진됩니다.

건강한 사회에서는, 사람들이 거짓과 불신은 선택하지 않을 것입니다. 왜냐하면, 그 사회에서는 참을 선택하는 것이 자기에게 유리할 것이기 때문입니다. 거짓을 말하면 잠시의 유리함은 얻을 수 있어도 서서히 사회적으로 배제되기 쉽습니다. 제시문 (나)에 제시된 '배신감'은 거짓을 택한 사람이 사회에서 배제되는 기제로 작용합니다. 거짓을 선택하여 사회적 신뢰를 잃은 사람은 점차 다른 사람들과 원활한 관계를 형성할 수 없게 되는데, 이러한 상황이 누적되면 타인에게 배신감을 느끼게 한 사람은 사회 구성원으로 존재하기 어렵게 될 것입니다. 또한, 배신감을 느낀 사람은 배신자의 존재를 알려 다른 사람들이 배신감을 느끼지 않도록 방지할 가능성이 높습니다. 이러한 과정을 거쳐 배신자가 사회에서 배제되면, 남은 사회 구성원들은 제시문 (가)에서 말한 바처럼 개인적 관계에 기반한 '사람에 대한 신뢰'를 형성할 수 있게 될 것입니다. 이와 같은 사회에서 사람들은 쌍방향의 믿음을 기반으로 각자 자신에게 유리한 '참'을 선택하게 되고, 이러한 신뢰의 체계는 건강한 사회를 유지하는 튼튼한 신뢰 자본이 될 것입니다.

배신감은 자신과 사회로부터 타인을 배제하도록 하는 감정이며, 그 사람과 관계를 형성하며 기울였던 자신의 노력까지 무의미하게 만드는 부정적 감정입니다. 따라서 제시문 (나)와 같이 배신감에 의해 부정적 반작용이 일어나는 사회가 아니라, 제시문 (라)와 같이 믿음과 신뢰에 기반하여 긍정적 반작용이 일어나는 사회가 건강한 사회라고 생각합니다. 결국, 건강한 사회는 신뢰의 선순환, 불신의 자연 도태라는 기반 위에서 유지가 가능할 것입니다.

이상으로 2번 문제의 답변을 마치겠습니다. 감사합니다!

사회적 신뢰

'신뢰'는 최근에 각광 받는 개념입니다. 신뢰는 믿음이라는 무정형의 사항이기 때문에 학술적 주제의 위상으로 올라가기 쉽지 않았습니다. 하지만, 최근에는 경제학, 심리학, 사회학, 심지어 경영학에서도 사회적 '신뢰'를 핵심적 개념으로 다루고 있습니다.

우선, 경제학 분야에서는 '신뢰'를 효율성의 관점에서 봅니다. 신뢰가 경제적 목적을 달성하고 거래 비용을 줄인다는 것입니다. 심리학, 특히 사회 심리학 분야에서는 신뢰를 타인에 대한 선의(good will)로 이해합니다. 이처럼 신뢰가 뜬구름 잡는 도덕적 개념이 아니라 실체적 개념이라는 점을 강조하며, '신뢰 경영'이라는 개념을 창안하여 신뢰가 기업 경영의 최우선 요소임을 강조하는 경영학자도 등장하였습니다.

작용과 반작용

작용과 반작용은 물리적 개념이기만 한 것은 아닙니다. 인문학·사회 과학에서도 충분히 등장할 수 있습니다. 이미 느낀 학생들도 있겠지만, 제시문 (가)는 '믿음과 신뢰의 작용'을 말합니다. 제시문 (나)는 '믿음과 신뢰가 무너졌을 때의 반작용'을 말합니다. 그렇다면, 제시문 (라)는 '믿음과 신뢰의 반작용'이라고도 볼 수 있겠습니다.

우리는 '구체' 속에서 '추상'을 찾고, '추상'을 통해 '구체'를 봅니다. 귀납과 연역의 순환이 인문학·사회 과학의 학문적 과정입니다. 제시문이라는 구체 속에서 찾은 추상적 원리를 말로 표현하는 것이 구술고사입니다. 추상적 원리를 표현할 때 가장 차용하기 좋은 것이 수학과 과학의 용어입니다. 수학·과학의 용어를 적극적으로 이용해 주세요. 그러면 "제시문 (나)와 같이 배신감에 의해 부정적 반작용이 일어나는 사회가 아니라, 제시문 (라)와 같이 믿음과 신뢰에 기반하여 긍정적 반작용이 일어나는 사회가 건강한 사회라고 생각합니다. 결국, 건강한 사회는 신뢰의 선순환, 불신의 자연 도태라는 기반 위에서 유지가 가능할 것입니다."와 같은 표현을 구사하실 수 있게 될 것입니다.

- 인문대학
- 사회과학대학(경제학부, 사회복지학과 제외)
- 사범대학

주요 개념

사람에 대한 믿음, 사실에 대한 믿음, 신뢰, 믿음, 배신감, 사회적 제재, 개인과 사회의 윤리

서울대학교의 공익 해설

▶ 이 문항은 제시문 (다)의 상황이 무엇인지, 그리고 그 상황이 어떻게 가능한지 의문이 제기되는 이유, 그리고 이 의문에 대한 답변을 제시문 (가)에서 설명하고 있는 믿음과 신뢰의 구별에서 실마리를 찾아 제시해 볼 것을 기대하는 문항이다. 제시문 (가)에서 설명하는 믿음과 신뢰의 개념을 분명히 구별하고, 이에 기반하여 제시문 (다)에 나타난 현상을 설명할 수 있는지, 분석력, 이해력, 응용력을 평가한다.

▶ 이 문항은 신뢰의 본성에 대한 특징을 고려하여 신뢰 사회가 거짓이 배제되고 참이 증진되는 건강한 사회로 어떻게 유지될 수 있는지, 즉 남을 속여 거짓을 양산하는 '이탈자'를 어떻게 배제할 수 있는지 창의적으로 추론해 볼 것을 기대하는 문항이다. (여기서, 제시문 (가), (나)를 통해 유추할 수 있는 신뢰의 본성으로는 신뢰 관계의 사회적·윤리적 본성과 신뢰 형성에서의 증거 제약성이 있다. 이 중 어느 것을 바탕으로 답해도 좋다.)
제시문 (가), (나)를 통해 얻게 된 신뢰에 대한 이해를 바탕으로, 제시문 (라)의 신뢰 사회가 유지되는 과정, 즉 거짓이 배제되고 참이 증진되는 결과가 어떻게 나타날 수 있는지 창의적으로 추론하는 능력을 평가한다.

※ 제시문을 읽고 문제에 답하시오.

(가) 도로에서 "아이가 타고 있어요"라는 안내문을 붙인 승용차를 많이 볼 수 있다. 아마도 대부분의 선한 운전자들이 아이가 탑승한 차량과의 사고를 피하려는 최선의 노력을 할 것이니 이 안내문은 다른 차량들의 경각심을 일으켜 안전 운전을 하게 만드는 효과를 기대할 수 있을 것이다. <u>이 효과의 크기를 측정하기 위하여 안내문 부착 여부에 따라 교통사고 발생률이 어떻게 달라지는지 알아본 결과, 안내문을 붙인 차량의 사고 발생률이 그렇지 않은 차량보다 낮게 나타났다고 하자.</u> 그렇다면 이 차이가 오로지 다른 차량들이 안내문을 보고 조심하기 때문이라고 할 수 있을까? 교통사고 발생률은 다른 차량들이 조심하는 정도 외에도 다른 요인에 의해 영향을 받을 수 있다. 예를 들면, 안내문을 붙인 부모는 아이의 안전을 걱정하는, 더 조심성 있는 운전자일 가능성이 높다. 반면, 안내문을 본 다른 차량들이 더 조심해서 운전하리라고 생각하는 부모들은 안내문을 붙인 후에 오히려 더 부주의해질 가능성도 있다.

(나) 제2차 세계 대전 당시 미군은 전투기의 피격률을 낮추기 위해서 전투기 기체를 보강하려는 계획을 세웠다. 무게 제한 때문에 기체 전부를 보강하기는 불가능한 상황에서 기체의 어느 부분을 보강할지 선택해야 했다. 이를 위하여 <u>전투에 참여한 후 귀환한 전투기를 대상으로 총알구멍의 개수 분포를 조사하여 전투기에서 가장 많은 총알구멍 개수가 관측된 부위를 중점적으로 보강하려고 하였다.</u> 하지만 가장 치명적인 부위에 피해를 입은 전투기는 피격되어 귀환하지 못했을 가능성이 높으므로 귀환한 전투기에서 총알구멍이 집중적으로 관측된 부위는 치명적이지 않은 부위일 것이라는 견해가 제기되었다. 그 견해에서는 피격되어 자료에 포함되지 못한 전투기까지 종합적으로 고려할 때, 귀환한 전투기에서 총알구멍이 가장 적게 관측된 엔진 부위가 가장 취약하여 보강이 필요한 부위라는 결론을 도출하였다.

문제 1

제시문 (가)와 (나)의 밑줄 친 사례에서 관찰되는 문제점의 공통점과 차이점을 구체적으로 설명하시오.

문제 2

제시문 (가) 또는 (나)에서 문제가 된 상황과 유사한 다른 사례를 제시하고 그 이유를 설명하시오.

구상지

문제 1

1번 문제의 답변을 시작하겠습니다.

제시문 (가)와 (나)의 밑줄 친 사례는 모두 현상의 전체 모습을 보지 못하는 부분적 분석 혹은 편향적 분석입니다. 다만, 제시문 (가)의 경우는 안내문을 부착하는 집단과 부착하지 않는 집단의 성향 차이를 고려하지 않은 데서 발생하는 문제점인 반면, 제시문 (나)의 경우는 격추된 전투기가 아니라 귀환한 전투기를 조사 대상으로 삼았다는 점에서 문제점이 발생한다는 차이점이 보입니다.

결국, 제시문 (가)와 (나) 모두, 표본 집단에 대한 분석을 모집단 전체에 대한 분석으로 확장하는 과정에서 편향의 문제가 발생했다고 볼 수 있습니다. 표본 집단에 대한 부분적 분석이 모집단 전체에 대한 합리적 해석으로 확장되기 위해서는 표본 집단이 모집단을 대표할 수 있어야 합니다. 표본 집단의 선정이 편향적이면, 그 결론 또한 편향적일 수밖에 없습니다.

(가)는 안내문을 부착하는 사람을 표본 집단으로 선정하였습니다. 그렇게 되면, '운전자의 성향'이 아니라, '안내문을 부착하는 사람의 성향'이 개입하기 때문에, '안내문 부착'과 '교통사고 발생'의 인과성을 검증하기 어렵게 됩니다. (나)는 조금 다릅니다. 전투기 기체의 효율적 보강을 위해서는, 귀환한 전투기가 아니라 귀환하지 못한 전투기를 조사해야 합니다. 표본 집단 자체가 잘못 선정된 것입니다. 정리하자면, (가)는 부분 집합만 표본으로 선정된 사례이고, (나)는 반대 사례가 표본으로 선정된 상황이라고 할 수 있습니다.

이상으로 1번 문제의 답변을 마치겠습니다.

2번 문제의 답변을 시작하겠습니다.

제시문 (가)와 (나)는 편향의 문제를 다루고 있습니다. 저는 그 편향의 사례로, 코로나 시기에 있었던 특정 집단에 대한 사회적 낙인 현상이 떠오릅니다.

특정 지역에서 코로나 환자가 발생했다고 해서 그 지역 전체를 바이러스 집단으로 치부하거나, 특정 직군에 종사하는 사람들 일부가 코로나에 걸렸다는 이유로 그 직업 자체를 고병원성 직업으로 지정해 버리는 등의 사회적 낙인이 있었던 것으로 기억합니다.

저는 이런 현상의 이면에, 현상을 합리적으로 인지하지 못하는 인지적 편향과 타 집단을 악마시하는 기이한 사회적 심리가 결합된 복합 편향이 있다고 생각했습니다. 현상을 과학적으로 이해하지 못하는 배타적 편향과 미처 경험해 보지 못한 전 세계적 팬데믹에 대한 막연한 불안감이 타인에 대한 적개심으로 표출된 것이라 생각합니다.

이상으로 2번 문제의 답변을 마치겠습니다. 감사합니다!

문제 해결의 Tip

편향

편향은 어떤 생각과 사물에 균등하지 못한 해석적 가중치를 부여하는 '치우침'의 경향입니다. 편향은 선천적 성향이기도 하고, 학습된 결과일 수도 있습니다. 복합적 결과인 거죠. 편향에 대한 연구가 활성화되고 있고, 그에 따라 서울대를 비롯해 연·고대 구술·논술고사에 자주 출제되고 있습니다.

'인지 편향(Cognitive bias)', '확증 편향(Confirmation bias)' 등이 요즘 자주 언급됩니다. 사람들은 흔히들 옳은 것을 믿는 게 아니라, 자기가 믿는 것을 옳다고 여기죠. 여러 정보를 필터링하는 과정에서 '옳은' 정보보다는 '맞는' 정보에 더 큰 신뢰를 보내는 것이 편향입니다. 이러한 인지 편향은 개인의 합리성을 결여시키고, 지각을 왜곡시킬 수 있으며, 비논리적인 해석의 왜곡을 낳을 수 있습니다.

편향은 크게 4가지 정도로부터 발생한다고 하는데요. 첫 번째는 올바르지 않은 질문, 두 번째는 올바르지 않은 조사 대상, 세 번째는 올바르지 않은 정보 수집 방법, 네 번째는 올바르지 않은 해석입니다. 이 문제는 그 중에서 두 번째, 즉 '올바르지 않은 조사 대상'으로부터 발생하는 문제점을 다루고 있습니다.

모집단(population), 표본 집단(sample)

「사회·문화」를 공부했다면, '모집단'과 '표본 집단'이라는 용어를 잘 알고 있으실 겁니다. 모집단은 '통계적 관찰의 대상이 되는 집단 전체'입니다. 표본 집단은 '실제로 얻어진 관측 결과의 집합'입니다. 모집단은 전체, 표본 집단은 샘플이죠. 각각 '전수 조사'와 '표본 조사'에 연결됩니다. 현실적으로 표본 집단에 대한 해석을 확장하여 모집단 전체에 대한 결론을 도출합니다. 이 과정에서 주의해야 하는 것이 편향, 즉 bias의 제거입니다. 학생들은 사회 탐구 과목에서 공부했던 것을 답변에 포함하는 것을 어려워합니다. 구술고사는 기본적으로 '학생부 종합 전형'의 일부입니다. 학생부 종합 전형은 고등학교 과정에 대한 평가잖아요? 그렇다면 고등학교 때 공부했던 것을 적극적으로 어필할 필요가 있습니다. 사회 탐구 과목에서 공부했던 내용을 답변에 적극 반영해 주세요. 이 문제와 유사한 문제가 있을 경우, '모집단, 표본 집단, 실험군, 대조군, 대표성, 질문지법' 등의 용어를 잘 활용해 주시길 바랍니다.

• 인문대학
• 사회과학대학
• 간호대학
• 농업생명과학대학 농경제사회학부
• 생활과학대학 소비자아동학부 소비자학전공 · 아동가족학전공, 의류학과

• 사범대학
• 자유전공학부
• 경영대학

주요 개념

사회 · 문화 현상, 과학적 탐구 방법, 양적 연구

서울대학교의 공식 해설

▶ 제시문 (가)와 (나) 모두 자료가 현상을 정확히 반영하지 못하는 것으로서 '편향성'의 문제를 가지고 있는 상황을 제시하고 있다. 특히, 실생활의 예를 통해 주어진 자료만으로는 질문에 대한 참된 답변을 얻어내기 어렵다는 점을 보여준다. 두 예시에서 편향성이 발생하는 이유와 그 차이를 파악하는지 평가한다.

제시문 (가)의 경우는 부모들의 운전 성향이 안내문을 부착하는 행위 자체와 상관성을 가지게 되어 두 집단의 특성 자체가 처음부터 동일하지 않게 나타나는 '자기 선택 편향'의 문제점이 있다. 두 집단의 차이는 안내문 부착 여부뿐만 아니라 부모의 운전 성향 자체의 차이도 포함하고 있으므로 집단 간 부모 운전 성향의 차이를 통제하지 않고 제시된 실증 자료를 다른 차량의 반응으로 해석하는 경우 부모의 운전 성향 차이까지 포함되는 왜곡이 발생한다.

제시문 (나)의 경우는 출격한 전투기가 사전적으로는 균일하지만 시간이 지남에 따라 격추된 전투기의 자료는 관측될 수 없게 됨으로써 사후적으로 자료가 균일하지 않게 구성되며 확보된 자료는 '생존자 편향'을 가지게 된다.

제시문을 정확하게 독해하고 이해하는 능력과 논리적, 분석적, 비판적 사고력을 평가한다.

▶ 자료의 편향성 문제를 이해하여 이와 동일한 문제가 있는 상황을 제시하고 편향된 자료 해석의 한계점을 이해하고 비판적으로 해석하는지를 측정한다. 자료가 지닌 문제점을 이해하고 실생활에 적용하여 추론하고 해석하는 종합적, 비판적인 사고 능력이 있는지를 평가하는 문항이다.

제시문의 실증적 사실과 문제점을 추론하고, 이를 토대로 본인의 주장을 사례를 통해 뒷받침하는지 측정한다.

※ 제시문을 읽고 문제에 답하시오.

(가) 소득은 물질적 풍요와 주관적 안녕에 큰 영향을 미치는 요인이다. 실업 등 다양한 원인에 의한 불충분한 소득은 빈곤한 삶을 초래하는 강력한 요인이다. 소득은 객관적 수치로 측정하기 용이하기 때문에 빈곤 상태에 있는 개인 또는 가구를 선별하거나 생활 수준을 나타내는 지표로 광범위하게 사용되어 왔다. 일정 기준 이하의 소득은, 생활필수품의 구매가 제한되고 경제적으로 궁핍한 상황을 나타내는 것으로 간주된다. 이러한 장점에도 불구하고, 소득을 중심으로 빈곤 여부나 생활 수준을 측정하는 방식의 한계점도 꾸준히 제기되었다. 소득의 측정만으로는 실제 생활에서 건강, 주거, 교육, 사회참여 등의 다양한 욕구가 충족되고 있는지 그렇지 않은지를 제대로 파악하기 어렵다는 것이다. 그럼에도 불구하고 소득은 우리가 할 수 있는 것과 없는 것에 막대한 영향을 미치기 때문에 중시되어 왔다.

(나) 한 개인의 역량이란 성취할 수 있는 여러 가지 기능들의 조합을 말한다. 여기에서 기능들은 적절한 영양 공급이나 질병으로부터 자유로워지는 것처럼 아주 기본적인 것에서부터 공동체의 삶에 참여하고 자존감을 갖는 것과 같은 사회적 활동이나 개인적 상태에 이르기까지 다양하다. 소득의 결여는 개인의 역량을 박탈하는 주요 요인이기는 하지만, 소득이나 부는 역량을 만들어 내는 하나의 도구일 뿐이다. 소득이 많지만 정치적 참여 기회가 제한된 사람은 일상적 의미에서 빈곤하지 않아도 자유라는 측면에서는 가난하다. 치료비가 많이 드는 질병으로 고통 받는 사람은 소득 기준으로는 빈곤층으로 분류되지 않더라도 궁핍할 수 있다. 고용 기회를 갖지 못해 국가로부터 실업 수당을 받는 사람은 만족스러운 직업을 가질 기회는 없어도 소득 기준으로는 빈곤하지 않을 수 있다.

(다) 2022년 실시된 사회 조사 결과에 따르면, 일주일간 혼자 밥을 먹는('혼밥') 횟수는 평균 4.5회로 2020년보다 증가했고 혼밥을 자주 하는 경우는 저소득층과 고연령층에서 많이 나타났다. 이들에게는 단백질은 물론 채소류와 과일류를 적절히 섭취하지 못하는 영양 불균형의 문제가 있었다. 또한, 혼밥의 이유로는 '같이 먹을 사람이 없어서'(69.3%)라는 답변이 가장 많아서 사회적 고립의 문제가 제기되었다.

문제 1

제시문 (가)에 기술된 소득의 중요성과 제시문 (나)에 기술된 역량의 중요성을 각각 적용하여 제시문 (다)에 나타난 문제를 설명하시오.

문제 2

실업 상태의 개인에게 소득을 보조하기 위해 실업 수당을 지급할 때, 제시문 (가)와 (나)를 종합적으로 고려하여 기대할 수 있는 효과와 한계를 구체적으로 설명하시오.

구상지

문제 1

1번 문제의 답변을 시작하겠습니다.

제시문 (가)에 따르면, 물질적 풍요와 주관적 안녕에 영향을 미치는 주요인인 '소득'은 물질적 빈곤 상태를 확인하는 지표로 작용합니다. 소득의 부족은 경제적 빈곤뿐만 아니라 건강, 주거, 교육 등 다양한 사회문화적 여건에도 큰 영향을 미칩니다. 혼밥이 영양 불균형 및 사회적 고립으로 연결되는 것은 소득이 단순한 경제적 지표만이 아니라는 것을 보여 줍니다.

한편, 제시문 (나)는 개인의 '역량'에 대해 설명하고 있습니다. 역량은 개인의 성취 기능의 조합입니다. 역량은 소득만으로 파악할 수 없는 개인의 삶의 질을 파악하는 중요한 지표입니다. 이는 영양, 질병과 함께 사회적 참여와 개인적 자존감과도 연관됩니다. 소득보다 더 포괄적인 개념인 역량이 부재할 시 사회적 활동은 제한되고 개인적 상태는 궁핍해질 수 있습니다. 특히, 혼밥을 자주 하는 저소득층과 고연령층은 '역량 취약 계층'으로 볼 수 있습니다. 그들은 영양 불균형은 물론 사회적 고립에 쉽게 노출됩니다. 역량은 복합적인 만큼 취약해지면 고통도 복합적으로 나타납니다.

제시문 (다)는 저소득층과 고연령층에서 많이 나타나는 혼밥의 증가 현상을 제시하고, 혼밥이 증가한 이유와 그로 인해 야기된 문제점을 밝히고 있습니다. 제시문 (가)에 의거하면 혼밥의 증가는 소득의 부족으로 설명할 수 있는 사회 현상입니다. 혼밥 현상이 영양 불균형을 초래한다는 것 역시 이 현상이 물질적 빈곤과 연결되어 있음을 시사합니다. (나)에서 중시한 '역량'을 기준으로 볼 때, 혼밥은 역량의 감소로 인해 초래된 현상이라고 설명할 수 있습니다. 자녀들의 독립, 배우자와의 사별, 직장에서의 은퇴 등 여러 이유로 사회적 관계를 유지하거나 새로 형성하기 어려운 환경에 놓인 고연령층은 사회적으로 고립될 가능성이 높고, 삶의 질 역시 저하되기 쉽습니다. 따라서 혼밥이 사회적 고립의 문제를 낳는다는 것은 저소득층과 고연령층이 물질적으로 빈곤할 뿐만 아니라 사회적 역량 측면에서도 빈곤한 상태로 내몰리고 있다는 것을 의미합니다.

이상으로 1번 문제의 답변을 마치겠습니다.

2번 문제의 답변을 시작하겠습니다.

제시문 (가)와 (나)는 소득 및 역량의 효과와, 소득과 역량이 불충분할 때의 한계를 설명하고 있습니다. 제시문 (가), (나)의 내용을 종합해서 실업 수당의 기대 효과와 한계를 말씀드리겠습니다.

실업 수당은 소득을 보조하기 위해 실업 상태의 사람에게 지급하는 수당입니다. 따라서 실업 수당은 소득의 감소나 부재로 인해 자칫 궁핍한 상황에 빠질 수 있는 사람들이 다시 경제 활동에 나설 때까지 최소한의 생계를 유지할 수 있도록 돕는 수단으로 이해할 수 있습니다. 실업 수당만으로 실업 이전의 삶의 질을 유지하기는 어려울 수 있을지 모르지만, 일상적 생활을 지속하는 데 필요한 최소한의 소득이 생기는 것은 물질적인 충족감과 최소한의 안녕을 선사해 줄 수 있을 것입니다. 또한, 사회 구성원이라는 심리적 안정감을 유지하는 데도 기여할 것입니다.

하지만 실업 수당이 갖는 한계도 뚜렷합니다. 실업 수당은 실업 상태의 사람에게 한시적으로 물질적 위로를 제공할 뿐, 실업으로 인한 정신적 충격과 미래에 대한 불안감을 근본적으로 해결해 주지 못합니다. 또한, 소득이라는 요소는 개인의 역량을 갖추는 데 필요한 수단일 뿐이므로 이를 통해 개인의 상황 전체를 설명하는 데에는 한계가 있습니다. 실업 수당은 개인의 소득을 보조하는 수단에 불과한 만큼 최저 수준의 생활을 유지하는 데에는 도움이 될지 몰라도, 역량 향상을 통한 개인적 성취나 사회적·경제적 참여의 증진으로 연결되는 데는 부족한 점이 있기 때문입니다. 따라서 실업 수당은 개인의 삶의 질을 완성된 형태로 높이는 결정적 요인이 될 수는 없습니다. 개인의 삶은 자신의 역량을 충분히 실현할 수 있을 때 완성될 수 있으며, 이를 통해 개인은 만족감과 자존감을 고양할 수 있습니다. 개인의 삶의 질 향상을 위해서는 소득과 역량이 함께 갖춰져야 합니다. 소득과 역량이 두루 충족될 때 삶의 질을 높일 수 있고, 이를 통해 다양한 욕구를 충족하는 것과 안정적으로 생활을 영위하는 것이 가능해질 것입니다.

이상으로 2번 문제의 답변을 마치겠습니다. 감사합니다!

문제 해결의 Tip

원인의 성질은 결과의 성질로 연결된다.

원인의 속성은, 그 원인으로 인한 결과의 속성에 영향을 줍니다. '원인과 결과 자체'가 출제되는 경우도 많지만, '원인과 결과의 속성'이 출제되는 경우도 많습니다.

대입 논술·구술의 단골 주제인 '인과성'은 다양한 variation을 낳습니다. 인과성의 학술적 정의는 '선행 사실(원인)과 후행 사실(결과)의 필연성'입니다. 대부분의 학문은 (문·이과를 불문하고) 인과성을 연구합니다. 제시문에서 '인과'라는 단어를 명시적으로 사용하지 않더라도, '원인 – 결과' 혹은 '선행 – 후행'의 관계가 보이면 적극적으로 인용해 주세요. 그러면 **"역량은 복합적인 만큼 취약해지면 고통도 복합적으로 나타납니다"**와 같은 확장적 표현도 시도해 볼 수 있습니다.

상관성은 인과성보다 더 넓은 개념입니다. 상관성은 서로의 관련성은 인정되지만 인과성까지는 알지 못할 때 지칭하는 잠정적 표현입니다. 그래서, '상관성만으로 인과가 있다고는 단정하지 못한다' 등의 유보적 표현을 사용합니다.

고립, 고독

고립과 고독은 모두 '홀로 있음'을 뜻합니다. 다만, '고독'은 주관적인 심리 상태에 주로 쓰고, 고립은 집단·사회로부터 떨어져 있는 객관적 상태를 주로 의미합니다. 혼용해서 사용하는 경우도 물론 많죠. 엄밀하게 구분한다기보다는 맥락이 그렇다는 뜻입니다.

고독은 개인적, 인간적, 실존적 외로움입니다. 그렇기 때문에 고독은 때로 긍정적인 의미에서 깊은 사유와 종교적·개인적 성찰로 연결됩니다. 반면, 고립은 사회적, 실체적 외로움입니다. 스스로 고립을 택하는 경우도 있고, 원치 않게 사회적으로 고립 당하는 경우도 있죠. 사회적 고립은 사회적 소외로 연결됩니다. 고립은 개인적으로도 사회적으로도 파멸적입니다. 고립된 개인의 내면은 피폐해지고, 고립이 만연된 사회는 건강하지 못합니다.

• 인문대학
• 사회과학대학(경제학부, 사회복지학과 제외)

• 사범대학

주요 개념

사회·문화 현상, 사회 불평등 양상, 통합적 관점, 행복의 조건, 실업 문제, 복지 제도

서울대학교의 공식 해설

▶ 최근 사회조사 결과는 '혼밥'이 늘고 있고, 저소득층과 고연령층에 더 많으며, 혼밥하는 이들은 영양 불균형과 사회적 고립의 문제를 가질 위험이 크다는 것을 보여주고 있다. 조사에서 관찰된 현상을 소득 중심 접근과 역량 관점을 적용하여 설명할 수 있는지를 평가하는 문항이다.
제시문을 정확하게 독해하고 이해하는 능력과 이를 실제 자료에 적용할 수 있는 종합적 사고력을 평가한다. 소득의 중요성과 역량 관점에 대한 이해를 바탕으로 실제 사회 현상의 특징을 설명하는 능력, 자료를 이해하고 추론하는 능력을 평가한다.

▶ 실업 상태의 사람에게 실업 수당과 같이 소득을 보조하는 방식의 사회적 개입을 실행한다고 할 때 기대할 수 있는 효과와 그 한계가 무엇인지를 제시문 (가)에서의 소득의 중요성과 제시문 (나)에서의 역량의 중요성을 종합적으로 이해하고 적용하여 설명할 수 있는지를 평가하는 문항이다.
소득의 중요성과 역량의 중요성을 이해하는 능력, 자신의 이해를 구체적인 사례에 적용하는 능력, 사회 문제 해결 방안의 장점과 한계를 파악하는 종합적 사고력을 평가한다.

※ 제시문을 읽고 문제에 답하시오.

문제 1

양의 정수 $n(n \geq 2)$에 대하여 수직선 위의 n개의 점 P_1, $\cdots$, P_n이 다음 [규칙]에 따라 움직이고 있다.

— 〈규칙〉 —

(가) 점 P_k는 수직선 위의 점 $-k$에서 출발하여 속도 v_k로 움직인다.

　　즉, 시각 t에서 점 P_k의 위치는 $-k+v_k t$이다.

(나) 모든 점들은 동시에 출발하며, 점들의 속도는 다음을 만족한다.

$$0 < v_1 < \cdots < v_n$$

(다) 두 개 이상의 점이 한 곳에서 만나면 그 점들은 모두 사라진다.

　　　　　　　　　　(단, 점들이 동시에 같은 위치에 놓이면 "만난다"라고 한다.)

예를 들어 $n=3$인 경우, 3개의 점들이 움직이는 속도가 $v_1=1$, $v_2=3$, $v_3=4$로 주어지면, 시각 $t=\dfrac{1}{2}$에서

두 점 P_1과 P_2가 수직선 위의 점 $-\dfrac{1}{2}$에서 만나서 사라진다. 점 P_3은 다른 점과 만나서 사라지지 않고 계속

움직인다.

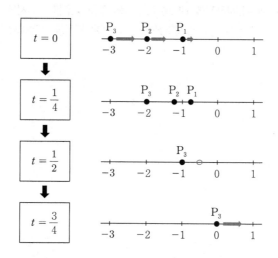

[1-1]

$n=5$인 경우, 5개의 점들이 움직이는 속도가 다음과 같이 주어져 있다.

v_1	v_2	v_3	v_4	v_5
1	4	6	18	20

사라지지 않고 계속 움직이는 점을 구하시오.

[1-2]

$n=6$인 경우, 6개의 점들이 움직이는 속도가 다음과 같이 주어져 있다.

v_1	v_2	v_3	v_4	v_5	v_6
13	15	16	17	22	26

원점을 통과한 뒤 사라지는 점의 개수를 구하시오.

[1-3]

$n=4$인 경우, 4개의 점들이 움직이는 속도가 다음과 같이 주어져 있다.

v_1	v_2	v_3	v_4
12	$3a$	$a+26$	39

단, 제시문의 [규칙]-(나)를 만족하는 실수 a의 범위는 $4 < a < 13$이다.

(1) 가장 먼저 사라지는 점들을 a의 값의 범위에 따라 구하시오.

(2) 두 개의 점만 원점을 통과한 뒤 사라지게 되도록 하는 a의 값의 범위를 구하시오.

　　(단, 어떤 점이 원점에서 다른 점과 만나서 사라졌다면, 이 점은 원점을 통과하지 못한 것으로 한다.)

구상지

1-1

1번 문제의 답변을 시작하겠습니다.

(설명과 계산을 시작합니다.)

먼저 사라지는 점들은 속도의 차이가 가장 큰 이웃하는 두 점입니다.
즉, 가장 먼저 사라지는 점들은 P_3, P_4입니다.
그리고 남은 점들은 P_1, P_2, P_5이므로 두 번째로 사라지는 점들은 P_2, P_5입니다.

따라서 다른 점과 만나서 사라지지 않고 계속 움직이는 점은 P_1입니다.

이상으로 1번 문제의 답변을 마치겠습니다.

2번 문제의 답변을 시작하겠습니다.

(설명과 계산을 시작합니다.)

1번과 마찬가지 원리로 사라지는 점들의 순서를 알 수 있습니다.
따라서 사라지는 점들의 순서와 그때의 위치를 파악하겠습니다.

가장 먼저 사라지는 점들은 P_4, P_5이고, 이 점들이 만날 때의 시각은 $-4+17t = -5+22t$이므로
$t = \dfrac{1}{5}$입니다. 이때의 위치는 $-4+\dfrac{17}{5} = -\dfrac{3}{5}$입니다.

남은 점들이 P_1, P_2, P_3, P_6이므로 두 번째로 사라지는 점들은 P_3, P_6입니다. 이 점들이 만날 때의 시각
은 $-3+16t = -6+26t$이므로 $t = \dfrac{3}{10}$입니다. 이때의 위치는 $-3+\dfrac{48}{10} = \dfrac{18}{10} = \dfrac{9}{5}$입니다.

남은 점들은 P_1, P_2이고, 이 두 점이 만날 때의 시각은 $-1+13t = -2+15t$이므로 $t = \dfrac{1}{2}$입니다.
이때의 위치는 $-1+\dfrac{13}{2} = \dfrac{11}{2}$입니다.

따라서 원점을 통과한 뒤 사라지는 점들은 P_1, P_2, P_3, P_6으로 총 4개입니다.

이상으로 2번 문제의 답변을 마치겠습니다.

3의 (1)번 문제의 답변을 시작하겠습니다.

(설명과 계산을 시작합니다.)

이웃하는 점들 간의 속도의 차이를 나타내면 다음과 같습니다.

v_1	v_2	v_3	v_4
12	$3a$	$a+26$	39
	$3a-12$	$26-2a$	$13-a$

따라서 이 세 값의 크기를 비교하면 가장 먼저 사라지는 점들을 알 수 있습니다.

(i) $3a-12$가 최대일 때

$3a-12 > 26-2a$에서 $a > \dfrac{38}{5}$이고, $3a-12 > 13-a$에서 $a > \dfrac{25}{4}$이므로 두 부등식을 모두 만족하는 a의 값의 범위는 $a > \dfrac{38}{5}$입니다.

즉, $\dfrac{38}{5} < a < 13$일 때는 두 점 P_1, P_2가 가장 먼저 사라집니다.

(ii) $26-2a$가 최대일 때

$26-2a > 3a-12$에서 $a < \dfrac{38}{5}$이고, $26-2a > 13-a$에서 $a < 13$이므로 두 부등식을 모두 만족하는 a의 값의 범위는 $a < \dfrac{38}{5}$입니다.

즉, $4 < a < \dfrac{38}{5}$일 때는 두 점 P_2, P_3이 가장 먼저 사라집니다.

(iii) $13-a$가 최대일 때

$13-a > 3a-12$에서 $a < \dfrac{25}{4}$, $13-a > 26-2a$에서 $a > 13$이므로 두 부등식을 모두 만족하는 a의 값은 존재하지 않습니다.

즉, 두 점 P_3, P_4는 가장 먼저 사라질 수 없습니다.

(i), (ii), (iii)에서

$4 < a < \dfrac{38}{5}$일 때는 두 점 P_2, P_3이 가장 먼저 사라지고,

$a = \dfrac{38}{5}$일 때는 세 점 P_1, P_2, P_3이 가장 먼저 사라지며,

$\dfrac{38}{5} < a < 13$일 때는 두 점 P_1, P_2가 가장 먼저 사라집니다.

3의 (2)번 문제의 답변을 시작하겠습니다.

(설명과 계산을 시작합니다.)

두 개의 점만 원점을 통과한 뒤 사라지려면 가장 먼저 없어지는 두 점이 만나는 위치가 0보다 작거나 같고, 이후에 사라지는 두 점이 만나는 위치는 0보다 커야 합니다.

따라서 3의 (1)번으로부터 분류하면

(i) $4 < a < \dfrac{38}{5}$ 일 때

가장 먼저 사라지는 두 점 P_2, P_3이 만날 때의 시각은

$-2 + 3at = -3 + (a+26)t$이므로 $t = \dfrac{1}{26-2a}$이고,

위치는 $x = -2 + \dfrac{3a}{26-2a} = \dfrac{7a-52}{26-2a}$ 입니다.

이때 이 위치는 원점을 통과하지 못한 위치이어야 하므로 $\dfrac{7a-52}{26-2a} \leq 0$, 즉 $a \leq \dfrac{52}{7}$ 입니다.

이후에 사라지는 두 점 P_1, P_4가 만날 때의 시각은

$-1 + 12t = -4 + 39t$이므로 $t = \dfrac{1}{9}$이고, 위치는 $x = -1 + \dfrac{12}{9} = \dfrac{1}{3}$ 입니다.

이때 이 위치가 원점을 지난 위치이므로 문제의 조건을 만족합니다.

따라서 a의 값의 범위는 $4 < a \leq \dfrac{52}{7}$ 입니다.

(ii) $a = \dfrac{38}{5}$ 일 때

세 점 P_1, P_2, P_3이 동시에 사라지므로 문제의 조건을 만족하지 않습니다.

(iii) $\dfrac{38}{5} < a < 13$일 때

가장 먼저 사라지는 두 점 P_1, P_2가 만날 때의 시각은 $-1 + 12t = -2 + 3at$이므로 $t = \dfrac{1}{3a-12}$이고,

위치는 $x = -1 + \dfrac{12}{3a-12} = \dfrac{-3a+24}{3a-12}$ 입니다.

이때 이 위치는 원점을 통과하지 못한 위치이어야 하므로 $\dfrac{-3a+24}{3a-12} \leq 0$, 즉 $a \geq 8$입니다.

이후에 사라지는 두 점 P_3, P_4가 만날 때의 시각은

$-3 + (a+26)t = -4 + 39t$이므로 $t = \dfrac{1}{13-a}$이고,

위치는 $x = -3 + \dfrac{a+26}{13-a} = \dfrac{4a-13}{13-a}$ 입니다.

이때 이 위치는 원점을 지난 위치이므로 문제의 조건을 만족합니다. 즉, $a > \dfrac{13}{4}$ 입니다.

따라서 a의 값의 범위는 $8 \le a < 13$입니다.

(i), (ii), (iii)에서

구하는 a의 값의 범위는 $4 < a \le \dfrac{52}{7}$ 또는 $8 \le a < 13$입니다.

이상으로 3번 문제의 답변을 마치겠습니다. 감사합니다!

문제 해결의 Tip

[1-1]

속도의 차이가 가장 큰 이웃하는 두 점이 가장 먼저 사라진다는 원리를 파악해야 합니다. 이는 직선을 그려서 파악할 수도 있습니다.

[1-2], [1-3]

[1-1]에서 찾은 원리를 적용하여 두 점의 만나는 위치를 파악하면 쉽게 해결할 수 있습니다.

- 경영대학
- 생활과학대학(소비자아동학부 소비자학 전공, 의류학과)
- 농업생명과학대학(농경제사회학부)
- 자유전공학부

주요 개념

일차방정식, 속도, 거리, 위치, 연립일차부등식

서울대학교의 공식 해설

▶ [1-1] 방정식을 활용하여 주어진 규칙에 따라 수직선 위를 일정한 속도로 움직이는 점들의 위치 관계를 이해할 수 있는지 평가한다.

▶ [1-2] 수직선 위를 일정한 속도로 움직이는 점들의 위치 관계와 움직인 거리를 이해할 수 있는지 평가한다.

▶ [1-3] 연립일차부등식을 적절히 활용하여 수직선 위를 일정한 속도로 움직이는 점들의 위치 관계를 이해할 수 있는지 평가한다.

※ 제시문을 읽고 문제에 답하시오.

(가) 번역 텍스트는 마치 이것이 번역자의 모국어로 쓰인 원작처럼 읽히는 착시 현상을 일으킬 필요가 있다. 물론 이때의 착시 현상은 번역물 특유의 어색한 문체적 특징이 지워지고 유려하게 읽힐 때 발생하므로 긍정적인 것이다. 번역은 번역가가 제 언어로 창조한 글처럼 막힘없이 흘러갈 때 성공했다고 말할 수 있다. 프랑스의 인문학자 돌레가 1540년에 발표한 「하나의 언어를 다른 언어로 제대로 번역하는 법」에서 제시한 원칙도 이를 뒷받침한다. 이 글에서 그는 고대 그리스의 고전을 프랑스어로 번역하는 번역가들에게 두 가지의 원칙을 제안한다. 첫째, 단어 대 단어로 번역하는 굴종적인 작업을 하지 말 것. 둘째, 라틴어에서 들어온 고어를 피하고 일상적으로 사용하는 언어로 번역할 것.

(나) 나는 번역 작품을 읽는 것이 외국 여행을 하는 것과 흡사하다고 생각한다. 반드시 이국성, 다시 말해 외국 냄새가 있어야 하는 것이다. 사실 완전히 귀화한 번역문이란 없다. 만일 있다면 그것은 허울만 그러할 뿐이어서, 엄격하게 따지면 번역이라고 할 수 없다. 번역은 모름지기 두 측면을 함께 고려해야 한다. 하나는 알기 쉽게 번역하는 일이다. 다른 하나는 원작의 자태를 보존하는 것이다. 그런데 이 보존이라고 하는 것은 흔히 알기 쉽게 하는 것과 모순된다. 눈에 선 것이다. 상대가 서양 도깨비인 만큼 누구 눈에라도 설게 되어 있다. 알아보기 쉽도록 손을 쓰더라도 옷차림 정도나 바꿀 수 있을 뿐, 콧대를 깎아 낮추거나 눈동자를 후벼 내어서는 안 될 일이다. 그래서 때로는 읽기에 매끄럽지 못한 번역이 차라리 낫다고 보는 것이다.

(다) 번역가의 과제는 이국의 언어에 담긴 의미를 전달하는 데 머무르지 않고, 그 언어의 음성, 운율, 표현적 특성과 같은 이질적 요소들이 번역을 통해 모국어 안에 새롭게 수용되도록 하는 것이다. 이 과정에서 번역가의 모국어는 확장되고 심화된다. 번역이 타자를 향해 열린 언어 활동이자 제 언어를 더 풍요롭게 가꾸어 내고 경직성에서 해방시킬 새로운 출발점인 것도 바로 이 때문이다. 그러나 번역에서 확장되는 것은 번역가의 모국어만이 아니다. 원문 속에 잠재해 있던 의미, 연관성, 이미지가 번역을 통해 새롭게 발견된다. 번역이라는 사태가 벌어지지 않았다면 존재했었는지조차 몰랐을 잠재성들 말이다. 이런 의미에서 번역가는 창조자이자 예술가이다. 이때 번역의 창조적 성격은 원문을 완전히 벗어나 번역가가 펼치는 언어의 유희를 의미하지는 않는다. 번역의 창조성은 원어와 번역어 모두의 언어적 잠재성을 해방시키는 데서 온다.

문제 1

제시문 (가), (나), (다)의 필자가 번역에 대해 가지는 입장을 비교하여 설명한 후, 자신의 독서 경험에 비추어 볼 때 어떤 입장이 타당하다고 생각하는지 밝히시오.

다음 글을 참고하여 제시문 (가), (나), (다)의 입장 차이가 역사 해석에서는 어떻게 드러날 수 있는지 구체적인 사례를 들어 설명하시오.

> 역사 해석은 번역 과정과 평행적이다. 과거의 역사를 원문에, 그것의 해석을 번역문에 대응시켜 볼 수 있다. 번역가가 저마다 다른 번역 태도를 취하듯 역사가도 역사를 해석하는 자기 나름의 방식을 가지고 있다.

구상지

예시 답안

1번 문제의 답변을 시작하겠습니다.

제시문 (가), (나), (다)는 번역에 대해 아주 큰 입장 차를 가지고 있습니다. 정리해서 말하자면, 제시문 (가)는 번역의 독자성을, 제시문 (나)는 원전의 충실한 보존을, 제시문 (다)는 상호성을 강조한다고 볼 수 있습니다.

제시문 (가)는 번역의 독자성을 강조합니다. 번역이 원전에 근거하고 있음에도 불구하고, 별도의 텍스트로서 독립성을 가져야 한다는 것입니다. 다시 말해, 번역은 원전의 언어적 변환에 머물지 않고, 처음부터 모국어로 작성된 창조물처럼 느껴질 정도로 자연스럽고 매끄러워야 한다는 입장입니다.

반면, 제시문 (나)는 번역의 독자성보다는 원전의 보존을 더 중시합니다. 번역은 원작을 가능한 한 손상 없이 전달하는 '안내자'여야 함을 주장하는 것으로 보입니다. 이러한 관점에서 볼 때, 제시문 (나)에서 말하는 '알기 쉽게 번역'하는 것과 제시문 (가)의 '일상적으로 사용하는 언어로 번역'하는 것은 겉보기에는 비슷하나 내용적으로는 다른 의미로 파악됩니다. 즉, 제시문 (가)는 독자 중심의 가독성을, 제시문 (나)는 원문 중심의 명료함을 의미합니다.

한편, 제시문 (다)는 원전과 번역이 창조적 상호 작용을 통해 새로운 의미를 생성하는 과정임을 강조합니다. 원작은 번역되면서 잠재되어 있던 의미와 이미지가 새롭게 발견됩니다. 그리고 번역가는 다른 문화와 언어에 대한 심화된 이해를 바탕으로 자신의 언어를 깊이 탐색할 수 있습니다.

제 독서 경험에 비추어 볼 때, 제시문 (다)의 입장이 타당하다고 생각했습니다. 교과서에 수록된 『춘향전』을 감상하면서 프랑스어로 번역한 『Printemps Parfumé, 향기로운 봄』을 비교해 본 적이 있습니다. 『Printemps Parfumé, 향기로운 봄』은 단순한 언어 치환의 차원을 넘어 프랑스어 고유의 감수성과 문화적 배경을 바탕으로 원작의 주제 의식과 정서를 새롭게 조명하고 있었습니다. 번역자는 원작의 의미를 살리면서도 새로운 언어 환경에 맞게 재구성했고, 이를 통해 작품은 더 풍부한 의미를 지니게 되었습니다. 이처럼 번역은 언어와 언어, 문화와 문화 사이의 대화를 통해 새로운 진실을 만들어가는 창조적 행위여야 한다고 생각합니다.

이상으로 1번 문제의 답변을 마치겠습니다.

문제 2

2번 문제의 답변을 시작하겠습니다.

각 제시문을 역사 해석에 대입하면 입장 차이가 분명하게 드러납니다. 제시문 (가)는 현재의 시각에서 과거를 재조명하는 입장, 제시문 (나)는 역사적 사실 자체에 충실하게 해석하려는 입장에 대응할 수 있습니다. 제시문 (다)는 과거와 현재가 상호 작용을 하며 새로운 의미가 생성될 수 있다는 점을 강조하는 입장이라고 할 수 있습니다.

저는 임진왜란 이후 조선이 일본에 파견한 사절단인 조선 통신사의 사례에 각 입장을 적용하여 설명하고자 합니다.

제시문 (가)의 입장에서는 조선 통신사를 현대적 외교의 관점에서 재조명하여, 자국의 이익을 위한 전략적 외교의 사례로 해석할 것입니다. 동시에 국제 사회의 안정을 위한 상호주의적 외교의 실천으로 이해할 수도 있습니다.

반면, 제시문 (나)의 입장에서는 조선 통신사 자체에 주목하여, 조선 조정과 일본 막부 사이에서 통신사가 수행한 역할을 사실에 입각해 살펴보려 할 것입니다. 사대교린이라는 조선 고유의 실리적 대외 정책과 자기 위상을 강화하려는 일본 막부의 정치적 노림수를 조명하고, 당대의 관점에서 통신사의 실체를 있는 그대로 드러내기 위해 언제, 어떻게 사행이 이루어졌는지, 어떤 인물이 참여했고 어떤 문서가 남았는지 등 구체적 사실을 통해 당대의 외교 양상을 정확히 전달하려 할 것입니다.

한편, 제시문 (다)의 입장에서는 조선 통신사의 의미를 상호성에 기반한 관점에서 다각적으로 분석하려 할 것입니다. 임진왜란이라는 참혹한 전쟁 이후 단절된 양국의 관계에 통신사가 어떻게 접근했는지를 규명하려 할 것입니다. 조선 통신사가 단순한 외교 수단을 넘어 정치·경제·사회·문화 모든 측면에서 상생의 계기로 작동했음을 강조하고, 나아가 아직 발견하지 못한 통신사의 의미를 새롭게 포착하여 지나치게 이권이나 자국 중심으로 흘러가는 현재의 외교에 새로운 영감을 불러일으킬 수도 있습니다.

이상으로 2번 문제의 답변을 마치겠습니다. 감사합니다!

▌ 문제 해결의 Tip

사실 – 해석 – 진실

물리적인 사실은 해석을 통해 의미가 부여됩니다. 해석은 각 개인의 인식 구조나 문화적 배경, 가치관에 따라 이루어집니다. 어떤 해석이 사회적으로 수용되고, 다른 설명들과 조화를 이루면 '진실'로 여겨집니다. 그런데 진실은 고정된 실체가 아니므로 시간이 흐르거나 새로운 관점이 등장하면 달라지기도 합니다.

번역은 단순히 외국어를 우리말로 옮기는 기술이 아니라 서로 다른 언어와 문화가 만나는 자리에서 새로운 의미를 만들어 내는 창조적인 과정입니다. 번역가는 원문이라는 '사실'을 자신이 사용하는 언어로 새롭게 해석하고 구성합니다. 그렇게 만들어진 번역문은 독자에게 하나의 '진실'로 받아들여질 수 있습니다.

역사 해석 역시 같은 흐름을 따릅니다. 과거에 실제로 있었던 사건이나 상황은 그 자체로 존재하지만, 그것이 진실로 인식되기 위해서는 해석이 필요합니다. 해석은 현재의 문제의식이나 가치 기준을 반영하고, 이 해석이 공감을 얻을 때 과거의 사실은 오늘날에도 의미 있는 진실로 자리 잡게 됩니다. 이처럼 진실은 과거의 기록에만 있는 것이 아니라 현재와 과거가 서로 영향을 주고받으며 구성되는 것입니다.

결국, 번역과 역사 해석의 목적은 사실을 그대로 전달하는 것이 아니라 그 사실에 어떤 의미를 부여하고, 그것이 수용되는 방식을 통해 새로운 진실을 구성해 나가는 일입니다. 이러한 관점은 우리가 단순히 정보를 전달하는 존재가 아니라 의미를 만들어 내고, 관계 속에서 사고하는 존재임을 잘 보여 줍니다.

허구를 통해 살펴보는 '사실 – 해석 – 진실'의 구도

문학적 허구는 사실을 다루는 독특한 방식으로, 현실을 왜곡하거나 변형하여 독자에게 새로운 통찰을 제공합니다. 문학에서 허구는 현실의 본질적 진실을 드러내기 위한 창조적 수단으로 사용됩니다. 허구는 작가의 해석을 통해 재구성되고, 작가는 이를 통해 사회적·인간적 진실을 탐구합니다.

문학에서의 '사실 – 해석 – 진실'은 문학가의 해석을 기반으로 형성됩니다. 작가는 현실의 특정 사실이나 사건을 선택하여 본질을 탐구하고, 이를 허구적 구조로 변형시켜 독자에게 전달합니다. 이때 사실은 객관적으로 존재하지만, 작가는 자신의 사회적·문화적 배경과 경험을 바탕으로 재구성하여 제시합니다. 진실은 작가의 해석을 거쳐 사회적·문화적 맥락에서 진화하고 확장된 결과로 나타납니다.

작가가 현실의 사실을 선택하고 해석하여, 허구의 형식으로 표현함으로써 진실을 구성하는 구조는 번역이나 역사 해석과 본질적으로 유사합니다. 번역가는 원문이라는 사실을 해석하여 새로운 언어로 진실을 구성하고, 역사가 역시 과거의 사실을 현재의 관점으로 해석하여 의미를 형성합니다. 문학은 이 과정 전체를 허구라는 창조적 장치를 통해 극대화함으로써, 사실이 어떻게 해석되고 진실로 전환되는지를 가장 집약적으로 보여 줍니다. 문학을 통해 학생들은 사실과 진실 사이에 존재하는 해석의 본질을 통찰할 수 있으며, 이를 다른 인문학 문제에도 적용할 수 있는 안목을 기를 수 있습니다.

- 인문대학
- 사회과학대학(경제학부 제외)
- 간호대학
- 생활과학대학 소비자아동학부 아동가족학전공
- 학부대학 자유전공학부
- 사범대학

주요 개념

번역, 번역의 태도, 세계화, 역사관, 역사 해석

서울대학교의 공식 해설

▶ 번역에 대한 동화주의적 입장, 이화주의적 입장, 언어적 잠재성 해방을 강조하는 입장의 공통점과 차이점을 판별해 분석하고, 자신의 독서 경험에 비추어 특정한 입장의 타당성을 설명할 것을 기대하는 문항이다.
제시문을 정확히 이해하는 독해력, 세 가지 입장 간의 공통점과 차이점을 판별하는 분석력, 제시문 분석의 결과를 개인의 독서 경험에 비추어 비판적 사고로 확장하는 응용력을 평가한다.

▶ 상자 안의 제시문을 읽고 역사 해석이 번역 과정과 평행적인 이유를 이해한 뒤, 번역에 대한 입장 차이가 역사 해석의 영역에서는 어떻게 나타날 수 있는지 구체적 사례를 들어 설명하는 문항이다.
제시문에 대한 정확한 독해와 분석을 바탕으로 다른 현상을 이해하는 응용력을 평가한다.

※ 제시문을 읽고 문제에 답하시오.

(가) 인간 사회의 특성 중 하나는 상황에 대한 사람들의 예측이 사태의 전개에 영향을 미친다는 것이다. 자연 세계에서 혜성의 운동에 대한 예측은 그 궤도에 영향을 주지 않는다. 반면, 인간 사회에서는 은행 파산에 대한 예측이 확산되면 공포에 휩싸인 사람들이 예금을 인출하고, 그 결과 재정적으로 탄탄한 은행도 파산에 이를 수 있다. 이러한 '자기실현적 예언(self-fulfilling prophecy)'의 사례는 얼마든지 찾아볼 수 있다. 서로 간에 전쟁이 불가피하다고 믿는 두 국가는 군비 증강 경쟁에 나설 것이고, 이는 실제 전쟁으로 이어지게 된다. 또한, ㉠ 특정한 집단이 열등하고 반사회적이라는 믿음 하에 공동체에서 배제된다면, 차별과 배제를 경험한 이들은 실제로 실패하고 반사회적 행위를 하게 될 것이다. 많은 경우, 이러한 '자기실현적 예언'의 악순환은 사람들의 맹목적 공포에 기반해 강화된다. 이를 적절히 제어하기 위해서는 제도적 개입과 조정이 필요하다.

(나) 저주만으로 죽음에 이르는 소위 '**부두 죽음(voodoo death)**'은 전 세계 곳곳에서 발견된다. 주술사에게 공개적으로 저주를 받은 개인은 집단의 전통에 따라 자신의 죽음을 확신하게 되고, 그의 친구와 친척들도 이러한 확신을 공유한다. 그때부터 공동체는 이 저주받은 개인을 이미 죽은 자이자 집단에 위협이 되는 존재로 대한다. 모든 사회적 유대에서 배제되고 사회적 기능과 활동을 박탈당한 결과, 그는 사회적 인간성의 붕괴를 견디지 못하고 죽음에 이른다. 이같이 어떤 주술적 실천은 그 주술에 대한 믿음, 즉 주술의 효력에 대한 주술사의 믿음, 주술의 힘에 대한 희생자의 믿음, 그리고 무엇보다 주술사와 희생자를 둘러싼 집단 전체의 믿음과 예측에 기반해 효력을 발휘한다.

(다) 많은 사람들이 물가 상승을 예측하고 그 불확실성을 두려워하면 어떻게 될까? 가계는 가격 상승 전에 소비를 늘리고, 기업은 원자재 가격의 상승을 우려해 제품 가격을 인상하며, 노동조합은 최대치의 임금 인상을 요구할 것이다. 이에 따라 실제로 과도한 물가 상승이 발생하게 된다. 이러한 변동성을 적절히 통제하기 위한 방법 중 하나가 '**물가 안정 목표제(inflation targeting)**'이다. 이는 중앙은행이 정해진 기간에 목표로 하는 물가 상승률을 공개함으로써 물가 상승을 원하는 범위 내로 관리하는 정책을 말한다. 예를 들어, 중앙은행이 연초에 올해의 목표 물가 상승률을 2%로 발표하면 중앙은행을 신뢰하는 사람들은 이 기준에 맞춰 자신의 예측과 행동을 조정할 것이다. 기업은 2%의 물가 상승률을 고려해 상품 가격을 정하고, 노동조합은 이를 고려해 임금 인상을 요구하며, 가계는 소비 수준을 조정한다. 이러한 조정 결과, 연말이 되면 2% 내외의 물가 상승률이 실제로 달성될 가능성이 높다.

문제 1

제시문 (가)에 제시된 '자기실현적 예언'의 관점에서 제시문 (나)의 '부두 죽음'과 제시문 (다)의 '물가 안정 목표제'를 비교하여 설명하시오.

사회 현상에 내재한 '자기실현적 예언'의 속성을 고려할 때, ㉠을 해결하기 위해 교육자, 언론인, 정책 입안자, 연구자, 차별 피해자 집단이 각각 어떤 노력을 할 수 있을지, 이 중 세 집단을 골라 설명하시오.

예시 답안

문제 1

1번 문제의 답변을 시작하겠습니다.

'자기실현적 예언'은 예측이 사회 구성원의 행동을 변화시켜, 결국 현실화되는 현상입니다. 이는 심리적 요소가 현상에 영향을 준다는 점에서 자연 현상과 다른 사회 현상의 특징을 잘 보여 줍니다. '자기실현적 예언'은 대체로 집단의 맹목적 공포에 의해 강화됩니다. 이 경우, '자기실현적 예언'의 악순환이 발생하여 소수자에 대한 차별과 배제를 심화하거나 사회적 혼란을 가중할 수 있습니다.

'부두 죽음'과 '물가 안정 목표제'는 모두 '자기실현적 예언'의 사례입니다. 다만, '부두 죽음'은 '자기실현적 예언'의 악순환이 나타난 사례라면, '물가 안정 목표제'는 '자기실현적 예언'의 특징을 문제 해결의 방법으로 활용한 사례로 볼 수 있습니다.

'부두 죽음'은 집단적인 공포와 주술적 전통에 의해 작동하며, 소수자에 대한 차별을 정당화하는 '자기실현적 예언'입니다. 주술적 전통은 저주받은 자를 '죽은 사람'으로 규정하고 낙인을 찍으며, 그들을 맹목적으로 차별하고 배제하게 만듭니다. 공동체에서 고립과 소외를 경험한 저주받은 사람들은 부정적 예언을 내면화하고, 결국 사회적 자아를 상실한 채 실제 죽음에 이르게 됩니다. 부정적 믿음이 실현됐다는 점에서 '부두 죽음'은 '자기실현적 예언'의 악순환이 발생한 사례라고 볼 수 있습니다.

반면, '물가 안정 목표제'는 물가 상승의 공포가 현실화되는 것을 막기 위해 '자기실현적 예언'의 원리를 활용하는 제도적 장치입니다. 물가 상승에 대한 공포는 소비자의 사재기, 기업의 가격 인상, 은행의 금리 인상을 유발하여 물가 상승을 초래하고, 시장의 예측 가능성과 안정성을 저해할 수 있습니다. '물가 안정 목표제'는 이러한 상황을 통제하기 위해 목표 물가 상승률을 제시하고, 예측에 맞춰 통화 정책을 운용하겠다는 신호를 시장에 전달합니다. 중앙은행이 설정한 목표에 대한 믿음이 형성되면, 시장은 목표치에 맞춰 행동하게 되고, 결과적으로 시장의 예측 가능성과 안정성이 향상됩니다.

이상으로 1번 문제의 답변을 마치겠습니다.

2번 문제의 답변을 시작하겠습니다.

먼저, '자기실현적 예언'의 부정적인 면을 살펴보겠습니다. 맹목적 공포에 기반한 예언이 확산되고, 구성원이 이를 비판 없이 수용하면 차별, 배제, 사회 혼란과 같은 부정적 상황이 현실화됩니다. 예측은 정설처럼 받아들여지고 믿음이 반복, 확산되며 문제는 악화됩니다.

㉠은 '자기실현적 예언'의 부정적 속성이 특정 집단에 대한 차별로 이어진 사례입니다. 특정 집단에 대한 부정적 믿음은 차별로 이어집니다. 차별을 가하는 사람들은 예언을 맹목적으로 받아들여 부정적 인식을 강화합니다. 차별 받는 사람들은 비합리적인 낙인을 내면화하여 실제로 부정적 이미지에 부합하는 행동을 합니다. 결국, 기존의 편견은 재생산되고, 낙인은 고착화됩니다. ㉠에 나타난 자기실현적 예언의 악순환이 반복되면, 결국 인간의 존엄성이 훼손되고 사회의 공공성이 약화되며, 공동체의 기반이 무너질 수 있습니다.

저는 ㉠의 문제를 해결하기 위한 연구자, 교육자, 차별 피해자 집단의 노력을 말씀드리겠습니다.

첫째, 연구자는 본인의 연구 결과가 '자기실현적 예언'으로 작용하거나 기존의 부정적 인식을 확산하지 않도록 주의해야 합니다. 연구자가 생산하는 지식은 사회와 상호 작용합니다. 특정 집단에 대한 부정적 인식이 연구에 영향을 미치거나, 반대로 연구가 부정적 인식을 강화할 수 있습니다. 특정 집단을 대상으로 연구를 수행할 때는 연구자의 시선과 개념 정의, 통계 처리 등이 '자기실현적 예언'이 되지 않게 주의해야 합니다. 소외 집단의 긍정적 면모를 부각하거나 그들의 역사를 재조명하는 연구를 통해 사회적 인식을 개선할 수도 있습니다.

둘째, 교육자는 사고력과 판단력 향상, 시민 의식 함양을 위해 노력해야 합니다. 우선, 사회 구성원의 판단력 저하와 비합리적 사고방식은 자기실현적 예언의 악순환을 심화할 수 있습니다. 따라서 학교 현장에서는 논리학 교육을 시행하여 논리적 오류와 인과 관계를 올바르게 판단하는 능력을 길러 무분별한 낙인과 예단을 예방해야 합니다. 다음으로, 시민 의식의 부재는 특정 집단에 대한 차별적 믿음을 낳고, 이는 '자기실현적 예언'이 될 수 있습니다. 따라서 학습자들이 타인에 대한 존중, 다양성의 포용, 사회 정의와 같은 핵심 가치를 내면화하도록 이끌고, 고정 관념과 다수의 횡포, 편견을 비판적으로 성찰하도록 교육해야 합니다.

셋째, 차별 피해자 집단은 사회적 낙인을 내면화하지 않고, 주체적으로 대응해야 합니다. 자신에 대한 악평을 사실로 받아들이는 순간, 부정적인 '자기실현적 예언'으로 작용해 행동과 정체성에 영향을 줄 수 있습니다. 제시문 (나)의 '부두 죽음' 사례처럼 타인의 시선을 내면화하면, 자신을 차별의 언어로 인식하게 되고, 이는 사회적 고립과 자존감 상실로 이어지며, 낙인에 부합하는 행동을 하게 될 수 있습니다. 따라서 피해자 집단 내 개인은 자신을 향한 편견이나 예측을 비판적으로 검토하고, 자신의 존엄을 지켜내기 위해 노력해야 합니다. 피해자 공동체는 지속적인 모임을 통해 연대해야 합니다. 경험을 공유하고 정서적으로 지지를 얻는 과정은 자존감 저하와 사회적 고립감을 해소하고, 건강한 집단 정체성을 유지하는 데 기여할 수 있습니다.

이상으로 2번 문제의 답변을 마치겠습니다. 감사합니다!

문제 해결의 Tip

자연 현상과 사회 현상

「사회·문화」를 공부했다면, '자연 현상'과 '사회 현상'의 차이에 대해 잘 알고 계실 것입니다. 자연 현상은 자연의 법칙에 따라 발생하는 현상으로, 인간의 의지나 사회적 영향과 무관하게 자연 환경과 생태계 내에서 일어나는 일들입니다. 자연 현상은 물리적·화학적·생물학적 법칙에 의해 지배되므로 객관적이고 법칙적이며, 예측 가능성이 높습니다. 반면, 사회 현상은 인간 사회에서 발생하는 모든 활동과 사건으로, 사람들의 상호 작용, 문화, 경제, 정치적 행동 등과 관련되어 있습니다. 사회 현상은 사회적·문화적·역사적 맥락 속에서 집단의 행동과 사고방식, 상호 작용을 통해 일어나므로 자연 현상에 비해 원인과 결과를 예측하기 어렵습니다. 인간의 심리적이고 주관적인 가치관이 개입되며, 집단의 사고방식에 따라 동일한 원인이 다른 결과를 낳을 수 있기 때문입니다.

'자기실현적 예언'은 이러한 자연 현상과 사회 현상의 차이를 보여 주는 예입니다. '내일은 태양이 뜨지 않을 것이다.'라는 예측은 실제 태양의 움직임에 영향을 주지 못하지만, '태닝이 유행할 것이다.'라는 유명 인사의 예측은 태닝에 대한 대중의 관심을 높여서 실제로 태닝이 유행하도록 만들 수 있습니다. 즉, 인간의 생각과 예측은 자연 현상에 영향을 주지 않지만, 사회 현상에는 영향을 미칠 수 있습니다.

차별의 내면화

내면화는 사회적으로 주어진 가치나 규범, 신념, 태도 등을 개인이 자신의 일부로 받아들여, 마치 그것이 자연스럽고 당연한 것처럼 행동하게 되는 과정을 말합니다. 즉, 외부에서 주어진 질서가 개인의 내부 질서로 전환되는 것입니다. 사회화 과정에서 모든 인간은 필연적으로 내면화를 경험합니다. 인간은 사회적 동물이기 때문에 자연 상태의 인간이 기성 사회에 적응하는 과정은 필수적이기 때문입니다.

그러나 내면화가 항상 긍정적인 것만은 아닙니다. 내면화와 '차별'이 결합할 때 문제가 발생할 수 있기 때문입니다. 차별의 내면화는 피해 당사자가 자신에게 가해진 불공정한 시선이나 부정적 평가를 자신의 정체성으로 받아들이게 되는 현상입니다. 이 과정에서 피해자는 차별의 구조나 제도의 문제를 비판하지 못한 채, 오히려 자신의 존재 자체를 문제시하며 자책감에 빠지게 됩니다. 차별이 반복되고 구조화되면, 외부의 시선은 점차 '내면의 목소리'로 바뀌게 되는 것입니다. 제시문 (가)와 (나)의 상황에 적용하면, 차별적인 '자기실현적 예언'을 들은 사람은 '나는 열등하다.' '나는 저주받았다.', '나는 죽은 사람이다.'와 같은 생각을 내면화할 수 있습니다. 이러한 사고는 결국 피해자를 억압하는 장치가 되어 자존감을 약화시키고 행동을 제약하며, 종국에는 죽음으로 이끌 수 있습니다.

- 인문대학
- 사회과학대학
- 간호대학
- 생활과학대학 소비자아동학부 소비자학전공·아동가족학전공, 의류학과

- 사범대학
- 학부대학 자유전공학부
- 경영대학

주요 개념

사회·문화 현상, 사회 불평등, 사회적 소수자

서울대학교의 공식 해설

▶ 제시문의 의미를 정확히 파악하는 독해력에 기반해 서로 다른 현상을 비교·분석하는 논리적 사고력을 평가하는 문항이다.

제시문 (가)는 사람들의 예측과 믿음이 사태의 전개에 영향을 미쳐 현실화되는 '자기실현적 예언'의 속성에 대해 설명하고 있다. 제시문 (나)에 제시된 '부두 죽음'은 이러한 '자기실현적 예언'의 한 사례로 볼 수 있다. 반면, 제시문 (다)에 서술된 '물가 안정 목표제'는 이러한 '자기실현적 예언'의 부정적 효과를 제어하면서 이를 긍정적으로 활용하는 시도로, 제시문 (가)에 제시된 '제도적 개입과 조정'의 일례로 해석할 수 있다.

a) 제시문 (가)에 제시된 '자기실현적 예언'의 이해와 관련해 유의해야 할 점

제시문 (가)에 서술된 '자기실현적 예언'은 '집단적인 예측과 믿음 → 집합 행동의 변화 → 예측과 믿음의 실현'이라는 원리에 기반해 있다. 따라서 답변자가 '자기실현적 예언'을 개인적인 믿음의 문제로 사고하거나 예측이 행동의 변화라는 매개 없이 직접적으로 현실화될 수 있다고 이해한다면 이는 불충분한 답변이다.

b) '부두 죽음'과 '물가 안정 목표제'의 비교 시 유의할 점

이 두 사례는 모두 '자기실현적 예언'의 사례로 볼 수 있지만, '물가 안정 목표제'는 '자기실현적 예언'의 부정적 효과를 제어하는 동시에 이를 긍정적인 방향으로 활용하는 제도적 개입이라는 점에서 차이가 있다. 따라서 만약 답변자가 제시문 (나)의 '부두 죽음'과 제시문 (다)의 '물가 안정 목표제' 모두 '자기실현적 예언'의 원리에 기반해 있다는 공통점만 지적하거나, 제시문 (나)의 '부두 죽음'은 '자기실현적 예언'의 사례이고 제시문 (다)의 '물가 안정 목표제'는 '자기실현적 예언'을 제어하려는 시도라는 단순 대조에 머문다면 이는 불충분한 답변이라고 할 수 있다. 답변자는 관점에 따라, 두 사례 간의 비교 지점을 추가로 설명할 수 있다. 예컨대, '부두 죽음'의 사례는 주어진 전통에 대한 절대적 믿음과 공포에 기반하지만, '물가 안정 목표제'는 개인의 자율성을 전제로 하는 제도적 신뢰에 기반한다는 점에서 차이가 있다는 답변도 가능할 것이다. 이럴 경우, 해당 답변이 '자기실현적 예언'과 관련성이 있는가, 그리고 두 사례 간 비교 지점을 논리적으로 제시하였는가를 기준으로 평가한다.

▶ 제시문에 대한 정확한 이해에 기반해 특정 사회 현상에 대한 해결책을 제시하는 비판적·창의적 사고력을 평가하는 문항이다.

제시문 (가)의 ㉠은 특정한 집단이 열등하고 반사회적이라는 사람들의 믿음과 차별 행위가, 실제 그 집단을 반사회적인 실패자로 만드는 '자기실현적 예언'의 사례를 제시하고 있다. 답변자는 이를 인종 차별이나 성차별, 성 소수자, 이민자, 전과자 집단에 대한 차별 등의 사례로 구체화시켜 이해할 수 있다. 이 문항은 사회 현상에 내재한 '자기실현적 예언'의

속성을 고려할 때, 이러한 문제를 해결하기 위해 각 행위자의 입장에서 구체적으로 어떤 노력을 할 수 있는지 묻고 있다. 따라서 답변자는 차별 집단에 대한 편견과 공포에 기반한 '자기실현적 예언'의 악순환을 막을 대책을 논하는 한편, 그 대안의 모색에 있어서도 '자기실현적 예언'의 속성을 활용할 방안을 제시해야 한다. '자기실현적 예언'의 부정적 효과를 제어하면서도 이를 긍정적 방향으로 활용했던 제시문 (다)의 '물가 안정 목표제'의 사례를 참고할 수 있다.

따라서 답변자가 '자기실현적 예언'의 부정적 효과를 제어하기 위해 편견 등을 없애고 이들에 대한 '객관적' 입장을 고수해야 한다는 답변만을 제시하거나, 대안 제시에 있어서 '자기실현적 예언'의 속성을 활용하지 않은 채 소수자 차별에 대한 상투적인 해결책 혹은 개인적 차원의 해결책만을 제시하는 것은 불충분한 답변이라고 할 수 있다. 대중이 차별 집단에 대해 가질 수 있는 기존의 편견을 제어하되, 긍정적 모델 제공, 상호 신뢰 구축, 대중적 인식 변화를 통해 '자기실현적 예언'을 긍정적으로 활용할 수 있는 다양한 방안을 제시할 필요가 있다.

※ 제시문을 읽고 문제에 답하시오.

문제 1

수직선 위에 세 공 P, Q, R이 $p_1 = 1$, $q_1 = 2$, $r_1 = 3$에 각각 놓여 있고, 각 공에는 $x_1 = 3$, $y_1 = 2$, $z_1 = 1$이 쓰여 있다. 세 공 P, Q, R에 대해 다음 시행을 반복한다. 아래 시행에서 h는 양수이다. (단, 공의 크기는 무시한다.)

─── 〈시행〉 ───

(가) 세 공에 쓰여 있는 수들의 평균을 계산한다.

(나) P에 쓰여 있는 수에 h를 곱한 값과 P의 현재 위치를 더한 값으로 P의 위치를 옮긴다.

(다) (가)에서 계산한 평균에서 P에 쓰여 있는 수를 뺀 값에 h를 곱한다. 그 결과와 현재 P에 쓰여 있는 수를 더한 값을 P에 고쳐 적는다.

(라) P 대신 Q와 R에 대해서도 (나)와 (다)를 같은 방식으로 적용하여 공의 위치와 쓰여 있는 수를 바꾼다.

시행을 n번 반복한 후 세 공 P, Q, R의 위치를 각각 p_{n+1}, q_{n+1}, r_{n+1}이라 하고, 각 공에 쓰여 있는 수를 x_{n+1}, y_{n+1}, z_{n+1}이라 하자. 아래 그림은 $h = 0.5$인 경우, 첫 번째 시행을 하기 전과 후의 공의 위치와 쓰여 있는 수에 대한 예시이다.

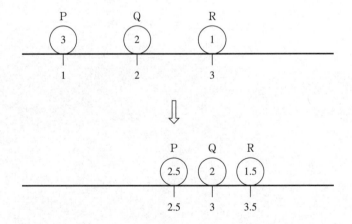

[1-1]

시행을 2회 반복한 후 세 공에 쓰여 있는 수 x_3, y_3, z_3의 평균을 구하시오.

[1-2]

시행을 2023회 반복한 후 공 P에 쓰여 있는 수 x_{2024}를 h에 대한 식으로 나타내시오.

[1-3]

시행을 2023회 반복한 후 공들의 위치가 $r_{2024} \leq q_{2024} \leq p_{2024}$를 만족하도록 하는 양수 h의 값의 범위를 구하시오.

구상지

1-1

1번 문제의 답변을 시작하겠습니다.

(설명과 계산을 시작합니다.)

세 공에 쓰여 있는 수의 평균을 m_n이라 하면 $m_n = \dfrac{1}{3}(x_n + y_n + z_n)$ 입니다.

조건 (다)에 따라 x_{n+1}을 구하면 $x_{n+1} = (m_n - x_n) \times h + x_n$, 즉 $x_{n+1} = (1-h)x_n + m_n h$ 입니다.

같은 방법으로 구하면
$$y_{n+1} = (1-h)y_n + m_n h, \ z_{n+1} = (1-h)z_n + m_n h$$
입니다.

$$
\begin{aligned}
m_{n+1} &= \frac{1}{3}\{(1-h)x_n + m_n h + (1-h)y_n + m_n h + (1-h)z_n + m_n h\} \\
&= \frac{1}{3}(1-h)(x_n + y_n + z_n) + m_n h \\
&= (1-h)m_n + m_n h \\
&= m_n
\end{aligned}
$$

따라서 $m_{n+1} = m_n$이므로 $m_3 = m_1 = \dfrac{3+2+1}{3} = 2$ 입니다.

이상으로 1번 문제의 답변을 마치겠습니다.

2번 문제의 답변을 시작하겠습니다.

(설명과 계산을 시작합니다.)

1번 문제에서 구한 x_n에 대한 수열의 귀납적 정의를 통해서 수열 $\{x_n\}$의 일반항을 도출해 보겠습니다.

$$x_{n+2} = (1-h)x_{n+1} + 2h$$
$$x_{n+1} = (1-h)x_n + 2h$$

에서

$$x_{n+2} - x_{n+1} = (1-h)(x_{n+1} - x_n)$$

이때, $x_{n+1} - x_n = a_n$이라 치환하면 $a_{n+1} = (1-h)a_n$이므로 수열 $\{a_n\}$은 첫째항이 a_1, 공비가 $(1-h)$인 등비수열입니다.

$x_{n+1} = (1-h)x_n + 2h$이므로 $x_2 = 3-h$이고, $a_1 = -h$입니다.

즉, $a_n = a_1 \times (1-h)^{n-1} = -h(1-h)^{n-1}$이므로 $x_{n+1} = x_n - h(1-h)^{n-1}$입니다.

$n = 1, 2, 3, \cdots, 2023$을 차례로 대입하여 나열하면

$$x_2 = x_1 - h(1-h)^0$$
$$x_3 = x_2 - h(1-h)^1$$
$$x_4 = x_3 - h(1-h)^2$$
$$\vdots$$
$$x_{2023} = x_{2022} - h(1-h)^{2021}$$
$$x_{2024} = x_{2023} - h(1-h)^{2022}$$

위 식을 변끼리 더하면

$$x_{2024} = x_1 - h\sum_{k=1}^{2023}(1-h)^{k-1}$$

입니다. 이때,

$$\sum_{k=1}^{2023}(1-h)^{k-1} = (1-h)^0 + (1-h)^1 + (1-h)^2 + \cdots + (1-h)^{2022} = \frac{1-(1-h)^{2023}}{h}$$

이고, $x_1 = 3$이므로

$$x_{2024} = x_1 - h \times \frac{1-(1-h)^{2023}}{h} = 3 - \{1-(1-h)^{2023}\} = 2 + (1-h)^{2023}$$

입니다.

이상으로 2번 문제의 답변을 마치겠습니다.

3번 문제의 답변을 시작하겠습니다.

(설명과 계산을 시작합니다.)

2번 문제와 같은 방법으로 x_n, y_n, z_n을 구해 보면

$x_n = 2 + (1-h)^{n-1}$

$y_n = 2$

$z_n = 2 - (1-h)^{n-1}$

입니다.

이때, 조건 (나)에 따라 각 공의 위치를 구해 보겠습니다.

$p_{n+1} = p_n + \{2 + (1-h)^{n-1}\}h = p_n + h(1-h)^{n-1} + 2h$

$q_{n+1} = q_n + 2h$

$r_{n+1} = r_n + \{2 - (1-h)^{n-1}\}h = r_n - h(1-h)^{n-1} + 2h$

입니다.

$n = 1,\ 2,\ 3,\ \cdots,\ 2023$을 차례로 대입하여 p_{2024}를 구해 보면

$\quad p_2 = p_1 + h(1-h)^0 + 2h$

$\quad p_3 = p_2 + h(1-h)^1 + 2h$

$\quad p_4 = p_3 + h(1-h)^2 + 2h$

$\qquad\qquad \vdots$

$\quad p_{2023} = p_{2022} + h(1-h)^{2022} + 2h$

$\quad p_{2024} = p_{2023} + h(1-h)^{2023} + 2h$

위 식을 변끼리 더하면 $p_1 = 1$이므로

$\quad p_{2024} = 1 + 1 - (1-h)^{2023} + 2023 \times 2h$

q_{2024}를 구해 보면

$\quad q_2 = q_1 + 2h$

$\quad q_3 = q_2 + 2h$

$\quad q_4 = q_3 + 2h$

$\qquad\qquad \vdots$

$\quad q_{2023} = q_{2022} + 2h$

$\quad q_{2024} = q_{2023} + 2h$

위 식을 변끼리 더하면 $q = 2$이므로

$\quad q_{2024} = 2 + 2023 \times 2h$

r_{2024}를 구해 보면

$$r_2 = r_1 - h(1-h)^0 + 2h$$
$$r_3 = r_2 - h(1-h)^1 + 2h$$
$$r_4 = r_3 - h(1-h)^2 + 2h$$
$$\vdots$$
$$r_{2023} = r_{2022} - h(1-h)^{2022} + 2h$$
$$r_{2024} = r_{2023} - h(1-h)^{2023} + 2h$$

위 식을 변끼리 더하면 $r_1 = 3$이므로

$$r_{2024} = 3 - 1 + (1-h)^{2023} + 2023 \times 2h$$

$r_{2024} \leq q_{2024} \leq p_{2024}$에서

$$2 + 2023 \times 2h + (1-h)^{2023} \leq 2 + 2023 \times 2h \leq 2 + 2023 \times 2h - (1-h)^{2023}$$
$$(1-h)^{2023} \leq 0 \leq -(1-h)^{2023}$$

따라서 $h \geq 1$입니다.

이상으로 3번 문제의 답변을 마치겠습니다. 감사합니다!

[1-1] 계산

문제의 조건에 따라 식을 작성하여 m_n의 귀납적 정의를 구합니다.

[1-2] 추론, 계산

n에 $n-1$을 대입하여 새롭게 얻은 귀납적 정의에서 등비수열을 도출할 수 있습니다. 이후 $n = 1, 2, 3, \cdots,$ 2023을 차례로 대입하여 일반항 또는 2024번째 항을 구합니다.

[1-3] 추론, 계산

[1-2]에서 사용한 방법으로 x_n, y_n, z_n을 구하고 이를 바탕으로 p_n, q_n, r_n의 귀납적 정의를 도출할 수 있습니다. 이후 $n = 1, 2, 3, \cdots,$ 2023을 차례로 대입하여 p_{2024}, q_{2024}, r_{2024}를 구합니다.

- 공과대학
- 농업생명과학대학(산림과학부, 조경·지역시스템공학부, 바이오시스템·소재학부, 스마트시스템과학과)
- 약학대학
- 첨단융합학부
- 사회과학대학(경제학부)
- 경영대학
- 농업생명과학대학(농경제사회학부)
- 생활과학대학(소비자아동학부 소비자학전공, 의류학과)
- 학부대학(자유전공학부)

주요 개념

수열, 수열의 귀납적 정의, 여러 가지 수열의 합

서울대학교의 공익 해설

▶ [1-1] 수열의 귀납적 정의를 이해하고 있는지 평가한다.

▶ [1-2] 여러 가지 수열의 첫째항부터 제n항까지의 합을 구할 수 있는지 평가한다.

▶ [1-3] 등비수열의 뜻을 알고, 일반항, 첫째항부터 제n항까지의 합을 구할 수 있는지 평가한다.

4부

모의 면접 및 구술고사

2026 서울대 구술면접
인문계열

※ 제시문을 읽고 문제에 답하시오.

(가) 누구나 한 번쯤은 한국인의 정서를 대변하는 감정이 '한'(恨)이라는 이야기를 들어 봤을 것이다. 한국인은 침략, 약탈, 전쟁, 저개발, 가난과 억압으로 점철된 근현대사를 감내해야 했고, 뜻대로 되지 않는 세상살이에 대한 원망을 '한'이라는 정서로 내면화하게 됐다. 더불어 여기에는 항상 다음 이야기가 덧붙여진다. '한'은 다른 민족들에게서 흔히 발견되는 '원'(怨)의 정서와 달리 가해자에 대한 복수를 함축하지 않는다는 점에서 특별하며, 한국인은 가슴 속에 맺힌 응어리를 잔인한 복수가 아닌 방식으로 풀어내고자 하는 평화 지향적인 민족이다.

(나) 청년들이 아프다고 한다. 청년 세대의 꿈이 '취업'으로 쪼그라든 것은 그들의 잘못이 아니다. 그들의 공포는 세상이 그들에게 강요한 것이다. 청년 세대의 아픔은 결코 스펙 쌓기와 자기 계발, 긍정과 힐링으로 치유될 수 없다. 청년 세대가 제일 먼저 해야 할 일은 지금의 '아픔'이 자신의 잘못이 아니라 세상의 탓이라는 것을 깨닫는 것이다. 그리고 기성세대에게 세상을 '함께 바꾸자'고 요구해야 한다. 불공정하고 불평등한 기존의 틀에 대해 부모 세대와 자식 세대가 함께 분노해야 한다. 청년 세대여, 자신을 탓하지 마라. 기성세대가 만들어 놓은 틀에 순응하지 말고 거부해라. 한국에 드리워진 어둠을 거두고 희망을 다시 세울 자는 젊은이들이다. 미래는 젊은이들의 것이다. 젊은이가 세상을 바꾸어야 한다.

문제 1

고통의 관점에서 제시문 (가)와 (나)의 공통점과 차이점을 설명하시오.

문제 2

제시문 (가)와 (나)에서 언급되지 않은 다른 형태의 고통을 얘기해 보고, 그에 대한 극복 사례를 설명해 보시오. (개인적 경험을 연관해서 설명해도 좋음)

문제 1

1번 문제의 답변을 시작하겠습니다.

제시문 (가)와 (나) 모두 사람이 겪는 고통과 어려움을 말하고 있습니다. 제시문 (가)가 한국인의 집단적 정서인 한(恨)에 집중하는 반면 제시문 (나)는 청년 세대가 겪는 사회 구조적 고통에 주목하고 있습니다.

우선, 제시문 (가)부터 설명해 보겠습니다. 한(恨)은 한국인의 집단적 정서로 언급되어 있습니다. 역사적으로 누적된 집단적 경험이 한국인들에게 '인고(忍苦)'의 형태로 내면화된 감정입니다. 한은 외부적 환경을 탓하거나 누군가를 원망하는 것이 아니라 숙명처럼 받아들여진 것이기 때문에, 극복이나 제거보다는 승화라는 관점으로 접근할 수 있습니다. 제시문의 '응어리를 잔인한 복수가 아닌 방식으로 풀어내고자...'에서도 그 점을 파악할 수 있습니다.

제시문 (나)의 논조는 다릅니다. 제시문 (가)가 한국인 전체의 고통이라면, 제시문 (나)는 특정 세대가 겪는 고통입니다. 청년 세대가 겪는 고통은 사회 구조적 모순의 결과이기 때문에, 그 모순의 원인 제공자인 기성세대에게 분노하라고 주장합니다. 이 고통은 싸워 이겨야 할 극복의 대상으로 설정되어 있습니다. 청년 세대가 겪는 아픔의 원인이 스스로에게 있지 않고, 원인 제공자가 따로 있음을 인식하여, 문제 해결의 정확한 타깃을 파악하라고 주문합니다. 다만, 단순한 원한의 감정으로 그것을 대응하라는 일차원적인 접근은 아닌 것으로 보입니다. 정확한 원인 파악과 정확한 타깃 설정에 기반한 냉정한 분노를 요구하고, 피해 당사자가 주도적으로 나서되, 원인 제공자와 연대하여 문제 해결에 나설 것을 촉구합니다.

이상으로 볼 때, 사람이 겪는 고통이 국가 단위, 민족 단위, 세대 단위 혹은 사회 구조적 조건에 따라 다양하며, 그에 대한 해법도 승화, 극복, 저항 등으로 다양할 수 있음을 유추할 수 있습니다.

이상으로 1번 문제의 답변을 마치겠습니다.

2번 문제의 답변을 시작하겠습니다.

인간이 겪는 고통은 정말 복잡다기할 것입니다. 제가 예상할 수 있는 수준을 뛰어넘는 복잡한 형태의 고통, 제가 상상할 수 없는 크기의 고통이 있었을 것입니다. 인간의 아픔은 인간 실존 그 자체에서 오는 원천적 고통 외에도 종교적 번뇌, 이민족간의 갈등, 현대인의 스트레스, 빈곤, 질병 등으로 시대, 상황, 건강, 경제적 여건, 외부와의 관계에 따라 유형과 강도가 다양할 것입니다.

저는 우리나라가 겪은 성장통(成長痛)에 대해 이야기해 보려 합니다.

대한민국은 1945년 일제로부터 해방된 직후, 한국 전쟁이라는 큰 환란을 겪었습니다. 해방의 기쁨이 가시기도 전에 극단적인 이념 대립은 국가 전체와 국민 전체를 전쟁의 나락으로 빠뜨렸습니다. 1950년대의 우리는 전 세계에서 가장 가난한 나라 중 하나였다고 알고 있습니다. GNP와 1인당 GDP는 세계 꼴찌 수준이었고, 생산 기반 시설은 빈약했습니다. 오랜 기간 정치는 안정적이지 못했습니다. 1970년대까지 우리는 절대 빈곤에 시달렸습니다. 노동 환경은 열악했고, 때로 공정보다 성장이 더 중시되었습니다. 인권보다는 효율이, 개인의 자유보다는 집단과 국가가 강조되었습니다.

하지만, 21세기 대한민국은 GDP 기준 세계 10위권의 경제 대국이고, 음악과 영화에서 세계의 주목을 받는 문화 강국입니다. 선거를 통한 평화적 정권 교체가 이루어지는 정치 선진국이고, 다른 나라에서 모범 사례로 배우고 싶어 하는 의료 강국인 동시에, 시민 의식이 돋보이는 성숙한 시민 사회입니다. 얼마 전 UNCTAD는 우리나라를 개도국에서 선진국으로 공식적으로 국가 지위를 변경했고 이는 사상 처음 있는 일이라고 알려졌습니다. 절대 빈곤의 나라가 불과 60년 만에 최고 수준의 선진국이 되었습니다. 그 이면에는 우리나라 구성원들의 피와 땀과 눈물이 있었을 것입니다.

저는 이런 성장의 이면에 성장통이 있었다고 생각합니다. 성장통 또한 분명히 고통입니다. 하지만 성장의 과정에서 겪는 긍정적 고통입니다. 물론 성장을 위한 고통이라 해서 무조건 수긍해야 한다는 것은 아닙니다. 아픔이 무조건 성장으로 연결되는 것도 아닐 것입니다. 하지만 어려움을 직시하고 긍정적으로 극복하려는 노력이 수반될 때, 고통은 단순한 아픔으로 끝나지 않고 성장의 밑거름이 될 수 있습니다. 대한민국의 구성원들이 때로 기꺼이 고통을 감내하고, 때로 부정에 저항하고, 때로 난관을 극복하면서 지금의 성숙한 대한민국이 만들어졌다고 생각합니다. 앞으로 저도 성장통을 겪을 것입니다. 저 또한 고통을 외면하지 않고 정면으로 대응하면서 성장하겠다고 다짐을 해 봅니다.

이상으로 2번 문제의 답변을 마치겠습니다. 감사합니다!

한(恨), 고통, 집단적 정서, 사회 구조적 모순, 내면화, 저항, 원인 제공자, 대안

▶ 인간이 겪는 다양한 고통이 있습니다. 생로병사, 인간 실존의 고통, 종교적 번뇌, 신체적 고통, 스트레스, 심리적 고통 등 수없이 많은 어려움과 고통, 그리고 난관이 존재합니다.

▶ 고통을 개인적 고통과 집단적 고통, 사회 구조적 고통과 실존적 고통 등 다양한 유형으로 분류할 수 있습니다.

▶ 서울대의 요구처럼, [문제 1]은 앙상한 대조가 아니라, 정교하고 풍성한 대조가 요구됩니다. 제시문 (가)와 (나) 모두 고통과 그에 대한 해법을 논하고 있다는 점을 지적하고 세부적인 차이점까지 포착해야 좋은 답안이라 할 수 있습니다.

▶ 한(恨)은 역사적으로 형성되어 개인들에게 내면화된 집단적 정서입니다. 또한 한이라는 고통에 대한 대응 방식도 언급되어야 할 것입니다.

▶ 청년 세대가 겪는 고통은 이 시대의 가장 큰 문제이자, 구조적 모순이 집약된 사회 문제입니다. 청년 세대의 문제인 동시에 한국 사회 전체의 문제이기도 합니다. 그렇기 때문에 청년 세대의 분노만 설명되어서는 부족하고, 원인 제공자인 기성세대와 함께 문제 해결에 나서기를 촉구한다는 점이 언급되어야 답안의 완결성이 높다고 볼 수 있습니다.

▶ [문제 2]의 경우, 다양한 고통을 상정할 수 있을 것입니다. 창의적인 답변이 기대됩니다. 개인적 경험과 지원 전공을 연결하면 흥미로운 답변의 구성이 가능할 것으로 기대합니다.

▶ [문제 2]의 예시 답안은 성장의 과정에서 겪는 고통 즉, 성장통(成長痛)을 콘셉트로 구성했습니다. 성장통은 고통인 동시에 성장(즉 극복)입니다. 고통의 극복이 곧 성장이 되는 것입니다. 자기 노력에 기반한 고통의 극복이라는 면에서 학생들의 개인적 경험과 연결하기에 적절하겠다는 판단 하에 구성한 예시 답안입니다. 예시 답안은 국가의 성장통을 담았지만, 여러분들은 개인적 경험과 지원 전공에 연계한 답변을 시도해 보면 좋은 답안을 구성할 수 있을 거라 기대합니다.

※ 제시문을 읽고 문제에 답하시오.

(가) 프랑스는 와인 생산량과 수출량에서 세계 1, 2위를 다투는 세계적인 와인의 나라다. 하지만 이런 프랑스도 자국
에서 생산하지 않고 수입하는 와인이 있으니 바로 '아이스 와인(Ice Wine)'이다. 아이스 와인은 재배와 상품화
가 어려워 일반 와인에 비해 3~4배나 높은 가격이 책정된다. 여기서 한 가지 의문이 든다. 와인 강대국 프랑스
가 왜 유독 아이스 와인만은 수입하는가 하는 점이다. 그에 대한 답은 리카도의 비교 우위 이론에서 찾아 볼
수 있다. 한 경제 주체가 다른 경제 주체에 비해 어떤 활동을 '상대적으로' 잘 할 때 '비교 우위'에 있다고 한다.
캐나다는 프랑스에 비해 농업에 있어 절대적인 열위에 놓여 있음에도 불구하고 단점이었던 독특한 기후 환경을
적극 활용해 비교 우위를 확보한 것이다. 프랑스는 효율적인 생산이 가능한 일반 와인의 생산에 주력하고, 아이
스 와인은 전적으로 수입에 의존하는 것이 후생 증가에 도움이 된다고 판단한 것이다. 이는 결과적으로 프랑스
와 캐나다 모두에게 이익이 되는 것이다.

(나) 물질에 대한 탐욕과 과학의 발달이 인간들의 양심의 눈을 어둡게 하고 있다. 약자를 착취하는 비윤리적인 행위
를 부추기고 있다. 최근 생명 과학의 발달과 함께 인간의 신체 일부분이 상품화되어 매매되고 있다. 일명 '인체
쇼핑'이라는 새로운 윤리적인 문제가 출현했다. 난자와 정자를 판다는 광고를 인터넷에 올리고 있다. 맞춤형
아기를 갖기 위해 인도 등지에서 아기를 생산하는 대리모 공장이 성업을 하고 있다. 암 환자에게 떼어 낸 암
조직이 연구를 위한 재료로 복제 생산되어 거래되고 있다. 누군가의 뼈와 인체 조직이 수출되고 수입되고 있다.
심지어 중국에서는 정부에서 사형수의 장기를 장기 이식자에게 팔고 있다. 무시무시한 인체 쇼핑이 급성장하고
있다. 인간을 상품화하면서 발생한 일들이다. 인체 장기가 상품화되어 매매되는 것이 합법화된다면(합법하다고
윤리적으로 정당한 것이 아니다) 사회적 약자가 착취되는 현상이 발생된다. 대부분의 장기 공여자는 경제적으로
나 환경적으로 어려운 상황에 처해 있는 사람들이기 때문이다.

문제 1

제시문 (가)와 (나)가 교환과 거래에 대해 보여 주는 태도와 관점을 비교하여 설명하시오.

문제 2

제시문 (나)에 등장한 비윤리적 상품화 혹은 비윤리적 거래의 다른 사례를 들고, 바람직한 거래에 대한 의견을 제시하
시오.

구상지

문제 1

1번 문제의 답변을 시작하겠습니다.

제시문 (가)와 (나)는 교환과 거래에 대해 상이한 논조를 가지고 있습니다. 제시문 (가)가 교환의 발생 이유와 효용에 주목하는 반면 제시문 (나)는 지나친 상품화와 비윤리적 거래의 폐해를 우려합니다.

우선, 제시문 (가)부터 설명해 보겠습니다. 제시문 (가)는 교환의 발생에 대한 고전적인 설명입니다. 상품마다 비교 우위를 가지고 있는 주체가 다르고, 비교 우위를 가진 물건을 교환, 거래하는 것이 시장 참여자 모두에게 이득이 된다는 이론입니다. 교환은 쌍방향적으로 후생의 증가를 가져옵니다. 자기가 잘 하는 것에 '선택과 집중'을 하는 것은 기술·노하우의 축적과 효율성의 향상을 가져올 것이고, 그것은 다시 비교 우위의 강화를 불러올 것입니다. 교환의 출발은 국지적이고 개인적인 거래였을 것입니다. 거래의 규모가 커지고, 영역이 확장되면서, 비교 우위는 개인 간 거래를 넘어 국제적 교환을 촉진하는 자유 무역주의의 이론적 기반이 됩니다.

제시문 (나)가 말하는 지점은 조금 다릅니다. 제시문 (가)가 교환과 거래 그 자체에 주목한다면, 제시문 (나)는 거래의 대상 즉 시장에서 유통되는 상품을 중심으로 주장을 펼칩니다. 인간의 탐욕이 모든 것을 시장에서 거래하게 만들었고, 인간 존엄성의 마지막 보루인 신체마저도 시장에서 매매된다는 것을 보여 줍니다. 인간과 신체의 비인도적 상품화 사례입니다. (나)는 인체 쇼핑에 대한 한탄에서 더 나아가, 그것이 큰 사회 문제가 될 수 있음을 경고합니다. 바로 '착취적 매매'입니다. 사회·경제적 약자가 인체 시장에 노출되기 쉽다는 것입니다. 이는 인체 쇼핑과는 또 다른 차원의 문제입니다. 거래와 교환은 그 참여 주체 모두에게 이득이 되어야 합니다. 하지만 사회적 약자는 비윤리적 상품화, 수탈, 착취에 노출되는 피해자가 되는 것입니다. 비윤리적 상품의 거래는 쌍방적 효용성 확보가 아니라 일방적 착취의 구조입니다.

이상으로 1번 문제의 답변을 마치겠습니다.

문제 2

2번 문제의 답변을 시작하겠습니다.

저는 비윤리적 상품화와 거래의 사례로서, 불법 콘텐츠의 제작·유통과 저작권 침해 사례를 들고자 합니다.

우선, 비윤리적 상품화에 대해 말씀드리겠습니다. 시중에서 거래되어서는 안 되는 신체 일부의 촬영, 가학적이고 자극적인 영상물이 제작되어 유통되는 사례들이 최근에 큰 사회 이슈였습니다. 이는 성의 상품화이기도 하지만, 제작 과정에서의 강압과 폭력이 있었다는 점에서도 큰 문제입니다. 또한 제작 이후에도 여러 부가적 피해가 발생합니다. 상품 자체도 비윤리적이지만, 제작과 유통 과정에서도 불법적이고 비인도적인 문제가 발생하며, 피해자들의 인생 전체가 파괴될 수 있습니다.

이번에는, 비윤리적 거래에 대해 말씀드리겠습니다. 콘텐츠 자체는 합법적으로 제작되었지만, 그 유통 과정이 불법적이고 비윤리적일 수 있습니다. 영화, 음원, 컴퓨터 프로그램, 폰트, 인강, 책 등 콘텐츠의 음성적 유통과 불법 다운로드는 주변에서도 쉽게 확인할 수 있습니다. 저작권은 지식 재산권입니다. 즉 무형의 재산입니다. 정가보다 싼 값에 구입하거나, 불법 유통하는 것은 원작자에게 심대한 타격이 되는 요소인 동시에, 원작자의 창작 의욕을 꺾어 장기적으로 우리 사회의 문화적·학술적 발전에 큰 저해 요소가 됩니다.

이처럼, 바람직한 '거래'는 바람직한 '상품'과 바람직한 '유통' 방식이 맞아 떨어질 때 가능합니다. 저는 여기서 한 요소를 더하고 싶습니다. 바로 시장 참여자 모두에게 효용이 돌아가는 것입니다. 거래는 그 참여자 모두에게 합리적 편익이 발생할 때 성립합니다. 일방만 득을 본다면 그것은 거래가 아니라 수탈입니다. 공급자와 유통자는 적정 수익을 얻고, 수요자는 적정 효용을 얻는 것. 그것이 거래의 바람직함을 완결하는 요소라고 생각합니다.

이상으로 2번 문제의 답변을 마치겠습니다. 감사합니다!

비교 우위, 거래, 교환, 쌍방 교환, 일방적 착취, 선택과 집중, 상품화, 비윤리적 소비, 사회적 소수자

문제 해설

▶ 자본주의의 발달은 상품의 발달입니다. 물건의 가치는 사용 가치 중심에서 교환 가치 중심으로 변해 왔습니다. 자급자족 경제에서 교환 경제로, 소규모의 국지적 교환은 국제 무역으로, 국제 무역은 글로벌 경제로 변모해 왔습니다. 교환의 영역은 확장되고, 교환의 규모는 거대해지고 있습니다. 상품 아닌 것이 상품화되고, 거래되지 않던 것들이 유통됩니다. 공급자와 소비자가 직접 거래하기도 하지만, 중개만을 담당하는 플랫폼 경제도 활성화되고 있습니다.

▶ 비교 우위, 절대 우위, 기회비용 등의 개념 체계는 교환과 무역에 대해 설명을 넘어 정당화를 시도합니다. 제시문 (가)는 교환의 발생 이유와 효율성을 설명하고 있습니다.

▶ 시장은 모든 것을 빨아들이는 블랙홀과 같습니다. 모든 것을 상품화하고, 거래의 대상으로 삼습니다. 시장은 거래되어서는 안 되는 것, 상품이 되어서는 안 되는 것마저도 진열대에 올립니다. 제시문 (나)는 비윤리적 상품화, 착취적 매매에 대해 경종을 울리려 합니다.

▶ [문제 1]은 제시문 (가)와 (나)의 공통점과 차이점을 요구하는 문제입니다. 여러 번 반복한 얘기이지만, 서울대는 앙상한 비교를 좋아하지 않습니다. 선명하지만 풍성한 (다소 이율배반적인) 비교를 요구합니다.

▶ 제시문 (가)는 교환과 거래의 발생 이유와 정당성을 논합니다. 교환이 모든 이해 당사자에게 이로움을 제공한다는 입장입니다. 제시문 (나)는 비윤리적 상품화에 대한 우려와 염증을 표출합니다. 극단적인 이윤 추구로 인해 인체마저도 쇼핑의 대상으로 전락한 것을 한탄하고, 취약 계층인 사회적 약자들이 상품화의 위협에 노출될 수 있음을 경고합니다.

▶ [문제 2]는 제시문 (가), (나), [문제 1]을 포괄합니다. 모든 상품이 윤리적인 것이 아니고, 모든 거래가 합리적인 것이 아니라면, 어떤 거래가 타당한가에 대해서 묻고 있습니다.

▶ 유형을 나누어서 예시 답안을 구성했습니다. '거래 = 상품 + 유통 + 참여자'의 구도를 설정하고, 바람직한 거래가 성립하려면 그 구성 요소가 모두 바람직해야 한다는 논리틀로 접근했습니다. 이런 방식을 택하면 여러분들도 좋은 답안을 구성할 수 있습니다.

※ 제시문을 읽고 문제에 답하시오.

(가) 헤르츠는 '헤르츠파' 발견의 쓸모를 묻는 학생에게 "아무짝에도 쓸모가 없지. 그냥 거장 맥스웰 선생이 옳았음을 증명하는 실험일 뿐일세."라고 답한다. 시간이 흐른 뒤 마르코니는 헤르츠파를 활용하여 전자 파동을 신호로 송신하는 방법을 만들어 내고, 그것은 전보 · 전화라는 혁명적 전자 통신의 계기가 되었다. 과학 기술의 발전은 이처럼 무용한 이론적 발견이 문명적 실용으로 변용되어 이룬 것이다.

소련과 미국은 한동안 격렬한 우주 경쟁을 벌였다. 그러나 우주 과학에 들인 노력에 비해 실용적 성과는 참으로 보잘것없다는 신랄한 비판이 제기되었다. 하지만 인간의 달 착륙은 초정밀의 과학과 공학 수준을 요구했고 갖가지 새로운 소재와 기술의 개발, 우주 공간 상태를 견뎌 낼 의학적 대비가 필요했다. 심지어 미국과 소련 간의 우주 경쟁은 동서 냉전 구도의 해체와 소비에트 체제의 붕괴마저 불러왔다.

(나) 문학은 써먹을 수가 없다. 문학을 함으로써 배고픈 사람 하나 구하지 못하며, 물론 출세하지도, 큰돈을 벌지도 못한다. 인간에게 유용한 것은 대체로 그것이 유용하다는 것 때문에 인간을 억압한다. 그러나 문학은 유용한 것이 아니기 때문에 인간을 억압하지 않는다. 인간을 억압하지 않는 문학은 인간을 억압하는 모든 것이 인간에게 부정적으로 작용하는 것을 보여 준다. 문학은 그 부정적 힘을 인식하게 함으로써 인간으로 하여금 세계를 개조하지 않으면 안 된다는 당위성을 느끼게 한다. 한 편의 아름다운 시는 그것을 향유하는 자에게 그것을 향유하지 못하는 자에 대한 부끄러움을, 한 편의 침통한 시는 그것을 읽는 자에게 인간을 억압하고 불행하게 만드는 것에 대한 자각을 불러일으킨다. 문학은 인간을 총체적으로 파악하게 만드는 것이다. 그것은 인간의 자기기만을 날카롭게 고발한다.

(다) 사람들은 무엇을 판단할 때 그것의 쓸 만한 가치와 용도를 먼저 생각하고 대상을 쓸모 있는 것과 쓸모없는 것으로 분류한다. 쓸모없는 것은 버려야 되는 것이다. 하지만 구부러지고 부실한 나무는 그 쓸모없음으로 인하여 오랜 세월을 견뎌 낸다. 오랫동안 사람들에게 그늘과 휴식을 제공하면서. 여기에서 쓸모는 다시 정의된다. 단순히 건축의 재료가 아닌 휴식의 공간으로 나무를 바라볼 때 비로소 쓸모 있음의 다른 가치가 탄생되는 것이다. 용도가 바뀌면 쓸모도 달라지는 것이다.

세상의 무언가가 꼭 쓸모가 있어야 되는 것은 아니다. 우리는 누군가를 사랑하면서 그 쓸모를 따지지 않는다. 사람들은 양심의 쓸모를 따져 가면서 윤리적 판단을 내리지 않는다. 우리들은 종교의 쓸모를 생각하면서 신앙을 가지지 않는다. 아이들은 놀면서 그 쓸모를 계산하지 않는다. 그냥 그 속에 몰입할 뿐이다. 이러한 것들은 그 자체로 쓰일 뿐이다. 무엇인가 쓸모가 있어야 된다는 유용성 강박에서 벗어날 필요가 있다. 버트런드 러셀은 『게으름에 대한 찬양』이라는 책에서 무용해 보이는 것들의 가치를 이야기한다. 무엇보다 게으름이 근면함과 대척점에 있다는 이분법적 생각을 바꾸는 것이 필요하다.

많은 사람들이 미래 사회의 필요한 자질 가운데 하나로 창의성을 꼽는다. 창의성은 문제를 해결하는 힘을 갖고 있기 때문이다. 하지만 창의성은 물리적 근면함에서 나오지 않는다는 것이 대부분 학자들의 일치된 의견이다. 그것은 오히려 이완된 생각 속에서, 잉여(剩餘)의 시간 속에서, 게으르게 빈둥거릴 때 탄생된다. 기존에 연결되지 않았던 요소들 사이에서 새로운 관계를 발견하는 능력은 기득권적 시선을 버릴 때 획득된다. 유용성이란 강박에서 벗어나 생각이 한가롭게 산책할 수 있는 통로를 만들어 주는 것이 중요하다. 창의성이란 특별한 사람의 별난 생각이 아니다. 그것은 다른 관점의 쓸모를 찾아내는 과정 속에서 나타날 수도 있고, 쓸모를 따지지 않고 그 자체로 쓰일 수 있는 환경 속에서 자유롭게 발현될 수도 있을 것이다. 쓸모없음의 쓸모 있음을 생각하는 것, 이 생각에서 창의적 질문이 시작된다. 이 지점에서 무용지용(無用之用)은 창의성의 다른 이름이 된다.

문제 1

제시문 (가)와 (나)를 참고하여 '무용지용(無用之用)'에 대한 본인의 생각을 이야기하시오.

문제 2

제시문을 모두 참고하여 본인이 지원한 전공의 유용성과 무용성을 각각 논하시오.

구상지

문제 1

1번 문제의 답변을 시작하겠습니다.

저는 제시문 (가), (나), (다)의 논지에 전반적으로 동조합니다. 우선, 제시문들의 논지를 먼저 정리해 보겠습니다.

제시문 (가)는 과학 기술 발전의 역사에서 쓸모없던 발견들이 가지는 유용성을 이야기합니다. 과학자들의 무용한 지적 탐구가 후대 과학 기술 발전에 큰 기여를 한 것입니다. 실용성이 검증되지 않은 시도로 순수 과학, 공학, 소재, 의학 심지어 국제 정치 지형의 변화와 일국의 정치 체제의 혁신까지 가져오는 사례를 언급하면서 쓸모없음의 유용성을 강조합니다.

제시문 (나)는 조금은 다른 차원입니다. 제시문 (가)가 '겉보기에는 쓸모없어 보이지만 실제로는 쓸모 있는 것'을 말한다면, 제시문 (나)는 '쓸모없음' 그 자체에 주목합니다. 무용성이라는 문학의 특징이 이 사회를 더 건강하게 만들고, 윤리적인 당위성을 깨우쳐 주며, 무엇보다 인간의 실존적 자각과 사회에 대한 총체적 인식을 가능하게 해 주는 것입니다. 이것은 무용성의 '본질적' 유용성이라기보다는 무용성이 가지는 '파생적' 유용성이라고 표현하는 것이 정확할 듯합니다.

제시문 (다)는 쓸모없으면 폐기하는 근시안적 세태에 비판적 논조를 보입니다. 이른바 유용성의 강박에서 벗어나 다른 관점에서 용도를 보라 합니다. 어떤 측면에서는 무용할지라도 다른 측면에서는 유용성이 있을 수 있다는 것입니다. 그렇기에 쓸모 있음과 없음, 유용성과 무용성의 이분법적 시각을 버리라고 설파하는 동시에 쓸모없음의 쓸모, 즉 무용지용이 창의성의 출발이 됨을 주장합니다.

앞서 설명 드린 바와 같이, 저는 이런 열린 관점에 동조합니다. 제시문 (가)와 같이, 당대에는 쓸데없었지만 후대에 큰 기여를 한 경우가 많습니다. 쓸데없는 것이 쓸데없는 것이 아니었던 것입니다. 제시문 (나)에서처럼 순수 인문학 또한 눈에 보이는 실용성은 떨어질지라도, 윤리적이고 감성적인, 근본적인 '순수한 유용성'을 가진다고 생각합니다. 무용에 유용이 담겨 있는 것입니다. 제시문 (다)에서 보듯, 무용성에서 무조건 창의성이 나오는 것은 아니겠지만, 창의성의 큰 기반이 무용한 탐구라는 것은 반박하기 어렵습니다.

물론 21세기는 실용성의 시대입니다. 하지만 무엇이든 극단적인 시각은 좋지 않다고 생각합니다. 실용은 순수에게 빚져 있고, 순수는 실용을 통해 꽃핍니다. 오로지 실용만을 추구하는 것은 근시안적 시각입니다. 보다 장기적이고, 보다 탄력적이고, 보다 포용적인 관점에서 '유용성'이라는 것을 유연하게 바라보는 시각이 필요하다고 생각합니다. 저 또한 '무용지용'을 경험한 적이 있습니다.

(지원자 본인의 개인적 경험이나 간접 경험을 통해 위의 논지를 뒷받침하면 더 좋은 답변이 구성될 것입니다.)

이상으로 1번 문제의 답변을 마치겠습니다.

2번 문제의 답변을 시작하겠습니다.

(본인의 지원 전공에 따라 다양한 답변 구성이 가능한 열린 문제입니다. 여러분들의 지원 전공에 제시문 (가), (나), (다)의 논지를 대입해 보세요. 여기서는 인문학 기준으로 답변을 구성했습니다.)

저는 인문학을 기준으로 이 문제에 답변해 보겠습니다. 분과 학문으로서의 좁은 인문학은 문학, 사학, 철학 등이겠지만 학문으로서의 넓은 인문학은 큰 범주의 포괄적인 학문이라고 생각합니다. 그런 의미에서 저는 인문학을 근원을 탐구하는 학문, 인간과 관련된 모든 것을 탐구하는 학문, 사상과 문화에 관한 분석과 비판적 접근으로 이해하고 있습니다.

지금 현재의 시점에서 볼 때 인문학은 무용합니다. 인간의 감성을 좇는 문학, 과거의 사건을 탐구하는 역사학, 사유의 근저를 탐구하는 철학은 사람들로부터 외면 받고 있습니다. 돈이 안 되는 학문이기 때문입니다. 인문학을 지원했다 하면 "왜 그 전공을 선택해?"라는 질문을 받기 일쑤입니다. 보통 사람들에게 인문학은 배부른 자들의 교양, 재미난 옛날이야기, 알아들을 수 없는 어려운 말들이 난무하는 외계어 정도로 인식되거나, 지적 허세를 부리는 자들의 소일거리로 오해받습니다. 그나마 인문학에 대한 따뜻한 시선은 '훌륭한 교양'으로 봐 주는 것입니다. 치열하게 돈벌이를 고민하고, 무한 경쟁의 정글에서 살아가는 현대인들에게 인문학이 알려 주는 실용적 팁은 없습니다. 젊은 세대들의 최대 관심사는 재테크입니다. 소위 FIRE, 즉 빨리 경제적 독립을 이루어서 빨리 은퇴하고 싶다는 것이 젊은 세대들의 일반적 세태입니다. 이런 상황에서 인문학이 설 자리는 갈수록 좁아지고 있습니다. '정통 인문학'은 그들의 리그 안에서만 자족적 학문 생태계를 꾸리고 있으며, 인문학을 가장한 '인문학 감성 팔이' 혹은 '교양 인문학 상품'은 미디어라는 시장에서 판매되고 있습니다. 선정적이지 않은 인문학은 대중의 관심을 받지 못합니다. 일부 상경 계열을 제외하면 사회 과학도 인문학과 크게 다르지는 않는 상황으로 생각됩니다.

그럼에도 불구하고, 인문학은 유용합니다. '있으면 좋다.'의 수준이 아니라 '없으면 안 된다.'라는 유용함입니다. 인문학의 사변과 비판을 달리 보면 '사고 실험'이라고 할 수 있습니다. 자연 과학의 상대성 이론과 양자 역학 또한 그 출발은 사고 실험인 것으로 알고 있습니다. 고대 그리스 철학자들의 4원소설과 원자설이 현대 원자학과 물리학으로 이어진 것은 부정할 수 없는 사실입니다. 데카르트의 좌표와 라이프니츠의 미분의 고안 또한 인문학적 사고 실험에서 출발한 것이라고 들었습니다.

무엇보다 인문학의 필요성과 유용성은 다른 학문이 대체할 수 없는 인문학만의 '진리 추구'의 태도라고 생각합니다. 인문학이 없다면 당위, 윤리, 정의, 옳고 그름, 감성과 이성, 진실을 담당하는 학문이 없는 것입니다. 사회적 정의와 인간 본성, 실체적 진실을 갈구하는 인문학과 학자들이 있었기에 우리 사회는 지금과 같은 정치적 성숙에 도달할 수 있었습니다. 정치적 안정 없이, 경제가 발전할 리 만무하며, 경제적 성숙 없이 문화적 풍성함은 오지 않습니다. 정치, 경제, 문화적 성숙이라는 토대 없이 산업과 과학과 공학의 발전은 도모하기 어렵습니다.

시대정신이 있습니다. 인문학은 당대의 시대정신을 포착하여 표출합니다. 그 위에서 사회 과학이 운동하고, 문화가 놀고, 산업이 돌며, 과학과 기술이 꽃을 피웁니다. 이것이 제가 생각하는 인문학의 유용성입니다. 저는 인문학의 유용성을 공기의 유용성과 같다고 생각합니다. 공기는 평소에는 그 유용성을 인식하지 못합니다. 하지만 공기가 없으면 그 순간 인간은 죽습니다. 인문학도 그러합니다. 그 직접적 유용성은 인식하기 어렵습니다. 하지만 인문학이 없다면 다른 학문들은 위기에 처합니다. 물론 앞으로는 인문학이 직접적인 유용성도 얻었으면 합니다.

이상이 인문학에 대한 저의 생각이자, 인문학을 전공하고자 하는 이유입니다.

이상으로 2번 문제의 답변을 마치겠습니다. 감사합니다!

쓸모, 쓸모없음, 무용성, 유용성, 효용, 무용지용, 인문학의 위기, 융합

문제 해설

▶ 유용성과 무용성은 오래된 논쟁거리입니다. 한편에서는 순수, 낭만, 호기심, 열정을 외치고, 다른 한편에서는 실용만을 강조합니다. 더구나 AI와 4차 산업 혁명을 논하고 있는 21세기에, '유용성-무용성' 논의는 그 자체로 시류에 동떨어진, 무의미한 논의일지 모릅니다.

▶ 하지만, 유용과 무용은 (당연히도) 상보적인 관계일 것입니다. 그 상보성 때문에 무용성과 유용성, 순수와 실용, 단기적 무용성과 장기적 유용성에 관한 논의는 앞으로도 지속될 가능성이 큽니다. '문과의 위기', '인문학의 위기'라는 담론은 오래되었지만, 그 반대에는 '인문학 열풍'이라는 흐름 또한 존재하니까요.

▶ 위의 논의과 함께, 순수 학문의 요람을 자처하는 서울대의 학풍과 서울대 구술고사의 심층 사고형 출제 경향을 감안하여 만든 문제입니다. 여러분들의 다양하고 풍성하고 깊이 있는 답변이 기대됩니다.

▶ 제시문 (가), (나), (다)는 모두 무용성의 쓸모를 주장합니다. 다만 그 세부적 논조는 조금의 차이를 보이고 있습니다. 서울대가 앙상한 이분법적 비교에 대한 지양을 여러 번 강조했기 때문에 제시문 간의 섬세한 차이를 포착해야 '서울대스러운' 답변을 구성해 낼 수 있습니다. 제시문 (가)는 당대의 쓸모없음이 후대에서 쓸모 있음으로 바뀐 사례를 보여 줍니다. 제시문 (나)는 문학이 가지는 '절대적 무용성'이 던져 주는 사회적 메시지와 윤리적 유용성에 주목합니다. 제시문 (다)는 현대 사회에서 강조되는 실용성과 창의성이 무용성의 기반 위에 있음을 강조하고, 근시안적 유용성 강박에서 벗어날 것을 주문합니다. 이상에서 본 제시문 (가), (나), (다)의 논지를 정교하게 파악해서 '무용지용'에 대한 자기 생각과 개인적 경험을 접목해야 좋은 답변을 구성할 수 있을 것입니다.

▶ [문제 2]는 지원 전공에 대한 생각인 동시에 본인의 지원 이유를 어필할 수 있도록 문제를 구성했습니다. 서울대는 학문에 대한 깊이 있는 이해와 관심을 요구합니다. 답변에 본인의 지원 전공에 대한 관심도와 이해도 수준이 적나라하게 드러날 것입니다. 만약 이 문제에 대한 답변이 얕게 구성되면 아직 그 전공을 잘 모르는 것입니다. 본인의 지원 전공에 대한 이해도를 심화하면 자연히 답변의 수준이 올라갈 것입니다.

문제 1

좌표평면 위에 두 개의 원 $C_0 : x^2 + \left(y - \dfrac{1}{2}\right)^2 = \dfrac{1}{4}$, $C_1 : (x-1)^2 + \left(y - \dfrac{1}{2}\right)^2 = \dfrac{1}{4}$ 에 대하여 원 C_2는 x축에 접하고, 원 C_0, C_1과 외접한다고 하자.

마찬가지로 원 C_{n+1}은 x축에 접하고, 원 C_{n-1}, C_n과 외접한다고 하자.

(단, 원 C_{n+1}과 원 C_{n-2}는 서로 다른 원이다.)

원 C_n의 반지름의 길이를 r_n, x축과의 접점을 $(x_n,\ 0)$이라 하고,

p_n, q_n에 대하여 $p_n = \dfrac{1}{\sqrt{2r_n}}$, $q_n = p_n x_n$이라 할 때, 다음 질문에 답하시오. (단, n은 2 이상의 정수이다.)

[1-1]

p_n이 정수임을 보이시오.

[1-2]

q_n이 정수이고, p_n과 q_n이 서로소임을 보이시오.

[1-3]

α가 $\alpha = \dfrac{1}{1+\alpha}$을 만족하는 양수일 때, 다음 부등식이 성립함을 보이시오.

$$|x_{n+1} - \alpha| < \frac{2}{3}|x_n - \alpha|$$

구상지

1-1

1번 문제의 답변을 시작하겠습니다.

주어진 조건에 맞게 네 번째 원까지 그리면 다음과 같습니다.

(칠판에 그래프 또는 그림을 그립니다.)

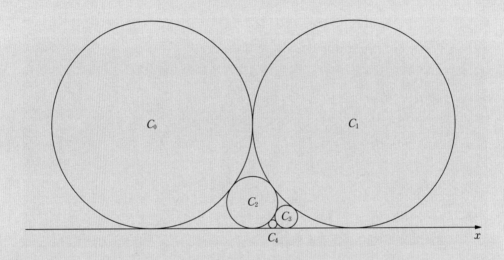

(설명과 계산을 시작합니다.)

그림에서 2 이상인 n에 대하여 n이 홀수일 때와 n이 짝수일 때
접점 x_{n-1}, x_n, x_{n+1}의 대소 관계가 달라진다는 것을 알 수 있습니다.
즉, n이 홀수일 때에는 $x_{n-1} < x_{n+1} < x_n$이고, n이 짝수일 때에는 $x_n < x_{n+1} < x_{n-1}$입니다.
이것을 분류하여 그림을 그려 보겠습니다.

(i) n이 홀수인 경우

(칠판에 그래프 또는 그림을 그립니다.)

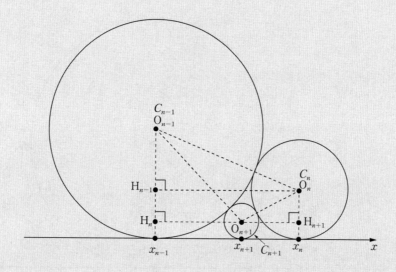

(설명과 계산을 시작합니다.)

그림과 같이 원 C_{n-1}, C_n, C_{n+1}의 중심을 각각 O_{n-1}, O_n, O_{n+1}이라 하고,
크기가 작은 원의 중심에서 외접하는 큰 원의 중심과 접점을 이은 선분에 내린 수선의 발을 각각
H_{n-1}, H_n, H_{n+1}이라 하겠습니다.

원들은 서로 외접하고 x축에 모두 접하므로
$$\overline{O_{n-1}O_n}=r_{n-1}+r_n, \quad \overline{O_nO_{n+1}}=r_n+r_{n+1}, \quad \overline{O_{n-1}O_{n+1}}=r_{n-1}+r_{n+1}$$이고,
$$\overline{O_{n-1}H_{n-1}}=r_{n-1}-r_n, \quad \overline{O_nH_{n+1}}=r_n-r_{n+1}, \quad \overline{O_{n-1}H_n}=r_{n-1}-r_{n+1}$$이며,
$$\overline{O_nH_{n-1}}=x_n-x_{n-1}, \quad \overline{O_{n+1}H_n}=x_{n+1}-x_{n-1}, \quad \overline{O_{n+1}H_{n+1}}=x_n-x_{n+1}$$입니다.

이때 세 직각삼각형 $O_{n-1}O_nH_{n-1}$, $O_{n-1}O_{n+1}H_n$, $O_nO_{n+1}H_{n+1}$에서 피타고라스 정리를 각각 적용
하면
$$(x_n-x_{n-1})^2=(r_{n-1}+r_n)^2-(r_{n-1}-r_n)^2=4r_{n-1}r_n \qquad \cdots \text{㉠}$$
$$(x_{n+1}-x_{n-1})^2=(r_{n-1}+r_{n+1})^2-(r_{n-1}-r_{n+1})^2=4r_{n-1}r_{n+1} \qquad \cdots \text{㉡}$$
$$(x_n-x_{n+1})^2=(r_n+r_{n+1})^2-(r_n-r_{n+1})^2=4r_nr_{n+1} \qquad \cdots \text{㉢}$$
을 얻을 수 있습니다.

(ii) n이 짝수인 경우

(칠판에 그래프 또는 그림을 그립니다.)

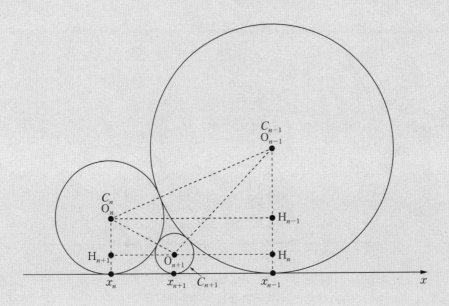

(설명과 계산을 시작합니다.)

(i)과 마찬가지로 선분의 길이를 나타낸 후,
세 직각삼각형 $O_{n-1}O_nH_{n-1}$, $O_{n-1}O_{n+1}H_n$, $O_nO_{n+1}H_{n+1}$에서 피타고라스 정리를 각각 적용하면

$$(x_{n-1}-x_n)^2 = (r_{n-1}+r_n)^2 - (r_{n-1}-r_n)^2 = 4r_{n-1}r_n \qquad \cdots ㄹ$$

$$(x_{n-1}-x_{n+1})^2 = (r_{n-1}+r_{n+1})^2 - (r_{n-1}-r_{n+1})^2 = 4r_{n-1}r_{n+1} \qquad \cdots ㅁ$$

$$(x_{n+1}-x_n)^2 = (r_n+r_{n+1})^2 - (r_n-r_{n+1})^2 = 4r_nr_{n+1} \qquad \cdots ㅂ$$

을 얻을 수 있습니다.

(i), (ii)의 ㄱ, ㄴ, ㄷ, ㄹ, ㅁ, ㅂ을 절댓값 기호를 사용하여 나타내면

ㄱ, ㄹ은 $|x_{n-1}-x_n| = 2\sqrt{r_{n-1}r_n}$ $\qquad \cdots ㅅ$

ㄴ, ㅁ은 $|x_{n-1}-x_{n+1}| = 2\sqrt{r_{n-1}r_{n+1}}$ $\qquad \cdots ㅇ$

ㄷ, ㅂ은 $|x_{n+1}-x_n| = 2\sqrt{r_nr_{n+1}}$ $\qquad \cdots ㅈ$

입니다.

한편, $|x_{n-1}-x_n|=|x_{n-1}-x_{n+1}|+|x_{n+1}-x_n|$이므로

㉠, ㉡, ㉢에서 $2\sqrt{r_{n-1}r_n}=2\sqrt{r_{n-1}r_{n+1}}+2\sqrt{r_{n+1}r_n}$ 임을 알 수 있습니다.

위의 식의 양변을 $2\sqrt{r_{n-1}r_n r_{n+1}}$로 나누면 $\dfrac{1}{\sqrt{r_{n+1}}}=\dfrac{1}{\sqrt{r_n}}+\dfrac{1}{\sqrt{r_{n-1}}}$ ⋯ ㉣이고

$p_n=\dfrac{1}{\sqrt{2r_n}}$이므로 ㉣의 양변에 $\dfrac{1}{\sqrt{2}}$을 곱하면

$\dfrac{1}{\sqrt{2r_{n+1}}}=\dfrac{1}{\sqrt{2r_n}}+\dfrac{1}{\sqrt{2r_{n-1}}}$, 즉 $p_{n+1}=p_n+p_{n-1}$

임을 알 수 있습니다.

이때 $p_0=\dfrac{1}{\sqrt{2r_0}}=1$, $p_1=\dfrac{1}{\sqrt{2r_1}}=1$이므로

$p_{n+1}=p_n+p_{n-1}$ (단, $n=1,\ 2,\ 3,\ \cdots$), $p_0=p_1=1$ ⋯ ⓐ

입니다.

이제 ⓐ를 이용하여 p_n (n은 0 이상의 정수)이 정수임을 수학적 귀납법으로 증명하겠습니다.

항들의 관계식을 살펴보면, 이전 두 항의 값을 합하여 다음 항의 값을 결정하므로,

정수가 되는 연속한 두 항을 찾아야 하고, 가정할 때에도 연속한 두 항이 필요합니다.

(i) $n=0$, $n=1$일 때, $p_0=1$, $p_1=1$이므로 정수입니다.

(ii) $n=k-1$, $n=k$ (k는 1이상의 정수)일 때, p_{k-1}, p_k가 정수라고 가정하면

(iii) $n=k+1$일 때, $p_{k+1}=p_k+p_{k-1}$이므로 (ii)의 가정에 의해 p_{k+1}도 정수입니다.

따라서 p_n (n은 0 이상의 정수)은 정수입니다.

이상으로 1번 문제의 답변을 마치겠습니다.

2번 문제의 답변을 시작하겠습니다.

(설명과 계산을 시작합니다.)

1번 문제의 (i)의 경우, 즉 n이 홀수일 때, $x_{n-1} < x_{n+1} < x_n$이므로

ⓛ은 $x_{n+1} - x_{n-1} = 2\sqrt{r_{n+1} r_{n-1}}$, ⓒ은 $x_n - x_{n+1} = 2\sqrt{r_n r_{n+1}}$로 나타낼 수 있습니다.

1번 문제의 (ii)의 경우, 즉 n이 짝수일 때, $x_n < x_{n+1} < x_{n-1}$이므로

ⓜ은 $x_{n+1} - x_{n-1} = -2\sqrt{r_{n+1} r_{n-1}}$, ⓗ은 $x_n - x_{n+1} = -2\sqrt{r_n r_{n+1}}$로 나타낼 수 있습니다.

즉, $x_{n+1} - x_{n-1} = \pm 2\sqrt{r_{n+1} r_{n-1}}$, $x_n - x_{n+1} = \pm 2\sqrt{r_n r_{n+1}}$ 입니다.

$q_n = p_n x_n$이므로 $x_n = \dfrac{q_n}{p_n}$이고, 이를 이용하여 위의 두 식을 각각 표현하면

$$\frac{q_{n+1}}{p_{n+1}} - \frac{q_{n-1}}{p_{n-1}} = \pm \frac{1}{p_{n+1} p_{n-1}}, \quad \frac{q_n}{p_n} - \frac{q_{n+1}}{p_{n+1}} = \pm \frac{1}{p_n p_{n+1}}$$

입니다. 이것을 정리하면

$$p_{n-1} q_{n+1} - p_{n+1} q_{n-1} = \pm 1, \quad p_{n+1} q_n - p_n q_{n+1} = \pm 1$$

입니다.

이 두 식을 좌변과 우변끼리 빼면

$$p_{n-1} q_{n+1} - p_{n+1} q_{n-1} - p_{n+1} q_n + p_n q_{n+1} = 0, \quad q_{n+1}(p_n + p_{n-1}) - p_{n+1}(q_n + q_{n-1}) = 0$$

입니다.

$p_n + p_{n-1} = p_{n+1}$이므로 $q_{n+1} p_{n+1} - p_{n+1}(q_n + q_{n-1}) = p_{n+1}(q_{n+1} - q_n - q_{n-1}) = 0$입니다.

이때 $p_{n+1} \neq 0$이므로

$q_{n+1} - q_n - q_{n-1} = 0$, 즉 $q_{n+1} = q_n + q_{n-1}$ 입니다.

또한 $q_0 = x_0 p_0 = 0$, $q_1 = x_1 p_1 = 1$이므로

$q_{n+1} = q_n + q_{n-1}$ (단, $n = 1, 2, 3, \cdots$), $q_0 = 0$, $q_1 = 1$

입니다.

이제 q_n (n은 0 이상의 정수)이 정수임을 수학적 귀납법을 이용하여 증명하겠습니다.

p_n이 정수임을 증명할 때와 마찬가지로 연속한 두 항에 대해서 정수임을 확인하고 가정해야 합니다.

(ⅰ) $n=0$, $n=1$일 때, $q_0=0$, $q_1=1$이므로 정수입니다.

(ⅱ) $n=k-1$, $n=k$ (k는 1 이상의 정수)일 때, q_{k-1}, q_k가 정수라고 가정하면

(ⅲ) $n=k+1$일 때, $q_{k+1}=q_k+q_{k-1}$이므로 (ⅱ)의 가정에 의해 q_{k+1}도 정수입니다.

따라서 q_n (n은 0 이상의 정수)은 정수입니다.

다음은 p_n과 q_n이 서로소임을 보이겠습니다.

p_n과 q_n의 최대공약수를 d라 하고 서로소인 0 이상의 정수 $p_n{}'$, $q_n{}'$에 대해

$p_n=dp_n{}'$, $q_n=dq_n{}'$입니다.

이것을 앞에서 구한 $p_{n+1}q_n-p_nq_{n+1}=\pm1$에 대입하면

$p_{n+1}dq_n{}'-dp_n{}'q_{n+1}=\pm1$이고, 이를 정리하면 $d(p_{n+1}q_n{}'-p_n{}'q_{n+1})=\pm1$입니다.

여기서 n이 홀수일 때는 ㉡, ㉢에 의해 우변은 $+1$,

n이 짝수일 때는 ㉣, ㉤에 의해 우변은 -1입니다.

즉, 부호는 $p_{n+1}q_n{}'-p_n{}'q_{n+1}$의 값의 부호와 같습니다.

또한 0 이상의 두 정수 p_n과 q_n의 최대공약수 d는 자연수이므로 $d=1$입니다.

따라서 최대공약수가 1이므로 p_n과 q_n은 서로소입니다.

이상으로 2번 문제의 답변을 마치겠습니다.

3번 문제의 답변을 시작하겠습니다.

(설명과 계산을 시작합니다.)

1, 2번 문제에서 구한 두 관계식

$p_{n+1} = p_n + p_{n-1}$ (n은 1 이상의 정수), $p_0 = p_1 = 1$,
$q_{n+1} = q_n + q_{n-1}$ (n은 1 이상의 정수), $q_0 = 0$, $q_1 = 1$

로부터 항들 간의 관계식은 똑같으나 $p_0 = q_1$, $p_1 = q_2$이므로, $p_{n-1} = q_n$ (n은 1 이상의 정수)입니다.

따라서 $x_{n+1} = \dfrac{q_{n+1}}{p_{n+1}} = \dfrac{p_n}{p_n + p_{n-1}} = \dfrac{1}{1 + \dfrac{p_{n-1}}{p_n}} = \dfrac{1}{1 + \dfrac{q_n}{p_n}} = \dfrac{1}{1 + x_n}$ 임을 알 수 있습니다.

또한, $\alpha = \dfrac{1}{1+\alpha}$ 을 만족하는 양수 α는 $\alpha^2 + \alpha - 1 = 0$을 만족하므로 이차방정식의 근의 공식에서 $\alpha = \dfrac{-1+\sqrt{5}}{2}$ 입니다.

$$|x_{n+1} - \alpha| = \left| \frac{1}{1+x_n} - \frac{1}{1+\alpha} \right| = \left| \frac{\alpha - x_n}{(1+x_n)(1+\alpha)} \right|$$
$$= \left| \frac{1}{(1+x_n)(1+\alpha)} \right| |x_n - \alpha|$$
$$= \left| \frac{1}{1+x_n} \right| \alpha |x_n - \alpha|$$

입니다.

이때 $1 + x_n \geq 1$에서 $\dfrac{1}{1+x_n} \leq 1$이므로

$|x_{n+1} - \alpha| \leq \alpha |x_n - \alpha|$ ⋯ ⓐ

임을 알 수 있습니다.

한편, $\alpha = \dfrac{-1+\sqrt{5}}{2}$ 와 $\dfrac{2}{3}$ 의 대소 관계를 알아봅니다.

$$\dfrac{-1+\sqrt{5}}{2} - \dfrac{2}{3} = \dfrac{3(-1+\sqrt{5})-2\cdot2}{6}$$

$$= \dfrac{-7+3\sqrt{5}}{6}$$

$$= \dfrac{-\sqrt{49}+\sqrt{45}}{6} < 0$$

이므로 $\dfrac{-1+\sqrt{5}}{2} < \dfrac{2}{3}$, 즉 $\alpha < \dfrac{2}{3}$ 입니다.

따라서 $\alpha < \dfrac{2}{3}$ 를 ⓐ에 적용하면

$$|x_{n+1}-\alpha| < \dfrac{2}{3}|x_n-\alpha|$$

임을 알 수 있습니다.

이상으로 3번 문제의 답변을 마치겠습니다. 감사합니다!

원의 위치 관계, 수열의 귀납적 정의, 수학적 귀납법, 서로소

▶ [1-1] 원 C_{n-1}, C_n, C_{n+1}이 서로 외접하므로 관계식(점화식)을 구하고 수학적 귀납법을 이용해야 합니다.

▶ [1-2] [1-1]의 과정과 결과로부터 q_{n-1}, q_n, q_{n+1}의 관계식(점화식)을 구하고 수학적 귀납법을 이용해야 합니다.
     서로소임을 증명하기 위해서 두 수의 최대공약수를 d로 설정해야 합니다.

▶ [1-3] [1-1]과 [1-2]의 결과로부터 x_{n+1}과 x_n의 관계식을 구하고 식을 변형해야 합니다.
     α의 값을 구한 후, 대소 관계의 비교를 통해 문제의 부등식을 구하면 됩니다.

평가 항목은 다음과 같습니다.

▶ [1-1] 도형의 위치 관계를 식으로 표현하고, 변형하여 관계식(점화식)을 만들 수 있는가?

▶ [1-2] [1-1]에서 구한 식을 관찰하고 변형하여 조건에 맞는 관계식(점화식)을 만들 수 있는가?

▶ [1-3] 대소 관계의 비교와 식의 변형을 통해 부등식을 만들 수 있는가?

자료 출처

- **서울대** 인문학 · 사회과학 (1) 모의 문제 출처

  제시문 (가)-한국인의 한(恨)과 울분, 대학신문[웹사이트]. (2019년 11월 17일)

  　　　　URL: http://www.snunews.com/news/articleView.html?idxno=20727

  제시문 (나)-『왜 분노해야 하는가』, 헤이북스, 장하성(2015)

  　　　　출제 의도에 맞추어 원문의 순서, 배치, 내용을 일부 조정했습니다.

- **서울대** 인문학 · 사회과학 (2) 모의 문제 출처

  제시문 (가)-'와인 최강국' 프랑스가 와인을 수입하는 이유는?, 한경닷컴[웹사이트]. (2013년 4월 5일)

  　　　　URL: https://www.hankyung.com/news/article/2013040576811

  　　　　출제 의도에 맞추어 원문의 순서, 배치, 내용을 일부 조정했습니다.

  제시문 (나)-인간의 상품화=인체 쇼핑, 의학신문[웹사이트] (2017년 9월 8일)

  　　　　URL: http://www.bosa.co.kr/news/articleView.html?idxno=2032105

  　　　　출제 의도에 맞추어 원문의 순서, 배치, 내용을 일부 조정했습니다.

- **서울대** 인문학 · 사회과학 (3) 모의 문제 출처

  제시문 (가)-김병익 칼럼 쓸모없음의 쓸모, 한겨레[웹사이트] (2019년 10월 17일)

  　　　　URL: https://www.hani.co.kr/arti/opinion/column/853118.html

  　　　　출제 의도에 맞추어 원문의 순서, 배치, 내용을 일부 조정했습니다.

  제시문 (나)-『한국 문학의 위상』, 문학과지성사, 김현(1977)

  　　　　출제 의도에 맞추어 원문의 순서, 배치, 내용을 일부 조정했습니다.

  제시문 (다)-쓸모없음의 쓸모 있음에 대하여, 계명대 신문[웹사이트] (2019년 9월 2일)

  　　　　URL: http://www.gokmu.com/news/article.html?no=15411

  　　　　출제 의도에 맞추어 원문의 순서, 배치, 의도를 일부 조정했습니다.

아이들이 답이 있는 질문을 하기 시작하면 그들이 성장하고 있음을 알 수 있다.

– 존 J. 플롬프 –

2026 서울대 구술면접 인문계열

개정4판1쇄 발행	2025년 07월 10일 (인쇄 2025년 05월 30일)
초 판 발 행	2021년 10월 05일 (인쇄 2021년 08월 30일)
발 행 인	박영일
책 임 편 집	이해욱
편 저	허동기(정재) · 유제승 · 이태훈 · 조정효 · 이민섭
편 집 진 행	이미림 · 김하연
표지디자인	조혜령
편집디자인	차성미 · 고현준
발 행 처	(주)시대에듀
출 판 등 록	제10-1521호
주 소	서울시 마포구 큰우물로 75 [도화동 538 성지 B/D] 9F
전 화	1600-3600
팩 스	02-701-8823
홈 페 이 지	www.sdedu.co.kr
I S B N	979-11-383-9311-9 (43370)
정 가	25,000원